Anleitung zum Ehekrach

ECON Sachbuch

Zum Buch:

Unterdrückte Wut macht die Liebe kaputt – und jede Ehe. Zerstörerischer als
offene Aggressionen sind oft die »vernünftigen«, rein gesprächsorientierten Beziehungen. In der ersten »Anleitung zum Ehekrach« untersucht die bekannte
Psychologin Bonnie Maslin verschiedene Aggressionstypen in der Partnerschaft.
Mit zahlreichen Fallstudien veranschaulicht sie die Verhaltensmuster und -fallen
in Krisensituationen.
Ob sich die unterdrückte Wut Ihres Partners in Untreue oder Migräneanfällen
äußert, ob Sie Ihrem Partner eine heile Welt vorspielen oder Ihren Ärger im
Büro auslassen – Bonnie Maslin gelingt es durch zielgerichtete Fragen und zahl-
reiche Anregungen, auch die verborgenen Schwächen Ihrer Partnerschaft zu er-
gründen. Ihre verblüffend einfachen und bewährten Techniken helfen Ihnen,
den Teufelskreis der versteckten Aggressionen zu durchbrechen.
»Ehekrach muß sein!« – nur so können beide Partner eine erwachsene und har-
monische Beziehung führen.

Die Autorin:

Bonnie Maslin betreibt in New York eine eigene Praxis für Eheberatung und
Familientherapie. Zusammen mit ihrem Mann Yehuda Nir hat sie bei ECON
bereits das Buch »Die Kunst der Ehe« (TB 23059) veröffentlicht.

Bonnie Maslin

Anleitung
zum Ehekrach

Aus Wut wird Liebe

ECON Taschenbuch Verlag

Lizenzausgabe

Veröffentlicht im ECON Taschenbuch Verlag GmbH, Düsseldorf, 1995
© 1994 für die deutsche Ausgabe by ECON Verlag GmbH, Düsseldorf,
Wien, New York und Moskau
Titel des amerikanischen Originals: The Angry Marriage, Overcoming the
Rage, Reclaiming the Love
© 1994 by Bonnie Maslin Ph. D. und Skylight Press
Aus dem Amerikanischen übersetzt von Waldemar Christiansen
Umschlaggestaltung: Sebastian Linnerz
Druck und Bindearbeiten: Ebner Ulm
Printed in Germany
ISBN 3-612-26202-5

Inhalt

Kapitel I
Die Aggression als Geschenk der Natur

Wir müssen nicht erst lernen, wie man wütend wird. Schon vom ersten Tag unseres Lebens an weiß jeder von uns ganz genau und instinktiv, wie dies vor sich geht.[1] Die Aggression ist unserem Nervensystem gleichsam eingebaut, sie gehört zu der Art und Weise, wie wir funktionieren. Schon im Kleinkindalter stellt sie eines unserer wichtigsten Hilfsmittel dar. Ja, das Überleben jedes einzelnen Menschen hängt nicht unwesentlich von seiner Fähigkeit zur Aggression ab. Die ersten wütenden Schreie, die wir als Babies von uns gaben, waren nichts anderes als beharrliche Notsignale, die unseren Eltern mitteilen sollten, daß wir gefüttert, in den Arm genommen, gewärmt oder beruhigt werden wollten. Hilflos, wie wir bei unserer Geburt waren, und unfähig, für uns selbst zu sorgen, war dies unsere einzige Möglichkeit, unsere Bedürfnisse mitzuteilen.

Diese allerersten Wutausbrüche waren für uns also ein erfolgreiches Kommunikationsmittel, sie haben das, was wir von unseren Versorgern benötigten, deutlich zum Ausdruck gebracht, und unsere Eltern sind unserem Ruf liebevoll und verantwortungsbewußt gefolgt. Paradoxerweise wurden unsere ersten liebevollen Beziehungen also durch aggressive Unmutsäußerungen gewährleistet.

Zu Beginn stellt die Aggression ein bemerkenswert effektives Werkzeug dar; sie sichert nicht nur unser Überleben, sondern sorgt zudem dafür, daß die Menschen in Kontakt treten und einander näherkommen. So kann die Aggression tatsächlich als ein Geschenk der Natur angesehen werden, als eine Gabe, die uns Schutz und Liebe sichert.

Wie aber kommt es, daß sich diese Situation, sobald wir erwachsen sind und heiraten, so grundlegend verändert? Woran liegt es, daß die Aggression in unseren Ehen sich ausschließlich als Belastung auswirkt und nicht mehr dazu in der Lage ist, positiv zu unserer Beziehung beizutragen? Warum führen unsere aggressiven Anteile also fast immer zu einem Ende unserer Liebe, statt sie wie in unserer frühen Kindheit sicherzustellen? Vor allem aber: Wie können wir lernen, der Aggression wieder zu ihrer ursprünglichen Bestimmung zu verhelfen? Aggression und Unmut sind natürliche Hilfsmittel, deren Zweck nicht in der Entzweiung, sondern in der Annäherung besteht.

Bedauerlicherweise kennen wir Aggression hauptsächlich in ihrer zerstörerischen Auswirkung auf die Liebe. Sie distanziert uns voneinander und läßt uns nicht selten mit dem unguten Gefühl zurück, daß wir denjenigen, den wir doch lieben, nicht unbedingt deswegen auch mögen. Ohne Zweifel hat jeder die zerstörerische Wirkung von Unmut und Aggression in anderen Ehen oder auch in der eigenen schon einmal erlebt. Vielleicht wurden Sie Zeuge einer sehr unschönen Szene zwischen einem Ehepaar, wie ich es kürzlich bei einem Wochenendeinkauf erlebte. Nennen wir dieses Paar einmal Mr. und Mrs. Roberts.

Der erste Eindruck, den dieses Paar vermittelte, war durchaus harmonisch. Mrs. Roberts probierte mehrere Mäntel an, während Mr. Roberts durch Nicken oder Kopfschütteln seine Zustimmung oder seine Bedenken kundgab. Als sie schließlich übereinkamen, daß der marineblaue Mantel nicht nur sehr gut aussah, sondern Mrs. Roberts auch sehr gut stand, schien der Einkauf für beide einen befriedigenden Abschluß gefunden zu haben. Und so begann Mr. Roberts zwischen den Kleiderständern herumzuschlendern, während seine Frau zur Kasse ging, um ihren neuen Mantel zu bezahlen. Als der Verkäufer kurz fortgeht, um Mrs. Roberts' Kreditkarte zu überprüfen, kommt Mr. Roberts zur Kasse zurückgeschlendert. Plötzlich, als er das offene Portemonnaie seiner Frau sieht, verdreht er die Augen und murrt verärgert: »Wie oft hab' ich dir gesagt, du sollst diese

Karte nicht für persönliche Ausgaben benutzen. Sie ist ausschließlich für geschäftliche Angelegenheiten gedacht.«

Obwohl Mrs. Roberts im ersten Moment wie vor den Kopf gestoßen ist, ist sie um eine Antwort nicht verlegen. Ohne zu zögern keift sie zurück: »Sag mir verdammt noch mal nicht, was ich zu tun habe. Es ist doch nun wirklich keine große Sache. Wenn die Rechnung kommt, gleiche ich das schon wieder aus.«

Die anfängliche Verstimmung wächst sich schnell zu richtiger Wut aus. Ohne sich große Mühe zu geben, seinen Ärger noch zu verstecken, platzt Mr. Roberts mit seiner Antwort heraus: »Na klar. Für dich ist das natürlich keine große Sache, denn du hast nicht die geringste Vorstellung davon, wieviel wir ausgeben. Wenn die Rechnungen kommen, bist du es nicht, der sie zahlt, sondern ich.«

Mit einem bitteren Unterton in ihrer Stimme pariert seine Frau: »Natürlich bist du es, denn du reißt ja alles an dich.« Ihre Stimme knistert vor Sarkasmus. Die Szene beginnt, häßlich zu werden.

»›Vater weiß es am besten.‹ Vater weiß ja alles am besten. Aber wenn er wirklich alles so gut weiß, warum hat er dann gerade seinen besten Kunden verloren?«

»Hexe«, zischt er sie an. »Ich gehe jetzt. Du kannst zusehen, wie du alleine nach Hause kommst.«

»Versager!« kontert sie. »Keine Sorge, ich find' schon ohne dich meinen Weg.«

Die Aggression in dieser Ehe hat ganz sicher nichts mit Liebe zu tun. Mr. und Mrs. Roberts verhalten sich eher wie Feinde als wie Liebende. Ihre Ehe kann sicherlich als aggressive Ehe bezeichnet werden. Sie wird nicht von Liebe, sondern von Haß bestimmt. Und so tragen Unmut und Aggression in ihr nicht zur Klärung der Probleme bei, sondern verschlimmern sie nur und schlagen zusätzliche Wunden. Die Aggressivität hat hier offenbar einen falschen Weg eingeschlagen. Jedoch ist diese unverhüllte und ebenso nutzlose wie destruktive Verdrossenheit nicht die einzige Weise, wie Aggression in einer Ehe falsch kanalisiert werden kann. Es gibt noch weitere, von diesem Typ abweichende Formen »aggressiver Verbindungen«.

Manche Leute haben mit der Aggression genau das entgegengesetzte Problem: Sie bleibt in ihrer Ehe gewissermaßen stumm. In einer solchen Partnerschaft kann die Aggressivität ihrer natürlichen Bestimmung nicht nachkommen, weil wir uns nicht trauen, überhaupt aggressiv zu werden! Ohne es zu wissen, verstecken solche Paare ihren Zorn. Es ist paradox, aber man kann in einer sehr aggressionsgeladenen Ehe leben und es nicht einmal wissen! *In sehr vielen aggressiven Ehen wird die Aggression verdrängt.* Aber unglücklicherweise wirkt sich die stille, versteckte Aggression nicht weniger destruktiv auf die Ehe aus als ihr lautes und offenkundigeres Pendant. Ehepaare können sich ebensogut durch schweigende Aggression wie durch offene Feindseligkeiten voneinander entfernen.

Wir alle kennen vermutlich Paare, bei denen sich die unterschwelligen Aggressionen zerstörerisch auf die Partnerschaft auswirken, ohne daß wir oder sie die Aggression als den Schuldigen für diese Entwicklung erkennen könnten. Tatsächlich erscheinen die meisten aggressionsgeladenen Ehen auf den ersten Blick kein bißchen aggressiv. Begeben wir uns noch einmal gemeinsam an die Kasse der Abteilung für Damenoberbekleidung und beobachten wir ein anderes Ehepaar – nennen wir es einmal Mr. und Mrs. Smith. Sie haben ein solches Paar bestimmt schon einmal gesehen: Schweigend steht es da, keiner berührt den anderen oder redet mit ihm. Es ist einfach da – als Paar, mehr aber auch nicht. Es ist das typische Ehepaar, von dem man schnell den Eindruck gewinnt, daß es sich nichts mehr zu sagen hat. Man sieht es, und unwillkürlich stellt sich der Gedanke ein: »Hoffentlich kommt es mit uns nie soweit!« Man fragt sich: »Was finden die überhaupt noch aneinander?« Auch die Vorstellung, daß sich bei ihnen im Schlafzimmer noch etwas abspielen könnte, fällt einem eher schwer.

Was ist das Problem bei diesem Ehepaar: Langeweile? Gleichgültigkeit? Depression? Nun, wohl nichts von alledem! Wie bei den Roberts handelt es sich auch hier um eine typisch aggressive

Ehe. Vielleicht sieht man es ihnen auf den ersten Blick nicht an, daß es unterdrückte Aggressionen sind, die sie voneinander entfremdet haben. Dennoch trifft genau das zu: Versteckte Aggressionen können sich genauso zersetzend auswirken wie offen ausgetragene Feindschaft, auch sie nehmen der Ehe jede Lebendigkeit und Freude. Auch da also, wo unsere Wut und Aggression unterdrückt ist, stellt sich das unschöne Gefühl ein, daß wir die Person, die wir lieben, nicht immer deswegen auch mögen. Sei die Aggression nun versteckt oder offen – dieses Buch will Ehepaaren für beide Fälle Hilfen an die Hand geben, wie sie sich aus solchen Krisen befreien und wie sie lernen können, den Partner nicht nur zu lieben, sondern auch zu mögen.

Das merkwürdige Phänomen der Aggression

Aggressionen, Zorn und Wut sind in der Tat merkwürdige Empfindungen. Es gibt nicht wenige Menschen, die alles nur Erdenkliche tun, um diese Gefühle zu vermeiden. Das Ausmaß, das diese Vermeidungskunst oft annimmt, kann einen geradezu in Erstaunen versetzen!

Dabei ist diese Vermeidung nur allzuoft unabsichtlich. Wir entscheiden uns nicht eigens dafür, unsere Aggressionen zu unterdrücken. In den meisten Fällen geht dies unbewußt vor sich. Jemand, der sich seine Aggressionen nicht eingesteht, ist also deswegen nicht unbedingt unaufrichtig. Er befindet sich wohl eher in der schwierigen Situation, daß er, was sein Gefühlsleben angeht, völlig im dunkeln tappt.

Leider aber hören Aggressionen dadurch, daß wir sie nicht zur Kenntnis nehmen, nicht auch sofort auf zu existieren. Sie verschwinden nicht, sondern werden nur unterdrückt und wirken nun im Untergrund weiter. Wenn dies geschieht, verschwinden für gewöhnlich auch die bekannten und offensichtlichen Anzeichen solcher Emotionen. Die Aggressionen sind zwar noch vorhanden, aber ihre äußeren Merkmale sind nicht mehr zu erkennen.

Wir werden uns im Verlauf dieses Buches den vielen komplizierten und faszinierenden Motiven zuwenden, die Aggressionen für uns zu einem Tabu machen. Dabei werden wir auch auf die Gründe stoßen, warum so viele Menschen, was ihr Gefühlsleben betrifft, so ganz und gar »im dunkeln« tappen. Aber was auch immer die Gründe dafür sein mögen – es ist zweifelsohne so, daß die Aggression in vielen Fällen ein peinlich gehütetes Geheimnis darstellt, etwas, das wir auch vor uns selbst verbergen! Viele, die einander ihr Jawort geben, geben unbewußt sich selbst noch ein weiteres Eheversprechen: »Ich will niemals aggressiv und zornig werden.«

Während offene Aggression unsere Ehe deutlich erkennbar zu einem Leidenspfad werden läßt, gilt dies in nicht minderem Maße auch für den versteckten Zorn. Auch er zerstört unsere Liebe und führt unausweichlich zu Problemen in der Ehe.

Die Sackgasse, in die Mr. und Mrs. Smith geraten zu sein scheinen, ist ein gutes Beispiel dafür: Ihre Beziehung läuft auf »Sparflamme«. Sie haben die Aggression in ihrer Ehe unterdrückt – und mit ihr all die bekannten Anzeichen dieses Gefühls. Aber ihre Aggression wirkt unterschwellig weiter. Sie verändert nur ihr Gesicht und zeigt sich nun als vage, unbestimmte Unzufriedenheit. Eine solche Ehe zeigt ihre Aggression oft in der Langeweile.

Im Laufe der Jahre sind mir in meiner Praxis viele Ehepaare wie die Smiths begegnet, Paare, bei denen die Aggression sich unter der immer gleichen Maske verbirgt: ihre Ehen sind nicht offen aggressiv, sondern langweilig und öde. Eine langweilige Ehe ist also häufig nichts anderes als eine vermummte aggressive Ehe! Wut und Zorn werden unter einer ruhigen, glatten Fassade versteckt – mit dem Ergebnis, daß die Ehe ereignislos, fade und deprimierend wird.

Die aggressive Ehe und ihre verschiedenen Masken

Der Hauptzweck dieses Buches besteht darin, Ihnen als Lesern Kriterien zu liefern, mit denen Sie erkennen können, ob auch Sie in einer aggressionsgestörten Ehe leben. Diese Aufgabe ist alles andere als einfach. Wie wir gesehen haben, kann die Aggression erstaunliche Verwandlungen durchmachen, Veränderungen, die sie kaum mehr als Aggression erkennbar werden lassen. Der versteckte Zorn kann nach außen eine Vielzahl von Erscheinungsformen annehmen. Monotonie ist nicht die einzige Maske, unter der sich Aggressionen in der Ehe verbergen können:

o Audrey und Orin können sich kaum mehr an ihren letzten Streit erinnern. Aber sie gehen sich aus dem Weg und verbringen ihre Tage in weit auseinanderliegenden Winkeln ihres geräumigen viktorianischen Hauses. Audrey plagt sich häufig mit ihrer Migräne herum, und Orin hantiert stundenlang in der Garage mit seinem Werkzeug.

o Es kommt nie vor, daß Suzy und Dwayne laut miteinander werden. Aber Dwayne ist dafür bekannt, daß er bei seinen Untergebenen schnell in die Luft geht, und Suzy kann es auf den Tod nicht ausstehen, wenn ihr Vorgesetzter ihr gegenüber »Dampf abläßt«. Beim gemeinsamen Abendessen tauschen sie dann oft Geschichten aus, »wie schrecklich es in der Welt draußen zugeht«.

o Pearl und Dwight gehen ausgesprochen höflich miteinander um, allerdings hat sie große Probleme mit ihrem Gewicht und er mit der Treue. Pearl bringt an jedem Hochzeitstag einige Kilo mehr auf die Waage, und Dwight scheint sich gegen seine ständigen Affären nicht wehren zu können: »Das spielt aber im Grunde keine Rolle«, sagte er. »Es ist für mich im Prinzip nicht anders als Tennisspielen.«

o Marianne und Scott sind ein sehr ruhiges Paar, aber Scotts Mutter bringt Marianne regelmäßig zur Weißglut. Sie ist der sprichwörtliche Hausdrachen von einer Stiefmutter.

All diese Ehepaare leben in aggressionsgestörten Ehen. Ohne es zu wissen, leiden sie unter ihren unterdrückten Aggressionen. In diesem Punkt sind sie ganz wie das Ehepaar Smith. Was sie voneinander unterscheidet, ist allein die Art und Weise, wie die unterdrückte Wut sich äußert. Jedes Paar hat gewissermaßen seine eigene Verkleidung für seine Aggressionen entwickelt, nicht anders vielleicht als wir. Leider hindern diese verschiedenen Verkleidungen die Aggression aber keineswegs, sich auf heimtückische Weise negativ auf unser Arbeits-, Familien- und nicht zuletzt auf unser Liebesleben auszuwirken.

Offene und versteckte Aggression in der Ehe

Aggressionen können ihr zerstörerisches Werk also entweder im stillen verrichten oder dadurch, daß nicht konstruktiv mit ihnen umgegangen wird. In *beiden* Fällen hindern sie uns daran, von unserem Partner das zu bekommen, was wir wollen und brauchen. Beide Wege belasten unsere engsten Beziehungen, bringen uns Leid und führen zu einer Ehe, die emotional unbefriedigend bleibt.

Obwohl diese beiden »Methoden«, mit Aggressionen umzugehen, auf den ersten Blick sehr verschieden wirken, sind sie einander im Grunde doch sehr ähnlich. Beide dienen gewissermaßen dem gleichen Herrn: Sie zementieren den Status quo. Sie verfestigen die gegenseitigen Frustrationen und Enttäuschungen. Die Ehepartner werden durch sie in ihren Verhaltensweisen bestärkt, obwohl sie genauso ausweglos wie zerstörerisch sind. Diese Gefängnissituation ist ein deutliches Kennzeichen für eine aggressionsgestörte Ehe. Die Konsequenzen beider Methoden unterscheiden sich also bedauerlicherweise nicht im geringsten: Wir stehen am Ende so oder so mit einer Ehe da, die nicht hält, was wir uns von ihr versprochen haben.

Flexibilität, Anpassungsfähigkeit, Spontaneität, Kreativität, Freude, Enthusiasmus, Vitalität, Sexualität und Leidenschaft – alle diese Qualitäten, die eine befriedigende Ehe auszeichnen, fallen der starren Ausweglosigkeit der aggressiven Ehe zum Opfer.

Die aggressive Liebe und ihre verschiedenen Typen

Wir haben bis jetzt zwei klar voneinander verschiedene Gruppen aggressiver Eheführung kennengelernt: den offenen und den versteckten Typ. Bei genauerem Hinsehen aber lassen sich diese beiden Typen noch einmal in insgesamt sechs Untergruppen unterteilen, die sich ebenfalls deutlich voneinander abheben. Beginnen wir mit der Gruppe der Paare, die ihre Aggressionen offen austragen. Die Aggression kann hier in zwei typischen Formen auftreten: als HEMMUNGSLOSIGKEIT und als PROVOKATION. In der anderen Gruppe, in der die Aggression versteckt auftritt, lassen sich vier verschiedene Austragungsweisen von Aggression erkennen: das ÜBERSPIELEN, die VERLAGERUNG, das SYMBOLISIEREN und die UNTERDRÜCKUNG.

Dies sind die wohl typischsten Erscheinungsformen aggressionsgestörter Ehen. Und sollten Sie in einer solchen Ehe leben, werden Sie sich sehr wahrscheinlich in einer dieser Gruppen wiederfinden!

Die offenen Austragungsformen der Aggression

Die häufigsten Erscheinungsformen dieser Gruppe sind also die Hemmungslosigkeit und die Provokation. Beide Typen unterscheiden sich in der Intensität, mit der die Aggression empfunden und ausgetragen wird. Dennoch würden sowohl die »Hemmungslosen« als auch die »Provozierer« auf die Frage »Leben Sie in einer aggressiven Ehe?« mit einem eindeutigen »Ja!« antworten.

DIE HEMMUNGSLOSE AGGRESSION. Paare dieses Typs leben wie auf einem Pulverfaß. Sie streiten, keifen, kämpfen, schreien und bollern in einer Tour. Jeder der Partner glaubt, nur zurückzuschlagen, die Gemüter erhitzen sich, und so eskaliert die Aggression immer mehr, während auf der anderen Seite die Bereitschaft zur Aussöhnung immer geringer wird. Das aggressive Pingpong der Roberts mit ihren unaufhörlichen Beleidigungen,

Anklagen, Vorwürfen und Vergeltungsschlägen ist ein sehr gutes Beispiel für diesen Typ aggressiver Eheführung.

DIE PROVOZIERTE AGGRESSION betrifft Ehepaare, bei denen die Aggression nicht in dieser Weise auf beiden Seiten besteht. Vielmehr ist es jeweils nur einer der Partner, der den anderen zur Weißglut bringt. Es handelt sich hierbei also um eine Beziehung mit genau verteilten Rollen. Während der eine Partner vor Wut schäumt, fühlt sich der andere völlig unschuldig und kann die Vorwürfe des Partners gar nicht verstehen. Eine solche Rollenverteilung ist für diesen einseitigen Typ aggressiver Eheführung charakteristisch.

Die versteckten Formen der Aggression

Die vier typischsten Aggressionsformen dieser Gruppe sind das Überspielen, die Verlagerung, das Symbolisieren und die Unterdrückung. In allen vier Typen drückt sich die Aggression gleichermaßen nur in versteckter Form aus. Dennoch unterscheiden sie sich deutlich durch die Art und Weise, wie die Aggression umgewandelt und maskiert wird:

DIE ÜBERSPIELTE AGGRESSION findet sich bei Paaren, die ihre Aggressionen hinter den verschiedenartigsten Aktivitäten verbergen: Spielen, Trinken, Affären, die Arbeit und sogar das Essen sollen den Ärger ersticken und ausgleichen. Pearl und Orin, die, wie wir gesehen haben, sich in die Liebe zum Essen bzw. in außereheliche Affären gestürzt haben, sind ein gutes Beispiel für solch ein aktives Überspielen der Aggression.

DIE VERLAGERTE AGGRESSION findet sich typischerweise bei Eheleuten, die genau wissen, was Aggression bedeutet, die aber peinlich genau darauf achten, daß sie ihre Wut nie aneinander auslassen. Sie suchen sich äußere Feinde als Sündenböcke. Da sie selber immer im Recht sind, müssen der Arbeitgeber, die Verwandten und bevorzugt die angeheirateten Verwandten als

Zielscheibe herhalten, gegen die sie ihren »gerechtfertigten« Ärger richten können. Solche Paare versuchen, ihre eigene Beziehung von Aggressionen freizuhalten, indem sie sie gleichsam auslagern und auf Fremde projizieren.

DAS SYMBOLISIEREN DER AGGRESSION zeigt sich bei Ehepaaren, die ihre Aggressionen nicht direkt, sondern indirekt über Symbole ausdrücken. Dabei wird der eigene Körper dazu benutzt, die unterdrückte Wut nach außen zu signalisieren. Statt der Aggression aber zeigen sich Unpäßlichkeit, Krankheiten, Leiden und Schmerzen. Die Aggression ist also als solche nicht mehr zu erkennen, sie hat sich in Krankheitssymptome verwandelt, die von einem der Partner entwickelt werden und um die der andere sich dann kümmern muß. Bei dieser Form der Aggressionsbewältigung findet quasi eine Arbeitsteilung statt: Der eine Partner wird schwach und gebrechlich, während der andere als Krankenpfleger auftritt. Audreys Migräne ist ein solcher Symbolisierungsversuch. Sie beherrscht ihre Ehe mit Orin vollkommen.

DIE UNTERDRÜCKTE AGGRESSION findet sich bei Paaren, die Wut und Ärger ganz und gar und um jeden Preis unterdrücken. Sobald sich auch nur die geringste Mißstimmigkeit zeigt, wird sie schon unterdrückt. Die Aggression wird unbewußt von Heim und Herd verbannt. Solche Paare führen Ehen, die völlig frei von allen Aggressionen sind, allerdings auch von jeder Dynamik, Leidenschaftlichkeit und jeglicher Lebendigkeit. Die fade und glanzlose Ehe der Smiths stellt eine solche Unterdrükkerbeziehung dar.

Das Gift der Aggression

Es ist wichtig, noch einmal darauf hinzuweisen, daß die Aggression in den vier zuletzt genannten Formen *nicht bewußt oder absichtlich aus der Beziehung ausgeschlossen wird.* Es findet hier kein psychologisches Versteckspiel statt. Diese Menschen haben sich nicht bewußt dafür entschieden, ihre Aggressionen zu verbergen. So etwas geschieht nie aufgrund klarer Überlegungen. Vielmehr sind es stets unbewußte Motive, die uns veranlassen, unsere »negativen Gefühle« aus der Ehe zu verbannen.

Die entscheidende Frage ist nun: Was treibt uns zu einem solchen Selbstbetrug? Warum sind wir gegenüber solchen doch im Grunde sehr alltäglichen und normalen Gefühlen wie der Aggression so distanziert?

Erstaunlicherweise wachsen die meisten von uns mit dem Gefühl auf, daß Aggressionen gefährlich sind, daß sie unser Leben wie ein Gift langsam zerstören können. Ohne es zu wissen, werden wir von einem ganzen Katalog von Horrorvorstellungen über die Aggression und ihre Wirkungen bestimmt. Ich will hier nur die wichtigsten aufzählen:

Wenn ich aggressiv bin . . . werde ich verlassen.
Wenn ich aggressiv bin . . . werde ich für dumm gehalten.
Wenn ich aggressiv bin . . . wird mich niemand mögen.
Wenn ich aggressiv bin . . . bin ich nicht feminin.
Wenn ich aggressiv bin . . . bin ich zu dominant.
Wenn ich aggressiv bin . . . bin ich häßlich.
Wenn ich aggressiv bin . . . bin ich unvernünftig.
Wenn ich aggressiv bin . . . zerstöre ich mich selbst.
Wenn ich aggressiv bin . . . zerstöre ich andere.
Wenn ich aggressiv bin . . . verliere ich die Kontrolle.
Wenn ich aggressiv bin . . . gehe ich daran zugrunde.
Wenn ich aggressiv bin . . . verliere ich den Verstand.
Wenn ich aggressiv bin . . . bringe ich nur Schande über mich.
Wenn ich aggressiv bin . . . mache ich das Schlechteste, das in mir steckt, wahr.

Wenn unsere unbewußten Vorstellungen über die Aggression tatsächlich so aussehen, ist es dann noch ein Wunder, daß wir sie, koste es, was es wolle, loswerden wollen? Wohl kaum! Unsere heimliche Annahme, daß Aggressionen bedrohlich, zerstörerisch und schädlich sind, läßt es nur vernünftig erscheinen, alles zu tun, um sie nicht zur Wirkung kommen zu lassen.

Wie aber schaffen wir es, unsere Aggression loszuwerden? Hier hilft uns unser Unterbewußtsein. Unbewußt lassen wir uns nämlich mit diesem »Teufel« Aggression auf einen Handel ein. Es ist wie bei einem großen Ausverkauf: Wir werden unsere unliebsamen offenen Aggressionen endlich los, bekommen dafür aber eine unglückliche Ehe. Leider lassen sich sehr viele Menschen auf diesen Handel ein!

Vielleicht mutet der Vergleich mit einem »großen Ausverkauf« im ersten Moment etwas seltsam an. Dennoch glaube ich, daß er uns auf etwas Entscheidendes aufmerksam machen kann: Wir werden die unliebsamen zerstörerischen Kräfte unserer Aggressionen zwar endlich los, quasi wie ungeliebte Ladenhüter, aber bei diesem Handel machen wir große Verluste.

Auch wenn dieser Handel auf eine merkwürdige Weise »Sinn macht«, ist doch unsere allzu schnelle Bereitschaft, auf ihn einzugehen, fast tragisch. Was wir nämlich nicht dabei bedenken, ist, daß unsere heimlichen Vorstellungen von der Aggression auch falsch sein könnten. Wir stellen uns unseren Ängsten nicht!

Die »Logik« hinter diesem Handel beruht auf einem Mythos: dem Märchen vom gefährlichen »Teufel« Aggression, der eine ungeheure Macht besitzt. Solange wir unsere Aggressionen nicht frei und offen äußern, nehmen wir uns selbst die Möglichkeit zu erkennen, daß die Aggression vielleicht *nicht* so gefährlich ist, wie unser Unterbewußtsein uns glauben machen möchte! Solange wir unsere Aggressionen überspielen, unterdrücken, symbolisieren und verlagern, bleiben wir unseren heimlichen Annahmen über sie verfallen. Die Aggression wird so lange das schreckliche Gespenst im Keller unseres Unterbewußtseins bleiben, wie wir nicht hinabsteigen, um Licht zu machen und zu erkennen, was sie in Wirklichkeit ist. Erst dann werden wir sehen können, daß sie keine Gefahr darstellt!

Allerdings braucht man für einen solchen Schritt viel Mut. Es ist alles andere als leicht, die Schreckensbilder von der Aggression preiszugeben. So befremdend sie unserem erwachsenen

Verstand erscheinen mögen, diese Schreckensvisionen sind tiefsitzende, beharrliche Kindheitsvorstellungen. Auch wenn wir kritische Erwachsene sind, tief in unserem Inneren glauben wir immer noch an sie.

Dieses Buch wird Ihnen eine Fülle von Beispielen vorführen, in denen gezeigt werden soll, daß die Aggression mit der »ungezähmten Bestie«, die wir darin sehen, nichts zu tun hat. Dabei wird deutlich werden, daß aggressive Gefühle in Worte gefaßt werden können. Wir werden sehen, wie das »schreckliche Monster« plötzlich zu reden beginnt, statt nur unkontrolliert seine »verheerende Wirkung« zu entfalten. Die Sprache besitzt eine enorme bändigende Kraft. Wenn wir unseren Worten erlauben, unseren aggressiven Empfindungen Ausdruck zu verleihen, geben wir uns damit die Chance, endlich unseren wahren inneren Feind loszuwerden – unsere *Angst*.

Der Teufelskreis der Aggression

Ob unser aggressiver Beziehungsstil nun von der offen destruktiven oder unausgesprochenen, unterdrückten Art ist – der Effekt ist am Ende immer der gleiche: Wir stecken in einem selbstzerstörerischen Teufelskreis der Aggression fest. Dies ist vielleicht das wichtigste Kennzeichen überhaupt für die aggressive Ehe, und es läßt sich bei der unterdrückt aggressiven Eheführung nicht weniger deutlich als bei ungehemmt aggressiven Paaren nachweisen.

Wie kommt es, daß aggressionsgestörte Ehen anscheinend immer in diesem Kreislauf enden? Was läßt sie zu diesem »Reigen« oder »Tanz« der Aggression, wie es einmal von einem Psychologen formuliert wurde, herabsinken?[2]

Dieser Teufelskreis entsteht, weil die Ehepartner nicht das voneinander bekommen, was sie wirklich brauchen. Dadurch, daß ihre Bedürfnisse nicht befriedigt werden, befinden sie sich in einem Zustand ständiger Frustration. Und es ist diese Hoffnungslosigkeit, die der aggressiven Ehe zugrunde liegt. Unbefriedigte Bedürfnisse und ständige Frustrationen sind die Wurzeln der aggressiven Ehe.

Das Hauptproblem der Partner in einer aggressionsgestörten Ehe ist also der ständige Kampf gegen die eigene Frustration. Es klafft ein riesiges Loch zwischen ihren Bedürfnissen und dem, was sie von ihrem Partner tatsächlich bekommen. Es fehlt einfach etwas, und dieses »fehlende Etwas« läßt sich tatsächlich in jeder aggressiven Ehe nachweisen.[3]

Es grenzt schon fast an Tragik, daß die meisten Menschen, obwohl sie an ihren unbefriedigten Bedürfnissen leiden, im Grunde gar nicht wissen, worin diese Bedürfnisse bestehen. Sie bekommen zwar die schmerzlichen Folgen dieses Fehlens zu spüren, können aber diese Lücke nicht wieder schließen!

Wie kommt es zu dieser paradoxen Situation? Der Grund hierfür dürfte darin liegen, daß diese Menschen ihre Bedürfnisse ins Unterbewußtsein verdrängen. So können die unbefriedigten Bedürfnisse die Partner in eine aggressionsbelastete Ehe treiben, ohne daß sie von ihnen erkannt werden.

Um aus dieser Sackgasse herauszukommen, müssen wir uns unsere verdrängten Bedürfnisse wieder bewußt machen. Das vage, unbestimmte »fehlende Etwas«, von dem wir sprachen, muß zu einem genau erkannten »Dies« werden. Wir müssen das, was unserer Beziehung fehlt, genau benennen lernen. Nur so läßt sich die »Frustrationslücke« schließen, und nur so werden wir von unserem Partner das bekommen, was wir wirklich brauchen. Was hier also nottut, sind Erkenntnis und Einsicht. Diese zu erlangen, ist jedoch keine einfache Aufgabe. Deswegen wird ein großer Teil dieses Buches versuchen, Sie, die Leser, auf diesen notwendigen Weg der Erkenntnis zu führen.

Erkenntnis:
Die Möglichkeit, den Teufelskreis zu durchbrechen

Ehepaare *können* den Teufelskreis der aggressiven Ehe durchbrechen. Allerdings braucht es dafür mehr als Ermunterungen, Lektionen, Ratschläge, Vorschläge, Regeln, Rügen, Denksprüche und Ermahnungen. Sicherlich sind solche Ansätze gut gemeint. Aber sie helfen uns nicht, unsere selbstzerstörerischen Verhaltensmuster aufzugeben. Unsere Psyche funktioniert leider nicht so simpel, als daß das bloße Besser-Wissen allein schon genügte, unsere Probleme zu lösen.[4] Dafür braucht es wesentlich mehr.

Was uns fehlt, sind wirkliches Verständnis und Selbsterkenntnis. Wir müssen verstehen, wie wir in diesen destruktiven Strudel der aggressiven Ehe hineingeraten sind und welche unbekannten Kräfte uns zu unserem jeweiligen Aggressionsstil getrieben haben. Wir werden erst wissen, wie wir aus diesem unproduktiven Teufelskreis der aggressiven Ehe herauskommen, wenn wir verstanden haben, wie wir in ihn hineingekommen sind. (Ein solches Wissen – das Buch wird das noch zeigen – ist erstaunlicherweise in den allerseltensten Fällen vorhanden.) Um also »Nein« zur aggressiven Ehe sagen zu können, müssen wir verstehen, warum wir überhaupt damals »Ja« zu ihr gesagt haben. Nur eine solche Selbsterkenntnis kann die aggressive Ehe zu einer produktiven, befriedigenden Partnerschaft machen. Sie ist der Weg, auf dem wir das »fehlende Etwas« wiederfinden können! Erst wenn wir unsere Situation erkannt haben, wird sie sich ändern können – und wir uns mit ihr!

Erkenntnis: Ein erster Schritt

Ein erstes Verständnis der eigenen Situation herbeizuführen, ist eigentlich nicht allzu schwer. Der erste Schritt ist im Grunde schon gemacht, wenn man erkannt hat, daß Beziehungen (auf einer allerersten Ebene) zwei Formen von Aggressionsstörungen annehmen können: diejenige, in der die Aggression offen destruktiv wirkt, und die andere, in der die Eheleute überhaupt keine Aggressionen an den Tag legen. Die schon erwähnten Untergruppen (also Hemmungslosigkeit, Provokation, Überspielen, Verlagerung, Symbolisierung und Unterdrückung) sind nur Ausarbeitungen dieser Grunderkenntnis. Worauf es zunächst ankommt, ist, sich klarzumachen, in welche Kategorie man selber fällt, darüber nachzudenken, ob die eigene Ehe der »lauten« oder der »schweigsamen« Aggression unterliegt. »Sind wir das eine oder das andere?« Diese Frage ist der Grundstein zur echten Erkenntnis.

Wenn Sie bei Ihrer Selbstprüfung schon so weit gekommen sein sollten zu begreifen, welche der sechs Unterformen in Ihrer Ehe wirkt, so haben Sie natürlich schon ein großes Stück des Weges geschafft. Aber daß Sie dies schon an dieser Stelle tun, erwarten wir gar nicht. Die sechs Aggressionsprofile werden noch eingehend im Verlauf dieses Buches zur Sprache kommen. Gehen wir aber trotzdem einmal davon aus, daß es Ihnen gelingen wird, den genauen Aggressionsstil Ihrer Ehe isolieren zu können – was dann? Wie kann Ihnen dieses Buch dann weiterhelfen? Nun, die Hauptaufgabe wird darin bestehen, in das Dunkel Ihrer eigenen Psyche und Ihrer Ehe einzudringen!

Lernen, die eigenen Bedürfnisse zu verstehen: Die Anatomie der Ehe

Es ist bereits darauf hingewiesen worden, daß die Partner in einer aggressiven Ehe ihre eigenen Bedürfnisse nicht kennen. Und genau das ist der Haken: So verzweifelt wir auch darauf hoffen, daß unsere Bedürfnisse befriedigt werden, es ist schlichtweg unmöglich, da die wenigsten von uns wissen, worin ihre Bedürfnisse eigentlich bestehen!

Es ist so zentral für das Problem der aggressionsgestörten Ehe, daß es nicht oft genug wiederholt werden kann: Jede aggressive Ehe wird von unbewußten Kräften regiert. Eben weil wir die wirklichen psychischen Gründe für unser Dilemma nicht kennen, entwickeln wir in unserer Ehe aggressive Störungen. Unsere versteckten, verdrängten Gefühle sind die untergründigen Drahtzieher unserer aggressiven Ehe. Und dennoch haben wir nicht die geringste Ahnung, welcher Art diese Gefühle sind und wie sie unser Verhalten beeinflussen.

Und so schnappt die Falle zu. Unsere wirklichen Bedürfnisse

liegen unerreichbar tief in unserem Unterbewußtsein vergraben. Also können wir sie nicht mitteilen und leben folgerichtig in einer aggressionsgeladenen hilflosen Frustration. Die Befriedigung unserer Bedürfnisse bleibt also weiterhin aus, und so wird der Teufelskreis der Aggression aufrechterhalten!

Indes ist es nicht unmöglich, den Mechanismus zu durchschauen und zu begreifen, durch den uns die unbefriedigten Bedürfnisse in die unglückliche Ehe treiben. Zu diesem Zweck muß man sich die *Anatomie der Ehe* klarmachen. Es ist tatsächlich möglich, eine Ehe psychologisch zu »sezieren« und so den besonderen Aggressionsstil und die unterdrückten Bedürfnisse freizulegen, die die eigene Beziehung belasten. Ein Schwerpunkt dieses Buches wird darin liegen, eine solche »Anatomie der Ehe« aufzustellen. Dabei wird sich zeigen, daß jede aggressive Ehe quasi aus drei getrennten Schichten besteht:

▷ Die Alltags- oder Oberflächenehe – damit ist die ganz alltägliche Beziehung gemeint, die Ehe, in der man mit seinem Partner zu leben »glaubt«. Auf dieser Ebene manifestieren sich die besonderen Aggressionsstile, die eine Ehe belasten (also die Ungehemmtheit, das Provozieren, das Überspielen, die Verlagerung, das Symbolisieren und die Unterdrückung).
▷ Die unsichtbare oder verborgene Ehe. Das ist die Ehe, die sich unterhalb dieser Oberfläche abspielt, die Schicht der Ehe, in der die *unbewußten Bedürfnisse* angesiedelt sind.
▷ Die Ursprungs- oder Primärehe. Sie bildet den tiefen, verdrängten Urgrund unserer Ehe. Wie überflüssiges Gepäck schleppen wir in ihr die frühen Enttäuschungen und schmerzlichen Erfahrungen unserer Kindheit mit, aus der sich unsere unbewußten Bedürfnisse (auch heute noch) speisen.

Sie werden im Laufe dieses Buches sehen, daß die eigene Aggressionsstörung nur zu beheben ist, wenn man diese drei Ebenen verstanden hat und die unbewußten Bedürfnisse, die einen leiten, erkennt. Aus diesem Grund wird das Modell dieser drei widerstreitenden Ebenen Ihnen, den Lesern, eingehend nahegebracht werden. Ja, es wird eine Ihrer Hauptaufgaben sein müssen, diese drei Ebenen in Ihrer Ehe zu erkennen, wenn Sie Ihre Partnerschaft wieder beleben wollen.

Dieses Buch ist so aufgebaut, daß Ihnen der Erkenntnisprozeß bei jedem der sechs Aggressionsstile möglichst leichtgemacht wird. In einem ersten Schritt wird jeweils eine Art Profil des einzelnen Aggressionsstils gezeichnet. Dabei wird Ihnen die Gelegenheit gegeben, den besonderen Stil zu isolieren, der in *Ihrem* Ehealltag, in Ihrer Oberflächenehe also, wirkt. Daraufhin werden Strategien besprochen, wie Sie sich die eigenen unbewußten Bedürfnisse, die Ihre »unsichtbare Ehe« dominieren, bewußtmachen können. Und schließlich wird Ihnen über eine genaue methodische Anleitung die Erforschung Ihrer eigenen Vergangenheit ermöglicht werden, so daß Sie den Ursprung Ihrer Bedürfnisse in der Kindheit, und damit Ihre Primärehe, besser begreifen können.

Da die meisten dieser Informationen verdrängt und selbst Ihnen nicht ohne weiteres zugänglich sind, wird Ihnen dieses Buch den Prozeß der Selbsterkenntnis durch eine von mir entwickelte Technik zu erleichtern suchen: dem *Dekodieren der eigenen Kritik.* Jede Beschwerde enthält eine versteckte psychologische Information über das Unbewußte. Deshalb ist es möglich, von den ganz gewöhnlichen, alltäglichen Meckereien und Klagen der Oberflächenehe auf die in ihnen verborgenen emotionalen Tatsachen zu schließen. Die Analyse Ihrer ehelichen Klagen kann Ihnen also dabei helfen, die verdrängten Bedürfnisse wieder ans Licht zu holen und zu erkennen.

Dieses Buch wird Sie darin unterstützen, sich aus Ihrer aggressiv belasteten Beziehung zu befreien und zu einer erwachsenen Ehe zu finden. Sie werden feststellen, daß Sie aus der Sackgasse Ihrer ehelichen Frustration wieder herausfinden, wenn Sie lernen, die Disharmonie Ihrer drei Ehe-Ebenen aufzuheben und zu einer einheitlichen, reifen Ehe zu finden, einer Ehe, die frei von verdrängten Bedürfnissen ist.

Auf eine reife Weise zu leben und zu lieben, eine »erwachsene Ehe« zu führen, bedeutet, die eigene Beziehungsstruktur nach den gewonnenen Einsichten zu verändern. Dazu aber müssen die Partner lernen, ihre Bedürfnisse klar mitzuteilen. Es bedarf hier quasi einer neuen Sprache der Liebe, einer Kommunikationsform, die auf Einsicht und gegenseitigem Verständnis basiert. Das praktische Problem, wie man diese »Kunst« der emotional-psychologischen Kommunikation, die im Zentrum der neuen Sprache der Liebe steht, lernen kann, wird noch in ausführlicher Form in diesem Buch behandelt. Tatsächlich ist die »Übersetzung« der neuen Erkenntnis in eine solche Form der Kommunikation ein entscheidender Bestandteil des Buches. Denn die richtige Sprache zu finden, die Worte, die unsere vormals unterdrückten Gefühle angemessen wiedergeben, kann eine enorme und bleibende Veränderung in unserer Ehe herbeiführen!

Sie haben jetzt eine grundsätzliche Vorstellung von dem, was eine aggressive Ehe ist. Was aber dürfen Sie nun erwarten?

SIE DÜRFEN EINEN KATALOG VON ORIENTIERENDEN FRAGEN ERWARTEN, DER IHNEN HELFEN WIRD, ZU EIGENEN LÖSUNGEN ZU FINDEN.
Die bereits angesprochenen sechs Aggressionsstile werden in diesem Buch in aller Ausführlichkeit zur Entfaltung kommen. Dabei werden Sie mit einer Menge Informationen, aber auch mit vielen Fragen konfrontiert werden. Nachfragen, Forschen, Untersuchen – dies sind die Mittel, durch die man zu einem echten Selbstverständnis gelangt. Sie bewirken oft wesentlich mehr als noch so stimmige Antworten. Eine gute Frage kann Sie dazu bringen, sich in einem neuen Licht zu sehen, kann Ihnen ein neues Bild von sich und Ihrem Partner vermitteln – und das ist ein wichtiger Schritt zu einer neuen Ehe.

SIE DÜRFEN ERWARTEN, SICH UND IHREN BESONDEREN AGGRESSIONSSTIL BESSER KENNENZULERNEN.
Mit unserer Darlegung der sechs typischen Formen aggressiver Ehe wollen wir Ihnen die Möglichkeit geben, sich in einer

dieser Formen wiederzufinden. Gehen Sie davon aus, daß dies geschehen wird. Wenn Ihre Ehe unter Aggressionsstörungen leidet, werden Sie sich aller Wahrscheinlichkeit nach in einer der sechs Untergruppen (also Hemmungslosigkeit, Provokation, Überspielen, Verlagerung, Symbolisieren, Unterdrückung) oder aber in einer Kombination mehrerer dieser Aggressionsstile wiederentdecken!

Sie dürfen dieses Buch also mit allem Recht als eine Art Fibel betrachten, in der Sie gewissermaßen das psychologische ABC lernen, das Ihnen hilft, ein neues Verständnis Ihrer Beziehung in Worte zu fassen. Versuchen Sie, beim Lesen keinen der sechs Aggressionsstile zu überspringen, selbst wenn es Ihnen noch so unwahrscheinlich vorkommt, daß Sie von dem einen oder anderen betroffen sein könnten. Jedes einzelne dieser Aggressionsmuster, ob es nun hundertprozentig auf Sie zutrifft oder nicht, ist ein integraler Bestandteil des Gesamtprozesses, in dem Sie Ihren eigenen Aggressionsstil verstehen lernen.

SIE KÖNNEN ERWARTEN, DASS IHRE SITUATION BESSER WIRD.
Dieses Buch kann für Ihr Leben einen echten Durchbruch bedeuten. Ich meine das nicht als leichtfertiges Versprechen, so als könnten Sie sich allein durch Durchblättern dieser Seiten eine rosige Zukunft für Ihre Ehe sichern. Vielmehr soll dieser Satz Optimismus ausdrücken, einen Optimismus, der auf der in jahrelanger Arbeit gewonnenen Erfahrung basiert, daß der richtige Impuls jeden dazu bringen kann, sich zu ändern und zu wachsen. Der Mensch ist ein erstaunlich findiges und zähes Wesen. Hat er einmal etwas entdeckt, was sein Leben verändern kann, so kann er es fast immer auch herbeiführen. Ich habe wieder und wieder die Erfahrung machen können, daß auch scheinbar völlig freud- und hoffnungslose Beziehungen sich regenerieren können. Leidenschaft, Sex, das gemeinsame Lachen und Reden, Freude, Respekt und Freundschaft können ihren Weg wieder in die Ehe zurückfinden und dort erneut heimisch werden, wenn die Ehepartner es schaffen, das »fehlende Etwas« Ihrer Beziehung zu finden.

Am Ende dann, wenn es wirklich keine versteckten Aggressionsherde mehr in Ihrer Ehe gibt, wenn Sie Ihre tiefsten und oft schmerzlichsten Gefühlswahrheiten kennen und wenn Sie wissen, wie Sie darüber reden können, werden Sie endlich in der Lage sein, »NEIN« zu Ihrer aggressiven Ehe und »JA« zu Ihrer Liebe zu sagen.

KÖNNEN SIE ERWARTEN, DASS DIE AGGRESSIONEN VERSCHWINDEN?

Am Anfang ist die Aggression nur ein Signal, durch das wir der Welt mitteilen wollen: »Hier bin ich! Bitte reagiert auf mich!« Sie fordert die Aufmerksamkeit unserer Umwelt ein und verschafft uns so Geltung in ihr. Wir formen die Welt durch unsere Aggression und werden so in gewisser Weise durch sie geformt. Die Aggression verhilft uns zu uns selbst – zu unserer Existenz, sie knüpft das Band der Liebe zwischen uns und unserer Umgebung.

Mit der Zeit allerdings verliert die Aggression diese Bedeutung. Ihr eigentlicher Zweck geht verloren. Unser Ziel ist es nun, der Aggression zu ihrem ursprünglichen Sinn zurückzuverhelfen. Entsprechend bedeutet das Ende der aggressiven Ehe nicht das Ende der ehelichen Aggression. Sondern es bedeutet, daß man die Aggression in ihrer ursprünglichen Bedeutung zu nutzen lernt – daß man sie als Geschenk versteht, das uns helfen kann, uns selbst zu definieren, zu unserer Umwelt in Kontakt zu treten, sie zu formen und von ihr geformt zu werden. Die Aggression hilft uns zu lieben und geliebt zu werden. Die Aggression hat ihren rechtmäßigen Platz in der Natur der Liebe. Unsere Aufgabe ist es, ihr zu ihrem angestammten Platz zurückzuverhelfen. Das ist Absicht und Kern dieses Buches.

Aber beginnen wir mit dem ersten Schritt. Bevor wir uns all diesen Problemen zuwenden können, muß zunächst geklärt werden, ob auch Sie in einer aggressiven Ehe leben. Ist Ihre

Beziehung wirklich eine aggressive Ehe oder auf dem Wege dazu? Wie kann man das überhaupt jetzt schon beurteilen? Woran erkenne ich es? Die Beantwortung dieser Fragen wird uns im nächsten Kapitel beschäftigen, und sie wird – wie nicht anders zu erwarten – viele weitere Fragen nach sich ziehen!

Kapitel II
Leben Sie in einer aggressiven Ehe?

»Meine Frau und ich haben eine gemeinsame Grundregel – niemals mit irgendwelchen ungeklärten Streitigkeiten zu Bett zu gehen. Es ist für uns beide bereits die zweite Ehe, und wir haben es am eigenen Leibe erfahren, was es für die Liebe bedeutet, wenn Zorn und Unmut nicht sofort aus der Welt geschafft werden. Deshalb ist es uns wichtig, daß wir mit positiven und freundschaftlichen Gefühlen schlafen gehen. Ich glaube, das ist auch der Grund, warum wir es so weit geschafft haben.«

Dieser distinguierte Australier, der jetzt schon über achtzig ist, lebt seit vier Jahrzehnten in einer sehr befriedigenden, solidarischen Ehe. Er hat es »so weit geschafft«, weil er eine Einsicht gewonnen hat, von der viele Ehepaare (und besonders aggressive Ehen) profitieren können: Liebe allein reicht nicht aus!

Damit die Ehe gedeiht und funktionieren kann, muß man neben der Liebe auch ein gewisses freundschaftliches Wohlwollen aufbringen. Die Grundlage einer stabilen und soliden Partnerschaft liegt in den solidarischen, teilnehmenden Empfindungen, die Männer und Frauen füreinander haben können. Zur Leidenschaft muß sich also noch die Freundschaft gesellen. Wir müssen spüren, daß der andere uns gegenüber wohlwollend, freundschaftlich und liebevoll eingestellt ist. Wir müssen immer wieder erfahren, daß wir ihm wichtig sind und ihm etwas bedeuten. Wir brauchen das Gefühl der Anerkennung und Wertschätzung. Solche Gefühle sind in jeder Beziehung ein absolutes Muß und vor allem – sie müssen gegenseitig sein.

Wo immer Menschen miteinander in Berührung kommen, gibt es Spannungen, und auch in der Ehe wird freundschaftliches Wohlwollen immer und unausweichlich auf den Prüfstand gestellt. Besonders aber die aggressive Ehe nagt an der positiven Einstellung der Partner zueinander. Betrachtet man diese freundschaftliche Verbundenheit einmal als den Zement, der die Ehe zusammenhält, dann sind es letztlich immer die aggressionsauslösenden Frustrationen, die zu einem Zerbröckeln dieses Zements führen.

Die positive Einstellung zum Partner ist keine unerschöpfliche Ressource. Sie kann in einer Ehe aufgebraucht werden. In den meisten Fällen geschieht dies schleichend und unbemerkt. Aber es gibt natürlich auch Ehen, in denen irgendein dramatisches Ereignis zu einem plötzlichen und unwiederbringlichen Versiegen solcher Empfindungen führt; etwa wenn man auf schlimme Weise hintergangen und betrogen wird. Aber dies sind die selteneren Fälle, normalerweise geht es sehr viel weniger dramatisch vor sich.

Der Abbau der positiven Grundeinstellung zum Partner geht auch in einer aggressiven Ehe nur allmählich vor sich. Wenn wir jemanden lieben, wachen wir nicht eines Morgens einfach auf und stellen fest, daß unsere freundschaftliche Verbundenheit mit ihm über Nacht verschwunden ist. Dieses Verschwinden ist ein langsamer, oft unmerklicher Prozeß. Und genau deshalb wird es von vielen Paaren auch nicht bemerkt. Sie wissen die Zeichen und Signale nicht zu deuten. Das, was sie auf die möglicherweise immer zerstörerischen Wirkungen der Aggression in ihrer Ehe aufmerksam machen könnte, entgeht also ihrer Aufmerksamkeit – bis es schließlich zu spät ist.

Alyson und Steve sind ein solches Paar, das die Zeichen ihrer zunehmenden Aggression so lange unbeachtet ließ, bis schließlich selbst der Therapeut nicht mehr helfen konnte. Als Alyson mit ihrem Mann Steve in meine Praxis kam, war sie voller Einsicht und Reue:

»Es tut mir leid, Steve. Ich weiß, wir hätten früher zu einem Therapeuten gehen sollen. Mir ist klar, was mit mir nicht stimmt, und ich weiß genau, was ich ändern muß. Ich weiß, daß du mein Geschrei nicht mehr ertragen kannst, meine Wutausbrüche und die Gemeinheiten, wenn ich mich aufrege. Es tut mir leid. Es tut mir so leid«, schluchzte Alyson verzweifelt.

Steve blieb von ihrer Einsicht und Verzweiflung völlig ungerührt. Er machte nicht die geringsten Anstalten, sie zu trösten. Nicht, daß er kalt oder lieblos gewirkt hätte, er schien einfach nur leergebrannt zu sein – so als ob er keine Kraft mehr hätte, Alyson noch irgend etwas zu geben. Ich hatte den Verdacht, daß es für Steve einfach schon zu spät war.

Der größte Teil dieser ersten Sitzung wurde von Alysons unaufhörlicher Klage über ihre Unfähigkeit, sich zu beherrschen, dominiert. Am Ende der Sitzung verabredeten wir einen Termin für sie, »damit ich an meinem Problem arbeiten kann«. Sie vereinbarten, mich noch einmal gemeinsam aufzusuchen – wir wollten uns zusammen eine Strategie überlegen, mit der wir in der Therapie vorgehen könnten.

Ich sah sie nie wieder.

Mein Verdacht schien sich leider Gottes zu bestätigen. Steve hatte sich innerlich wahrscheinlich schon aus der Beziehung gelöst, seine innere Bereitschaft war erloschen. Alysons leidenschaftliches Drängen hatte ihn gerade noch zu einer Therapiesitzung bewegen können. Aber da das Gefühl der inneren Verbundenheit nicht gegenseitig war, gab es nichts mehr, an dem man hätte arbeiten können. Eine aggressive Ehe kann, solange nur ein Funke dieser wohlwollenden inneren Bereitschaft glimmt, wiederbelebt werden. Ist diese positive Grundeinstellung zum Partner allerdings nicht mehr vorhanden, ist auch die Ehe tot.

Das Problem von Alyson und Steve ist das Problem vieler Paare: Sie haben sich erst um ihre aggressive Ehe zu sorgen begonnen, als sie das Stadium unverkennbarer Zerrüttung erreicht hatte, als es im Grunde bereits zu spät war. Ihre Ehe war nicht mehr bloß aggressionsgestört, sie war bereits tot. *Aber das ist nicht unabwendbar!* Bevor es zu einem solchen Ende kommt, bieten sich viele Gelegenheiten, etwas gegen eine solche Entwicklung zu unternehmen. Worauf es ankommt, ist, daß man die Signale zu lesen versteht, die anzeigen, daß die positive Grundeinstellung zwischen den Partnern verlorengeht.

Ein solches Nachlassen findet sich bei allen Typen der aggressionsgestörten Ehe – ob sie nun offen aggressiv sind (wie bei der Hemmungslosigkeit und der Provokation) oder ihre Aggressionen verdeckt austragen (durch Überspielen, Verlagerung, Symbolisieren oder Unterdrückung). Manche Ehen gehen mit einer lauten Explosion von Zorn und Wut auseinander (z. B. die hemmungslos aggressive), andere eher mit einem leisen Wimmern (die unterdrückt aggressive Ehe). Aber in all diesen Fällen kann das Ende vermieden werden, wenn man die ersten Signale dieser Entwicklung zu entziffern versteht.

Im folgenden wollen wir uns mit den zehn häufigsten Frühsignalen beschäftigen, die Sie darauf hinweisen können, ob die positive Grundeinstellung aus Ihrer Ehe verschwindet und der aggressiven Ehe Platz zu machen beginnt. Achten Sie bei diesen »Warnsignalen« genau darauf, ob sie sich nicht vielleicht auch in Ihrer Ehe finden.

»Er schenkt mir keine Blumen mehr« – Sind die liebevollen Gesten in Ihrer Ehe seltener geworden?

Mary, eine junge Schriftstellerin, erzählt von den kleinen »Aufmerksamkeiten«, mit denen ihr Mann Tony sie oft überrascht.

»Manchmal, wenn ich noch abends spät am Computer sitze und Tony gerade ins Bett gehen will, geht er vorher noch in die Küche, belegt eine dicke Scheibe Brot mit kaltem Huhn, tut reichlich Mayonnaise drauf und bringt mir diesen Mitternachts-Snack in mein Arbeitszimmer im Dachgeschoß.

Ich könnte mir natürlich auch selber etwas machen. Aber es schmeckt einfach viel besser, wenn er mir etwas macht!«

Wir alle lieben und genießen diese kleinen Gesten in der Ehe. Sollten Sie spüren, daß Ihre Freude an ihnen nachläßt und daß diese liebevollen Aufmerksamkeiten immer seltener werden, kann das durchaus ein Symptom sein. Wenn die Ehe in den Strudel der Aggression gerät, verliert sich die Bereitschaft zu solchen Gefälligkeiten, das Bemühen, den anderen »besonders«

33

zu behandeln. Die selbstlosen Gesten verschwinden, und das ist eines der frühen Warnsignale, an denen Sie erkennen können, daß die Aggression in Ihrer Ehe Fuß gefaßt hat.

○ Das Nachlassen dieser gegenseitigen Großzügigkeit kann sich in allen Bereichen der Ehe zeigen. Es kann sogar völlig unabsichtlich erscheinen: »Ich weiß, daß Seth den Mokka-Kaffee aus dem Laden neben meinem Büro besonders gerne trinkt. Aber irgendwie *vergesse* ich immer, in der Mittagspause mal rüberzulaufen und ihn zu besorgen.«

○ Es kommt auch oft vor, daß man glaubt, einen guten Grund für das Nachlassen der Aufmerksamkeit zu haben: »Ja, ich weiß. Ich hab' früher vor der Arbeit immer noch schnell die Zeitung für Kathy geholt. Aber ich hab' heute einfach keine Zeit mehr dafür.«

○ Oder man erlebt es als absichtliche Schikane durch den Partner: »Es hat Millie früher nie etwas ausgemacht, wenn ich zu den Spielen der Chicago Bulls gegangen bin. Im Gegenteil, sie hat mir letztes Jahr sogar völlig überraschend selbst ein paar Karten geschenkt. Wenn ich mir heute mal ein Spiel ansehen will, tut sie so, als würde sie mir einen unglaublichen Gefallen tun, wenn sie mich dahin gehen läßt.«

Gleichgültig ob es absichtlich oder scheinbar unabsichtlich geschieht, ob es sich um eine bloße Unnachsichtigkeit (»Ich hab' den Hochzeitstag einfach vergessen«) oder um eine bewußte Unfreundlichkeit handelt (»Ich bin schon am Blumenladen vorbeigekommen, aber ich hatte einfach keine Lust, nett zu sein«) – wenn Ehepaare aufhören, einander zu verwöhnen und sich kleine Aufmerksamkeiten zu gönnen, wenn sie nicht mehr liebevoll und zärtlich miteinander umgehen, könnte das an einem Schwächerwerden der positiven Grundeinstellung zueinander liegen.

Endlich allein!
Haben Sie das Gefühl, mehr Zeit für sich zu brauchen?

Glücklich Liebende wissen die Privatsphäre durchaus zu schätzen. Wenn zwischen den Partnern alles stimmt, macht es nichts, wenn sie auch einmal getrennt voneinander etwas unternehmen. Es kann für ihre Beziehung sogar sehr erfrischend sein. Für ein Ehepaar aber, das sich auf dem Weg zu einer aggressiven Ehe befindet, ist diese Privatsphäre keine bloße Erfrischung, sondern eine echte Erlösung voneinander. In dem Film »City Slickers« geht es um drei Männer, die sich in der »Midlife-Krise« befinden. Sie wollen wie jedes Jahr für eine Woche auf einen reinen »Männerurlaub« gehen. Billy Crystal wird von seiner Frau zu dieser Fahrt ermuntert; sie würde dann solange mit den Kindern zu ihren Eltern nach Florida fahren, er brauche sich also darüber keine Gedanken zu machen.

Crystal aber wehrt ab und will den Urlaub mit seinen Freunden absagen, um bei seiner Frau und seinen Kindern zu bleiben. Seine Frau schlägt sein Angebot nochmals mit Nachdruck aus: er könne wirklich unbesorgt in Urlaub fahren.

Als Crystal pflichtbewußt noch einmal drauf besteht, seine Familie zu begleiten, kommt seine Frau schließlich erbarmungslos mit der Wahrheit ans Licht:

»Nein. Du verstehst mich einfach nicht. Ich *will* nicht, daß du mit uns kommst!«

Worte, die Crystal bis ins Mark treffen.

Dennoch sind es nicht die Worte einer Frau, die bewußt versucht, ihren Mann zu verletzen. Diese Worte stammen von einer Frau, die verzweifelt Erholung nötig hat – Erholung von ihrem Mann. Es sind die typischen Worte einer Frau, die langsam und hilflos in den Teufelskreis der Aggression hineingerät.

Läßt vielleicht auch bei Ihnen die Freude am gemeinsamen Zusammensein allmählich nach? Fühlen Sie sich erschöpft und ausgelaugt, so als ob Sie dringend etwas Zeit für sich allein bräuchten? Nicht, daß Sie Ihre Beziehung ganz und gar über

Bord werfen wollten; nur daß sie halt eine Belastung geworden ist und Sie den Wunsch nach einer Atmenpause verspüren.

Vielleicht fühlen Sie sich entspannter, wenn Sie nicht mit dem anderen zusammen sind, spüren, wie für einen Moment der Druck von Ihnen genommen ist. Es ist, als könnten Sie freier atmen. Sie fühlen sich leichter und wünschen, dieser Zustand müßte nicht enden. »Ich bin einfach mehr ich selbst, wenn ich alleine bin.« – Wenn Sie so empfinden, ist das ein deutliches Warnsignal!

Wo und wann können Ihnen solche Gefühle begegnen? Vielleicht stellen Sie bei sich fest, daß Sie anfangen, sich auf eine Geschäftsreise zu freuen – die Aussicht, auf eine Nacht allein in einem Hotelzimmer hat plötzlich mehr etwas Angenehmes als Ödes für Sie. Eine andere Möglichkeit: Ihr Mann teilt Ihnen mit, daß er auf eine Geschäftsreise geht, und Sie fühlen sich, sobald er aus dem Haus ist, als ob für Sie ein Urlaub begänne. Oder: Erleben Sie Überstunden im Büro eher als Erleichterung und weniger als Belastung? Stellen Sie sich manchmal schlafend, wenn er schließlich vom Büro nach Hause kommt? Haben Sie aufgehört, sich auf den Familienurlaub zu freuen? Wünschen Sie vielleicht, die Ferien wären nicht gar so lang und er müßte bereits wieder arbeiten gehen? Wenn es Ihnen leichterfällt, die Zeit von Ihrem Partner getrennt als mit ihm zusammen zu verbringen, steuert Ihre Partnerschaft sehr wahrscheinlich auf eine aggressive Ehe zu.

Die Kraft der Berührung: Läßt die Zärtlichkeit nach?

Eines Sommers vor gar nicht so langer Zeit stand ich wartend vor einem Kaufhaus in einer kleinen Stadt am Meer auf Long Island. Es war ein betriebsamer Samstagnachmittag, in einer Tour rollten die Wagen mit lauter Ehepaaren heran, parkten vor der Einkaufspassage und entließen die Pärchen zu ihrem Nachmittagsbummel. Unter ihnen befanden sich auch zwei Ehepaare, beide so etwa um die Vierzig, die kurz hintereinander mit ihren Autos ankamen.

Als der erste Wagen hielt, stieg der Mann sofort aus, ohne auf die Frau zu warten, die noch den Wagen ausmachte und abschloß. Und obwohl er offenbar nur einen Schaufensterbummel machen wollte, ging er sofort los und überließ es ihr, ihn einzuholen.

Im zweiten Wagen war es ebenfalls die Frau, die fuhr. Auch hier stieg der Ehemann zuerst aus. Aber statt sofort loszulaufen, wartete er auf seine Frau, und als sie dann auf dem Bürgersteig zu ihm trat, gab er ihr einen liebevollen Kuß, nahm ihre Hand, und beide schlenderten zusammen los.

An diesen beiden Paaren läßt sich sehr gut ablesen, was die An- bzw. Abwesenheit der freundschaftlichen Verbundenheit bedeutet. Glückliche Ehepaare berühren sich mehr als Eheleute, die sich auf dem Weg zu einer aggressionsgestörten Beziehung befinden, sie nehmen sich mehr Zeit für solche Augenblicke ungezwungener Zärtlichkeit. Dieser Verlust kann die unterschiedlichsten Formen annehmen, aber alle beweisen sie den gleichen Tatbestand: Daß in einer Ehe, die unter Aggressionsstörungen leidet, der spontane körperliche Kontakt automatisch nachläßt. Die kleinen, alltäglichen Berührungen und Liebkosungen, die scheinbar nebenher und ohne irgendwelche Zwecke erfolgen, sind in Wahrheit ein Kennzeichen einer positiven Grundeinstellung der Partner zueinander. Sie sind ein Erinnerungsmerkmal der zärtlichen Stunden, die die Partner miteinander haben. Ist die Beziehung aber durch Aggression gestört, so sind die Partner unfähig, sich mit solchen kleinen Gesten gegenseitig zu erfreuen.

Fühlen auch Sie sich in Ihrer Ehe häufiger unangenehm als zärtlich berührt? Haben auch Sie aufgehört, sich morgens einen Abschiedskuß zu geben? Oder ist dieser Kuß mittlerweile mehr eine Sache der Gewohnheit als Ausdruck Ihres inneren Gefühls, eine routinemäßige Formalität also und nicht mehr spontaner Ausdruck Ihrer Liebe zueinander? Oder zeigt sich bei Ihnen dieses Manko eher abends? – Sie sitzen im Bett und lesen, während Ihr Partner sich noch die Spätshow im Fernsehen ansieht, und die Zeit, da man eng umschlungen die warmen Körper aneinander drückte und glücklich einschlief, erscheint Ihnen nur noch wie eine ferne Vergangenheit.

Oder ist da immer »noch etwas zu erledigen«, was Sie davon abhält, die zärtliche Nähe der letzten Minuten des Tages mit Ihrem Partner zu genießen. (Die Ausrede »Geh schon mal ins Bett. Ich komm' gleich nach« ist ein deutliches Signal für eine solche Entfremdung in der Ehe.) Stellen Sie an sich fest, daß Sie morgens schnell aus dem Bett springen, wo doch früher gerade die Morgenstunden Ihre Lieblingszeit waren und Sie die körperliche Nähe Ihres Partners genossen? Haben Sie die morgendlichen Liebkosungen durch Morgengymnastik ersetzt?

Hat Ihr Partner sich bei Ihnen schon einmal beklagt, daß Sie ihm nicht mehr wie früher den Rücken streicheln? Erinnern Sie sich noch, wann Sie sich zum letzten Mal umarmt haben oder einen Spaziergang um den Block gemacht haben, einfach nur so, um zusammenzusein?

Achten Sie auf solche Signale. Der nachlassende Wunsch nach körperlicher Nähe zu der Person, die wir zu lieben glauben, ist oft ein erstes Zeichen für beginnende Aggression.

Liebe bedeutet, die Höflichkeit, Großherzigkeit und Intelligenz aufzubringen, sich zu entschuldigen! Finden Sie es schwer, Ihrem Partner zu sagen: »Es tut mir leid«?

Erich Segals Buch »Love Story« war in den 60er Jahren ein enormer Erfolg. Das Motto des Buches – »Liebe bedeutet, sich niemals entschuldigen zu müssen« – war für ein Jahrzehnt so etwas wie das Glaubensbekenntnis vieler Ehen. Und doch erkennt jeder, der auch nur zehn Minuten verheiratet ist, wie falsch und irreführend dieses Glaubensbekenntnis ist.

Die Fähigkeit, sich zu entschuldigen oder dem anderen zu vergeben, gehört zu den unabdingbaren Voraussetzungen einer engen Beziehung. Bedauerlicherweise aber geht sie mit zunehmender Aggression verloren. Es fällt uns immer schwerer zu sagen: »Es tut mir leid!« So etwas sagen oder es als Entschuldigung akzeptieren zu können, setzt voraus, daß wir unseren Groll gegenüber dem Partner überwinden. So schwer es auch fällt, wir müssen das lodernde Feuer der Aggression in uns löschen. Wenn Sie es in Ihrer Ehe nicht mehr schaffen, sich zu entschuldigen, gehen Sie schweren Zeiten entgegen.

Das Auge: Der Spiegel der Seele – Haben Sie aufgehört, einander in die Augen zu sehen?

Der Blick der Liebenden ist von jeher in der romantischen Literatur besungen worden. Und das mit gutem Grund. Jeder, der einmal verliebt war, weiß, daß wir unseren emotionalen Kontakt zum Partner dadurch herstellen, daß wir ihm in die Augen sehen.

Wie so oft kommt die Wissenschaft auch hier verspätet zu einer Erkenntnis, die uns allen schon lange vertraut war. Wissenschaftliche Studien haben gezeigt, daß sich die Pupillen weiten, wenn wir romantische Empfindungen haben, und daß dieses Öffnen der Pupillen zum Hinsehen einlädt. Andere Studien haben gezeigt, daß aggressive Menschen den Augenkontakt vermeiden!

Der emotionale Kontakt mit dem Geliebten stellt sich also über die Augen, über den Blickkontakt her. Wenn Sie dem Partner nicht in die Augen sehen können oder das für unnötig halten, könnte das auf zunehmende Aggressionen in Ihrer Ehe deuten.

Verzichten Sie auf diesen Blickkontakt, weil Sie das Gefühl haben, es sei albern oder aufgesetzt? Fehlt Ihnen die Zeit oder der richtige Rahmen dafür? Oder sehnen Sie sich nach der Zeit zurück, wo ein Blick von Ihrem Partner genügte, um Ihnen das Gefühl zu geben, verstanden zu werden (»Wir brauchten nie ein Wort zu sagen . . .«)?

All dies sind wichtige Warnsignale, und es könnte gut sein, daß diese nichtsprachliche Kommunikationsform durch unbewußte Aggressionen und Frustrationen aus dem Verständigungsrepertoire Ihrer ehelichen Liebe verdrängt wurde!

Ist Ihnen in Ihrer Ehe das Lachen vergangen?

Wenn man meine Nachbarn Bill und Helen lachen hört – und das geschieht nicht selten im Laufe eines Tages –, hat man das Gefühl, daß da zwei sehr gute Freunde viel Spaß miteinander haben. Bei ihrem Lachen stellt sich fast unwillkürlich das Bild eines jungen, glücklichen Paares ein, das das Leben gemeinsam zu genießen weiß.

Um so mehr erstaunt man, wenn man sie dann tatsächlich zu Gesicht bekommt: Bill und Helen sind jetzt schon über siebzig und mittlerweile seit fast fünfzig Jahren verheiratet. In den zwölf Jahren, in denen wir Tür an Tür wohnen, habe ich ihr glückliches Lachen tagtäglich mitanhören dürfen. Helen und Bill haben in ihrer Ehe keine Schwierigkeiten mit der Aggression.

Die aggressive Ehe zeichnet sich dadurch aus, daß heiteres Lachen, Freude und Frohsinn in ihr zu kurz kommen; sie beginnt, immer öder und farbloser zu werden und läßt die pulsierende Vitalität früherer Tage vermissen.

Genau das begann auch Lydia in ihrer Ehe zu spüren. Sie bemerkte, daß sich die gute Laune zwischen ihr und ihrem Mann, Dick, nicht mehr so wie früher einstellen wollte. Sie begann, nachdenklich zu werden, und als praktisch veranlagte Frau beschloß sie, gemeinsam mit Dick zu einer Gruppentherapie zu gehen.

Als die beiden in der Gruppe gefragt wurden, warum sie überhaupt eine Therapie machten, da es ihnen doch gut zu gehen schien, gab Lydia folgende Antwort:

»Ja, wissen Sie, Dick und ich haben in unserer Ehe schon viele schwere Phasen durchgemacht, aber das hat uns nie davon abgehalten, Spaß miteinander zu haben. Seit einiger Zeit aber habe ich das Gefühl, daß der Spaß völlig von Arbeit und Sorgen verdrängt worden ist.

Ich komme mir vor, als würde ich um etwas sehr Wichtiges betrogen. Ich möchte, daß wir wieder Spaß miteinander haben können.«

Lydia und Dick haben die Eheberatung nicht etwa deshalb aufgesucht, weil sie in ihrer Ehe unglücklich oder verzweifelt waren. Soweit haben sie es gar nicht erst kommen lassen. Sie reagierten sofort, als sie merkten, daß ihre Ehe nicht mehr die Freude aufwies, die sie von ihr erhofften.

Wenn man sich im Kreislauf der Aggression festgefahren hat, wird sich das auch automatisch auf die Freude in der eigenen Beziehung auswirken. Vielleicht haben auch Sie bemerkt, daß die Lebhaftigkeit in Ihrer Ehe nachgelassen hat und daß Sie nicht mehr so viel Spaß miteinander haben können wie früher. Das sind deutliche Warnsignale. Wenn Sie aufgehört haben, einander anzulächeln, sich keine lustigen Geschichten mehr erzählen oder mit Wehmut an die frühere, fröhlichere Zeit zurückdenken, hat bei Ihnen die zärtliche Zuwendung aufgehört und die aggressive Ehe begonnen.

Der Rest ist Schweigen.
Haben Sie aufgehört, miteinander zu reden?

Eine Studie über die Kommunikation in der Ehe kam zu einem überraschenden Ergebnis: »Glücklich verheiratete Ehepaare« reden täglich weniger als fünf Minuten miteinander![1] Wieviel Zeit mögen dann erst Paare miteinander reden, bei denen die positive Grundstimmung fehlt? Und tatsächlich läßt sich beobachten, daß die tägliche Kommunikation bei aggressiven Paaren oft über ein »Du bist dran mit dem Abfall!« nicht hinauskommt. Aggressive Ehepaare reden weniger miteinander. Sie geben sich keine Mühe mehr. Beim Abendessen schalten sie oft einfach den Fernseher ein, nur um nicht miteinander reden zu müssen. Sie werden vorsichtiger mit dem, was sie sagen. »Er verschließt sich mir gegenüber einfach«, solche Bemerkungen sind typisch.

Gespräche in aggressionsgestörten Ehen sind eher eine Art bloßer Informationsaustausch als wirklich persönlich. Die Ehepartner reden kaum mehr über ihre Gefühle, sie hören auf, ihre Geheimnisse und Ängste miteinander zu teilen. Oft stellt sich in solchen Ehen das Gefühl ein, daß man den Vertrauten, der der andere früher einmal war, verloren hat. Wenn das Gefühl, dem anderen alles erzählen zu können, verschwunden ist, hat die Aggression in der Ehe Fuß gefaßt.

Sehnen Sie sich ebenfalls nach der Zeit, wo Sie mit Ihrem Partner wie mit einem besten Freund reden konnten? Wenn Sie mit Ihrem Partner nicht mehr vertraulich und offen kommunizieren können, ist das ein deutliches Zeichen dafür, daß die gefühlsmäßige Basis zwischen Ihnen zu bröckeln beginnt.

Nicht selten ist diese Kommunikationsstörung sehr viel eklatanter und nimmt die Form eines eisigen Schweigens an. In dem Film »Zwei auf einem Weg« spielt Albert Finney einen Mann, der eine Frau liebt (Audrey Hepburn), aber an einer Heirat zunächt kein Interesse hat. Die beiden finden ein Zimmer in einem kleinen romantischen Hotel und sitzen einen ganzen Abend lang neben einem trist und leblos wirkenden Ehepaar, das sich die ganze Zeit über anschweigt.

Auf dem Weg nach oben in ihr Zimmer dreht sich Audrey Hepburn noch einmal nach diesem Paar um.

»Was sind denn das für Menschen?« fragt sie, offenbar verwirrt durch ihr eisiges Schweigen.

»Ach, die sind bloß verheiratet«, antwortet Albert Finney zynisch.

Finneys Zynismus erklärt sich natürlich zum Teil aus seiner Rolle: Er spielt einen Mann, der der Ehe entkommen will. Dennoch enthalten seine Worte auch unabhängig davon etwas durchaus Wahres: Jede aggressionsbelastete Ehe läuft Gefahr, schließlich endgültig in dieses eisige, gleichgültige Schweigen zu versinken.

Achten Sie also auf erste Warnsignale. Das apathische Schweigen, aber auch das einsame Schweigen – in dem man zwar noch das Bedürfnis hat, sich mitzuteilen, aber den anderen nicht mehr für den geeigneten Ansprechpartner hält – sind deutliche Kennzeichen einer aggressiven Ehe. Je weniger die Partner miteinander reden, desto größer ist vermutlich ihre versteckte Aggression.

Kehrtwendung um 180° –
Kritisieren Sie heute an Ihrem Partner genau das,
was Sie früher so zu ihm hinzog?

Glückliche Ehepartner halten einander nicht für perfekt. Aber die positive Einstellung zueinander wirkt wie ein Puffer: Die Makel des anderen werden eher als verzeihliche Schwächen denn als schwerwiegende Mängel erlebt. So können solche Paare mit den Schwächen, Macken und Unzulänglichkeiten des Partners akzeptierend und liebevoll umgehen. Wenn es in der Ehe grundsätzlich stimmt, kann aus Schwarz sogar Weiß werden. Die scheinbaren Fehler des anderen werden dann zu liebenswürdigen Eigenheiten: »Ich liebe dein schiefes Lächeln«, »Ein Mann mit Glatze ist echt sexy«, »Ich finde das wirklich süß, wie du bei kitschigen Filmen dahinschmilzt«. Aggressive Partnerschaften sind da durchweg viel kritischer. In ihnen wird lamentiert, genörgelt, kritisiert, man findet Fehler am anderen, korrigiert, bedrängt und verbessert in einer Tour. Die Schwächen und Eigenheiten des anderen werden nicht als liebenswürdig, sondern als äußerst ärgerlich empfunden: »Mußt du denn bei jedem Film heulen?«

Interessant und höchst charakteristisch ist, wie sich die Einstellung der Partner zueinander dabei verändern kann. Aggressive Ehepartner scheinen geradezu eine Kehrtwendung um 180° zu machen. *Sie beginnen paradoxerweise, genau das an dem Partner zu kritisieren, was sie ursprünglich gerade so attraktiv und anziehend gefunden haben.*

Auch Lee Anne, deren Ehe sich in einem fortgeschrittenen Stadium der Aggressionsstörung befindet, hat diese paradoxe Entwicklung bei sich feststellen können.

»Ich bin in der langweiligsten Mittelstandsfamilie aufgewachsen, die man sich nur vorstellen kann. Als ich dann Roberto kennenlernte, brachte er frischen Wind in mein gleichförmiges Leben. Er war so unglaublich exotisch.

Und heute nörgle ich dauernd an ihm herum, weil er sich nicht die geringste Mühe gibt, mit meiner Familie und meinen

Freunden gut auszukommen. Es ist fast unglaublich. Ich habe mit meiner Mutter verbissen gekämpft, um diesen außergewöhnlichen Mann heiraten zu dürfen, und jetzt kritisiere ich ihn, weil er so anders ist!«

Machen Sie doch einmal bei sich selber einen Test. Versuchen Sie, sich an die Eigenschaften zu erinnern, die Sie an Ihrem Partner zu Anfang am meisten faszinierten. Wie steht es jetzt damit? Sind aus diesen Tugenden Ärgernisse geworden, aus seinen gewinnenden Vorteilen abstoßende Nachteile? Erscheint Ihnen der Elan, den Sie früher bei Ihrer Frau bewunderten, heute als Aufdringlichkeit? Oder kommt Ihnen das sanfte, freundliche Wesen, das Ihren Mann früher so liebenswert gemacht hat, heute langweilig und charakterschwach vor? Haben Sie sich früher gerade durch ihr stilles Wesen angezogen gefühlt, während Sie ihr heute vorwerfen, sie hätte nichts zu sagen?

Es gibt kein zuverlässigeres Signal für anwachsenden Groll in der Ehe als diese Veränderung unserer Wahrnehmung des Partners. Überprüfen Sie, ob auch bei Ihnen eine solche radikale Verkehrung stattgefunden hat.

Die Ehe als Einbahnstraße – Haben Sie das Gefühl, daß Ihnen Ihre Ehe zu wenig gibt?

Glücklich verheiratete Menschen sind glücklich, verheiratet zu sein. Sie haben das Gefühl, ihre Ehe ist wie ein »gutes Geschäft«, aus dem sie eine Menge für sich herausholen. Sie investieren zwar, aber sie profitieren auch davon. Das Gefühl, daß es gut ist, verheiratet zu sein, die Dankbarkeit dafür, daß der andere für einen da ist, kommt einem oft schlagartig – besonders in Krisensituationen.

Nehmen wir als Beispiel meine Freundin Carol, die eines Tages zu einer routinemäßigen Mammographie ging. Sie war gerade dabei, sich wieder anzuziehen, als die Arzthelferin ins Untersuchungszimmer zurückkam und sie bat, mit dem Anziehen noch ein bißchen zu warten: die Ärztin bräuchte noch einige zusätzliche Aufnahmen.

»Das war eine grauenhafte Situation. ›Die Ärztin hat bestimmt etwas Schlimmes entdeckt – und deswegen will sie weitere Aufnahmen von meiner Brust.‹ Ich war halb wahnsinnig vor Angst.

Ich fragte die Arzthelferin, ob ich irgendwo telefonieren könnte und entschuldigte mich für einen Moment. Kurz darauf hörte ich am Telefon die Stimme meines Mannes. Ich war so dankbar, daß er den Anrufbeantworter nicht eingeschaltet hatte, wie er es sonst immer tut, wenn er arbeitet. Ich mußte in dem Augenblick einfach seine Stimme hören.

Die nächste halbe Stunde, in der ich darauf wartete, mit der Ärztin zu sprechen, war die schlimmste meines Lebens. Ich sah mein Ende kommen, bis die Ärztin mir endlich mitteilte, daß alles in Ordnung wäre. Der Schatten, den sie auf dem Bild gesehen habe, sei auf einen technischen Fehler bei der Mammographie zurückzuführen.

Ich rief sofort meinen Mann an und teilte ihm mit, daß kein Grund zur Besorgnis mehr bestünde.

Als ich dann abends nach Hause kam, war ich völlig fertig. Während ich mich entspannte und das Gefühl der Erleichterung sacken ließ, kam mir die Frage, wie ich mich in der Situation wohl gefühlt hätte, wenn mein Mann nicht gewesen wäre. In diesem Augenblick überkam mich eine solche Dankbarkeit über mein Glück, verheiratet zu sein.«

Carol hat in einer extremen Ausnahmesituation erfahren, wie wichtig ihr ihre Ehe und ihr Mann sind. Oft geschieht es gerade in den dunkelsten Momenten unseres Lebens, daß wir den Wert und die Bedeutung unseres Partners erkennen.

Meistens aber geht diese Erkenntnis in der täglichen Routine unseres Ehealltags unter. Wenn die Ehe ein befriedigendes Maß an Freude, Glück und gegenseitiger Verbundenheit aufweist, spüren die Partner wohl, was die Ehe für sie bedeuet, aber sie nehmen es im allgemeinen eher als etwas Selbstverständliches hin.

In aggressiven Ehen stellt sich das schon anders dar. Hier beginnen die Partner, an dem Wert ihrer Beziehung zweifeln. Ein schlechter Tag, eine ärgerliche Auseinandersetzung mit dem Partner – und schon schleicht sich bei ihnen die Frage ein: »Was bringt mir diese Ehe überhaupt noch?« Nur aggressionsbelastete Ehepartner beginnen, den Wert ihrer Ehe bewußt abzuwägen. Solange die Ehe noch in Ordnung ist, stellt sich diese Frage nicht. Genausowenig stellt sie sich wirklich noch, wenn die Ehe bereits zu sehr von der Aggression angegriffen ist. Denn in diesem Fall ist sie schon längst beantwortet. »Verdammt, diese Ehe bringt doch nichts mehr!« oder »Ich glaube, ich hätte mehr davon, wenn ich alleine wäre.«

Wie sieht es eigentlich bei Ihnen aus? Fühlen Sie sich unterbewertet oder zu sehr in Anspruch genommen? Fragen Sie sich manchmal: »Was hat er eigentlich in letzter Zeit für mich gemacht?« Oder haben Sie in ihrer zunehmenden Verbitterung vielleicht schon einmal heimlich gedacht: »Ja, ja, die Ehe ist ein ständiges Geben und Nehmen. Nur daß ich immer gebe, und mein Partner immer nimmt?« Erscheint Ihnen Ihre Ehe als eine Einbahnstraße? Sollte dies zutreffen und sollten Sie feststellen, daß Sie Ihre Ehe wie eine Zahlungsbilanz betrachten, bei der Ihr Partner ins Soll geraten ist, dann hat der ansteigende Aggressionsdruck Ihre Einstellung zum Partner vermutlich schon in Mitleidenschaft gezogen.

Die Ehe als Solidargemeinschaft und bergender Hafen: Stehen Sie noch immer ganz zu Ihrem Partner?

Niemand von uns erwartet ernsthaft, daß man in der Ehe immer einer Meinung sein sollte; unterschiedliche Standpunkte, Differenzen und Auseinandersetzungen sind ein unvermeidlicher und auch wichtiger Bestandteil unseres gemeinsamen Lebens. Wir brauchen keinen kritiklosen Jasager als Partner.

Aber wir brauchen das Gefühl, daß unser Partner unser Freund und Verbündeter ist, daß wir auf derselben Seite stehen. Auch wenn wir nicht in allen Punkten übereinstimmen, wollen wir davon ausgehen können, daß dem Partner unser Wohlergehen am Herzen liegt.

Das Gefühl, daß man an einem Strang zieht, läßt mit der zunehmenden Aggressionen allmählich nach. Ein deutliches Signal für diese Veränderung ist, daß man aufhört, die Sorgen seines Partners zu teilen. Wenn seine Nöte und Probleme in Ihnen nur noch das Gefühl wecken: »Das geschieht dir recht«, ist die gefühlsmäßige Basis in Ihrer Ehe schwer angekratzt. Ähnliches gilt, wenn Sie feststellen, daß Sie ihn nicht mehr so oft verteidigen wie früher und eigentlich öfter auf der Seite seiner Gegner und Widersacher stehen als auf seiner; oder daß sie über seinen wunden Punkt mehr eine heimliche Schadenfreude empfinden als das Bedürfnis, ihm einen sicheren Hort zu bieten, wo er seine Schwächen, ohne sich fürchten zu müssen, zeigen kann. Ein weiteres deutliches Symptom ist, wenn man für die Fehlschläge des anderen kein Mitgefühl mehr aufbringen kann und ihm sogar vorhält, es sei allein »seine eigene Schuld« gewesen. Aber die Warnsignale können sich auch in versteckter Form zeigen: So z. B., wenn Sie aufhören, Ihrem Partner ein Zufluchtsort zu sein, an dem er sich ausruhen und seine »Wunden lecken« kann. Oder schlimmer noch: wenn Sie sogar heimlich das Bedürfnis verspüren, Salz in diese Wunden zu streuen!

Wenn Ihre Ehe aufgehört hat, ein sicherer Anlaufhafen zu sein, in dem man wieder »auftanken« und sich erholen kann, bevor man sich erneut in die stürmische Welt hinauswagt, ist Ihre Ehe mit Sicherheit aggressiv belastet.

Die konstruktive und die destruktive Aggression

Der Verlust der positiven Grundeinstellung zum Partner ist ein eher subtiles Zeichen für Aggressionen in der Ehe. Dennoch können Sie sowohl in der offen als auch in der versteckt aggressiven Ehe durch die eben besprochenen zehn Warnsignale erkennen, ob in dieser Hinsicht in Ihrer Ehe etwas nicht stimmt.

Aber das Nachlassen der positiven Grundeinstellung ist nicht das einzige und auch nicht das wichtigste Merkmal einer aggressiven Ehe. Diese ist erst dann wirklich gegeben, wenn die destruktive Aggression in ihr wirksam geworden ist! Worin unterscheidet sich nun die destruktive von der konstruktiven

Aggression? Nun zunächst: die konstruktive Aggression bedroht nicht die positive Grundeinstellung der Partner zueinander; sie ermöglicht es ihnen, ihre negativen Gefühle auszudrükken, ohne gleich den Partner zu attackieren. Die konstruktive Aggression ist ein Kommunikationsmittel; sie informiert und teilt mit. Dementsprechend können Paare die konstruktive Aggression nicht nur unbeschadet überstehen, sondern sie profitieren zudem noch von ihr; denn ihr Hauptzweck besteht darin, Kommunikationskanäle zwischen den Eheleuten zu eröffnen, nicht darin, sie zu verbauen.

Die destruktive Aggression dagegen ist ein unverhüllter Angriff. Sie ist eher eine Waffe gegen den Partner als ein Werkzeug zur Verständigung mit ihm. Die destruktive Partnerschaft hinterläßt Wunden, Leid und sogar Haß. Sie zerstört also die Partnerschaft, statt ihr zu einem besseren Verständnis und einer größeren Gemeinsamkeit zu verhelfen. Unglücklicherweise halten viele Ehepaare die destruktive Aggression für normal und akzeptabel. Sie realisieren nicht, daß sie die Grundlagen ihrer Liebe zerstört. Gehören möglicherweise auch Sie zu diesen Paaren? Dies ist der Fall, wenn die Aggression für Sie aufgehört hat, ein kommunikatives Signal zu sein und statt dessen eine der nachfolgenden Bedeutungen angenommen hat.

Man muß auch mal Dampf ablassen können!

»Einfach Dampf ablassen« – diese Strategie, mit Aggressionen fertig zu werden, wird oft überschätzt. Das wird auch von einer neueren Untersuchung unterstrichen: Je mehr Aggression wir rauslassen, desto aggressiver werden wir, und desto länger bleiben wir aggressiv. Wenn wir den Druck einfach unkontrolliert rauslassen, könnten wir unvermutet vor einem Ausmaß von Aggression stehen, mit dem wir nicht mehr fertig werden. Wenn unsere Aggression einen solchen vulkanischen oder explosiven Charakter hat, ist das ein deutliches Symptom, daß wir uns im Teufelskreis der Aggression bewegen.

Auch wenn es vielleicht selbstverständlich ist, möchte ich es trotzdem noch einmal betonen: Wenn die eigenen Aggressionen derart explosiv und unkontrollierbar sind, daß sie ausfällig oder sogar gefährlich werden, ist das nicht nur ein Zeichen für eine aggressive Ehe – es ist vielmehr schon ein Signal, daß professionelle Hilfe notwendig geworden ist.

In einer Ehe, in der gewalttätiges, bedrohliches oder ausfallendes Verhalten auftaucht, sollten die Partner nicht versuchen, dieses Problem selbst zu lösen. Eine gewalttätige Ehe ist nicht dasselbe wie eine aggressionsbelastete Ehe – und sollte auch nicht so behandelt werden.

Der Rosenkrieg –
Werden Ihre Auseinandersetzungen immer schlimmer?

In dem Film »Der Rosenkrieg« spielen Michael Douglas und Kathleen Turner ein in Scheidung lebendes Ehepaar, das einen immer grausamer werdenden Krieg gegeneinander führt. Da keine der beiden Parteien aus dem gemeinsamen Haus ausziehen will, kommt es schon bald zu der Situation, daß sie sich wie zwei verfeindete Heerlager im eigenen Haus gegenüberstehen. Die Auseinandersetzung zwischen ihnen wird zusehends schlimmer und eskaliert schließlich in geradezu monströser Weise.

Dieser Film ist ein ausgezeichnetes Beispiel für das, was wir mit destruktiver Aggression meinen. Tatsächlich steigert sich dieser Krieg des Ehepaares »Rose« so weit, daß sie ihn schließlich mit dem Leben bezahlen: Sie treiben sich nicht nur gegenseitig in den Wahnsinn, sondern sogar in den Tod.

Wenn Ehepaare in eine ausweglose Situation geraten, nimmt die Aggression oft häßliche und rachsüchtige Züge an. Ein »schmutziger« Kampf setzt ein, in dem das souveräne Argument durch gezielte Schläge unter die Gürtellinie ersetzt wird. Es kommt zu Beleidigungen, Erniedrigungen und Peinlichkeiten der übelsten Sorte. Und wenn einer der Partner erst einmal mit dieser Brachialtaktik angefangen hat, läßt die entsprechende Antwort meist nicht mehr lange auf sich warten.

Auch wenn der vornehme britische Akzent von Hillary und

Ian alles andere als solche Formen der Auseinandersetzung vermuten läßt, wurden sie doch beide in einer besonders schwierigen Phase ihrer Ehe geradezu Meister dieser Brachialtaktik. Ian erinnert sich an eine Situation, in der ihre Streitigkeiten einen neuen Höhepunkt erreichten:

»Ich war verdammt wütend auf Hillary und beschloß deswegen, mich zurückzuziehen und vor dem Essen noch ein Bad zu nehmen. Na ja, vielleicht ist ›zurückziehen‹ nicht ganz das richtige Wort, denn ich sagte ihr noch, daß ich keine Lust hätte, mich nach ihrer ›Küchenlogik‹ zu richten, wir würden zu Abend essen, wenn ich Lust dazu hätte.

Wir tauschten noch ein paar ziemlich häßliche Bemerkungen durch die Badezimmertür aus. Dann war es einen Moment lang still, bis plötzlich die Tür aufsprang und Hillary mit unserem Abendessen ins Badezimmer stürzte und das ganze Zeug zu mir in die Wanne kippte!«

Es gibt Paare, die sich für ihre Auseinandersetzung die originellsten Dinge einfallen lassen. (Eine Originalität übrigens, die durch die Fachsprache der Sozialwissenschaftler nicht unbedingt angemessen wiedergegeben wird; so hat sie für den eben beschriebenen Fall den eher einfallslosen Terminus »reziproke Aversion« geprägt.[2]) Bei anderen wiederum zeigt sich die ansteigende Aggression dadurch, daß ihre Worte roher, ihre Stimme lauter und ihr Schweigen länger werden.

Auch wenn Ihre Auseinandersetzungen nicht die unverhüllte Bösartigkeit von Mr. und Mrs. Rose oder die phantasievolle Eindeutigkeit von Ian und Hillary besitzen: Sollten Sie feststellen, daß Ihre Aggressionen, Streitigkeiten und Kämpfe an Schärfe zunehmen, befinden Sie sich eindeutig auf dem Wege zu einer aggressiven Ehe.

J'accuse – Neigen Sie dazu, sich von aller Schuld freizusprechen und alles auf Ihren Partner abzuwälzen?

Wenn sich Aggression in unserer Ehe breitgemacht hat, neigen wir dazu, alles dem Partner anzukreiden. Er ist es, der für unsere eheliche Misere die alleinige Verantwortung trägt: »Du hast viel zu hohe Ansprüche«, »Du kommandierst einen herum, es ist nicht zum Aushalten«. »Du ...«, »Du ...« – wenn man einmal nur für einen Moment innehält und sich seine eigene Sprache bei solchen Streitgesprächen ansieht, kann man erkennen, wie viele Sätze tatsächlich mit diesem vorwurfsvollen »Du« beginnen.

In einer aggressionsbelasteten Ehe ist man sehr viel schneller unzufrieden mit seinem Partner und sieht in ihm und seinen Schwächen den Grund für die Probleme in der Ehe. *Sein* Charakter oder *ihre* Einstellung sind es, die die Ehe so sehr belasten. Sein eigenes Fehlverhalten betrachtet man dagegen eher rechtfertigend als Resultat äußerer Umstände. Die Aggression läßt die Ehepartner also insgesamt sehr kritisch und aufmerksam werden – gegen alles, nur nicht gegen sich selbst!

Ein gutes Beispiel für diese auffallende Einseitigkeit (ohne daß es ihr allerdings bewußt würde) ist das Verhalten der seit neun Monaten verheirateten Anne.

Ihr Mann, Jack, hatte vergessen, vor ihrem Sommerurlaub die Stromrechnung zu bezahlen. Als ihnen die Benachrichtigung, daß ihnen der Strom abgedreht worden war, in ihr Ferienhaus nachgeschickt wurde, hielt sich Anne einen ganzen Tag lang mit ihren Vorwürfen dran: »Du bist einfach völlig verantwortungslos. Du bist so nachlässig in solchen Dingen. Du bist wirklich schrecklich vergeßlich.«

Ein paar Wochen später aber dreht sich der Spieß um. Als sie nämlich nach einem Monat Abwesenheit wieder in ihre Garagenauffahrt einbogen, fanden sie dort die Tageszeitungen des gesamten letzten Monats fein säuberlich aufgestapelt – Anne hatte vergessen, die Zeitung abzubestellen. Aber sie kam nicht auf die Idee, sich selber Vorwürfe zu machen. Im Unterschied zu Jack war *sie* nicht verantwortungslos, nachlässig und vergeßlich gewesen – sondern einfach nur überarbeitet:

»Jack, jetzt bleib doch vernünftig. Das ist doch nun wirklich keine große Sache. Außerdem weißt du doch, wieviel Arbeit mir mein neuer Kunde gemacht hat. Ich hab' das einfach in der ganzen Hektik der Urlaubsvorbereitungen vergessen!«

Sollten Sie bei sich feststellen, daß viele Ihrer Sätze mit einem vorwurfsvollen »Du ...« beginnen, daß Sie sich selbst und Ihre Fehler dagegen viel verständnisvoller behandeln, können Sie davon ausgehen, daß sich auch bei Ihnen Aggressionen eingeschlichen haben.

Die ewig gleiche Leier –
Nehmen Ihre Auseinandersetzungen
immer den gleichen Verlauf?

Meine Freundin Carol teilte mir einmal ihre Ansicht von Ehestreitigkeiten mit:

»Du erinnerst dich bestimmt noch an die Geschichte, die Johnny Carson jedes Jahr um die Weihnachtszeit erzählte: daß es in Wahrheit nämlich nur einen einzigen Weihnachtsstollen gäbe, der immer nur neu verpackt und dann von Person zu Person weitergeschickt würde.

Mir kommt es manchmal so vor«, fuhr sie philosophisch fort, »als ob die Ehe und dieser Weihnachtsstollen vieles gemeinsam haben.

In meiner Ehe mit Ted gibt es im Grunde nur einen einzigen Streit. Auch wenn es auf den ersten Blick nicht so aussieht, ist es doch immer die gleiche Auseinandersetzung. Sie wird nur jedesmal in eine neue Verpackung gesteckt. Ich glaube, unser Streit ist mittlerweile genauso muffig und trocken wie Carsons Weihnachtsstollen!«

Ein weiteres deutliches Anzeichen für Aggressionen in der Ehe ist die Unabänderlichkeit, die die Vorwürfe und Auseinandersetzungen der Partner annehmen. Drehen sich auch Ihre Streitigkeiten um die immer gleichen Punkte? Fangen sie immer auf dieselbe Weise an und finden dann immer dasselbe Ende? Ist die Rollenverteilung (z. B. Opfer und Ankläger) immer gleich? Wenn sich Ihre Streitgespräche ständig wiederholen, wenn keine Ihrer zahlreichen Dispute irgend etwas Neues bringt, spielt die destruktive Aggression bei Ihren Streitgesprächen vermutlich eine entscheidende Rolle.

Der Wiederkäueffekt –
Kommen Sie bei jedem neuen Streit
mit den alten Geschichten an?

Wenn wir in den Strudel der Aggression geraten sind, kommt es häufig zu einem sehr auffallenden Phänomen, das man vielleicht als »Wiederkäueffekt« bezeichnen könnte: Wir holen immer wieder den gleichen alten Groll hervor und kauen ihn bei jedem Streit erneut durch. Selbst wenn der Streit mit einem völlig anderen Problem anfängt, verselbständigt er sich schnell, und wir holen die alten, längst durchgekauten Probleme wieder hoch. Wenn auch Sie immer wieder die alten Sachen aufwärmen und neu auftischen, wenn jeder Streit bei Ihnen von alten Ungerechtigkeiten überschattet wird, stecken Sie im Teufelskreis der Frustration fest.

Rache ist süß – Sind Sie nachtragend?

Die Dauer unserer Wut, die Phantasien, die wir nach einem Streit mit unserem Partner entwickeln, und nicht zuletzt das, was wir nach einer solchen Auseinandersetzung tatsächlich tun, sich sichere Anzeichen für das Ausmaß unserer Aggression. Wenn Sie sich nach einem Ehestreit nicht mehr beruhigen, den Groll nicht beilegen können und es Ihnen nicht gelingt, zu einer positiven Einstellung zum Partner zurückzufinden, sehen Sie schweren Zeiten entgegen.

Sollten Sie bei sich feststellen, daß Ihre Aggressionen lange anhalten, daß sie nachtragend oder rachsüchtig sind (»Das zahl' ich ihr heim!« oder »Ich hätte nicht schlecht Lust, seinen Boß anzurufen und ihm zu sagen, wie das damals, als er sich krankgemeldet hatte, wirklich war!«), stecken Sie ohne Zweifel im Kreislauf der Aggression fest. Vergessen Sie dabei nicht, daß das Ausmaß der Rachegelüste oder -handlungen nicht unbedingt so deutliche Züge annehmen muß. Das »Soll er doch selber aufstehen und sich den Kaffee kochen« nach einem morgendlichen Streit ist nicht weniger verräterisch als die Vorstellung: »Wenn ich jetzt einen Vorschlaghammer hätte, ich wüßte genau, was ich mit ihm anfinge!« In beiden Vorstellungen kündigen sich große Probleme an.

Denken Sie daran: Selbst wenn Sie nicht aggressiv wirken, handeln oder sich so fühlen, sind Sie damit noch lange nicht aus dem Schneider. Ihre Aggression mag dann vielleicht nicht gerade offen destruktiv sein, dennoch kann sie ihre zerstörerische Arbeit untergründig und unbewußt fortsetzen.

Wie steht es mit den Aggressionen beim Sex?

Über Sexualität und ihr Verhältnis zur Aggression haben wir bis jetzt noch gar nicht gesprochen. Wirkt sich die Aggression auch auf den Sex aus? Gibt es aggressiven Sex? Die Antwort ist: ja. Wenn wir offen oder unterdrückt aggressiv sind, wird unsere körperliche Liebe unausweichlich davon in Mitleidenschaft gezogen. Dies kann ganz offensichtliche Formen annehmen. Unser gemeinsames Bett wird dann zu einer Art Kampfarena, und es ist, als würden wir mit einem verfeindeten Gegner schlafen. Aber die Auswirkungen der Aggression auf die Sexualität sind nicht immer so offensichtlich, sie können auch äußerst subtile Formen annehmen. Ja, die Aggression kann unser sexuelles Bedürfnis auf eine Weise beeinflussen, die man so vielleicht nicht erwarten würde: Während sie bei dem einen das sexuelle Feuer völlig zu ersticken scheint, wird es bei dem anderen durch Aggressionen gerade erst entfacht. Die Spannweite der Auswirkungen der Aggression ist sehr groß, es gibt hier also viel nachzudenken. Dies soll in unserem nächsten Kapitel geschehen. Oft sucht sich die Aggression gerade das Ehebett als ersten Angriffspunkt. Und genau dort wollen wir sie jetzt aufsuchen.

Kapitel III
Sex und Aggression

Sex stellt für die meisten Menschen noch immer ein großes Problem dar: »Stimmt bei mir alles?«, »Tun wir's oft genug?«, »Sind meine Empfindungen normal?« Wenn es um Sex geht, sind die wenigsten von uns ganz frei von Selbstzweifeln. Selbst in der geschützten Sphäre des Therapiezimmers finden es Ehepaare auffallend schwer, sich über dieses Thema auszulassen.

Es wäre natürlich leicht, bei diesen allgemeinen und normalen Befürchtungen bezüglich der eigenen Sexualität auf die Idee zu kommen, dies alles sei auf das Problem der Aggression zurückzuführen. Aber nicht alle sexuellen Probleme sind Aggressionsprobleme. Nicht jede sexuelle Schwierigkeit in der Ehe hängt mit Aggression zusammen. Wären unsere Selbstzweifel in diesem Bereich wirklich nur auf Aggression zurückzuführen, so würden wir alle ausnahmslos in einer aggressiven Ehe leben. Und das trifft einfach nicht zu!

Um also diesen Fehlschluß zu vermeiden, sollen die spezifisch aggressionsbedingten Sexualprobleme im folgenden von den durchaus normalen Befürchtungen und Schwierigkeiten mit der Sexualität genau unterschieden werden. Wir werden uns daher zunächst auf das konzentrieren, was in unserem Liebesleben an Problemen durchaus normal ist. Von hier aus läßt sich dann um so besser verstehen, wie die Aggression tatsächlich unsere Sexualität entstellt.

Bevor wir also fortfahren, wollen wir uns zunächst mit einer sehr verbreiteten Befürchtung auseinandersetzen: daß nämlich ein Nachlassen der Lust immer auch ein Anzeichen für Probleme in der Ehe darstellt. Bedeutet ein Schwächerwerden des sexuellen Verlangens oder besser: ein Anpassen der Lust an die alltäglichen Gegebenheiten und Möglichkeiten einer Ehe, daß unsere Beziehung aggressionsgestört ist? Läßt unser sexuelles Bedürfnis nach, weil unsere Aggression zugenommen hat? Nun, nicht unbedingt!

Ach ja, da war doch noch was? – Bedeutet weniger Sex mehr Aggression?

Sigmund Freud bemerkte einmal, daß eine Frau ihren Liebhaber in dem Augenblick verliert, in dem sie ihn zum Ehemann nimmt.[1] In etwas derberer Form kommt der gleiche Inhalt in folgender Zote zum Ausdruck: Wie heilt man eine Nymphomanin? – Indem man sie heiratet!

Die Worte des großen Meisters der Psychoanalyse und die derbe Komik der Straße drücken den gleichen Sachverhalt aus: Die Sexualität eines Paares beginnt irgendwann den Glanz ihrer anfänglichen romantischen Erregung zu verlieren. Die Flamme der Leidenschaft brennt nicht endlos weiter.

Irving Singer, Autor dreier Bücher über das Phänomen der Liebe, beschreibt diese Veränderung im Gefühlshaushalt von Paaren als Schritt von der »romantischen« zur »ehelichen Leidenschaft«.[2] Daß Ehepaare wirklich noch wild und »Hals-über-Kopf« ineinander verliebt sein können, ist seiner Meinung nach ziemlich unwahrscheinlich. Die tagtäglichen Pflichten und Notwendigkeiten unseres gemeinsamen Lebens verändern auch unsere erotische Wirkung aufeinander. Der Abfall muß weggebracht werden, die Kinder müssen in die Schule gefahren werden, dazu noch die vielen Überstunden im Büro – all das bleibt nicht ohne Auswirkung auf unser Liebesleben!

Einmal mehr beweist der sexuelle Witz hier ein erstaunliches Gespür. In seiner derben und unverhüllten Art spricht er dieses natürliche Nachlassen des Sexualtriebs in der Ehe unverblümt aus: »Was sind die drei Hauptstadien im ehelichen Sexualleben eines Mannes? – Straff, brav, schlaff!«

Wenn wir gequält über diesen Witz lachen, so auch deswegen, weil wir den Kern an Wahrheit in dieser Zote spüren: Wenn man verheiratet ist, verändert sich einiges!

Was der Sex durch eine Heirat an Legitimität gewinnt, verliert er an Lust. Je mehr wir »es dürfen«, desto weniger »machen wir es«! Aber natürlich hört die Sexualität nicht mit der Hochzeit auf. Ungeachtet des Wahrheitsgehaltes unserer beiden Witze weisen die meisten guten Ehen ein solides Maß an erotischem Liebesleben, sexueller Erregung und Zärtlichkeit auf – wenn auch nicht unbedingt in der Intensität der ersten Phase des Kennenlernens.

Trotzdem läßt sich nicht leugnen, daß der Sexualtrieb in einer festen, monogamen Beziehung eine Veränderung durchmacht: Unser unstillbarer Hunger nach Sex verliert sich. Aber das ist eben nur natürlich und normal. Wenn man dies verstanden und akzeptiert hat, verringert sich die Gefahr, daß man solche Veränderungen als Ergebnis zunehmender Aggression in der Ehe mißversteht. Wenn der leidenschaftliche, intensive, schwindelerregende Sex verlorengeht, bedeutet das nicht, daß man in einer aggressionsbelasteten, sondern daß man überhaupt in einer Ehe lebt!

Es wäre also irreführend, wollte man von der nachlassenden Leidenschaftlichkeit der Partner auf zunehmende Aggression in der Ehe schließen. Der »Vorher-Nachher-Test« (Wie war der Sex vor unserer Ehe? Und wie ist er jetzt?) ist zu einfach und zu billig. Die Antwort liegt klar auf der Hand: Er ist »anders«! Aber anders bedeutet nicht gleich aggressiv! Wenn also das Nachlassen der sexuellen Lust nicht als Signal für zunehmende Aggression gewertet werden darf, welche anderen Signale gibt es dann? Nun, es gibt ihrer mehrere, und keines von ihnen ist auf den ersten Blick so ohne weiteres zu erkennen.

Nimm das . . . und das . . .!
Ist Ihr Partner im Bett für Sie ein bloßes Objekt?

Wenn die Aggression sich ihren Weg in unser Schlafzimmer sucht, so tut sie es auf eine subtile und sehr komplexe Weise. Sie kann unser Liebesleben auf eine Art beeinflussen, die wir vielleicht so nicht erwarten würden; so kann sie unsere sexuelle Erregbarkeit, statt sie zu mindern, sogar noch erhöhen. So ist es Jason in seiner aggressiven Ehe ergangen:

»Anfangs bekam ich immer eine Erektion, und dann, wenn ich in meine Frau eindrang, biß ich die Zähne zusammen. Ich schob mich mit Wucht in sie hinein, als ob ich auf sie einschlagen wollte. Sie war schon fast keine Person mehr für mich, sondern so eine Art sexueller Punchingball; und genau wie man es bei einem Punchingball macht, dachte ich dabei: ›Nimm das, . . . und das . . .!‹

Ich war nicht gewalttätig. So meine ich es nicht. Es war nur unbeschreiblich intensiv, mein Orgasmus war wie eine Explosion.«

Jasons angestaute Aggressionen haben in ihm eine wachsende Bitterkeit gegen seine Frau aufkommen lassen. Und ohne es zu wissen, reagiert er seinen Zorn dadurch ab, daß er sie zu einem sexuellen Objekt erniedrigt. Die Frau, die er liebt, wird so ihrer Menschlichkeit beraubt. Jason hat sie »dehumanisiert«.

Dennoch wäre es nicht richtig, wollte man alle sexuellen Spielarten in dieser Richtung als aggressive Sexualität ansehen. Den anderen zu einem bloßen Objekt zu machen, ist oft eine Art Spiel, dem Ehepaare nachgehen, um sich so mehr Erregung zu verschaffen. Viele Ehepaare ziehen ihre lustvollsten und aufregendsten Phantasien aus erotischen Spielen, in denen sie so tun, als quälten und mißbrauchten sie sich gegenseitig, ganz so, als hätten sie keine Gefühle füreinander, als sähen sie im anderen nur ein Lustobjekt. Liebesspiele wie der »Lustsklave« oder das Vortäuschen von sexueller Gewalt sind Versuche von Ehepaaren, die Erotik zu steigern.

»Schmutzige« und »niedrige« Phantasien beim Liebesspiel können in der Tat das Lustgefühl erhöhen. Sie sind für manche Ehepaare eine Möglichkeit, ihr »erotisches Adrenalin« wieder zu aktivieren. Auch Dr. Robert Stoller, der sich eingehend mit dem Problem der sexuellen Erregung beschäftigt hat, kommt in seinen Untersuchungen zu dem Ergebnis, daß aggressive Gefühle einen bedeutenden Beitrag zur Stimulierung und Aufrechterhaltung sexueller Empfindungen leisten.[3]

Aber all dies trifft auf Jasons Fall nicht zu. Er hat nicht nur so getan »als ob«. Seine Vorstellungen waren keine spielerischen Phantasien, die er unter Kontrolle gehabt hätte. Es waren echte Empfindungen, die sich unwillkürlich bei ihm einstellten, als er mit seiner Frau schlief. Jason ist ein gutes Beispiel für echte sexuelle Aggression, für das unkontrollierbare Bedürfnis, die angestauten Spannungen loszuwerden.

Das vielleicht deutlichste Signal dafür, daß Jason hier in der Tat nur seine Aggressionen entladen hat, ist der Umstand, daß er diese Phantasien nicht mit seiner Frau teilte. Es hat zwischen ihnen keine Absprache, keine vorherige Vereinbarung gegeben, durch die sie sich darauf geeinigt hätten, ihre gemeinsame Lust auf diese spielerische Weise zu steigern.

Das Liebesleben aggressiver Paare zeichnet sich genau durch einen solchen Mangel an gegenseitiger Verständigung aus. Sollten auch Sie also im Bett bloß Ihre Phantasien ausagieren, statt miteinander zu agieren, sollten Sie sich Gedanken über die Gründe dafür machen. Wenn Sex für Sie mehr ein Gegeneinander als ein Miteinander ist, hat die Aggression zweifellos Besitz von Ihrer Ehe ergriffen.

Das war schön, mein Schatz! Gute Nacht – Drehen Sie sich nach dem Sex zur anderen Seite?

Manchmal zeigt sich die Aggression nicht während, sondern erst nach dem Geschlechtsverkehr. Es fehlt dann nicht am Sex, sondern am zärtlichen Kontakt danach. Wenn Sie nach dem Geschlechtsakt Gleichgültigkeit und Distanz gegenüber dem Partner empfinden, könnte das ein Vorbote von Aggressionen sein; selbst dann, wenn Sie keinen bewußten Groll empfinden. Nick und Toni erfuhren das im fünften Jahr ihrer Ehe. Nick erinnert sich:

»Meine Orgasmen waren einfach wahnsinnig. Das war damals der beste Sex, den wir in unserer ganzen Ehe hatten –

wenigstens vom körperlichen Standpunkt aus. Ich kam einfach immer. Aber danach wollte ich einfach nichts mehr mit meiner Frau zu tun haben, und ich glaube, Toni ging es ähnlich.«

Sogar nach sehr »gutem Sex« fühlten sich Nick und seine Frau Toni unwohl miteinander:

»Toni nannte das unseren ›Komm-und-weg-Sex‹, wir kamen zu unserem Orgasmus und wünschten danach, der andere wäre weg.«

Zwischen Toni und Nick gab es nie irgendwelche offensichtlichen Verstimmungen oder intensive Abneigungen – nur diese Gleichgültigkeit hinterher; ein stilles, aber sehr eindeutiges Signal für vorhandene Aggressionen.

Sexualität hat in vielerlei Hinsicht mit Vereinigung zu tun. Wir wollen dem anderen auf diese Weise so nahe sein, wie es nur irgend möglich ist. Wenn dieses Gefühl der Verschmelzung mit dem Partner verlorengeht, wenn Ihr Wunsch nach Nähe von einer Gleichgültigkeit oder gar Antipathie gegenüber Ihrem Partner verdrängt wird, liegt die Schuld dafür ohne Zweifel an vorhandenen Aggressionen.

Aber auch hier gilt es, sich vor Verallgemeinerungen zu hüten: Nicht immer, wenn wir hinterher abschalten, hat das etwas mit Aggressionen zu tun. Nicht das Tun bzw. Unterlassen ist hier ausschlaggebend, sondern unsere innere Einstellung. Es gibt Situationen, wo die scheinbare Gleichgültigkeit danach nichts mit Aggressionen gegenüber dem Partner zu tun hat. So kann es vorkommen, daß man glücklich verheiratet, aber nach einem langen Tag einfach zu müde ist, um über den Geschlechtsverkehr hinaus noch etwas »bringen« zu können.

Man hat seinen Orgasmus, rollt sich zur Seite und ist einfach froh, endlich einschlafen zu können.

Ein solches Verhalten bedeutet nicht sofort, daß man Aggressionsprobleme hat. Manchmal bedeutet »müde« einfach nur »müde«! Schließlich müssen in einer modernen Ehe oftmals beide Partner hart arbeiten, um den gemeinsamen Unterhalt sicherzustellen. Die Anforderungen von Beruf und Familie verlangen beiden Partnern eine Menge ab – und das bleibt nicht ohne Auswirkung auf die sexuelle Leidenschaft.

Ehepaare müssen sich nur dann um ihr Verhalten im Bett wirkliche Sorgen machen, wenn sie zugleich Gleichgültigkeit, Abneigung oder – im Extremfall – sogar Abscheu gegeneinander empfinden. Wenn nach dem Geschlechtsverkehr statt der Zuneigung nur ein Gefühl der Entfremdung zurückbleibt, ist das ein eindeutiges Zeichen für wachsenden Unmut.

Augen zu und durch!
Unterwerfen Sie sich den Bedürfnissen des Partners?

Wir können mit unserem Partner nicht immer auf derselben sexuellen Wellenlänge sein. Und besonders Frauen können wegen ihrer physiologischen Konstitution auch dann »Ja« zum Sex sagen, wenn ihr Gefühl ein eindeutiges »Nein« spricht. (Für Männer stellt sich das naturgemäß anders dar. Inwieweit dieser Umstand mit dem Problem der Aggression zusammenhängt, wird später thematisiert werden.)

»Ja« zu sagen, wo man eigentlich »Nein« empfindet, ist nicht unbedingt ein Problem der Aggression – wenigstens so lange nicht, wie man dieses Nachgeben nicht als bedrückend empfindet. Julia aber empfand es so, und ihr Unmut war in der Tat ein deutliches Signal für eine aggressive Ehe:

»Es kam oft vor, daß ich mit Benno geschlafen habe, auch wenn mir nicht danach war. Manchmal hab' ich ihm dann einen Orgasmus vorgespielt, aber meistens habe ich einfach meine Augen zugemacht und darauf gewartet, daß es endlich vorbei ist.«

Unterdrückte Wut kann sich bei einer Frau, wie Julias Beispiel zeigt, durch eine solche »Augen zu und durch«-Strategie ausdrücken. Nicht daß sie irgendwelche Aggressionen verspürte oder daß sie es wirklich verabscheute, mit ihrem Partner zu schlafen – sie macht es eben einfach, ohne das geringste dabei zu empfinden. Der abschätzige Ausdruck: »Sie ist im Bett wie ein totes Stück Holz«, der immer wieder auf Frauen angewandt wird, ist ein krudes Signal für diese Art von Aggressionsverdrängung.

Wenn eine Frau es einfach nur »über sich ergehen läßt«, wird sie natürlich große Schwierigkeiten haben, zu einem Orgasmus zu kommen. Sollte dies auf Sie zutreffen, sollten Sie auch einfach nur »mitmachen«, es ohne jede Gefühlsregung bloß über sich ergehen lassen, während Ihr Mann den Höhepunkt seiner Lust erreicht, hat die Aggression Einlaß in Ihr Liebesleben gefunden.

Aber nicht jede Ungleichzeitigkeit im sexuellen Erleben deutet gleich auf Aggressionsprobleme. »Ich habe Lust auf dich, einfach weil du mir nahe bist« – dieser Refrain ist schiere romantische Träumerei. Er mag sich ja in einem Lied ganz nett anhören, aber mit der Wirklichkeit unserer Sexualität hat er wenig zu tun. Die sexuellen Bedürfnisse der Partner in einer Ehe laufen oft nicht synchron; oft will er, wenn sie keine Lust dazu hat. Aber auch wenn ihr nicht danach ist, kommt es häufig vor, daß sie sich seinen Bedürfnissen fügt. Dieses Nachgeben aber ist nicht automatisch ein Zeichen von zugrundeliegenden Aggressionsproblemen. Es kann bei Ihnen ganz einfach auch ein Akt der Selbstlosigkeit gegenüber dem Menschen sein, den Sie lieben – ein Geben also eher als ein Nachgeben.

Wenn eine Frau ihrem Partner aus reiner Selbstlosigkeit heraus sexuell nachgibt, wird sie oft auch sexuelle Befriedigung dabei empfinden und beispielsweise zu einem Orgasmus kommen, obwohl sie es nicht erwartet hatte. Diese Form von sexueller Nachgiebigkeit hat natürlich nichts mit Aggression zu tun. Anders ist es bei solchen Fällen sexuellen »Märtyrertums«, bei denen die Frau das Gefühl hat, sie sei nur dafür da, damit ihr Partner sich in ihr quasi selbst befriedigen kann. Wenn Sie sich wie Julia heimlich darüber beklagen, wie wenig Sie vom gemeinsamen Sex haben, wenn Sie schweigend darunter leiden oder wenn Sie sich laut und sarkastisch über die sexuelle Unsensibilität Ihres Mannes äußern, haben Sie ernsthafte Aggressionsprobleme.

Nichts geht mehr –
Haben Sie am Sex kein Interesse mehr?

Der Weg, die unterdrückten Aggressionen dadurch auszudrükken, daß man »es einfach nur über sich ergehen läßt«, ist dem Mann schon aus physiologischen Gründen versperrt. Ihm ist die Trennung von emotionalen und körperlichen Reaktionen nicht so ohne weiteres möglich wie der Frau. Ob er Lust auf Sex hat oder nicht, läßt sich kaum übersehen. Er »kriegt keinen hoch«, wenn er keine Lust hat. (Vermutlich ist dieser abschätzige Ausdruck das männliche Äquivalent zu dem »toten Stück Holz«, mit dem Frauen oft beleidigt werden: In beiden Fällen handelt es sich um gefühlsrohe und herabwürdigende Ausfälle gegen den Partner, die typischerweise immer dann auftreten, wenn man es nicht gelernt hat, mit den eigenen Aggressionen umzugehen.)

Wenn in einem Mann die Aggressionen gären, kann es dazu kommen, daß er unbewußt versucht, sich den sexuellen Annäherungen seiner Frau zu entziehen. Er wird immer seltener »können« und eine Art Impotenz entwickeln, die sich nicht so ohne weiteres verbergen läßt.[4] Aber was noch schlimmer ist, er wird dazu übergehen, sich einfach zur Seite zu rollen und einzuschlafen, ohne die geringsten Bemühungen, es abzuändern.

Wenn Impotenz das Resultat von passiven und unterdrückten Aggressionen ist, wird sie meistens von einem solchen grundsätzlichen Desinteresse an Sex begleitet. Es ist also nicht so, daß der Mann mehrere vergebliche Versuche unternimmt, mit seiner Frau zu schlafen und schließlich frustriert aufgibt – sondern er versucht es erst gar nicht. Er leidet unter einer generellen Interesselosigkeit.

Bei Ehemännern, die solche Aggressionsstörungen aufweisen, werden die sexuellen Annäherungsversuche immer seltener und verlieren sich schließlich vielleicht sogar ganz. Da sie keinen Geschlechtsverkehr haben können, versuchen sie erst gar nicht, sexuell aktiv zu werden – ihr Gefühl für die erotischen Möglichkeiten macht einer »Was soll's«-Mentalität Platz. Da er von vornherein weiß, daß seine Bemühungen ihn nicht sehr weit bringen werden, stellt sich beim aggressiven Mann ein Gefühl von Sinnlosigkeit ein. Er kommt mehr und mehr zu der Überzeugung, daß Geschlechtsverkehr für ihn ein aussichtsloses Unterfangen ist.

Wenn Impotenz von einer solchen Einstellung begleitet wird, ist das ein deutliches Signal – ein unwilliger Körper und die gleichzeitige Unwilligkeit von Herz und Kopf können einem Ehepaar verraten, ob die Aggression in ihrem Liebesleben tatsächlich eine Rolle spielt.

Aggression also kann bei einem Mann dazu führen, daß er Probleme mit seiner sexuellen Erregbarkeit bekommt, daß er aufhört, sexuell interessiert (und folglich interessant!) zu sein. Aber nicht jedes Potenzproblem ist notwendig auch ein Aggressionsproblem – manchmal kämpft er einfach nur mit einem unkooperativem Körper. Müdigkeit, übermäßiger Alkoholkonsum, Medikamente (z. B. das Antidepressivum Prozac[5] oder das Blutdruckmittel Inderal), Krankheit (fortgeschrittener Diabetes etwa oder Streß) sind Faktoren, die auf Erregbarkeit, Erektion und Ejakulation einen negativen Einfluß haben können. Nicht immer also ist die Aggression die Schuldige. Es gibt hier aber eine gute Möglichkeit, dies genauer herauszufinden: Nicht in jedem streikenden Körper wohnt auch ein unwilliger Geist. Ein nicht-aggressiver Mann hat, auch wenn er nicht in Stimmung ist, weiterhin Interesse daran, seiner Partnerin Lust zu bereiten – auch wenn er selbst leer ausgeht. Großzügigkeit in der Sexualität muß nicht aufhören, bloß weil der eigene Körper versagt. Und wenn man in einer guten Ehe lebt, wird das auch nicht passieren!

Wenn die Frau Lust auf Sex hat, der Mann aber nicht (und wenn beide einander noch immer mögen), gibt es noch immer genügend lustvolle Alternativen zum Geschlechtsakt: Liebesspiele, oralen Sex und die Stimulation durch die Hand. Ein Ehemann, bei dem die Gefühlseinstellung stimmt, kann seiner Frau also auch dann noch Lust bereiten, wenn er selber keine Erektion mehr bekommt. In einer guten Ehe müssen Potenzschwierigkeiten des Mannes nicht gleich das Ende des Liebeslebens bedeuten. In einer aggressiven Ehe dagegen verliert sich die sexuelle Selbstlosigkeit, wir werden immer teilnahmsloser – bis schließlich der Sex ganz und gar aufhört.

Da habe ich aber schon Besseres gehabt! – Würdigen Sie Ihren Partner sexuell herab?

Auch guter Sex führt nicht immer zu einem guten Höhepunkt. Ob einer oder beide beim Geschlechtsverkehr zum Orgasmus kommen, ist eher eine statistische Frage. In vielen Fällen hilft natürlich die Vertrautheit in der Ehe, das Wissen, das man über seinen eigenen und den Körper des Partners gewinnt, diese Statistik aufzubessern.

Dennoch gibt es immer auch Tage, an denen das Liebesspiel nicht den erhofften Abschluß findet. Aber dieses »Versagen« ist nun ebenfalls nicht unbedingt Kennzeichen einer aggressiven Beziehung, wohl aber die Art und Weise, wie die Partner mit dem Umstand, daß sie nicht immer zum glorreichen Abschluß kommen, umgehen!

Wenn die Ehe aggressiv wird, neigen die Partner dazu, solche Momente als Niederlagen zu interpretieren und sie dem anderen als sein Versagen zuzuschreiben: »Er versteht doch nichts davon«; »Wenn sie etwas entspannter wäre und ich das Gefühl hätte, daß es ihr Spaß macht, mich zu berühren, würde ich auch eine Erektion kriegen« oder »Sie macht mich einfach nicht an« – solche Aussagen sind durchaus typisch.

Es kommt auch vor, daß aggressive Eheleute die sexuellen Fähigkeiten und Erfahrungen des Partners mit den vermeintlich größeren von früheren Liebhabern vergleichen: »Mein erster Freund wußte genau, wie er mich erregen konnte« oder »Mit meinem ersten Mann hatte ich nie Probleme, unten feucht zu werden«. Es kann sogar noch schlimmer kommen. Wenn die angestauten Aggressionen in der Ehe sehr groß geworden sind, können die Partner sogar auf rüden Sarkasmus zurückgreifen und sich über die sexuellen Fähigkeiten ihres Partners mokie-

ren: »Das war wieder eine tolle Vorstellung, Mister Sexprotz.«
Solche Demütigungen sind unverkennbare Signale für eine
vorhandene Aggression.

Denken Sie daran: Die Häufigkeit des Beischlafs und die
Regelmäßigkeit, mit der Sie beide zu einem befriedigenden
Abschluß gelangen, ist nicht an sich schon ein Gradmesser Ihrer
Aggressionen. Anders verhält es sich natürlich bei der oben
beschriebenen wiederholten und hartnäckigen Impotenz, die
von Gefühlen des Versagens und Resignation begleitet ist. Gele-
gentliche Impotenz jedoch, Erektionen, die zu keiner Ejakulation führen, sowie klitorale Stimulierung ohne orgasmischen
Höhepunkt sind für sich genommen noch keine ernsthaften
Anzeichen aggressionsgestörter Sexualität. Jede gute Ehe hat
ihre sexuellen Pannen.

Im Unterschied zu aggressionsbelasteten Paaren lassen har-
monische Ehen solche Dinge einfach auf sich beruhen. Sie regi-
strieren sie zwar (wie kleine leuchtende Punkte auf dem Radar-
schirm ihres Ehelebens), aber sie machen in ihrer Ehe weiter
wie gewohnt. Solche Ereignisse haben bei ihnen kein sehr großes Gewicht und werden in ihren realistischen Ausmaßen wahrgenommen. Oft finden solche Paare im Humor diejenige Vereinigung, die ihre Körper ihnen verweigern. Sie sind auch in der
Lage, sich beieinander zu entschuldigen (»Ich hoffe, du bist
nicht allzu enttäuscht«) oder reagieren versichernd auf den
Partner (»Na ja, so etwas passiert eben«).

Solch eine freundschaftliche, humorvolle Gelassenheit als
Reaktion auf sexuelle Pannen oder ausbleibende Orgasmen ist
unter den Bedingungen der Aggression kaum möglich. Statt
dessen wird die sexuelle Potenz und Vitalität des Partners herabgesetzt. Man gibt ihm unmißverständlich zu verstehen: »Du bist
eine sexuelle Enttäuschung!« Aggressionen geben den Partnern
also ein Gefühl sexueller Desillusionierung, und nur selten
machen sie daraus ein Hehl.

Du mußt mir auch ein bißchen entgegenkommen – Haben Sie das Bedürfnis, die Regeln Ihres gemeinsamen Liebeslebens zu ändern?

Der Grad der sexuellen Freizügigkeit ist bei jedem verschieden. Manche Menschen sind in sexuellen Dingen völlig frei von Hemmungen (»Nichts ist unmöglich«), während sich andere wiederum nur bei gelöschtem Licht im Bett einigermaßen wohl fühlen. Und nicht selten ist das, was den einen erregt, genau das, was den anderen abstößt. In einer harmonischen Ehe aber werden die Partner im allgemeinen solche Gegensätze im sexuellen Stil oder Geschmack auszugleichen wissen; beide Partner geben eben ein bißchen nach. Ehen, in denen die Partner Schwierigkeiten haben, dem anderen im Bett entgegenzukommen, könnten unter grundsätzlichen Problemen leiden.

Vereinbarungen, mit denen man einst völlig einverstanden war, werden plötzlich lästig oder gar zur Zumutung. Mit einemmal hat man das Gefühl, daß man im Bett Dinge macht, die man im Grunde gar nicht will. Oder die vom Partner vorgegebenen sexuellen Grenzen, mit denen man bisher keine Probleme hatte, lassen ihn plötzlich wie einen Hemmschuh der eigenen Lust erscheinen.

Vielleicht murren auch Sie, weil Sie den gemeinsamen sexuellen Vertrag revidieren wollen; vielleicht klagen Sie darüber, daß Sie sexuell nicht das von Ihrem Partner bekommen, was Sie eigentlich brauchen, und fordern, daß Ihr Partner sich sexuell umstellen soll – und zwar sofort! Wenn Sie den Wunsch haben, Ihr »altes« Liebesleben über Bord zu werfen und neue Regeln einzuführen (»Ich weiß, du willst keinen oralen Sex – aber ich hab' mich jetzt lange genug nach dir gerichtet!«), könnte Aggression der wahre Grund dafür sein.

Das vielleicht verräterischste Signal für Aggressionen in der Ehe ist das Aufkommen des Gefühls, daß der Partner eher eine Quelle sexueller Frustration als ein Born erotischer Lust ist. Wenn man ihn als einengend, als Hindernis auf dem Weg zu lustvoller Leidenschaft erlebt, sind Aggressionen die wahren Widerstände.

Glücklich verheiratete Paare erleben es nicht als frustrierend, wenn sie ihrem Partner entgegenkommen; sie stellen sich bereitwillig und gerne auf ihn ein. So mag der eine, obwohl er es genießt, oral stimuliert zu werden, darauf verzichten, auf diese Weise bis zum Höhepunkt gebracht zu werden, wenn er weiß, daß das den Partner nicht so sehr erregt wie ihn. Oder er wird dem Partner zuliebe die eigene Scheu überwinden und bereitwillig über sexuelle Phantasien sprechen, weil er weiß, daß dieses »schmutzige Gerede« ihm Lust bereitet.

In harmonischen Ehen gibt man also den erotischen Vorlieben des Partners im allgemeinen nach. Diese grundsätzliche Bereitwilligkeit ist Teil der Selbstlosigkeit, die wir im Schlafzimmer aufbringen. Glückliche Ehepartner haben genausoviel Freude daran, Lust zu bereiten wie Lust zu erhalten. In aggressionsgestörten Ehen ist das nicht so!

Das hat doch nichts zu bedeuten! – Haben Sie eine Affäre?

Auch wenn ich mich jetzt vielleicht bei Eheleuten, die ihren vermeintlich »bedeutungslosen« Affären nachgehen, nicht gerade beliebt mache – meine berufliche Erfahrung hat gezeigt, daß Affären *immer* etwas zu bedeuten haben, und zwar meistens eine aggressive Ehe!

Aber Affären haben nicht in jeder Ehe den gleichen Stellenwert. Ehepaare können die Affäre auf zweierlei verschiedene Weisen benutzen – jede von ihnen enthüllt die aggressive Ehe auf ihre eigene, besondere Weise: Wir können die Affäre dazu benutzen, um die ansteigende Aggression in der Ehe abzubauen, und wir können sie aggressiv als Waffe einsetzen, die wir gegen den Partner richten. So verschieden diese beiden Benutzungsweisen sind, haben sie doch eine gemeinsame Wurzel: die disharmonische Ehe.

Eine außereheliche Affäre bringt immer einen zusätzlichen Faktor in die Ehe: eine dritte Person. In fast allen Fällen ist die dritte Person eine Quelle gesteigerter sexueller Lust. Neben möglichen emotionalen Vorzügen, wie z. B. der besonderen Aufmerksamkeit, die uns geschenkt wird (»Sie hört mir wirklich zu« oder »Er versteht mich einfach«), ist es besonders die erotische Erfüllung, die die Affäre so ungeheuer attraktiv werden läßt. Und möglicherweise brauchen wir diese zusätzlichen positiven Empfindungen ja, weil wir aggressiv geworden sind! Paradoxerweise benutzen wir die Affäre in diesem Fall, um unsere Ehe davor zu bewahren, zu aggressiv zu werden. (Da dieses »Symptom« äußerst eng mit dem »Überspielen« von Aggressionen zusammenhängt, werden wir später noch eingehender darauf zu sprechen kommen.)

Wenn man Frustrationsgefühle innerhalb der eigenen Ehe um jeden Preis vermeiden will, kommt man vielleicht auf die Idee, den anwachsenden Unmut dadurch zu entkräften, daß man sich andernorts einen Ausgleich verschafft. Man versucht, die Tatsache, daß man einen »schlechten« Ehepartner hat, dadurch erträglich zu machen, daß man sich einen »guten« Liebhaber sucht.

Genauso erging es Vlasta:

»Bei Peter hab' ich einfach die sexuelle Erfüllung und viel Verständnis gefunden. Dadurch war es mir wieder möglich, zu meinem Mann Andrew zurückzugehen; ich war jetzt einfach nicht mehr so verzweifelt, weil er nie Zeit fand, mir zuzuhören. Solange ich Peter hatte, war Andrew für mich erträglich. Ich war zwar sehr resigniert, aber nie aggressiv – denn ich hatte ja alles, was ich wollte, auch wenn es zwei Männer brauchte, um es zu bekommen.«

Eine Affäre kann eine farblose Ehe erträglicher erscheinen lassen. Die brodelnde Wut über das, was in ihr fehlt, wird schlicht zugedeckt. Das ist das Paradoxe: Die Affäre soll verhindern, daß die entstandenen realen Aggressionen auf ihre eigentliche Quelle zurückfallen.

Andere Menschen benutzen die Affäre wiederum auf ganz andere Weise. Wenn die Ehe in ihre aggressive Phase eintritt, kann die Affäre zur Waffe werden, mit der die gemeinsam erarbeitete Vertrauensbasis zerstört werden soll. Mit der wachsenden Aggression wächst leider meist auch der Wunsch, den

Partner zu verletzen – und oft ist die Affäre das geeignete Mittel dazu! Durch das scheinbar »zufällige« Auffliegen einer Affäre (die Telefonnummer auf der Rückseite eines Briefes oder eine Hotelrechnung, die man auf dem Sekretär »vergißt«), legen die Partner unbewußt ihre Karten offen, sie zeigen ihre Aggression. Die »heimliche« Affäre kann also in Wahrheit ein gezielter Verrat oder Vertrauensbruch sein. Die wachsende Aggression des Ehepartners kann in ihm den Wunsch aufkommen lassen, die Basis der Ehe zu zerstören und den Partner genau da zu treffen, wo es ihm am meisten weh tut.

So wie bei Leslie. Sie erinnert sich an ihr achtes Ehejahr und die »Büroromanze« ihres Mannes Tom.

»Ich war eigentlich nie eifersüchtig wegen dieser Affäre. Ich hatte auch nie das Gefühl einer sexuellen Konkurrenzsituation oder gar Bedrohung. Aber es war doch ein schwerer Schlag für mich, daß er unsere Ehe auf diese Weise verraten hat.

Es ist wirklich komisch. Ich glaube, wenn er eine Nacht mit einer Prostituierten verbracht hätte, wäre ich nicht annähernd so wütend und verletzt gewesen. Aber daß er gerade eine Affäre mit jemandem haben mußte, den ich kenne, treibt mich zum Wahnsinn. Vielleicht mach' ich mir ja etwas vor, aber ich glaube wirklich, ich könnte über die sexuelle Sache hinwegkommen. Aber ob ich ihm den Vertrauensbruch verzeihen kann, das weiß ich nicht.«

Wenn sich durch eine Affäre das Vertrauen Ihres Partners erschüttern und ihn verletzen wollen, stecken mit Sicherheit Aggressionen dahinter. In harmonischen Ehen achten die Partner darauf, einander nicht zu verletzen – in aggressiven Ehen kann dieses Verletzenwollen fast zu einem Bedürfnis werden.

Heute nicht, Liebling! – Suchen Sie ständig Ausreden, um keinen Sex haben zu müssen?

Beginnen wir mit einer Anekdote: Ein Mann will sich von seiner Frau scheiden lassen.

»Aus welchem Grund?« fragt ihn der Scheidungsrichter.

»Weil meine Frau sich immer wiederholt.«

»Wie meinen Sie das?« fragt ihn der überraschte Richter.

»Sie sagt immer nur ›Ich habe Kopfschmerzen‹ oder ›Ich bin heut' nicht in Stimmung‹«.

Ausreden spielen in vielen schlechten Witzen eine große Rolle. Dennoch stellt sich die Frage, ob solche Ausflüchte für aggressive Ehen tatsächlich typisch sind? Sollen wir sie als Signal für das Maß unserer Aggressionen deuten, oder dürfen wir sie einfach ignorieren und mit einem Lachen abtun, weil sie nun einmal zu einer Ehe hinzugehören?

Aggressive Eheleute können sich in der Tat diesen stereotypen und fast klischierten Weg der ständigen Ausreden suchen, um ihrem Unmut Ausdruck zu verleihen. Die ständigen Ausflüchte, Entschuldigungen und Ablenkungsmanöver, die Tatsache, daß es immer noch etwas Wichtigeres zu tun gibt, als mit unserem Partner zärtlich zu werden, mögen uns alltäglich erscheinen – aber sie können uns auch viel über unsere Ehe verraten – wenn wir es verstehen, richtig zuzuhören.

Wenn Ausflüchte zur Routine gehören und unseren sexuellen Alltag bestimmen (wenn wir z. B. öfter zum Aspirin als zur Antibabypille greifen), deutet das darauf, daß wir unseren Partner ablehnen. Wir wimmeln ihn ab und geben ihm das Gefühl, unwichtig für uns zu sein. »Ach, nein, ich wollte doch noch den Spätfilm im Fernsehen sehen«, »Die Kinder könnten uns hören«, »Ich bin heute wirklich zu müde – vielleicht morgen« – scheinbar unwichtige und harmlose Ausreden dieser Art vermitteln dem anderen, wenn sie gehäuft auftreten, eine eindeutige Botschaft: »Ich will dich nicht, ich hab' kein Verlangen nach dir!«

Aggressive Ehepartner suchen bevorzugt solche Ausflüchte, die ihr Desinteresse, ihre Abneigung oder gar ihre Feindschaft widerspiegeln. Der Partner fühlt sich unweigerlich abgelehnt und reagiert mit Verletzung, Erbitterung oder offener Empörung. Eine begründete Entschuldigung löst solche Reaktionen nicht aus, denn sie will den anderen nicht verletzen. Ihr fehlt der Stachel der Ablehnung. Wenn auch Sie immer öfter Gründe finden, um nicht mit Ihrem Partner zu schlafen, und wenn Ihr Partner frustriert, beleidigt oder gar aggressiv darauf reagiert, könnte Aggression der Grund Ihrer zahlreichen Ausreden sein. Man muß hier wie gesagt genau trennen: Wenn solche Entschuldigungen seltener vorkommen, liegen Ihnen wahrscheinlich wirkliche und nicht nur scheinbare Probleme zugrunde. Bedenklich wird es erst, wenn einer der Partner sich tatsächlich (wie in dem Witz) zu wiederholen beginnt und der andere verletzt darauf reagiert – in diesem Falle nämlich ist Ihre Ehe von Aggressionen zerrüttet!

Ich bin eben, wie ich bin. Finde dich damit ab! – Weigern Sie sich, sexy zu sein?

Einer befreundeten Kollegin ging es einmal bei einer Fernseh-Talk-Show fast ans Leben. Sie war als psychologische Expertin zu dieser Show eingeladen worden und hatte es auf der Bühne mit einem streitenden Ehepaar zu tun. Es ging um die übermäßige Korpulenz der Ehefrau, über die der Mann erbittert war, weil seine Frau für ihn dadurch ihre Reize verloren hatte. Die Frau wehrte sich gegen die Angriffe ihres Mannes, und das Publikum, das in der Mehrzahl aus Frauen bestand, war eindeutig auf ihrer Seite.

Die befreundete Psychologin nun griff in diesen Streit ein: »Warum wehren Sie sich gegen Ihren Mann? Warum tun Sie nicht einfach das, was er sagt, und nehmen ein bißchen ab?«

Als das Publikum das hörte, wurde es so aufgebracht, daß es meiner Freundin und dem Ehemann fast an den Kragen gegangen wäre!

Meine Freundin hat sich durch das, was sie sagte, sicherlich nicht gerade zum Publikumsliebling gemacht. Aber sie hat einen Punkt hervorgehoben, den wir nur allzuleicht übersehen, wenn es um unsere sexuelle Attraktivität geht.

Aggressive Ehepartner versuchen oft unbewußt, ihre Reize für den anderen zu verlieren. Sie bekämpfen ihren Partner, indem sie gegen ihren eigenen Sex-Appeal kämpfen. Wenn Eheleute also aufhören, sich um ihr Aussehen, um Gewicht, Kleidung und Körperpflege zu kümmern, wollen sie nicht nur sich, sondern vor allem ihrem Partner schaden. Die Vernachlässigung der eigenen Person kann ein Signal sein, das dem anderen mitteilen soll, daß uns Sex (und letzlich der Partner) gleichgültig geworden ist. Das »Ich bin mir egal« hat einen aggressiven versteckten Nebensinn: »Du bist mir egal!« Es ist wie ein emotionales Kamikaze: Der aggressive Partner zerstört seine eigene sexuelle Attraktivität, um seinem Partner zu schaden.

Aber diese »ästhetische Selbstzerstörung« ist nicht die einzige Methode, dem Partner die sexuelle Lust zu rauben. Jeder Mensch hat seine sexuellen Abneigungen – Dinge, die ihn absolut runterbringen. Die Aggression nun macht sich genau dies oft zunutze. Sollten Sie also feststellen, daß Sie oft genau das tun, was Ihrem Partner mit Sicherheit alle Lust nimmt, liegt das wahrscheinlich an Ihren Aggressionen. Vielleicht essen Sie jedesmal im Bett, obwohl Sie wissen, wie sehr es ihn abstößt. Oder Sie haben aufgehört, sich abends noch zu duschen, obwohl Sie wissen, daß Ihre Partnerin es am liebsten hat, wenn Sie »blitzsauber« zu ihr unter die Bettdecke kommen. Die Aggression der Partner zeigt sich hier also dadurch, daß sie versuchen, eine Art Kleinkrieg zu entfachen, bevor sie mit der körperlichen Liebe beginnen.

Glückliche Ehen basieren immer auf gegenseitigem Respekt. Der andere liebt uns trotz oder wegen unserer besonderen Ticks und schlechten Angewohnheiten. Er nimmt uns so an, wie wir sind. Dennoch müssen wir unsere Eigenheiten in einer Ehe auch etwas einschränken können, wir dürfen sie dem anderen nicht aufdrängen. In einer Ehe muß man »man selbst« sein können – aber in Maßen. Der Respekt muß gegenseitig bleiben.

Dies aber ist in einer aggressiven Ehe nicht der Fall. Die Partner sind zu keinerlei Rücksichtnahme bereit und beharren statt dessen nachdrücklich und aggressiv auf ihren Eigentümlichkeiten. Wenn Ihr »Ich bin eben, wie ich bin!« dazu führt, daß Sie die Gefühle Ihres Partners mit Füßen treten, hat die Aggression in Ihrer Ehe den Respekt verdrängt.

Bitte nicht stören! Ich träume gerade so schön! – Brauchen Sie erotische Phantasien, um erregt zu werden?

Sexuelle Phantasien in der Ehe sind ein sehr komplexes Phänomen. Das macht es nicht gerade einfacher, ihren Zusammenhang mit dem Problem der Aggression zu klären – besonders deswegen, weil solche Phantasien mit einem sehr verbreiteten Phänomen, der sexuellen Verklemmtheit, eng zusammenhängen. Um also zu entscheiden, ob unsere sexuellen Phantasien etwas mit Aggressionen zu tun haben, müssen wir erst herauskriegen, wie die Mehrzahl der Menschen mit dieser Phantasiewelt umgeht. Erst vor dieser allgemeinen Folie können wir erkennen, wie die Aggression unsere sexuellen Phantasien beeinflußt.

Der Mensch ist mit der Gabe der Phantasie ausgestattet. Diese Fähigkeit ermöglicht es ihm, zu immer neuen Entdeckungen und Erfindungen zu gelangen. Sie eröffnet ihm das Reich des Neuen und Anderen und macht das Leben dadurch für ihn interessanter. Die Phantasie kann auch unsere Sexualität bereichern – wenn wir es zulassen.

Gemeinsame erotische Phantasien stellen oft die größte Quelle unserer sexuellen Erregung dar. Besonders für lang verheiratete Ehepaare, die in eine sexuelle Routine zu verfallen drohen (»Wir schlafen jeden Sonntag abend zusammen«; »Ich bin immer oben« etc.), sind sie von enormer Wichtigkeit. Sie geben ihnen die Möglichkeit, ihre sexuelle Beziehung gewissermaßen wiederzubeleben: Sexuelle Phantasien wecken unsere schlafenden Hormone wieder auf! Das Problem jedoch ist, daß es den meisten Menschen schwerfällt, ihren sexuellen Phantasien freien Lauf zu lassen. Nur die wenigsten Ehepaare teilen sich ihre Phantasien mit! Diese Schwierigkeiten können sowohl persönliche als auch kulturelle Wurzeln haben. Noch immer tragen sich viele Menschen mit der Vorstellung, daß sexuelle Phantasien im Grunde nichts anderes als »schmutzige und versaute Gedanken« sind. Sie fühlen sich dementsprechend schuldig.

Vielleicht machen auch Sie sich Sorgen, weil Ihre erotischen Vorstellungen Ihnen manchmal »merkwürdig« und »unnatürlich« vorkommen. Viele Menschen etwa erschrecken geradezu, wenn sie sich bei sadistischen oder homoerotischen Phantasien ertappen. Und doch haben Untersuchungen immer wieder gezeigt, daß solche Phantasien sehr verbreitet, wenn nicht gar universell sind.

Aus den unterschiedlichsten Gründen also neigen die Menschen dazu, ihre tiefsten und dunkelsten sexuellen Phantasien zu verstecken – vor sich selber (wobei sie dann mit Angst oder Unwohlsein reagieren, wenn sich doch welche einstellen) oder auch vor anderen (»Ich habe nie solche Phantasien«). Beides ist durchaus normal und hat nichts mit der Aggression zu tun. Wichtig ist hier nicht, ob wir solche Phantasien haben oder ob sie uns stören, sondern allein, wie wir mit ihnen umgehen.

Wenn Sie zum Beispiel solche Phantasien zwar sehr wohl haben, aber nicht bereit sind, sie mitzuteilen, deutet das auf Aggressionen. Wenn Ihre Phantasien nur in Ihrem Kopf ablaufen und Sie im Grunde daran hindern, den Sex mit Ihrem Partner als eine gemeinsame Sache zu erleben, ist das nicht unproblematisch. Phantasien, die zu einem emotionalen Rückzug aus der Gemeinsamkeit führen, könnten ein Symptom für eine aggressionsbedingte Isolation sein.

Das heißt natürlich nicht, daß die Partner kein Recht darauf hätten, während des Geschlechtsaktes ihren eigenen Gedanken und Phantasien nachzugehen. Ausschlaggebend ist hier allein das Ausmaß der Selbstversunkenheit. Wenn es Ihnen nur noch um sich selbst geht, wenn Sie sich vom anderen sexuell ablösen und sich isolieren, ist das ein deutliches Warnsignal: die Art Ihrer Phantasien deutet auf Aggressionsstörungen in Ihrer Sexualität.

Ähnlich problematisch ist es, wenn unsere Phantasien zu einem unentbehrlichen Mittel geworden sind, überhaupt noch sexuelle Erregung zu verspüren; der eigene Partner hat in diesem Fall für uns an Attraktion und Sex-Appeal verloren, und allein unsere sexuellen Wachträume machen den Sex mit ihm noch genießbar. Um es auf eine kurze Formel zu bringen: Aggressionen sind dort angezeigt, wo wir nur noch zu leidenschaftlichem Sex mit unserem Partner fähig sind, indem wir ihn in unserer Phantasie gegen einen geheimen Liebhaber austauschen.

Barbara, die jetzt schon seit mehreren Jahren in einer aggressionsgestörten Ehe lebt, hat dies am eigenen Leib erfahren. Ihre sexuellen Phantasien waren nicht einfach ein mentales Aphrodisiakum, das sie nach Belieben einsetzen konnte, um ihrem Geschlechtsleben eine besondere Würze zu verleihen – sie waren das Gegengewicht zu den sexuellen Aversionen, die sie gegen ihren Mann entwickelte:

»Es gab in meiner Beziehung mit Bob eine Phase, in der ich irgendwelche sexuellen Phantasien brauchte, um mit ihm schlafen zu können: manchmal war ich eine Hure, die zum Sex gezwungen wurde, ein anderes Mal war ich ich selbst, aber ich stellte mir vor, Bob sei Mel Gibson oder irgendein anderer Schauspieler.

Es war eigentlich ganz egal, welche Phantasien ich hatte – solange es mir half, Bob aus meinem Kopf herauszukriegen. Es ging sogar so weit, daß ich wie zu Stein wurde, wenn mich irgend etwas aus meiner Phantasiewelt herausriß.«

Wenn auch Sie Ihre Phantasien beim Sex dazu benutzen, die Existenz Ihres Partners auszulöschen, wenn Ihre sexuellen Träume für Sie nur ein notwendiges Gegengewicht zu Ihrem Unmut darstellen, könnte das ein Zeichen dafür sein, daß Sie in Wahrheit nur versuchen, Ihre angestauten Aggressionen loszuwerden.

Vielen Dank, ich mach's mir lieber selbst – Hat die Selbstbefriedigung bei Ihnen den Sex verdrängt?

Was für die sexuellen Phantasien und ihren Stellenwert in der Ehe galt, trifft für die Selbstbefriedigung in noch höherem Maße zu: Sie stellt ein äußerst kompliziertes Phänomen dar. Die Masturbation steht in einem sehr komplexen kulturellen und sozialen Bedingungsgefüge. Auch hier ist es wieder ein allgemeines und allgegenwärtiges Problem, das sich mit dem Aggressionsproblem überlagert: das Schuldgefühl. Es ist durchaus nicht einfach, diese beiden Problembereiche auseinanderzuhalten. Soviel aber ist klar, daß wir uns zuerst mit dem allgemeineren Problem der Schuldgefühle beschäftigen müssen, um herauszufinden, welche besondere Rolle die Aggression bei der Selbstbefriedigung spielt.

David Cole Gordon hat seinen dicken Wälzer über die Masturbation »Self Love«[6], also »Selbstliebe«, genannt. Wenn man sich die Geschichte unserer Einstellung zu dieser Form der Selbststimulierung betrachtet, wäre »Selbstverachtung« vielleicht ein angemessenerer Titel gewesen. Das Bedürfnis nach autoerotischer Stimulation ist von alters her als »Verirrung«, ja sogar als Zeichen »geistiger Verwirrung« gedeutet worden. Und Anfang dieses Jahrhunderts haben Psychiater auf einem Kongreß der Wiener Psychoanalytischen Gesellschaft eifrig über die »toxischen Effekte« der Masturbation debattiert.

Wie bestimmend diese Ansicht tatsächlich war, läßt sich vielleicht am besten durch einen Fund veranschaulichen, auf den die Psychologin Dr. Louise Kaplan gestoßen ist. 1895 erhielt ein »Sexualreformer« insgesamt drei Millionen Briefe von Männern und Jungen, die einen verzweifelten und aussichtslosen Kampf gegen die Selbstbefriedigung führten. Einer dieser Männer schrieb ihm, daß er immer ein starkes Seil mit sich herumtrüge und »auf den gesegneten Tag wartet, an dem er den Mut finden würde, sich zu erhängen«.[7]

Angesichts solcher Einstellungen ist es wenig überraschend, daß auch heute noch viele Menschen mit diesem Problem zu kämpfen haben. Unsere Schwierigkeiten mit autoerotischen Bedürfnissen sind ein Erbe unserer Kultur. Und auch die Ehe vermag hier nicht weiterzuhelfen: Das, was uns dem Partner gegenüber erlaubt ist (ihn mit der Hand zu befriedigen), ist uns deswegen noch lange nicht erlaubt. Auch wenn es Partnerschaften gibt, in denen die Masturbation ein fester Bestandteil des gemeinsamen Sexuallebens ist (»Ich finde es wahnsinnig erregend, wenn ich meinen Partner onanieren sehe«), haben doch sehr viele Menschen damit noch ihre Schwierigkeiten.

Sie neigen dazu, das Bedürfnis nach Selbstbefriedigung als ein schlechtes Zeichen anzusehen. Und besonders diejenigen, die sich allein befriedigen, kommen oft zu dem Schluß, daß sie offenbar in einer unglücklichen Ehe leben.

(Dieses Unbehagen bezüglich der Selbstbefriedigung ist bei uns Frauen vielleicht noch ausgeprägter als bei Männern. Das liegt wohl daran, daß man selbst heute noch wenig Bereitschaft findet, über die weibliche Masturbation zu reden. Obwohl z. B. Studien belegen, daß viele Frauen onanieren, befaßt sich die Forschungsliteratur fast durchweg mit der männlichen Seite des Problems.)

Diese Schlußfolgerung ist ungerechtfertigt. Untersuchungen haben gezeigt, daß 70 % *aller* Eheleute masturbieren (obwohl Männer es zweimal so oft wie Frauen tun). Selbstbefriedigung ist also nicht nur »normal«, sie ist die Norm. Jeder tut es! Solo-Sex ist also ganz offensichtlich kein Signal für eine aggressive Ehe.[8]

Selbstbefriedigung allein (selbst dann, wenn der Partner erreichbar wäre) ist also noch kein Zeichen für Aggressionen. Wenn aber die Masturbation fast zu einem Zwang wird, wenn Sie das Gefühl haben, daß Sie nur so Ihre Spannungen abbauen können, sollten Sie sich Gedanken über mögliche Aggressionen machen. Wenn Selbstbefriedigung zu einer unverzichtbaren Angewohnheit »am Ende eines harten Tages« wird, wenn Sie nur so Entspannung finden können, könnten die zugrundeliegenden Anspannungen von unerträglichen Frustrationen in der Ehe herrühren. Dies gilt besonders dann, wenn Ihnen die Masturbation mehr Befriedigung verschafft als der Sex mit Ihrem Partner.

Aggression ist unzweifelhaft dort am Werk, wo die Selbstbefriedigung uns zur Isolation führt. Der aggressive Ehepartner benutzt sie dann, um sich vom anderen zurückzuziehen. Er kann sie aber auch in schärferer Form einsetzen, als Geste, die dem anderen mitteilen soll: »Ich brauche dich nicht. Du kannst mir das, was mich sexuell befriedigt, nicht geben!«

In ihrer psychotherapeutischen Gruppe erzählte mir Julia, wie sie ihren Mann, Howard, durch Masturbation quasi überflüssig machte:

»Ich wurde im Ernst von meinem Vibrator abhängig. Ich kam durch ihn zu Orgasmen, die ich so mit meinem Mann nie gehabt hätte. Mein Mann gab sich zwar alle Mühe, aber ich konnte mich einfach nicht auf ihn einlassen. Ich wußte ja, daß ich mich selbst viel besser befriedigen konnte.

Mir wurde erst so richtig klar, wie schlimm es um mich stand, als ich gegenüber meiner besten Freundin mit diesem schlechten Scherz rauskam, daß Howard bei einer Scheidung das Haus und das Auto behalten könnte, vorausgesetzt ich bekäme meinen Vibrator. Ich war selber über meine Gefühlskälte geschockt.

Als ich erst einmal begriffen hatte, wie ablehnend meine Haltung Howard gegenüber war, konnte ich anfangen, darüber zu reden. Was mir aber wahnsinnig schwerfiel, war, wieder von dem Vibrator loszukommen. Eine Zeitlang habe ich echt daran gezweifelt, ob ich es schaffen würde.«

Vermutlich leiden Sie nicht gerade wie Julia an einer regelrechten »Abhängigkeit« von der Masturbation. Möglicherweise aber benutzen Sie die Selbstbefriedigung auf Ihre eigene Weise als Ersatz für Ihren Partner. Sollte dies tatsächlich der Fall sein und sollten Sie ihm zudem zu verstehen geben, daß Sie eine bessere sexuelle Alternative gefunden haben, drücken Sie dadurch Groll und Verbitterung aus.

Es gibt aber noch andere Möglichkeiten herauszufinden, ob die Selbstbefriedigung mehr ist als nur eine zusätzliche erotische Alternative. Die Ehepartner können die Selbstbefriedigung in einer aggressiven Beziehung als eine Art Schutz benutzen, um sich dem anderen nicht hingeben oder ausliefern zu müssen. Sie gibt dem anderen zu verstehen: »Mein Körper gehört mir. Ich kontrolliere ihn.« Selbstbefriedigung ist in diesem Fall ein Mittel, unserem Partner klarzumachen, daß wir es sind, die das Wo, Wann und Wie unserer sexuellen Lust bestimmen. Wenn also ein solcher feindseliger Unterton in Ihrer Selbstbefriedigung mitklingt, könnte sie sehr wohl Ausdruck einer aggressiven Verweigerung sein.

In harmonischen Ehen trägt Selbstbefriedigung einen vollständig anderen Charakter. Sie dient als Möglichkeit, sich und den Partner zu erregen und so das sexuelle Zusammenspiel beider zu steigern. Sie zerstört also die Gemeinsamkeit nicht. Masturbation ist in solchen Fällen mehr ein Vorspiel als ein Selbstzweck. Sie kann ein Element im Prozeß der gegenseitigen Erregung sein oder den Partnern die lustvolle Möglichkeit bieten, an einem privaten sexuellen Erlebnis des anderen teilzuhaben. Beides hat nichts mit Aggressionen zu tun. Aggression ist bei der Selbstbefriedigung erst dann gegeben, wenn sie der Sexualität keinen Raum für wechselseitig erwiderte Liebe läßt – wenn sie, um es auf den Punkt zu bringen, den Partner aus unserem Leben ausschließt.

Es ist eben nur . . . na ja! –
Ist Ihr Sex langweilig geworden?

Martha läßt den Sex ihrer siebenjährigen Ehe mit Aaron Revue passieren. Das »verflixte siebente Jahr« steht dabei besonders im Mittelpunkt: Nicht nur, daß sie seltener miteinander schliefen als in den Jahren davor (was für sich genommen, wie wir festgestellt haben, noch kein Signal für Aggression ist), ihr Sex war vor allem mittlerweile zur Routine geworden:

»Es wurde einfach langweilig. Wir schliefen zwar noch miteinander, aber es war eben nur . . . na ja!«

Die Wurzel sexueller Langeweile ist immer Aggression – und zwar eine Aggression, die, obwohl sie die Ehe wesentlich bestimmt, sich dennoch nicht zeigen darf. (Wir werden auf diesen Zusammenhang noch später, bei der verdeckt aggressiven Ehe, zu sprechen kommen.) Ein Ehepaar, das Aggressionen entwickelt, aber sie aus irgendeinem Grund glaubt unterdrücken zu müssen, wird feststellen, daß dadurch alle intensiven Gefühle erstickt werden; die Leidenschaft wird stumpf und die Erotik glanzlos. Sie haben mit ihrer brennenden Aggression gewissermaßen auch die Glut der Sexualität ausgelöscht. Wenn also Ihr Sex bloß noch »Na ja« ist, wenn er langweilig, glanz- und einfallslos geworden ist, liegt das mit Sicherheit an unterdrückter Aggression. Zuweilen kann diese Langeweile bei diesen Ehepaaren so groß werden, daß der Sex ganz aufhört.

Dieses Problem ist mittlerweile offenbar so populär, daß es selbst der Aufmerksamkeit der Medien nicht entgangen ist. So hat sich eine bekannte amerikanische Fernseh-Talk-Show diese Popularität zunutze gemacht, um sich hohe Einschaltquoten zu sichern. In »The New Celibacy« (»Die neue Enthaltsamkeit«) geht es genau um dieses neue Phänomen der Enthaltsamkeit *in* der Ehe. Diese Show beschäftigt sich mit »glücklichen Paaren«, die »wundervolle« Ehen haben – aber keinen Sex. So populär die »sexfreie« Ehe sein mag, sie ist nur in den seltensten Fällen auch ein Weg zu einer glücklichen Beziehung. Die neue Enthaltsamkeit zeugt meist weniger von einer harmonischen als von einer gleichgültigen Ehe, von einer Ehe, die an Vitalität, Schwung und Energie verloren hat. Das emotionale und sexuelle Ausdörren einer Ehe ist nur allzuoft das Ergebnis von Aggressionen. Vielleicht erscheint es auf den ersten Blick logisch nicht zwingend, wenn man sagt, das völlige Verschwinden der Sexualität sei mit der Anwesenheit von Aggressivität gleichzusetzen – psychologisch gesehen aber ist dieser Zusammenhang gegeben. Wir werden uns erst später mit diesem Phänomen noch eingehender beschäftigen. Fürs erste können Sie jedoch davon ausgehen, daß Sie tatsächlich unter Aggressionen leiden, wenn Ihre Ehe enthaltsam geworden ist.

Aber im Bett klappt es doch prima! – Ist Sex noch das einzig Positive an Ihrer Ehe?

»Ich wußte lange Zeit überhaupt nicht, daß ich in einer aggressiven Ehe lebte, bis mir eines Tages klarwurde, daß wir eigentlich nur im Bett gut miteinander auskommen.«

Ruth (50) lebte länger in einer aggressiven Ehe, als ihr bewußt war. Wie sie die offensichtlichen Signale dieser Aggression hatte übersehen können, ist ihr noch heute ein Rätsel.

Manchmal ist Sex der einzige Kitt, der eine aggressive Partnerschaft noch zusammenhält. Wir benutzen ihn unbewußt, um die Schäden aus unserem alltäglichen Zusammenleben zu reparieren. Unser »guter Sex« soll uns davon ablenken, daß wir in einer »schlechten Ehe« leben. Er wird dann oft zu einer geradezu willkommenen Schutzbehauptung: »Ich kann keine Aggressionen haben, im Bett klappt es doch prima!«

Wie kann man solche Schutzbehauptungen durchschauen? Woran erkennt man, ob der »herrliche Sex« mit dem Partner nicht in Wahrheit das entscheidende Problem ist? Ein typisches Merkmal für solchen fragwürdigen »guten« Sex ist, daß das Bett tatsächlich der einzige Ort ist, wo Sie sich überhaupt noch nahe kommen. Wenn Ihr Kontakt sich auf die Sexualität beschränkt, wenn Sie sich im Grunde nur noch im Bett füreinander Zeit nehmen, ist Ihre Ehe in die Fänge der Aggression geraten.

Diese Gefahr ist auch gegeben, wenn Sie nach einem Streit miteinander schlafen, ohne daß Sie sich entschuldigen oder das Problem zu lösen versuchen – oder wenn Sie nach dem Beischlaf deutlich freundlicher zueinander sind als vorher.

Grundsätzlich ist Sex eine schöne Möglichkeit, Spannungen auszugleichen und der Ehe zur Harmonie zurückzuverhelfen. Wenn die Ehe aber von Aggressionen belastet ist, wird der Sex auf Dauer dieses Zurückfinden zum Partner nicht ermöglichen können.

Nachdenklich stimmen sollte Sie auch, wenn das Bett der einzige Ort ist, wo Sie *nicht* unzufrieden miteinander sind. Es könnte gut sein, daß Sie das Bett dann als quasi letzte Möglichkeit benutzen, das volle Ausmaß Ihrer aggressiven Gefühle voreinander zu verbergen. Sex ist in diesem Fall für Sie eine Art Puffer geworden, der Sie vor der unangenehmen Konfrontation mit Ihrer Aggression schützen soll. Ist also das Ehebett in der Tat der einzige frustrationsfreie Ort in Ihrer Beziehung, dann steht Ihr Sex vermutlich in den Diensten Ihrer Aggression.

Was haben Sie bisher erfahren,
und wie geht es nun weiter?

Leben Sie in einer aggressiven Ehe? Es wird Ihnen sicherlich keine Schwierigkeiten mehr bereiten, diese Frage zu beantworten. Sie haben nun eine Menge Antworten auf viele Fragen – auf Fragen, die Ihnen Auskunft über Ihr Verhältnis in der Ehe geben: Bringt er mir immer noch Blumen mit? Sehe ich ihr immer noch in die Augen? Können wir wirklich noch miteinander reden? – Und auf Fragen, die Ihre sexuelle Beziehung betreffen: Teilen wir uns unsere sexuellen Phantasien mit? Sind wir uns treu? Ist mein Körper ein Geschenk, das ich meinem Partner bereitwillig und gerne gebe? Dies sind nur einige der Fragen, auf die Sie an dieser Stelle Ihre eigenen persönlichen Antworten gefunden haben werden. Und wenn Sie ehrlich mit sich selbst waren, werden Sie nun mit Bestimmtheit wissen, ob Ihre Ehe eine aggressive Ehe ist.

Wie aber geht es nun weiter? Nun, da diese entscheidende und grundsätzliche Frage geklärt ist, können wir intensiver in Detailfragen gehen. Warum leben Sie in einer aggressiven Ehe? Warum und wie genau wirkt sich das auf Ihre Liebe aus? Sind Sie offen oder verdeckt aggressiv? Welche der sechs Aggressionsstile (Hemmungslosigkeit, Provokation, Überspielen, Verlagern, Symbolisieren, Unterdrücken) trifft auf Sie zu und warum? Um diese Fragen beantworten zu können und um verstehen zu können, was diese Antworten für die eigene Ehe bedeuten, müssen wir zunächst die Struktur der Ehe selbst, ihre Anatomie gewissermaßen, untersuchen. Dieser Aufgabe wollen wir uns nun im nächsten Kapitel zuwenden.

Kapitel IV
Die Anatomie der Ehe

Ehepaare bleiben hilflose Opfer ihrer Aggressionen, weil sie ihre eigenen Bedürfnisse nicht wirklich kennen. Deswegen üben die verschiedenen Aggressionsformen eine scheinbar unüberwindliche Gewalt über die Partner aus. Solange sie nicht verstehen, worum es bei ihren Streitigkeiten eigentlich geht, bleiben sie in diesen sich einschleifenden selbstzerstörerischen Mechanismen gefangen. Das eigentliche Problem also – und Sie werden sehen, daß es sich bei jedem, der sechs Aggressionsformen nachweisen läßt – ist, *daß die Bedürfnisse verborgen bleiben.*

Dadurch, daß sie im Unterbewußtsein versteckt bleiben, werden diese emotionalen Bedürfnisse zu einer Quelle ständiger Frustration und Enttäuschung. Ohne Frage besteht die Hauptaufgabe nun darin, diese verborgenen Bedürfnisse einer aggressiven Ehe ans Licht zu bringen. Um dies zu bewerkstelligen, wollen wir uns im folgenden mit der *Struktur* der Ehe beschäftigen und versuchen, ihren Aufbau besser zu verstehen.

Durch die Verdrängung der Bedürfnisse spaltet sich die Ehe in drei deutlich voneinander verschiedene und in gewissem Sinne gegeneinander arbeitende Ebenen auf:

○ DIE OBERFLÄCHEN- ODER ALLTAGSEHE: also die Ehe, derer wir uns bewußt werden, die Ehe, die wir zu führen glauben. Hier, auf dieser Ebene zeigen und manifestieren sich die Charakteristika der jeweiligen Aggressionsformen. Die Oberflächenehe umfaßt unser alltägliches Zusammenleben, über das wir streiten und nörgeln.

○ DIE UNSICHTBARE ODER VERBORGENE EHE: also die Ehe unterhalb der Oberfläche. Hier liegen unsere unbewußten Bedürfnisse verborgen, von denen unsere Ehekonflikte ihren eigentlichen Ausgang nehmen. Da wir uns dieser Bedürfnisse nicht bewußt werden, verfangen wir uns im Teufelskreis der Aggression.

○ DIE URSPRUNGS- ODER PRIMÄREHE: Sie bildet gewissermaßen die tiefste Grundlage unserer Ehekonflikte. In dieser »Primärebene« sind unsere Kindheitserfahrungen enthalten, die wir, ohne es zu wissen, in unsere Ehe hineintragen und aus der unsere unbewußten Bedürfnisse und die daraus entspringenden Ehekonflikte sich speisen. Es handelt sich hier gewissermaßen um das psychische Erbe aus unseren allerersten Beziehungen, die noch heute einen bestimmenden Einfluß auf uns und unsere Ehe ausüben.

Dieses Konzept der drei Ebenen jeder aggressiven Ehe ist so zentral, daß es noch einmal wiederholt werden soll: Unbewußte (und deswegen verborgene und unerfüllte Bedürfnisse) splitten die Ehe in drei unterschiedliche, miteinander nicht harmonierende Unterehen auf (die Oberflächenehe, die unsichtbare Ehe und die Primärehe). Obwohl wir nur in einer Ehe zu leben glauben, führen wir in Wahrheit, ohne es zu wissen, gleich drei Ehen auf einmal!

Diese Aufspaltung der Beziehung ist das Kernproblem jeder aggressiven Ehe. Um aus ihr herauszukommen, muß man diese Zersplitterung wieder aufheben und zu einer einheitlichen Beziehung, zur *reifen, erwachsenen Ehe*, zurückfinden. Dazu aber bedarf es der Erkenntnis. Sie läßt die unbewußten Gedanken und Motive transparent und verständlich werden und trägt so letzten Endes zur Vereinigung der Ebenen, d. h. zur Entstehung einer wahrhaft reifen Verbindung bei. Die Erkenntnis legt die vergrabenen Bedürfnisse wieder frei und eröffnet uns so die Möglichkeit, unsere verborgenen und vernachlässigten Bedürfnisse endlich zu befriedigen. *Und sind diese Bedürfnisse erst einmal befriedigt, löst sich auch der Kreislauf aus Frustration und Aggression auf!* Durch diesen Prozeß verliert die Primärehe ihren beherrschenden Einfluß auf die gegenwärtige Ehe. Die Herrschaft der Vergangenheit über die Gegenwart hört auf, und die Trennung zwischen Oberflächenehe und unsichtbarer Ehe kommt zu einem Ende. Durch den Prozeß der Selbsterkenntnis werden die drei Ebenen harmonisiert und zu einer Ehe vereinigt. Auf diese Weise ermöglicht es die Erkenntnis, die aggressive Ehe zu überwinden und zu einer glücklicheren und befriedigenden reifen Beziehung zu finden.

Die Oberflächenehe und ihre Aggressionsformen

In einer aggressiven Ehe sind die Partner mit ihrer Oberflächenehe gut vertraut. Es ist die Ehe, die ihnen bewußt ist und die sie gemeinsam alltäglich durchleben – die Ehe, die sie kennen und die sie beschreiben können. Auf dieser Ebene der Ehe finden sich die Merkmale der verschiedenen Aggressionsstile. Wir werden später detailliert auf diese sechs Stile eingehen; dennoch soll zu einer ersten Orientierung schon hier ein kurzer Blick auf sie und ihre typischen Merkmale im Alltag geworfen werden. Beginnen wir zunächst mit den offenen Aggressionsstilen (Hemmungslosigkeit und Provozieren). Wie äußern sie sich in der Oberflächenehe?

Die Aggressionsenthemmung in der Oberflächenehe

Der hemmungslose Aggressionsstil entspricht dem Stereotyp einer aggressiven Ehe wohl am ehesten. Paare, die in diese Kategorie fallen, wirken aggressiv, fühlen sich aggressiv, denken und handeln meistens auch aggressiv. Sie reiten unentwegt auf ihren gegenseitigen Schwächen, Macken und Fehlern herum und treiben sich gegenseitig damit zum Wahnsinn. Offene Feindseligkeiten, Haß, Widerstände, Ablehnung und Streitereien bestimmen das Bild. Solche Paare führen einen Krieg, sie verwickeln sich entweder in einen langen, zähen Stellungskrieg oder in vereinzelte, aber immer wiederkehrende Gefechte. Es kommt hier immer wieder zu Konflikten – oft scheinbar wegen »Nichts« oder wegen geringfügiger Anlässe. Das blindwütige Austeilen ist das A und O solcher Ehen, und die Auseinandersetzungen nehmen dabei immer schlimmere Formen an. Das wütende Schlagen der Türen ist das typische akustische Merkmal solcher Ehen. So intensiv die Auseinandersetzungen aber auch geführt werden, sie heizen die Atmosphäre nur noch weiter an – nichts wird wirklich gelöst. Die Probleme bleiben und verschlimmern sich durch jeden Streit nur noch mehr.

Das Provozieren in der Oberflächenehe

Beim provozierenden Aggressionsstil ist die Aggression *nicht* wechselseitig; nur einer der Partner wird wütend, während der andere überrascht (»Worum geht's überhaupt?«), abwehrend (»Warum regst du dich so auf? Ich hab' doch gar nichts gemacht.«) oder unbeteiligt reagiert (»Ach … du warst sauer? Hab' ich denn etwas falsch gemacht?«). Äußerte sich die enthemmte Aggression explosionsartig, so zeigt sie sich hier eher in einem langsamen Köcheln der Wut. (Wenn man die Ehe einmal mit einem Vulkan vergleicht, dann wäre die Enthemmung wie ein ständiger Ausbruch und die provozierte Aggression wie eine ständig brodelnde Aktivität des Vulkans.) Der aggressive Partner ist erbittert, verärgert, genervt und gereizt, bedrückt, müde, verdrießlich, verstimmt. Er schreit nicht oder brüllt gar herum, aber er murrt unzufrieden vor sich hin, mahlt mit den Zähnen und spürt den steigenden Blutdruck. Er fühlt sich durch den Partner provoziert, vielleicht weil dieser z. B. ständig alles auf die lange Bank schiebt, und wird so langsam bis zum Wahnsinn getrieben. Wie die enthemmte Wut bringt auch die provozierte Aggression die Ehe kein bißchen weiter. Die Situation zwischen den Partnern bessert sich nicht.

Die verdeckten Aggressionsstile in der Oberflächenehe

Sowohl bei dem enthemmten als auch bei dem provozierenden Aggressionsstil tritt die Aggression in der Oberflächenehe deutlich zutage – allerdings bringt sie nichts oder verschlimmert die Situation sogar. Nicht jede aggressive Ehe ist aber – wie wir mittlerweile wissen – gleich als solche zu erkennen. Es gibt viele Ehen, in denen die Partner sich nicht trauen, aggressiv zu werden! Sie greifen auf die unterschiedlichsten Mechanismen zurück, um ihre Aggressionen zu umgehen; manche maskieren, bemänteln und verbergen ihre Aggressionen, während andere sie verleugnen, ignorieren oder einfach zu vergessen suchen. Welche unbewußte psychologische Strategie sie aber auch anwenden – das Ende sieht immer gleich aus: die Aggression wird zwar versteckt, aber sie verrichtet ihr zerstörerisches Werk nun unerkannt weiter. Das Symbolisieren, das Verlagern, das Überspielen und die Unterdrückung stellen die vier verschiedenen Weisen eines solchen Verbergens von Aggressionen dar. Aber auch wenn die verdeckt aggressiven Ehen die Aggression nicht offen zeigen, haben sie in der Oberflächenehe jeweils eine typische Erscheinungsform, unter der sie ihre Aggressionen verbergen:

Das Überspielen in der Oberflächenehe

Wer seine Aggressionen »überspielt«, zeigt seine Wut nicht – oder wenigstens nicht direkt. Sie drückt sich bei ihm eher maskiert und auf Umwegen aus: durch Alkohol und Drogenmißbrauch, übermäßiges Essen, Untreue, Arbeitssucht, Geschäftigkeit oder durch finanzielle Unzuverlässigkeit. Der Aggressionsüberspieler gleicht seine Aggression durch Aktivität aus. Statt sich der wachsenden Frustration der eigenen Ehe auszusetzen, flüchtet er in die Ablenkung.

Solange ihm das gelingt und er außerhalb der Ehe Befriedigung findet, läßt ihn die Frustration »zu Hause« relativ ungerührt. Er hält sich außerhalb der Ehe »schadlos«, um sich seine »beschädigte« Ehe nicht eingestehen und reagieren zu müssen. In dieser Kunst entwickelt er geradezu wahre Meisterschaft.

Die Verlagerung in der Oberflächenehe

Wut, Entrüstung und aggressive Ausbrüche sind den »Aggressionsverlagerern« wahrlich keine Fremdwörter. Allerdings richten sie diese Gefühle nie gegeneinander, sondern typischerweise immer gegen andere. Sie »verlagern« ihre Aggressionen auf Personen oder Dinge außerhalb der Ehe. Die Schwiegermutter ist das klassische Beispiel für eine solche Verlagerung. Aber auch der »miese« Chef, der »unzuverlässige« Freund, die »unnützen« Geschwister oder die »gemeinen« Eltern sind beliebte Sündenböcke. Nicht immer ist der Gegenstand, auf den die Aggression verlagert wird, eine Person, es kann auch eine Sache sein, ein Gerichtsprozeß etwa.

Aggressionsverlagerer suchen sich einen äußeren Feind, um sich der eigentlichen Auseinandersetzung innerhalb der Ehe nicht stellen zu müssen. Sie stellen sich gemeinsam gegen die äußere Welt, um die Spannungen in der Ehe so unter einem Mantel scheinbarer Solidarität zu verbergen. Solange sich die Aggressionen gegen andere richten, bleibt die eigene Ehe scheinbar frei von ihnen.

Das Symbolisieren in der Oberflächenehe

»Aggressionssymbolisierer« werden nicht wütend, sondern krank. Sie drücken ihre Aggressionen symbolisch aus. Die Aggression nimmt bei ihnen quasi eine veränderte Form an – oft die körperlicher Krankheiten: Migräne, Schwindelanfälle, Rükkenschmerzen, Ausschlag, Durchfall, Müdigkeit, Kreislaufprobleme und unidentifizierbare Beschwerden sind einige der Symptome, die sich solche Paare unbewußt »aussuchen«. Dabei gibt es eine klare Rollenverteilung: der eine Partner ist »krank«, der andere »Krankenpfleger«; und beide gehen völlig in ihrer

Rolle auf. Symbolisierer verwickeln sich so sehr in den Kampf gegen diese Krankheiten und Gebrechen, daß sie für anderes kein Auge mehr haben – besonders nicht für die eigenen Aggressionen.

Die Unterdrückung in der Oberflächenehe

Aggressionsunterdrücker sind Menschen, bei denen man nie auf den Gedanken kommen würde, daß sie Aggressionen haben könnten. Übrigens geht es den Aggressionsunterdrückern selbst da nicht viel besser: sie wissen nichts von ihrer Aggression. Ein Aggressionsunterdrücker streitet und kritisiert nicht; er findet kaum etwas, das seinen offenen Widerspruch erregen würde. Und wenn es einmal wirklich »zu dicke kommt«, wenn die Situation in der Ehe unausweichlich Aggressionen in ihm aufsteigen läßt – schluckt er sie herunter. Aggressionsunterdrücker leiden schweigend. Sie verstummen, weinen, hadern mit sich selbst, werden vielleicht sogar depressiv, aber niemals aggressiv. Sollten sie tatsächlich einmal Aggressionen spüren, dämpfen sie sie sofort ab, um möglichen Konfrontationen aus dem Weg zu gehen. »Keine Konflikte; Frieden um jeden Preis« – das ist ihr unausgesprochenes Motto. Aggressionsunterdrücker überwinden ihre Aggressionen, aber sie zahlen dafür einen hohen Preis: sie verlieren ihr Selbstwertgefühl.

Macht Sie Ihre Oberflächenehe unzufrieden?

So verschieden diese Oberflächenehen sein mögen, sie haben doch eines gemeinsam: die Unzufriedenheit. Ob offen oder versteckt, Aggressionen machen sich immer negativ bemerkbar. In allen aggressionsgestörten Oberflächenehen kommt es deswegen auch zu Klagen und Unzufriedenheiten. Diese Klagen sind ebenso verschiedenartig wie die Aggressionsstile, die sie reflektieren. Dennoch gilt: Wenn unsere Oberflächenehe von Aggressionen bestimmt ist, drückt sich das immer in Klagen und Unzufriedenheit aus – selbst wenn wir diese Klagen (wie bei manchen verborgenen Aggressionsstilen) nicht gegeneinander führen. Vielleicht erkennen Sie sich ja in einer der folgenden Mäkeleien wieder:

Unser gesamtes Eheleben war durch miese Chefs bestimmt.
Er macht nie etwas zu Ende; das macht mich wahnsinnig.
Mich nervt es, daß sie nie die Rechnungen bezahlt.
Er redet nie mit mir.
Seitdem er diese Kopfschmerzen hat, müssen wir auf so vieles verzichten.
Wir haben so viel zu tun, daß wir kaum mehr dazu kommen, miteinander zu schlafen.
Da sind wir uns einig – das größte Problem in unserer Ehe ist seine Mutter.
Seine Eifersucht macht mich rasend.
Wir gehen kaum noch aus, wir sind wohl eher häusliche Typen.
Sie treibt immer einen Keil zwischen mich und die Kinder.
Wo wir auch hingegangen sind, unsere Nachbarn waren immer unmöglich.
Ich kann sagen, was ich will. Sie hört mir nie zu.
Er trinkt zuviel.

Tatsächlich kann jedes Ehepaar ein recht gutes Bild über Aggressionen in der eigenen Ehe gewinnen, wenn es den gegenseitigen Groll und die Unzufriedenheit über die Ehe einmal auflistet. In gewissem Sinne gibt uns schon die genaue Beschreibung unserer Alltagsehe Antwort auf die Frage: Was stimmt mit meiner Ehe und meinem Partner nicht?[1]

Die Oberflächenehe und das Dekodieren der eigenen Klagen

Ehen, die in den Teufelskreis der Aggression geraten sind, bleiben von Unzufriedenheit beherrscht. Immer wieder klagen die Partner, machen einander Vorhaltungen – und kommen doch kein bißchen weiter damit. Die einzige Chance, ihre Situation wirklich zu verbessern, besteht darin, durch die von solchen Klagen beherrschte Oberfläche ihrer alltäglichen Ehe hindurchzustoßen und zur tieferen Schicht ihrer unsichtbaren Ehe vorzudringen. Denn hier liegen die wahren Quellen ihrer ehelichen Probleme: ihre unbewußten Bedürfnisse.

Der Weg zu diesen Quellen führt über das *Dekodieren von Klagen* – die Partner müssen lernen, ihre Beschwerden und Kritikpunkte in den Blick zu nehmen und daraufhin zu untersuchen, was sie ihnen über ihr inneres unbewußtes Gefühlsleben verraten können. Jede Beschwerde enthält einen Hinweis auf unsere unbewußten Gefühle! Deswegen können unsere Klagen, richtig analysiert, Licht ins Dunkel unseres versteckten Gefühlslebens bringen. Konkreter gesprochen bedeutet das, daß die Klagen unseres Partners uns über unser eigenes Gefühlsleben und damit über unsere verborgenen Bedürfnisse aufklären können. Jede Kritik der Ehefrau wird dem Mann etwas über ihn verraten, und umgekehrt wird seine Kritik etwas über ihre unbewußten Gedanken und Gefühle, über ihre verborgenen Bedürfnisse aussagen. Mit ein bißchen Unterstützung werden alle Partner, die in einer aggressiven Ehe leben, schon bald Experten in der Handhabung dieser psychologischen Dekodierungstechnik sein.[2] Sie werden im Laufe dieses Buches, während die sechs Aggressionsstile entfaltet werden, genügend Gelegenheit haben, ihre eigene Dekodierungsfähigkeit auszufeilen!

Zur Einführung in diese neue Methode wollen wir zunächst einen Blick in die turbulente Oberflächenehe von zwei Aggressionsenthemmern, Abby und Brian, werfen. Abby begann den Dekodierungsprozeß der gegenseitigen Klagen, Brian zog schließlich nach, und beide schafften es auf diese Weise, ein deutliches Bild ihrer unsichtbaren Ehe zu bekommen.

Kleine Dinge haben große Bedeutung:
Wie wird man zum Dekodierungsexperten?

Vor einigen Jahren kam Abby, die schon seit sechs Monaten bei mir in Therapie war, völlig aufgebracht über ihren Mann in mein Büro:[3]

»Das war wieder mal ein gelungenes Wochenende«, begann sie sarkastisch.

»Brian hat sich wieder mal selbst übertroffen: ›Abigail. Tu dies! Abigail, tu das nicht!‹ – so ging das das ganze Wochenende.«

Ihre Entrüstung darüber war kaum zu übersehen und nahm, je länger sie redete, immer mehr zu.

»Stellen Sie sich das mal vor: Samstag abend lagen wir im Bett. Draußen waren's 32 Grad. Und er steht einfach auf und schaltet die Klimaanlage ab – natürlich ohne mich zu fragen (das macht er ja nie) und legt sich wieder ins Bett. Ich will gerade anfangen, etwas zu sagen, da verkündet dieser Pascha: ›Du bist wirklich unmöglich, Abigail. Wie oft hab' ich dir das gesagt: Ich kann bei dem Lärm, den dieses Ding macht, nicht einschlafen.‹

Ich sei unmöglich, sagt er. Das ist doch wohl ein Hammer. Wahrscheinlich hört sich das für Sie wie eine Kleinigkeit an, aber ich kann Ihnen sagen, ich könnte platzen vor Wut.

Sie können sich wahrscheinlich gar nicht vorstellen, wie unmöglich er manchmal sein kann.«

Ich kann mir diesen Streit um die Klimaanlage vielleicht besser vorstellen, als Abby vermutet. Bei unseren sommerlichen Wochenendausflügen in unser Ferienhaus kommt es zwischen meinem Mann und mir oft genug zu Streitigkeiten über die Temperatur – nur daß unsere Kampfarena nicht das Bett, sondern meistens das Auto ist. Trotz des Unterschiedes in der Örtlichkeit waren unsere Probleme aber geradezu peinlich ähnlich.[4]

Aber worum ging es bei Abbys Problem eigentlich wirklich? Sie kam bestimmt nicht zweimal wöchentlich zu mir und gab einen nicht geringen Teil ihres hart verdienten Geldes aus, damit ich hier helfe, die Temperatur in ihrem Schlafzimmer so zu gestalten, daß sie damit zufrieden ist. Was Abby mir so erhitzt vorgetragen hat, war eine Beschreibung ihrer Alltagsehe. Sie gab mir ein Bild der Oberfläche ihrer Ehe, also derjenigen Ehe, auf der die Ehestreitigkeiten über Klimaanlagen, Fernsehprogramme und Gäste, die zu Parties eingeladen werden sollen, stattfinden.

Die Therapie ging nun dazu über, Abby und Brian, der schließlich auch zu den Sitzungen erschien, für sich und ihre Ehe zu sensibilisieren.[5] Dadurch daß wir die gegenseitigen Klagen in dem »Klimaanlagenstreit« genau analysierten, gelang es uns herauszufinden, worum es Abby eigentlich ging: sie wollte die *Kontrolle* über das Klima!

Für Abby war dieser enthemmte Aggressionsaustausch (und die nächsten Monate zeigten in der Tat nachdrücklich, daß die beiden Aggressionsenthemmer sind) nichts anderes als Ausdruck ihres Gefühls, daß Brian das Heft in der Hand hatte und die Regeln in der Ehe bestimmte. Sie kämpfte gegen Brian, weil sie das Gefühl hatte, daß er sie dominiert – und nicht, weil die Temperatur im Schlafzimmer ihr nicht paßte.

Abby sah in Brian nicht einen Mann, den der Lärm der Klimaanlage störte, sondern jemanden, der sie beherrschen wollte. Wie aber war es uns gelungen, dies zu durchschauen? Indem wir nach unserem Grundmodell (*seine* Klagen verraten *ihre* Bedürfnisse) Brians Beschwerden über Abby analysierten. Einer seiner Hauptkritikpunkte an Abby war z. B. ihre überzogene Reaktion, wenn er einmal etwas spontan tat:

»Ich kann nichts tun, ohne Abby vorher um ›Erlaubnis‹ fragen zu müssen. Wenn ich einmal impulsiv handle und sie ›um Gottes willen‹ vorher nicht um ihre Zustimmung gebeten habe, stehe ich sofort als rücksichtsloser Klotz da, als ›der große Diktator‹, ›Tyrann‹ und wie sie es sonst noch bezeichnet. Das Problem mit der Klimaanlage ist eigentlich ein gutes Beispiel, es zeigt genau, was ich meine. Abby verlangt quasi vorher eine schriftliche Anfrage, damit ich dieses Mistding ausschalten darf!«

Durch Dekodierung seiner Kritik waren wir in der Lage zu erkennen, daß Brians Schweigsamkeit vor der Tat für Abby mehr war als ein bloßes Schweigen. Sie sah in seinen unangekündigten Aktionen eine völlige Mißachtung ihrer Person! Wenn Brian sie nicht unterrichtete, bevor er etwas unternahm, interpretierte sie es als: »Ich mache, was ich will, egal, wie du dazu stehst!« Sie hatte das Gefühl, Brian wollte ihr auf diese Weise zu verstehen geben: »Deine Gefühle zählen nicht!« Und natürlich konnte sie darauf nur mit verletzter Wut reagieren. Um zu dieser Einsicht zu gelangen, waren wir allen Hinweisen, die in Brians Kritik enthalten waren, genau nachgegangen. Wir sahen uns zum Beispiel Abbys Sprache und Haltung sehr genau an. Warum nannte sie Brian »den großen Diktator« oder »Pascha«? Wir versuchten, von hier aus auf ihre Gefühle zurückzuschließen: Abby war offenbar sehr verletzt. Ihr höhnischer Unterton ließ vermuten, daß sie Brian als einen rücksichtslosen Herrschertypen sah. Und er verriet uns etwas über ihren versteckten wunden Punkt: ihren *unbewußten Drang*, gegen jegliche Dominanz und Kontrolle anzukämpfen.

Das Dekodieren von Abbys Klagen über Brian führte uns in eine andere Richtung. (Wieder also machten wir von der Technik Gebrauch, aus den Klagen des einen Partners auf die Bedürfnisse des anderen zu schließen.) Einer von Abbys Kritikpunkten an ihrem Mann bestand darin, daß sie ihm vorwarf, er würde ihr ihren willensstarken Charakter übelnehmen:

»Ich sage nur, was ich denke – und schon krieg' ich zu hören, wie egoistisch ich bin und daß ich nur an mich denke. Der Streit um die Klimaanlage ist ein gutes Beispiel für das, was ich meine. Nur weil ich glaube, daß es besser für uns beide ist, wenn wir im Kühlen schlafen (auch wenn das ein bißchen Lärm bedeutet) und das auch offen sage – bin ich gleich die grausame Hexe.«

Was konnte uns das über Brians verborgene Bedürfnisse verraten? Für Brian drückte Abby nicht bloß ihre Meinung darüber aus, wie man am bequemsten schlafen kann – sondern er hatte das Gefühl, daß sie seine Gefühle ignorierte. Seine Bitten stießen bei ihr auf taube Ohren: (»Sie weiß doch ganz genau, daß ich den Lärm nicht ertragen kann!«). Und seine Schlußfolgerung daraus: Abby hört ihm nicht zu. Die Tatsache, daß Abby auf ihrem Standpunkt beharrte, bedeutete für ihn nur eines: »Abby ist mein Wohlergehen herzlich gleichgültig.« Natürlich war er dadurch verletzt und sauer.

So kamen wir schließlich dazu zu begreifen, daß auch Brian seine eigenen *verborgenen Bedürfnisse* hatte: Er wollte dem Menschen, den er liebte, wichtig sein, ihm etwas bedeuten. Dieser innerste Wunsch ließ ihn sehr empfindlich werden für die Möglichkeit, daß seine Gefühle vielleicht nicht gebührend berücksichtigt werden.

In dem Streit um die richtige Zimmertemperatur lag also ein anderer *unsichtbarer Konflikt* verborgen, in dem es um Abbys und Brians wundeste Punkte ging: um ihre unbewußten Bedürfnisse, gegen Dominanz anzukämpfen (Abby) bzw. dem anderen wichtig sein zu wollen (Brian). Abby und Brian mußten zu ihrer großen Überraschung feststellen, daß der andere viel empfindlicher und verletzbarer war, als sie ursprünglich glaubten und als der andere sich gab. Was eigentlich wenig überraschend ist – schließlich wirken Aggressionsenthemmer in der Hitze des Gefechts alles andere als zerbrechlich!

Durch das Verfahren der Dekodierung wurde Abby und Brian nach und nach klar, wie sie sich gegenseitig immer wieder fehlinterpretiert hatten und daß die Dinge, um die sie stritten, ihre wirklichen Gefühle im Grunde nur maskierten. Sie entdeckten – um es überspitzt zu formulieren –, daß eine Klimaanlage manchmal nicht bloß eine Klimaanlage ist.

Die Technik, die eigenen ehelichen Klagen zu dekodieren, hat Brian und Abby ihre versteckten Gefühle bewußt gemacht und das Bedürfnis, Kontrolle abzuwehren bzw. Aufmerksamkeit zu bekommen, als wesentliche Elemente ihrer unsichtbaren Ehe aufgedeckt.

Diese Entdeckung hatte nun nicht die sofortige Lösung ihres Konflikts zur Folge, aber es kam tatsächlich zu einer erstaunlichen Veränderung in ihrer Beziehung, die es ihnen ermöglichte, eine *dauerhafte Lösung* für ihre aggressive Ehe zu finden.

Sie lernten, ihre Gefühle und Bedürfnisse auszudrücken, statt sich gegenseitig nur ständig mit Vorwürfen zu überhäufen. Und das machte für ihre Beziehung einen enormen Unterschied.

Die beiden haben einen wichtigen Schritt getan – einen Schritt, der uns allen möglich ist. Sie haben uns gezeigt, wie man zu einer neuen *Sprache der Liebe* finden kann – und vor allem, wie man zu der positiven, liebenden Grundeinstellung zum eigenen Partner zurückfinden kann.

Wenn es auch Ihnen gelingt, Ihre unsichtbare Ehe sichtbar werden zu lassen, werden Sie im Endeffekt den Riß zwischen Ihrer Oberflächenehe und Ihrer unsichtbaren Ehe wieder heilen. So ermöglichen Sie es sich, zum ersten Mal zu erkennen, was Ihrem täglichen Beziehungsstreß zugrunde liegt. Und Ihre Ehe hört auf, durch Wut und Zorn zersplittert zu sein.

Sie werden einander bessere Partner, d. h., Sie werden teilnehmender, sensibler und offener füreinander sein. Aber es bleibt eine wichtige Frage offen: Wenn wir solche verborgenen Bedürfnisse haben, wo kommen sie her, und warum in aller Welt üben sie einen so bestimmenden Einfluß auf unser Leben aus?

Dies ist durchaus keine akademische Frage. Die Selbsterkenntnis kann ihre volle Kraft und Wirkung nur dann entfalten, wenn wir lernen, warum und wie es zu unseren verborgenen Bedürfnissen kommt. Diese unbewußten Bedürfnisse sind nicht nur ein Persönlichkeitsmerkmal neben vielen anderen. Sie sind ein wesentlicher Bestandteil der psychischen Tiefenstruktur einer Person. Deswegen sind sie für unsere Befindlichkeit alles andere als nebensächlich. Sie haben einen zentralen Stellenwert.

Bedürfnisse und die zerstörerischen Beziehungsstrukturen, zu denen sie führen, haben ihre Wurzeln in der Vergangenheit des Individuums. Damit die Erkenntnis wirklich nachhaltig Wirkung zeigen kann, muß sie in diese Tiefen der Persönlichkeitsstruktur vordringen. Denn nur über diese grundlegenden Wahrheiten über uns und unsere Vergangenheit können wir Veränderungen möglich und dauerhaft werden lassen.

Die Primärehe: Wo alles begann

Wie kam Abby zu ihrem Bedürfnis, Kontrolle abzuwehren, und warum ist es für Brian so unwahrscheinlich bedeutsam, dem anderen wichtig zu sein? Warum sind gerade dies ihre (wenn auch versteckten) sensiblen Stellen?

Es mag zwar zutreffen, daß Brian Abbys erster Ehemann ist und Abby Brians erste Ehefrau – was die beiden aber nicht wissen, daß dies *nicht* ihre erste Ehe ist. Und das gilt in der Tat nicht nur für die beiden: *Wir alle waren vorher schon einmal verheiratet!*

Unsere erste Partnerschaft, unsere erste Liebesverbindung »in guten wie in schlechten Tagen, in Krankheit und Gesundheit« war die mit unseren Eltern. Unsere Eltern waren unsere ersten Partner. Diese frühe Verbindung, die unser gesamtes Leben nachhaltig bestimmt, ist das, was wir unsere *Primärehe* genannt haben – diejenige Verbindung, aus der unsere verborgenen Bedürfnisse ihren Ursprung nahmen.

Diese unerkannten Bedürfnisse sind der Ballast, den jeder einzelne unbewußt in die Ehe mit einbringt. Sie sind der Stempel, den die Vergangenheit den erwachsenen Beziehungen aufprägt, gewissermaßen die Erbmasse von Enttäuschungen und Frustrationen, die jeder aus seiner Primärehe mitschleppt. *Und eben in dieser Primärehe hat die selbstzerstörerische Aggression ihre Wurzeln.*

In Abbys Fall kann ein Blick auf ihre Primärehe uns helfen zu verstehen, wo ihre fundamentalen Aggressionen herrühren. Abby hatte eine außergewöhnlich aufdringliche Mutter. Erfolglos in ihrem eigenen Leben und tief enttäuscht, konzentrierte sich Abbys Mutter ganz auf das Leben ihrer Kinder, besonders das ihrer ältesten Tochter – Abby. Fest davon überzeugt, daß ihre Einmischungen nur zu »Abbys eigenem Besten« seien, kam ihr die Möglichkeit, daß Abby eine selbständige Person mit eigenen Rechten sein könnte, gar nicht in den Sinn. Abbys Bedürfnis, alle äußere Kontrolle abzuwehren, und ihre Empfindlichkeit in diesem Punkt ist ein Erbe aus dieser bedrängenden Beziehung.

Und wie war es bei Brians »erster Ehe«? Brians Eltern waren außergewöhnlich selbstbezogen. Daß sie sich Brian anschafften, hatte für sie denselben Stellenwert wie alles andere, was sie in ihrem Leben erreichten, wie z. B. der gute Job oder die richtige Wohngegend – Brian erhöhte ihren Status.

Brians Eltern hatten von Anfang an wenig Interesse an ihm. Er wurde oft, sogar als kleines Kind, für längere Zeiträume in die Obhut von verschiedenen Kindermädchen gegeben. In der Schule machte Brian eine erniedrigende Erfahrung nach der anderen durch; er war z. B. das einzige Kind, dessen Eltern nie bei irgendeiner Schulveranstaltung erschienen. Mit einem Wort: Brian zählte nicht für sie. Und er trug die Erbschaft dieser schmerzlichen und verbitternden Erfahrung mit in seine Ehe mit Abby.

Was an der Beziehung der beiden besonders auffällt, ist, wie ihre jeweiligen Bedürfnisse die Aggressionen des anderen fördern und weiter schüren. Tatsächlich ist es genau dieses unglückliche Zusammenspiel der jeweiligen Bedürfnisse, das bei allen Ehepaaren in dieser Situation das Feuer der Aggressionen weiter entfacht. Hierin besteht das besondere Erbe der Primärehe und der aus ihr stammenden unverarbeiteten Aggressionen: *Wir sehen unseren Partner unausweichlich durch die Brille unserer frühkindlichen Bedürfnisse!* Wie aber nun soll man sich das vorstellen?

Nehmen wir noch einmal die Ehe von Brian und Abby. Sie zeigt deutlich, wie unsere Bedürfnisse unsere Persönlichkeit und die Art und Weise, wie wir die Welt und unsere Ehe wahrnehmen, bestimmen. Abbys Bedürfnis, Kontrolle von außen abzuwehren, macht sie reserviert und argwöhnisch. Sie hat Angst davor, Nähe zuzulassen, denn sie könnte von dem anderen dominiert werden. Brian aber liest dieses Verhalten unbewußt durch die Brille seiner Bedürfnisse: »Abby läßt sich nicht auf mich ein, also bin ich für sie nicht wichtig.« Und natürlich reagiert er darauf mit Wut und Aggression!

Und wie erscheint Brian durch Abbys Brille? Brians Bedürfnisstruktur bringt ihn dazu, von anderen hohe Aufmerksamkeit zu fordern. »Du müßtest doch wissen, wie wichtig mir ein ruhiges Zimmer ist.« Aber Abbys eigene große Empfindlichkeit bringt sie dazu, dies *nur und allein* vom Standpunkt ihrer Bedürfnisse zu sehen: »Wenn jemand fordernd auftritt, *muß* er mich beherrschen wollen. Und das werde ich auf keinen Fall zulassen!« Auch sie also reagiert nun natürlich mit Zorn und Aggression!

Genau hierin liegt die fatale Wirkung unserer unbewußten Bedürfnisse. Sie lassen uns neue Situationen nach dem Muster alter schmerzlicher Erfahrungen interpretieren. Wir führen die alten Szenen aus unserer Primärehe wieder auf, nur daß eine Rolle neu besetzt wurde – mit unserem Partner. Und auf diese Weise drehen wir uns immer weiter im Kreislauf der Aggression.

Eine Ehe, als wäre sie im Himmel der Neurosen geschlossen worden: Das Zusammenspiel der verborgenen Bedürfnisse

Wie jedes Ehepaar, das in einer aggressiven Ehe lebt, spielen Abby und Brian in ihrer Beziehung unbewußt die alten Verhaltensmuster ihrer Primärehen durch, wobei sie sich wechselseitig zum Bösewicht stempeln – und sie wissen es nicht einmal! Wie kommt es zu einer solchen Situation? Ist es nur Pech oder Schicksal, wenn zwei Menschen in eine solche Lage geraten? Nun, wohl eher nicht! Das Frappierende an engen Zweierbeziehungen ist, daß wir es irgendwie schaffen, genau die Person zu finden, die unglücklicherweise exakt zu unseren unbewußten Bedürfnissen paßt! Natürlich darf hier nicht verschwiegen werden, daß es auch viele »richtige« Gründe gibt, die Paare zueinander finden lassen. Aber diese machen unsere Beziehung nicht zu einer aggressiven Ehe, sie sind vielmehr der Zement, der sie trotz Groll und Aggression zusammenhält![6]

Ohne es zu wissen, fühlten sich Brian und Abby also gerade deswegen zueinander hingezogen, weil ihre Neurosen »perfekt« zueinander paßten. Diese neurotische Abstimmung findet sich tatsächlich in fast allen aggressiv strukturierten Ehen.

Gehen Sie die Ehe der beiden noch einmal durch. Wen hat Abby geheiratet? Einen nachgiebigen »Softie«-Typ (»Ja, Liebling, soll ich die Klimaanlage anlassen? Natürlich, wenn du es willst!«)? Einen Weichling, bei dem sich das Problem der Kontrolle gar nicht gestellt hätte? Nein! Sie hat den »Pascha« Brian geheiratet, einen Mann, der sich um Abbys Wünsche und Bedürfnisse wenig kümmert und die Klimaanlage einfach ausschaltet. Und Brian? Hat er vielleicht eine entgegenkommende Frau geheiratet, die sich ihm so ausschließlich widmet, daß er nicht den geringsten Zweifel an seiner Bedeutung für sie haben müßte? Nein! Seine Wahl fiel auf die eigenwillige Abby, eine Frau, die ihm das Gefühl geben mußte, daß er für sie nicht wichtig war. Sie sind beide wie geschaffen dafür, die unbewußten Mechanismen des anderen in Gang zu bringen. Brian und Abby mögen sich ineinander verliebt haben, aber sie haben sich auch deswegen gefunden, *weil ihre Persönlichkeitsmuster denen wichtiger Personen in ihrer Primärehe ähnlich waren.*

Das ist das Paradoxe: Wir heiraten einen Partner, den wir zweifelsohne lieben, der aber zugleich dazu beiträgt, den Zorn aus unserer Vergangenheit wieder hochkommen zu lassen. Wir scheinen mit einer Art unbewußtem Radar herumzulaufen, der uns zielsicher zu der Person führt, die uns das Leben mit Sicherheit schwierig und mühselig macht – und zwar auf eine Weise, die stark an unsere ursprünglich erlebten Frustrationen in der Primärehe erinnert.

Was ist der Grund für dieses Phänomen? Erwachsene, die in ihrer Kindheit Zorn und Schmerzen erfahren haben, versuchen gewissermaßen ihre Vergangenheit noch einmal zu durchleben – ganz so, als ob sie sich in ihrer »neuen« Ehe die Möglichkeit geben wollten, alte kindliche Enttäuschungen zu korrigieren. Sie holen die Vergangenheit in die Gegenwart, um sich noch einmal mit diesen frühkindlichen Erfahrungen zu konfrontieren und hoffen, es diesmal zu einem besseren Ende wenden zu können. Es ist, als sagte das Kind in ihnen: »Diesmal mache ich es besser. Ich werde die Vergangenheit widerlegen und mir und der Welt beweisen, daß ich tatsächlich so geliebt wurde, wie ich es brauchte.« Es wirkt hier ein unbewußter Impuls im Menschen, die eigene emotionale Geschichte noch einmal neu schreiben zu wollen, um ihr ein Happy-End zu geben. (Bei Brian: »Diesmal werden mich meine Eltern [stellvertretend also seine Frau] so behandeln, daß kein Zweifel daran bleibt, wieviel ich ihnen bedeute.« Und bei Abby: »Diesmal wird meine Mutter [die für sie durch Brian repräsentiert wird] meine Selbständigkeit respektieren.«)

Unglücklicherweise aber führt dieser Zwang, die eigene Vergangenheit zu wiederholen, um ihr eine bessere Wendung zu geben, nur zu einem Wiederaufleben der alten Enttäuschungen. Sosehr Brian und Abby sich bemühen, diesmal alles besser zu machen, erleben sie doch nur die alten Frustrationen wieder. Es wurde weder anders noch besser, das enttäuschende Erlebnismuster ihrer Vergangenheit wiederholt sich einfach nur wieder. Dies ist ebenso bedauerlich wie unumgänglich. Brian und Abby haben nie wirklich gelernt, mit diesen Situationen anders umzugehen. Ihre Verhaltensstrategien stammen noch immer aus ihrer Primärehe, und sie helfen heute genausowenig, wie sie es früher taten. Brian und Abby bleiben also in ihrem Verhalten an die erfolglosen Muster ihrer Vergangenheit gebunden. Vor diesem Problem stehen alle aggressiven Ehen: Wir sind, ohne es zu wissen, gezwungen, unsere Vergangenheit zu wiederholen und haben doch keine Möglichkeit, es diesmal besser zu machen, weil die Vergangenheit uns noch immer beherrscht. Die einzigen Beziehungsmuster, die wir kennen und mit denen wir vertraut sind, sind die falschen und kontraproduktiven aus unserer Vergangenheit. So können z. B. Brian und Abby als Aggressionsenthemmer nur wütend aufeinander einschlagen, wenn sie enttäuscht oder verletzt werden. Wir wünschen uns also nichts sehnlicher, als alles anders und besser zu machen, und doch kommen wir von unserer Vergangenheit nicht los, so daß unsere Ehe am Ende in denselben Teufelskreis von Frustrationen und Aggressivität gerät, der uns schon als Kinder quälte.

So groß die Kraft auch ist, die dieser Wiederholungszwang auf uns ausübt, sie ist doch nicht unbezwingbar. Wir können die

Dinge ändern, und wir können uns ändern. Wir können das Joch unserer Vergangenheit abwerfen und unsere Wunden heilen. Wie Sie im Verlauf der Argumentation noch sehen werden, sind es Einsicht und Selbsterkenntnis, die das möglich machen – und genau diese zu vermitteln, ist das Hauptanliegen dieses Buches.

Die reife Ehe: Das Gespräch als Wegbereiter zu einer neuen Beziehung

Wenn wir es nicht lernen, uns der Vergangenheit zu stellen, kann sie eine ungeheure Macht über unser Leben gewinnen. Sie macht es uns dann unmöglich, unser wahres Gefühlsleben zu verstehen, und unsere Ehe bleibt von den alten, archaischen Aggressionen unserer Kindheit beherrscht. Sie zersplittert in die drei Ehefragmente *Oberflächenehe, verborgene Ehe und Primärehe*.

Wollen wir uns und unsere Beziehung wirklich verändern, dann müssen wir diese Zersplitterung überwinden. Wir müssen zu einer *reifen Ehe* finden. Damit ist diejenige Form der Ehe gemeint, in der die Partner sich durch Selbsterkenntnis und Einsicht über ihre wahren, versteckten Bedürfnisse bewußt geworden sind. Nur auf diese Weise ist eine Veränderung unserer Beziehung möglich.

Wie z. B. bei Abby und Brian. Erst nachdem sie erkannt hatten, aus welchen Primärehen sie kamen und wie sie durch sie beeinflußt wurden und vor allem, nachdem sie angefangen hatten, sich über ihre Erkenntnisse auszutauschen, konnte ihre Ehe zu einer wirklich neuen Beziehung werden. Die Probleme, über die sie zu streiten glaubten, entpuppten sich als bloße Andeutungen von etwas viel tiefer Liegendem, dem sie sich stellen mußten. Sie gestanden sich gegenseitig ein, daß eine Klimaanlage nicht nur eine Klimaanlage ist, sondern daß mehr dahintersteckt!

Je mehr sie einsahen, daß und wie die alten Verhaltensmuster sie auch noch heute beherrschen, desto klarer wurde ihnen, daß es eine Alternative für sie gab: *den alten ursprünglichen Mustern nicht erneut zu erliegen.* Sie lernten schließlich, die alten Aggressionen, die sie einmal zu verschlingen drohten, zu bändigen – ein Lernschritt, der allen aggressiven Ehen möglich ist. Wir alle haben die Kraft und die Fähigkeit, eine neue und reifere Beziehungsebene mit unserem Partner zu finden.

Wie soll das gehen? Dadurch, daß wir miteinander reden und uns unsere Einsichten gegenseitig mitteilen, daß wir uns um eine *neue Sprache der Liebe* bemühen! (Ein Punkt, auf den wir später noch genauer eingehen werden.) Auch Abby lernte diese neue Sprache der Liebe; sie lernte ihren Zorn und ihren Schmerz in Worte zu fassen. Und Worte besitzen in der Tat eine außerordentliche Kraft. Abby kann heute ihre hemmungslose Aggression kontrollieren und Brian einfach sagen, was sie empfindet. Sie sagt ihm jetzt *mit Worten,* daß sie Angst vor Nähe hat und davor »daß, wenn ich ihm ein bißchen entgegenkomme, er genau wie meine Mutter immer mehr von mir fordern könnte«. Abby kann Brian heute einfach sagen, daß sie gewisse Grenzen aufrechterhalten muß – nicht weil Brian ihr nichts bedeutet, sondern weil Abby durch ihre Erfahrungen in ihrer Primärehe einfach einen gewissen Freiraum braucht.

Und Brian? Auch er ist an einem Punkt angekommen, wo er seine Verletzbarkeit *mit Worten* ausdrücken kann. Wenn er sich ignoriert fühlt, kann er Abby schlicht und einfach sagen, daß er sich vernachlässigt fühlt und daß es für ihn sehr hilfreich wäre, wenn sie ihre Distanz mit Rücksicht auf seine Gefühle ein bißchen aufgibt.

Worte haben ihre Beziehung also grundlegend verändert. So ist Brian z. B. Abby gegenüber heute weniger verletzlich.

»Ich will nicht behaupten«, erzählte mit Abby, »daß wir alle unsere Macken losgeworden sind, aber die Tatsache, daß Brian mich jetzt direkt darum bittet, ihm mehr Aufmerksamkeit zu schenken, macht es mir leichter, seinem Bedürfnis nachzukommen. Er ist jetzt offener, und das nimmt den Druck von mir, so daß ich meine Barriere leichter fallen lassen kann. Und so verstärkt sich das gegenseitig: Ich bin ihm gegenüber zugewandter, so daß er das Gefühl hat, mir wichtig zu sein. Und er ist bei weitem nicht mehr so angespannt wie früher.

Ich will wirklich nichts beschönigen, aber wir sind viel gelöster und viel freundlicher zueinander, seitdem wir uns selbst besser durchschauen und vor allem auch darüber reden können. Ich kann es kaum glauben, daß wir uns nach so vielen Jahren in einer festgefahrenen Ehe tatsächlich noch so grundlegend verändert haben.«

Ehrlich gesagt bin ich oft ebenso erstaunt wie Abby, daß sich eine aggressionsbelastete Ehe so grundlegend ändern kann. Ich würde es vielleicht selbst nicht glauben, hätte ich es nicht oft genug selbst mit angesehen. Ich habe in meiner Praxis Paare erlebt, die durch Selbsterkenntnis völlig neue Verhaltensweisen entwickelt und zu einer positiven Grundeinstellung in ihrer Ehe zurückgefunden haben. Paare, bei denen das tiefere Verständnis und die Bereitschaft zur Kommunikation, die aus einer solchen Selbsterkenntnis erwächst, selbst die tiefsten und schmerzlichsten Wunden geheilt hat. Ich habe oft genug miterlebt, wie die aggressionsgestörte, dreigeteilte Ehe wieder zu einer einheitlichen, glücklichen und erwachsenen Ehe zusammengewachsen ist. Abby ist ganz bestimmt keine Schönrednerin. Sie ist einfach eine Frau, die sich aus den Fesseln ihrer aggressiven Ehe befreit hat.

Finden Sie das fehlende Etwas!

Brian und Abby haben das unentbehrliche Etwas, das zur Rettung ihrer Ehe fehlte, gefunden. Sie besitzen nun das Instrumentarium, das es ihnen ermöglicht, voneinander das zu bekommen, was sie wirklich brauchen. Und folgerichtig haben sie aus der Zwickmühle ihrer aggressiven Ehe herausgefunden. Da sie gelernt haben, ihre zerstörerischen Aggressionen zu überwinden, können Liebe und Solidarität nun wieder Besitz von ihrer Ehe ergreifen. Allerdings fällt eine solche grundlegende

Veränderung der eigenen Ehe niemandem leicht. Man braucht dazu eine gehörige Portion Mut – den Mut, sich mit seinem tiefsten Schmerz zu konfrontieren und die peinlichen Niederlagen der eigenen Primärehe wieder zuzulassen – den Mut auch, sich das bewußt einzugestehen, was unser Unterbewußtsein schon immer wußte: *Wir wurden nicht so geliebt, wie wir es gebraucht hätten. Wir bekamen weniger Aufmerksamkeit und Zuwendung, als wir nötig hatten.*

Aber die Widerstände dagegen, die eigenen Schmerzen zuzulassen, sind nicht die einzigen Faktoren, die eine Veränderung der Ehe erschweren: Die einzelnen Aggressionsstile schleifen sich in einer Beziehung immer mehr ein. Enthemmung, Provozieren, Überspielen, Verlagern, Symbolisieren und Unterdrükken – bei all diesen Aggressionsformen handelt es sich um ausgesprochen resistente und zähe Beziehungsformen. Sie sind ebenso hartnäckig wie zerstörerisch. Denken Sie doch nur einmal an Ihre eigene Ehe. Ist nicht auch Ihre Form, miteinander umzugehen, vorhersagbar? Wahrscheinlich doch! Denn es ist eine Tatsache, daß der Mensch an einmal Gewohntem festhält.[7]

Es gibt neben unserer Abneigung, alte Probleme wieder aufzurühren, und unserem Hang zu eingespielten Verhaltensmustern, noch viele andere Gründe, warum wir aus der Sackgasse der aggressiven Ehe nicht herausfinden. Und trotzdem können wir erstaunliche Veränderungen in unserer Beziehung erreichen, wenn wir nur den Mut haben, uns mit uns selbst zu konfrontieren. Wütend austeilende Aggressionsenthemmer wie Abby und Brian können lernen, eine ruhige und friedliche Ehe zu führen. Und Ehepaare, die ein Lebenlang ihre Aggressionen geschluckt und unterdrückt haben, lassen plötzlich die Fetzen fliegen, und ihre Beziehung gewinnt neues Leben – dies alles allein durch ein neues Selbstverständnis und durch eine neue Art zu denken. Nichts kann das Leben so grundsätzlich verändern wie eine neue Art zu denken. Die Kraft der Selbsterkenntnis und eine neue Selbstwahrnehmung sind der stärkste Motor für Veränderungen in unserem Gefühlsleben – eine Kraft, die ich in Ihnen freizusetzen versuchen möchte!

Die letzten Kapitel haben Ihnen hoffentlich geholfen, mehr über den Charakter Ihrer eigenen aggressiven Ehe zu erfahren. Vermutlich haben die kurzen Skizzen der sechs Aggressionsstile Sie darüber nachdenken lassen, welcher Stil Ihnen wohl am ehesten entsprechen könnte. Wie gehen Sie nun am besten vor, um mehr über Ihren besonderen aggressiven Beziehungsstil zu erfahren?

Lesen Sie sich auf jeden Fall *alle* nachfolgenden Kapitel durch, auch wenn Sie das Gefühl haben, daß der eine oder andere Aggressionsstil nicht auf Sie zutrifft. Alle sechs aggressiven Beziehungsstile weisen die faszinierendsten und überraschendsten Möglichkeiten auf, Aggression auszudrücken – Möglichkeiten, die den jeweils betroffenen Ehepaaren oft selbst nicht bewußt sind. Es könnte also gut sein, daß Sie bei der Lektüre des Kapitels über die Aggressionssymbolisierer plötzlich erkennen, daß Sie selbst dazugehören, obwohl Sie es vorher nicht vermutet hätten. Es könnte sich auch herausstellen, daß in Ihrer Ehe mehrere Stile oder Bedürfnisse kombiniert auftreten. Und wenn Sie sich nicht ganz und gar in einer der nachfolgend dargestellten aggressiven Ehen wiederfinden, überlegen Sie, ob Ihre Ehe nicht vielleicht eine Variante einer der sechs Aggressionstypen sein könnte.[8]

Machen Sie sich vor allen Dingen klar, daß die nachfolgenden Geschichten nicht die Geschichten anderer Leute sind. Es sind immer auch unsere Geschichten – vorausgesetzt, wir gestehen uns das ein. Lassen Sie sich im nachfolgenden also auf das Gelesene ein. Und überlegen Sie, ob sich das, was Sie über die dargestellten Ehen lesen, auch auf Ihre Beziehung übertragen läßt. Werden Sie von einem passiven Akteur Ihrer Beziehung zu deren kritischen Beobachter. Dieses Buch ist so strukturiert, daß Ihnen diese Aufgabe möglichst einfach gemacht wird. Es werden sich viele Fragen ergeben, aber diese Fragen werden Ihnen dabei helfen, Lösungen zu finden, die wirklich dauerhaft sind.

Lassen Sie also kein Kapitel aus. Wenn Sie sich mit allen aggressiven Beziehungsstilen vertraut gemacht haben, kann das für Ihr psychologisches Bewußtsein nur vorteilhaft sein, und es wird Ihnen auf jeden Fall dabei helfen, den Grund für die Ausweglosigkeit Ihrer aggressiven Ehe besser zu verstehen und ihn zu beseitigen. Nur so geben Sie sich, wie gesagt, die Möglichkeit, Aggressionsstile kennenzulernen, die Sie in Ihrer Beziehung nicht vermutet hätten – obwohl Sie Ihre Ehe in Wahrheit entscheidend bestimmen. Sehen Sie jedes Ehepaar, das Sie kennenlernen werden, als eine Chance an, mehr über sich und Ihre eigene Ehe zu lernen. Verschließen Sie sich also nicht: Sie werden überrascht sein, was Sie alles über sich erfahren können.

Kapitel V
Aggressionsenthemmer

Uns allen sind sie schon einmal begegnet – die Aggressionsent-hemmer; Ehepaare, die ihre Aggressionen dadurch bewältigen, daß sie sie einfach »rauslassen«. Solche Paare, wie z. B. Barbara und Stephen (oder die Roberts, die wir in der Mantelabteilung kennengelernt haben), lassen uns vor Peinlichkeit geradezu vergehen. Sie sind nicht in der Lage, ihren Zorn in irgendeiner Weise zu kontrollieren – nicht einmal in der Öffentlichkeit.

»Stephen und ich können uns gegenseitig so auf die Palme bringen, daß es uns völlig gleichgültig ist, wo wir uns befinden. Wir sind uns ungelogen schon überall in die Haare geraten: auf Flugplätzen, in Kinos, sogar in der Kirche! Letzte Woche war ›Nick und Toni‹, unser Lieblingsrestaurant, dran. So wie wir uns da aufgeführt haben, bezweifle ich, ob wir uns dort noch einmal blicken lassen können!«

Aber nicht allen Aggressionsenthemmern ist ihre Umge-bung derart gleichgültig. Einige kontrollieren ihre Aggressio-nen, bis sie allein im Auto sitzen oder bis die Kinder endlich schlafen. Aggressionsenthemmer sind zwar unkontrolliert, aber sie lassen dennoch nicht gleich jeden an ihren Auseinander-setzungen teilhaben. Es gibt die »heimlichen« Aggressionsent-hemmer, Ehepaare, wie z. B. Jack und Mildred, deren Freunde »geschockt wären, wenn die wüßten, wie bei Jack und mir manchmal die Fetzen fliegen.« Oft also wissen nicht einmal die besten Freunde, daß es sich bei einem Paar um Aggressionsent-hemmer handelt.

Gleichgültig ob die Aggression nun heimlich oder öffentlich ausgetragen wid – sie gibt sich deutlich kund. Aggressionsenthemmende Paare zeichnen sich dadurch aus, daß bei ihnen nicht nur der Blutdruck steigt, sondern auch die Phonstärke. Zudem ist ihr Zorn immer wechselseitig, so daß sich die Aggression unausweichlich hochschaukelt und eskaliert.

Von schlimm zu schlimmer: Tiefschläge und Drohungen

Die Auseinandersetzungen bei solchen Paaren nehmen immer schlimmere Formen an, bis sie schließlich am Ende fast zu einem Alptraum werden. Je mehr die Feindseligkeiten zunehmen, desto mehr nimmt der gegenseitige Respekt ab. Und was als ein »ganz normaler Streit« beginnt, steigert sich rasch bis zu Demütigungen und Beleidigungen. Sprache, Anstand und Benehmen werden von der vorhandenen Aggression schwer in Mitleidenschaft gezogen.

Takt ist nicht gerade die stärkste Seite aggressionsenthemmender Paare. Tiefschläge und Gemeinheiten sind durchaus an der Tagesordnung:

»Kein Wunder, daß deine erste Frau dich verlassen hat!«

»Du bist genau wie deine schreckliche Mutter!«

»Jetzt weißt du auch, warum du keine Freunde hast.«

»Kein Wunder, daß man dich bei der Beförderung immer übergeht.«

Aggressionsenthemmer scheuen sich keineswegs, unter die Gürtellinie zu zielen. Auch die schlimmsten Drohungen gehen ihnen leicht über die Lippen. In der Hitze des Gefechts neigen sie dazu, mit dem Scheidungsanwalt zu drohen oder die Schwiegermutter anzurufen. Auch finanzielle oder sexuelle Drohungen gehören zu ihrem Arsenal (»Dann sieh doch zu, wie du jetzt an dein Geld kommst. Von mir siehst du keinen Pfennig mehr!«; »Wenn du weiter so machst, laß ich mich wirklich auf diese Affäre ein!«). Aggressionsenthemmer neigen zu Schlammschlachten, sie bleiben nicht bei dem gerade aktuellen Streitpunkt, sondern greifen auf alle möglichen Vorwürfe und auf frühere, zum Teil längst vergangene Vorfälle zurück.

Aggressionsenthemmende Paare besitzen ein enormes Repertoire an Ausdrucksmöglichkeiten: Sie kritisieren und machen Vorwürfe, klagen und drohen, schimpfen und stänkern, schlagen Türen oder stampfen wütend aus dem Zimmer, zeigen sich hitzköpfig und kaltschnäuzig, werfen mit Beleidigungen und manchmal mit Gegenständen um sich! Um es kurz zu machen: Aggressionsenthemmer entwickeln eine wahre Meisterschaft darin, einander nicht gerade freundlich zu begegnen!

Es genügt schon eine Kleinigkeit – Das Prinzip der Kettenreaktion

Dieser Aggressionsstil kommt in vielen Punkten einer Art Beziehungskrieg nahe. Einige Paare verwickeln sich in einen lang andauernden, zähen Stellungskrieg, während andere sich in kurzen, aber immer wiederkehrenden Gefechten aufreiben. Oft genügt dabei schon eine Kleinigkeit, um die Aggression freizusetzen. Der Zorn eines Aggressionsenthemmers liegt unter einer sehr dünnen Oberfläche – ständig zum Ausbruch bereit. Das hat auch Mary in ihrer Ehe mit Tony erfahren. Sie erzählt von einem typischen Aggressionsausbruch:

»Er stellte mir eine Frage, und ich sah von der Zeitschrift, die ich gerade las, nicht auf. Und das reichte schon aus. Er war eingeschnappt, richtig beleidigt. Und dann wurde ich sauer, weil es mich einfach rasend macht, wenn er sich so anstellt. Und das Ende vom Lied war, daß wir den ganzen Abend kein Wort mehr miteinander wechselten – und das alles wegen wirklich nichts. Wir sind beide so wahnsinnig empfindlich.«

Mary und Tony sind nicht die einzigen, denen es so geht. Aggressionsenthemmer sind oft sehr dünnhäutig und reagieren äußerst sensibel auf ihren Partner. Ihr Inneres ist wie Klebstoff, alles bleibt hängen. Sie lassen nichts durch und finden es sehr schwer, auch mal etwas ohne Kommentar auf sich beruhen zu lassen. Diese gegenseitige Überempfindlichkeit läßt die Partner sehr heftig aufeinander reagieren. Aggressionsenthemmer zeichnen sich dadurch aus, daß sie kein Gefühl für Grenzen oder für die Privatsphäre des anderen haben. Sie mischen sich gegenseitig in die Angelegenheiten des anderen ein, sind überkritisch, aufdringlich und äußerst wachsam gegeneinander.

Irgend etwas findet sich immer, was ihre Aggressionen in Gang bringt – irgendwelche Kleinigkeiten, wie bei Mary und Tony, oder auch größere Sachen, wie z. B. Geld, ein besonders »guter« Anlaß für »schlechte« Stimmung:

»Wofür brauchst du einen neuen Satz Golfschläger?«

»Sieh dir diese Telefonrechnung an; noch eine solche Rechnung und ich melde unser Telefon ab.«

»Du bist doch ein richtiger Geizkragen; ich komme mit 100 Dollar für mich nicht aus.«

Ein anderer beliebter Anlaß zu Streitigkeiten ist die Eifersucht. Dabei kann es sich entweder um sexuelle Eifersucht handeln (»Warum hast du mit ihm/ihr auf der Party geflirtet?«) oder um ein mehr allgemeines Konkurrenzgefühl gegenüber jemandem, der dem anderen besonders wichtig scheint (»Warum hörst du auf deine Mutter/deinen Freund/die Fernsehtante ... mehr als auf mich?«). Auch die Arbeit, die Schule und selbst die Kinder können als Konkurrenten wahrgenommen werden: »Mußt du denn so viel Zeit auf die Halloween-Kostüme der Kinder verwenden?«

Aufgebrachte Aggressionsenthemmer sehen sich typischerweise nie als Verbündete, was besonders bei der Erziehung der Kinder sehr deutlich wird. Die Elternschaft ist für sie kein Teamwork, sondern eher ein Wettstreit. Die Partner halten einander für unvollkommene oder gar für »schlechte« Eltern: »Du bist viel zu weich/hart mit den Kindern.« – »Durch deine Einstellung können die Kinder doch nur versaut werden.« Enthemmer stellen sich auf die Seite ihrer Kinder, aber nur, um sie gegen den anderen aufzuwiegeln. Streitigkeiten in Erziehungsfragen werden nicht abends im Bett, sondern im Beisein der Kinder ausgetragen, wobei es nicht selten vorkommt, daß die Eltern sich vor ihren Kindern gegenseitig erniedrigen und als Respektpersonen fragwürdig machen.

Alles in allem läßt sich ein geschlechtsspezifischer Unterschied zwischen Aggressionsenthemmern feststellen, besonders in der Art und Weise, wie sie Streitigkeiten beenden. Männer neigen dazu, sich zu verdrücken. Sie beenden die Auseinandersetzung, indem sie ihr entfliehen und sich entweder in ein anderes Zimmer, das Auto, die Kneipe oder auch in ein Schweigen zurückziehen.

Frauen ziehen es im allgemeinen vor, die Streitigkeiten fortzusetzen. Sie wollen meist bis tief in die Nacht »reden« (sprich: streiten), während ihre Männer sich lieber das Oberbett greifen und auf der Couch schlafen. Nicht selten heizen gerade diese geschlechtsspezifischen Unterschiede die Partner noch weiter an: »Sie kann mich einfach nicht in Frieden lassen« oder »Ich bin noch mitten im Satz, und er haut einfach ab!« Mit einem Wortspiel ausgedrückt: Männer wollen lieber ein Ende des Kampfes, während Frauen einen Kampf bis zum bitteren Ende bevorzugen.

Was ist denn so schlimm daran, wenn man seine Aggressionen rausläßt?

Wo Aggressionsenthemmer auftauchen, ist es mit der Höflichkeit schnell vorbei. Und wenn sie erst einmal so richtig in Fahrt sind, sind Aggressionsenthemmer äußerst beredt, wenn es darum geht, die eigenen Aggressionen als die einzig mögliche und deswegen begreifliche Reaktionsweise zu rechtfertigen: »Jeder vernünftige Mensch würde aggressiv darauf reagieren«, »Wenn er/sie dir das antäte, würdest du auch fuchsig werden.«

Da sie fest davon überzeugt sind, es sei in Ordnung, Streitigkeiten auszutragen, rechtfertigen sie ihren ungehemmten Zorn als richtig, ehrlich und gesund. Dies ist, offen gesagt, eine völlig falsche Vorstellung. *Das hemmungslose Rauslassen von Aggressionen befreit uns nicht von ihnen.* Im Gegenteil: Je ungehemmter man sie rausläßt, desto schwieriger wird es, sich zu beherrschen. Der Unmut nimmt dadurch nur noch zu, und es wird schwerer, sich wieder mit dem Partner auszusöhnen und das emotionale Gleichgewicht wiederzufinden. Im Grunde sagt uns das schon der gesunde Menschenverstand: Je mehr man die eigene Aggression in Fahrt kommen läßt, desto schwieriger wird es, sie wieder zu bremsen. Die negativen Effekte der Aggressionsfreisetzung sind denn auch in wissenschaftlichen Studien nachgewiesen worden: Je mehr die Partner miteinander hadern und zanken, desto unglücklicher werden sie mit sich und ihrer Ehe.

Das Rauslassen von Aggressionen ist also nicht die Lösung, sondern das Problem – allerdings ein Problem, das gelöst werden kann! Als ich Frieda und David, die seit dreizehn Jahren in einer aggressionsenthemmten Ehe leben, kennenlernte, glaubte ich allerdings selber nicht, daß ihre Ehe noch eine Chance hätte.

Frieda und David: Zwei typische Aggressionsenthemmer

Kaum hatte Frieda an jenem Montag im Dezember die Tür meines Büros hinter sich geschlossen, setzte sie bereits mit ihrer Schmährede gegen David ein:

»Der Samstagabend war wieder ein gutes Beispiel dafür, wie unmöglich er im Grunde ist. Wir machten uns fertig, um auf die Weihnachtsfeier seiner Zeitschrift zu gehen. Da kommt er aus dem Badezimmer, sieht, was ich anhabe und brüllt: ›Das kannst du doch nicht anziehen!‹

Ich kochte vor Wut. Denn er macht das immer – jedesmal, wenn wir ausgehen wollen. Er findet im letzten Augenblick immer etwas an mir auszusetzen. Ich konnte mich nicht zurückhalten. Warum sollte ich auch? Also sagte ich: ›Wieso kann ich das nicht anziehen? Es ist ein sehr hübsches Kleid. Fran hat geholfen, es mit auszusuchen. Und sie hat einen sehr guten Geschmack. Sie ist in der Modebranche tätig, wie du ja weißt.‹

Woraufhin er mich anfuhr: ›Es ist mir egal, womit sie ihre Brötchen verdient. Außerdem will deine liebe Freundin nur, daß du dein Geld in ihrem Laden läßt. Die würde dir doch alles erzählen, nur damit du bei ihr einkaufst. In dir hat sie doch den idealen Goldesel gefunden! Du gibst das Geld bei ihr schneller aus, als ich es nach Hause bringen kann.‹

Das war wieder mal echt typisch für diesen Herrn Neunmal-klug. Er weiß ganz genau, daß ich es nicht ertrage, wenn er mich kritisiert. Ich wurde wütend und zahlte es ihm zurück:

›Du kannst ja ohne deine Frau zu deiner ersten Weihnachts-feier gehen. Man wird ja sehen, wie sich der Herr Superverleger dann fühlt!‹

Als ich das sagte, wurde er richtig nervös.«

Frieda fuhr mit ihrer Beschreibung des Abends fort, und es war klar, daß er alles andere als besser werden würde. Sie fuhren also unter eisigem Schweigen zur Party, und kaum betraten sie den Ballsaal des Hotels, in dem das Abendessen mit Tanz statt-fand, schon setzten sie ihre Gesellschaftsmaske auf.

»Ich mag diese großen Veranstaltungen nicht – David weiß das ganz genau. Ich bin nicht so wie er; er liebt die Show und großes Tamtam. Er geht herum und redet mit jedem. Ich bin da zurückhaltender. Ich mag keine Menschenmengen, und ich hasse es besonders, wenn ich neben wildfremden Menschen sitze. Und stellen Sie sich vor, als wir ankamen, stellt sich heraus, daß wir noch nicht einmal nebeneinander sitzen und daß ich nicht einen einzigen Menschen an meinem Tisch kenne.

David war für die Sitzverteilung zuständig. Ich bin sicher, er hat es nur gemacht, um mich zu ärgern. Und um dem Ganzen die Krone aufzusetzen, ist er während des ganzen Essens so gut wie keinmal zu mir rübergekommen.

Ach, das hätte ich ja fast vergessen. Auf diese Demütigung ließ er dann noch die unverhüllte Beleidigung folgen. Zum ersten Tanz des Abends bat er nämlich nicht mich, sondern eine seiner Assistentinnen. Und dann noch die Art und Weise, wie er sie hofierte. Dabei ist sie gerade mal halb so alt wie er, aber er flüstert ihr ständig ins Ohr und wirbelt sie auf der Tanzfläche herum, als wäre er Fred Astaire. Es war richtig erniedrigend.

Wenn ich etwas mehr Mut gehabt hätte, wäre ich aufgestan-den und gegangen. Aber ich hätte das bestimmt noch jahrelang zu hören gekriegt, und wenn David sauer ist, kann einem wirk-lich angst und bange werden. Allein schon den Gedanken konn-te ich einfach nicht ertragen.

Auf der Rückfahrt im Wagen fing der Streit dann an. Ich sagte ihm, was ich von seinen blöden Mätzchen auf der Party hielt.

Und um dem Ganzen die Krone aufzusetzen, sagte er mir noch, ich sei eine selbstsüchtige Ziege, die vor Eifersucht fast krank würde – besonders bei Frauen mit Erfolg und Karriere.

Auch zu Hause noch lagen wir uns die ganze Zeit in den Haaren – bis David dann losbrüllte: ›Mir reicht's jetzt. Halt endlich deinen Mund!‹ Und das war's dann natürlich, wie immer. Wir reden noch immer nicht miteinander. Wirklich eine tolle Weihnachtsfeier!«

Davids Version – Also sagte ich . . . und dann sagte sie . . .

Mehrere Wochen nach dieser katastrophalen Weihnachtsfeier erklärte sich David bereit, zu mir in die Praxis zu kommen. Er wollte mir seine Version ihrer aggressionsenthemmten Oberflächenehe schildern:

»Frieda ist mir einfach wichtig, und wie sie aussieht und sich anzieht, gehört eben dazu. Aber mein Standpunkt ist ihr ja gleichgültig. Die Meinung ihrer Freundin ist ihr wichtiger als meine. Und wenn ich tatsächlich mal meine Meinung äußere, bin ich gleich ein aufdringlicher Tyrann – genau wie am Abend der Weihnachtsfeier.

Ich kann tun und sagen, was ich will, ich bin sofort gemein, abstoßend oder aufdringlich. Das treibt mich noch mal zum Wahnsinn!

Das allerschlimmste ist aber, daß Frieda mein Verhalten ständig bewerten muß und daß sie mich nie zufriedenstelle: Ich bin entweder zu laut, mache zu viele Witze oder flirte mal wieder . . . Sie sieht auf mich herab. Nach jeder Party mäkelt sie an mir herum.

Und diese selbstgefällige Einstellung bleibt selbst im Bett nicht aus. Nach Ansicht meiner Frau bin ich auch da unbeholfen und unbrauchbar. Ihre bevorzugte Taktik ist, sich über die Tatsache lustig zu machen, daß ich auf eine katholische Schule gegangen bin: ›Schwester Mary Ignatius hat dir wohl alles beigebracht, was sie konnte.‹ Ich weiß, daß Frieda vor unserer Heirat als Frau sehr begehrt war. Und sie hat mir seit unserer Hochzeitsnacht oft genug zu verstehen gegeben, daß ihr Sexualleben mit mir auf den Hund gekommen sei.

Was mich aber im Grunde doch am meisten ärgert, ist, daß sie die Kinder gegen mich aufwiegelt. Ich komme mir in meinem eigenen Haus wie ein Fremder vor.«

Zeigt auch Ihre Oberflächenehe
Zeichen von Aggressionsenthemmung?

Die Beziehung von Frieda und David weist alle Merkmale einer aggressionsenthemmten Ehe auf – und Ihre? In ihrem Ehealltag zeigen sich die beiden als launisch, nachtragend und überempfindlich. Ihre Aggressivität nimmt beständig zu und eskaliert – sie keifen, schimpfen, brüllen oder fallen in ein wütendes Schweigen. Sie scheinen zu ausgesprochenen Experten geworden zu sein, wenn es darum geht, den anderen zu verletzen! *Das sind typische Signale der Aggressionsenthemmung, so wie sie sich auf der Ebene der Oberflächenehe zeigt.* Es sind die Kennzeichen der Ehe, die die beiden zur Genüge kennen, die sie aber am liebsten vergessen würden. Ist Ihre eigene Oberflächenehe der Ehe der beiden ähnlich? Betrachten Sie noch einmal einige Kennzeichen dieser Ehe:

○ Sie streiten sich praktisch wegen »nichts«, z. B. darum, was sie für die Party anziehen soll etc.
○ Sie zielen unter die Gürtellinie: »der Neunmalklug«, »Sie ist eifersüchtig auf jüngere Frauen, besonders wenn sie erfolgreich im Beruf sind.«
○ Ihnen fehlt die emotionale Ausgeglichenheit: ein »Kleid« genügt, um den ganzen Abend kaputtzumachen. Und am Montag haben Sie sich immer noch nicht von ihrem Streit erholt.
○ Sie weisen die klassischen Streitpunkte aggressionenthemmter Ehen auf: Geld und Eifersucht.

Finden Sie diese oder ähnliche Merkmale in Ihrer Alltagsehe wieder? Neigen Sie dazu, einseitig zu urteilen und allein Ihrem Partner Vorwürfe zu machen, statt einzugestehen, daß immer zwei Personen nötig sind, um eine aggressive Ehe zu führen?

Sollten Sie feststellen, daß Sie Ihren Partner zum Sündenbock stempeln und etwa folgendermaßen über ihn reden:

er ist so schwierig .... sie ist unmöglich

er ist niederträchtig ... sie ist gehässig

er ist ein Nichtsnutz .. sie ist hoffnungslos

Bedenken Sie, daß gerade dies eine typische Strategie aggressionsenthemmter Ehen ist. Vorausgesetzt, Sie wollen Ihrer Ehe überhaupt noch eine neue Chance geben.

Das Dekodieren der Eheklagen –
Wie man die verborgene Ehe aufdeckt

Auf welcher Seite stehen Sie übrigens? Identifizieren Sie sich eher mit Frieda? Haben Sie also das Gefühl, daß Frieda zu Recht wütend ist? Teilen Sie Friedas Kritik an David – diesem unsensiblen Klotz?

»Wie konnte sie einen solchen Rüpel nur heiraten?«

»Sie so zu erniedrigen – und dann auch noch in der Öffentlichkeit!«

»Dieser altmodische Chauvinist. Es ist so erniedrigend.«

»Der ist genau wie mein Mann.«

Ergreifen Sie also für Frieda Partei, weil Sie ähnliche Probleme mit Ihrem Partner haben? Oder können Sie sich eher mit David identifizieren? Scheint Ihnen sein Zorn berechtigt? Finden Sie ihn vielleicht gar nicht so schlimm? Können Sie seinen Unmut verstehen, da er ja doch offenbar mit einer ziemlich schwierigen Frau verheiratet zu sein scheint?

»Die Frau hört doch wahrscheinlich nie hin, wenn ihr Mann ihr etwas sagt.«

»Ich kann mir gut vorstellen, wie sie das Geld aus dem Fenster wirft.«

»Sie reagiert aber auch sehr überzogen auf sein bißchen Kritik.«

»Sie wiegelt doch seine Kinder gegen ihn auf.«

»Sie ist genauso schlimm wie meine Frau.«

Es wäre also gut vorstellbar, daß bei Ihnen das Pendel der Sympathie nach Davids Seite ausschlägt – besonders wenn Sie einen Partner haben, der sich nicht allzusehr von Frieda unterscheidet und Sie vielleicht ebenso leicht auf die Palme bringt wie Frieda David.

Allerdings geht dieses Austaxieren, wessen Aggressionen denn nun zu Recht bestehen und wer mehr Grund zur Klage hat, an dem Eigentlichen vorbei. Die entscheidende Frage in einer aggressiven Ehe ist: Warum streiten wir uns immerzu, und wann hört das endlich auf? Um diese Frage beantworten zu können, müssen wir die wahren Ursachen unserer Aggression verstehen. Im Fall von Frieda und David müssen wir also hinter ihre Klagen und damit unter die Oberfläche ihrer aggressionsenthemmten Alltagsehe blicken. Dies wird uns nur gelingen, wenn wir die gegenseitige Kritik analysieren, d. h., wenn wir ihre Klagen dekodieren. Auf diese Weise bringen wir ihre *verborgene Ehe* zum Vorschein.

Was passiert also eigentlich zwischen den beiden? Sie streiten sich oberflächlich betrachtet um ein Kleid, aber hinter diesem Streit wütet ein anderer Krieg – der ihrer unbewußten Bedürfnisse. Worin bestehen diese aber nun? Es wird sich zeigen, daß Friedas Bedürfnis dahin geht, *Männer in Schach zu halten*, während es David hauptsächlich darum zu tun ist, *Anerkennung zu finden*. Diese Bedürfnisse ergeben sich aus der genauen Analyse ihrer gegenseitigen Frustrationen und Mäkeleien.

Vergegenwärtigen wir uns noch einmal die Logik dieser Technik: Unsere eigene Kritik gibt uns Aufschluß über die emotionale Welt unseres Partners, sie enthält psychologische Informationen, die uns eine Einsicht in die Bedürfnisse des anderen erlauben. *Einsicht deckt also die versteckten Bedürfnisse der verborgenen Ehe auf.* Man muß nur wissen, wie man solche Einsichten gewinnt.

Ihre Klagen verraten seine Bedürfnisse

Frieda, David und ich machten uns gemeinsam daran, die Eheklagen der beiden zu analysieren, um so ihre versteckten Bedürfnisse zu dekodieren. Wir begannen mit Friedas Mäkeleien, die uns schließlich zu Davids Bedürfnis nach Anerkennung führten.

Was bei einem genauen Zuhören auffiel, war, daß viele Vorwürfe Friedas sich um Davids Verhalten in der Öffentlichkeit drehten. Frieda hatte den Eindruck, daß David sich ständig präsentiert: er schneidet auf, liebt die Menschenmenge und verbringt zuviel Zeit mit Leuten.

Ich fragte sie schließlich, aus welchem Grund ein Mensch, egal ob David oder jemand anders, wohl dahin kommt, ständig eine solche Show abzuziehen. Frieda kam natürlich sofort auf das Offensichtliche: Unsicherheit. »Er braucht vielleicht die Aufmerksamkeit der Menschen.« Trotz ihrer spontanen Antwort war Frieda nicht so recht überzeugt, daß ihr »schwieriger« David einfach bloß unsicher sein könnte:

»Das ist doch lächerlich. Jeder kennt ihn, er hat eine wichtige Position. Sein ganzes Leben ist eine einzige Kette von Erfolgen. Wenn überhaupt irgend etwas mit ihm nicht stimmt, dann, daß er zu selbstsicher auftritt.«

Sicher! Aber David wäre wohl nicht der erste erfolgreiche und scheinbar souveräne Mensch, dessen hartes Äußeres einen weichen und unsicheren Kern verbirgt. Im Gegenteil, oft wird das Streben nach Macht und Status durch nichts anderes als Unsicherheit getrieben. Und der unstillbare Hunger nach Erfolg ist fast immer eher psychisch als materiell motiviert. Könnten also Davids zwanghafte Versuche, immer mehr und noch mehr Erfolg zu haben, nicht von einem versteckten Bedürfnis nach Anerkennung herrühren?

Frieda gab ein wenig widerwillig zu, daß das eigentlich ganz gut zu David passen würde. Es würde auch einen ihrer ständig wiederkehrenden Kritikpunkte erklären helfen, die Tatsache nämlich, daß er nie genug zu kriegen scheint:

»Wir müssen wirklich zu *jeder* Veranstaltung gehen. Und immer muß er ›bloß noch einen‹ Abend mit einem Kunden verbringen. Im Verlag treibt er sich und jeden, der mit ihm zusammenarbeitet, ständig an; niemand (auch er selbst nicht) kann ihm genug arbeiten.«

Trotzdem konnte Frieda ihren Unmut über Davids Streben nach Aufmerksamkeit nicht abschütteln. Es kam ihr »lächerlich« und »übertrieben« vor. In diesen Worten steckte unverkennbar wenig Verständnis und eine nicht geringe Portion Verachtung – so als ob Davids Verlangen nach Aufmerksamkeit ein unverzeihlicher Fehler seinerseits wäre.

Ich bat Frieda, sich einmal über die Doppeldeutigkeit des Wortes »Aufmerksamkeit« Gedanken zu machen. »Ich brauche Aufmerksamkeit« – und das ist nicht nur ein unüberhörbarer Ruf danach, von anderen bemerkt zu werden, es ist auch eine Bitte um Anteilnahme. Wer so etwas signalisiert, will, daß man sich um ihn kümmert. Ich versuchte ihr dies am Beispiel einer Wunde klarzumachen. Auch eine Wunde braucht beide Arten der Aufmerksamkeit. Wir müssen auf sie aufmerksam werden, sie bemerken, und wir müssen ihr Aufmerksamkeit schenken, uns also um sie kümmern, d. h., sie versorgen. Ähnlich verhält es sich mit David: Wenn er nach der ersten Bedeutung von Aufmerksamkeit strebt, steht dahinter das Bedürfnis nach der Aufmerksamkeit im zweiten Sinne. Er will nicht nur bemerkt werden, er will, daß man sich um ihn kümmert.

Frieda war zwar noch nicht völlig überzeugt, aber sie begann, sich mit dem Gedanken anzufreunden, daß David kein Mann mit einer verachtungswürdigen Schwäche ist, sondern eher eine hilflose Person auf der ständigen Suche nach Anerkennung.

Erinnern Sie Friedas Mäkeleien an Ihre eigenen? Vielleicht haben Sie ja schon erste Ähnlichkeiten entdecken können. Damit Sie dem Problem des Anerkennungsbedürfnisses weiter nachgehen können, habe ich im folgenden einen Katalog weiterer »verräterischer« Mäkeleien aufgestellt.

IHRE KLAGE: Er ignoriert mich einfach – besonders wenn wir ausgehen oder andere Frauen in der Nähe sind.

DAS VERBORGENE BEDÜRFNIS IHRES MANNES: Diese Nichtbeachtung könnte eine Schutzmaßnahme Ihres Mannes sein. Möglicherweise hat er das Gefühl, bei Ihnen keine Anerkennung zu finden und versucht nun unbewußt, sich die mangelnde Anerkennung anderswo zu holen.

Es könnte auch gut sein, daß er versucht, Sie über die Eifersucht wachzurütteln – quasi als wollte er Ihnen damit sagen: »Du solltest mir mehr Beachtung schenken; diese Frau hier z. B. findet mich großartig!« Das Paradoxe dabei ist, daß er ja tatsächlich Ihre Aufmerksamkeit gewinnt – allerdings in einem negativen Sinne.

IHRE KLAGE: Wenn ich irgendeine Sache nicht haargenauso mache, wie er sich das vorstellt, wird er fuchsteufelswild. Und wenn ich mal eine andere Meinung habe als er, sieht er darin sofort eine Feindseligkeit. Er kann einfach keine Kritik vertragen.

DAS VERBORGENE BEDÜRFNIS IHRES MANNES: Ein Mensch, der sich verzweifelt nach Anerkennung sehnt, kann bereits auf die kleinste Andeutung, daß wir nicht auf seiner Seite stehen könnten, sehr empfindlich reagieren. Eine abweichende Meinung, eine nebensächliche Kritik, ja bereits ein bloßer Ratschlag können von ihm als Verurteilung seiner Person aufgefaßt werden. Er fragt alles, was Sie tun oder sagen, unbewußt ständig daraufhin ab, ob Sie für oder gegen ihn eingestellt sind. Ob Sie ihm in einem Fall zustimmen oder nicht, ist für ihn gleich identisch mit einer Anerkennung bzw. Ablehnung seiner ganzen Person.

Unterschätzen Sie auf keinen Fall die Bedeutung von Worten, wenn Sie es mit einem Partner zu tun haben, der ein schwaches Selbstbewußtsein hat. Was Ihnen als harmloser Kommentar erscheint, kann bei ihm ein tief in seinem Inneren lauerndes Gefühl der Selbstverachtung wecken.

IHRE KLAGE: Er ist so fordernd und ungeduldig. Er ist jähzornig und geht immer gleich in die Luft.

DAS VERBORGENE BEDÜRFNIS IHRES MANNES: Offenbar fehlt es hier an der Selbstannahme. (Wenn Ihr Mann sich akzeptieren würde, bräuchte er die Akzeptanz anderer nicht so sehr.) Vermutlich ist Ihr Mann sehr anspruchsvoll und streng mit sich selbst. Menschen mit solchen hohen Ansprüchen sind sehr schnell unzufrieden mit sich selbst und machen sich unablässig Vorhaltungen, wie »nichtsnutzig« sie seien. Ihnen fehlen Toleranz und Gelassenheit für die eigenen Mängel und Fehler. Und nicht selten zeigen sie diese Intoleranz und Ungeduld auch gegenüber ihrem Partner.

IHRE KLAGE: Er ist impotent. Er kann keine Erektion halten. Wir fangen jedesmal gut an, aber dann geht irgend etwas schief. Er hat kein großes Interesse an Sex.

DAS VERBORGENE BEDÜRFNIS IHRES MANNES: Nichts kann guten Sex mehr stören als die Verunsicherung eines Mannes mit großem Anerkennungsbedürfnis. Seine Unsicherheit macht es ihm unmöglich, sich zu entspannen und sich ganz dem Liebesspiel zu überlassen. Er ist nie ganz bei sich und beobachtet den Partner ständig, um zu sehen, was er wohl von seiner Liebeskunst hält.

IHR VORWURF: Er ist eitel: Ständig ist er mit seinem Aussehen beschäftigt. Ich muß ihm zehnmal am Tag sagen, daß er für sein Alter sehr gut aussieht, und wenn ich es nicht sage, wird er sauer.

DAS VERBORGENE BEDÜRFNIS IHRES MANNES: Wenn Ihr Mann sich im Spiegel betrachtet, sieht er vermutlich nur Negatives: »Du siehst nicht gut genug aus, du bist zu alt, zu wenig erfolgreich...« Deswegen braucht er Sie, damit Sie ihn versichern und seine Selbstzweifel zerstreuen. Da aber dies seine eigenen Zweifel nicht wirklich beheben kann, kommt er immer wieder an.

Vielleicht ist Ihnen der Gedanke, daß Sie mit einem Mann verheiratet sein könnten, der große Probleme mit seinem Selbstbewußtsein hat, bisher noch nicht gekommen. Und möglicherweise scheint es Ihnen eher unwahrscheinlich, daß jemand, der so gefestigt und kompetent wirkt, immer wieder um sein Selbstgefühl ringen muß.

Tatsächlich aber haben viele Männer *und* Frauen mit diesem Problem zu kämpfen. Sie gehen mit Gefühlen großer Unsicherheit und Selbstzweifeln durch die Welt. Und das macht sie in gewisser Weise fremd- oder außenbestimmt. Sie blicken ständig nach außen, um sich dort das zu holen, was ihnen innerlich fehlt.

Aber das ist nur die eine Hälfte unserer Geschichte von Frieda und David. Wir haben jetzt Davids Problem, das möglicherweise auch das Problem Ihres Partners ist, geklärt. Was aber ist Ihr Problem? Lassen Sie uns noch einmal auf die beiden zurückkommen, um die zweite Hälfte dieser verborgenen Ehe, die möglicherweise Ihrer eigenen entspricht, zu betrachten.

Seine Klagen und Vorwürfe verraten
Ihre versteckten Bedürfnisse

Frieda hat ein sehr ausgeprägtes Bedürfnis, Männer auf Distanz zu halten. Zu diesem Ergebnis kamen David und ich, nachdem wir uns eingehend mit der Dekodierung seiner Vorwürfe und Klagen beschäftigt hatten:

»Sie bittet mich nie um Rat, sie nimmt auch keinen von mir an; sie hört auf jeden, nur nicht auf mich. Es ist schon komisch: Jeder, mit dem ich zu tun habe, respektiert mich, nur meine eigene Frau nicht.«

Wenn Frieda Hilfe braucht, ist David offenbar der letzte, an den sie sich wenden würde. Die Geringschätzung und Gleichgültigkeit, die sich darin ausdrückt, ist vielleicht ein Versuch Friedas, ihren Mann herabzusetzen. Er erscheint dadurch unwichtig, und sie hält ihn auf Distanz.

In Friedas Fall ist dieses »Wegdrücken« des Partners sehr extrem. Sie weist nicht nur seine Angebote zurück, sie macht ihn geradezu zu ihrem »Erzfeind«.

Ich legte David einen auf den ersten Blick vielleicht etwas abwegigen Gedanken nahe.

»Frieda liebt Sie, aber sie kann ihre Liebe vielleicht nur dadurch ausdrücken, daß sie Sie zu Ihrem Feind macht. Vielleicht ist ihr Bedürfnis, Sie auf Distanz zu halten so groß, daß sie Sie statt zu einem Freund zu einem Feind machen *muß*. Denn wenn Sie Gegner sind, stehen Sie eben auf entgegengesetzten Seiten, d. h., es existiert zwischen Ihnen eine Trennungslinie, ein tiefer Graben, der sie auf Abstand hält. Vielleicht sind Sie für sie so etwas wie ihr geliebter Feind.«

Zu Davids großer Überraschung schien dieser Gedanke tatsächlich Sinn zu machen:

»Wissen Sie, das würde auch erklären, warum ich immer das Gefühl habe, bei Frieda aufzulaufen. Ich habe immer den Eindruck, sie würde das, was ich sage, als Angriff gegen sich deuten. Sie macht so eine Art Scheusal aus mir. Das stört mich schon ganz schön.«

Je länger wir uns mit Davids Vorwürfen auseinandersetzten, um so deutlicher wurde, daß Frieda unbewußt und unglücklicherweise oft in die Situation kam, den Mann, den sie liebte, von sich wegzuschieben.

»Zwei Feinde – die Geschichte einer Liebe« – so könnte der Titel von Friedas Ehe lauten, von Ihrer ebenfalls? So überraschend es vielleicht erscheinen mag, es gibt tatsächlich sehr viele Ehen, in denen sich die Partner wirklich lieben und doch gleichwohl unsichtbare Faktoren am Werk sind, die sie eher zu Gegnern als zu Verbündeten werden lassen. Viele Menschen können genau den Menschen, den sie am meisten lieben, nicht ertragen!

Vielleicht gehört ja auch Ihre Beziehung zu dieser Form der aggressiven Ehe, in der ein Partner den anderen unbewußt auf »sicherer« Distanz halten muß. Die folgenden Vorwürfe können Ihnen dabei helfen, dies zu klären.

DER VORWURF IHRES MANNES: Sie ist ständig mit den Kindern beschäftigt. Sie wiegelt die Kinder gegen mich auf. Sie tut manchmal so, als wären es allein ihre Kinder.

IHR VERBORGENES BEDÜRFNIS: Wenn eine Frau das unbewußte Bedürfnis hat, ihren Mann auf Distanz zu halten, benutzt sie manchmal auch ihre Kinder dafür. Woran kann man dies erkennen?

Nun, vielleicht bringen Sie Ihre Kinder unbewußt dazu, ihren Vater ebenso kritisch zu sehen, wie Sie selbst es tun. Oder Sie verbünden sich mit den Kindern und lassen Ihren Mann außen vor. Sie sind praktisch so sehr ein Herz und eine Seele, daß da kein Platz mehr für Ihren Mann bleibt.

DER VORWURF IHRES MANNES: Sie fragt mich nie nach meinen Problemen oder Sorgen. Sie interessiert sich nicht für meine Arbeit.

IHR VERBORGENES BEDÜRFNIS: Sie vermeiden es, an den Gedanken, Gefühlen und Erlebnissen Ihres Mannes teilzuhaben, weil es für Sie wichtig ist, ihn von sich fernzuhalten.

DER VORWURF IHRES MANNES: Sie ist unfreundlich mir gegenüber. Sie zeigt weder Wärme noch Zuneigung. Sie würde nie auf die Idee kommen, sich einmal etwas Besonderes für mich einfallen zu lassen. Die Sachen, die mir wichtig sind, stehen bei ihr ganz unten auf der Liste.

IHR VERBORGENES BEDÜRFNIS: Eine zärtliche Geste und eine besondere Freundlichkeit sind Wege, auf denen wir unserem Partner näherkommen. Seinen Partner zu verwöhnen, ist wie eine emotionale Umarmung. Ihr Bedürfnis könnte darauf zielen, diese Nähe zu vermeiden. Dieses Phänomen kann sich natürlich auch auf körperlichem Gebiet zeigen: Berührungen, Umarmungen, Zärtlichkeiten – alle Formen körperlicher Nähe erscheinen einem dann aufgezwungen und vielleicht sogar unerträglich. Die Intimität wird oft zum Ringkampf, wenn ein solches Bedürfnis nach Distanz besteht.

DER VORWURF IHRES MANNES: Wenn es bei uns zum Sex kommt, ist es fast immer so, als täte sie mir damit einen Gefallen. Sie scheint nicht den geringsten Spaß am Sex zu haben. Sie selbst würde nie auf die Idee kommen anzufangen. Sie findet mich unerotisch.

IHR VERBORGENES BEDÜRFNIS: Wir können zu unserem Partner eine psychische Distanz bewahren, selbst wenn sich unsere Körper vereinigen. Gleichgültigkeit, Apathie, Anhedonie (d. h. die Unfähigkeit, Lust zu empfinden) sind Versuche, sich vom Partner trotz der körperlichen Vereinigung emotional zu distanzieren, um so den Abstand zu wahren. Vielleicht wollen Sie trotz der sexuellen Vereinigung die Vereinigung Ihrer Seelen vermeiden.

DER VORWURF IHRES MANNES: Es gab in ihrem Leben mehrere Männer, mit denen sie wahnsinnige sexuelle Erlebnisse hatte – ich gehöre nicht dazu. Nur ihre früheren Liebhaber waren gut im Bett.

IHR VERBORGENES BEDÜRFNIS: Gibt es einen besseren Weg, den eigenen Partner herabzusetzen, als sein Liebesspiel im Vergleich zu dem anderer Männer mickrig erscheinen zu lassen? Vielleicht versuchen Sie, Distanz zu schaffen, indem Sie eine dritte Person in Ihr Ehebett lassen. Sie legen gleichsam das Gespenst eines früheren Liebhabers zwischen sich und Ihren Mann, um keine Nähe aufkommen zu lassen.

Die verborgene Ehe und der Kreislauf der Konflikte

Davids und Friedas versteckte Bedürfnisse führen zu einer verborgenen Ehe, die die beiden in einem Kreislauf von immer gleichen Konflikten festhält. Aber wie sind sie auf dieses Aggressionskarussell hinaufgeraten? Betrachten Sie sich noch einmal Davids Impulsivität und Friedas versteckte Empfindlichkeit. Davids aggressive Ausbrüche bestärken Friedas unbewußtes Bedürfnis, zu Männern auf Distanz zu gehen. Seine ständigen Angriffe bekräftigen ihre heimliche Überzeugung, daß man nur verletzt wird, wenn man einen Mann zu nah an sich heranläßt. Also tut sie alles mögliche, um ihn auf »sicheren« Abstand zu halten.

Und nun ziehen Sie Davids Reaktion auf dieses »Abgeschobenwerden« in Betracht. Er kann nicht anders, als es durch die Brille *seiner* Bedürfnisse zu betrachten: »Frieda will mit mir nichts zu tun haben, weil sie nichts Positives in mir sehen kann. Ich tauge nichts.« David hat das Gefühl, verachtet und abgelehnt zu werden (schließlich kann er ja von den wahren Gründen, warum Frieda ihn erschreckend findet, nichts ahnen). Ihm bleibt nur noch die Möglichkeit, auf das, was für ihn wie eine Ablehnung seiner Person aussieht, negativ zu reagieren. Seine Verletztheit zieht also notwendig Wutausbrüche nach sich. Oder aber er bemüht sich jetzt um so verzweifelter um ihre Aufmerksamkeit, mit Methoden freilich (Flirten mit anderen Frauen, Arbeitswahn, Aufschneiden), die seiner Absicht zuwiderlaufen und nur Friedas unbewußtes Bedürfnis nach Abgrenzung weiter bestätigen. David hat sich also in einer paradoxen Situation verfangen: Je mehr er sich um die Anerkennung seiner Frau bemüht, um so weniger bekommt er sie. Was daraus folgt ist klar: David ist frustriert, reagiert wütend, und das Karussell der Aggression dreht sich weiter.

So also sieht der Teufelskreis dieses enthemmenden Aggressionstyps aus. Dennoch findet sich die grundsätzliche Struktur in jeder aggressionsgestörten Ehe. Solange die Partner ihre jeweiligen Bedürfnisse nicht durchschauen, bleiben sie unweigerlich in dem Kreislauf der Frustration gefangen. Denn:

Unsere Bedürfnisse bestimmen nicht nur unser Verhalten zu unserem Partner, sie bestimmen ebenfalls, wie wir ihn wahrnehmen und folglich, wie wir auf sein Verhalten reagieren.

Das also ist der heimliche, aber äußerst kraftvolle Motor jeder aggressiven Beziehung: Wir sehen den Partner unausweichlich aus der Perspektive unserer unbewußten Bedürfnisse und können auch nur dementsprechend auf ihn reagieren. Wenn es aber den Partnern gelingt, diese heimlichen Kräfte und Mechanismen zu durchschauen, können sie auch von dem Karussell selbstzerstörerischer Aggressionen abspringen und selbst den Kurs bestimmen.

Die Primärehe: Wo alles begann

Aber wie kamen Frieda und David überhaupt zu diesen Bedürfnissen? Die Antwort auf diese Frage findet sich in der Vergangenheit, in ihren *Primärehen*. Diese erste intensive Beziehung zu unseren Eltern gibt das prägende Muster für alle nachfolgenden Partnerschaften ab, die wir eingehen – bei den beiden genauso wie bei jedem von uns!

Auch noch im späten Erwachsenenalter wird unsere Ehe durch das Kind in uns und seine Erfahrungen in dieser frühen Beziehung beeinflußt – und zwar nachhaltiger, als uns bewußt und lieb ist. Auch für Frieda ist das Bedürfnis, Männer auf Distanz zu halten, eine solche Erbschaft aus den vergangenen Erfahrungen ihrer ersten Beziehung.

Friedas Erfahrungen in der Primärehe

Friedas Eltern stritten und zankten sich in einer Tour. Sie lagen sich ständig in den Haaren. Was die Sache noch schlimmer machte, war, daß ihr Vater, John Litchfield, Probleme mit dem Alkohol hatte. Frieda erinnert sich:

»In den besseren Phasen stritten sie sich nur, aber wenn Dad dann trank, wurde es wirklich schlimm. Ihre Streitigkeiten fingen oft damit an, daß Dad weggehen wollte, und meine Mutter ihn nicht lassen wollte. Dad wurde dann immer richtig sauer: ›Sag mir nicht immer, was ich zu tun und zu lassen habe. Für was hältst du mich eigentlich? Ich bin keins von den Kindern, die du herumkommandieren kannst!‹ Und dann knallte er die Tür und war weg. Mom legte die Kette vor, fluchte und schimpfte, daß sie ihn ›nie wieder einen Fuß in dieses Haus‹ setzen lassen würde.

Ein paar Stunden später dann stand Dad vor der Tür und bettelte darum, eingelassen zu werden. (Ich bekam alles genau mit. Meine Schwester und ich konnten in solchen Nächten kein Auge zutun. Wir krochen zueinander ins Bett und blieben wach.) Manchmal fing er dann an zu weinen und schrie nach meiner Mutter: ›Pam, Pammy‹. Es klang so erbärmlich, daß es mich anwiderte.

Jetzt hatte sich das Blatt gewendet, jetzt war sie obenauf und ließ ihn zappeln. Es war dann eine Zeitlang ganz still, bis er wieder zu winseln anfing. Manchmal schlichen meine Schwester und ich die Treppe hinunter und ließen ihn herein, nur damit es endlich aufhörte.

Er legte dann seine Arme um uns und lallte in einer Tour, wie sehr er uns liebte und was für liebe Mädchen wir wären. Ich haßte seine feuchten besoffenen Küsse, aber das war immer noch besser, als ihn die ganze Nacht da draußen herumjammern zu hören. Am nächsten Tag war er dann wie immer: laut und lärmig, nur noch schlimmer. Wir taten alle so, als hätte er sich in der Nacht davor nicht zum Narren gemacht.«

Wie hat sich dieses familiäre Chaos auf Frieda ausgewirkt? Die erste Vorstellung von dem, was Männlichkeit ist, bekam Frieda durch ihren Vater vermittelt. Er stand ihr gewissermaßen Modell, und was sie erlebte, war ebenso erschreckend wie abstoßend. War ihr Vater aggressiv, so machte er ihr angst, war er hingegen zudem noch betrunken, widerte er sie geradezu an. In beiden Fällen also war ihr Vater für sie jemand, den sie auf keinen Fall an sich heranlassen wollte.

Hinzu kommt aber noch, daß Frieda für ihre Mutter einspringen mußte, wenn diese sich wieder einmal die Hände an ihrem Mann nicht schmutzig machen wollte. Frieda, nicht ihre Mutter, ließ ihn ins Haus, brachte ihn ins Bett, gab ihm einen Gutenachtkuß usw. Frieda befand sich also ihrem Vater gegenüber in einer sehr mißlichen Lage, besonders wenn er sich ihr körperlich näherte, was für Frieda äußerst peinlich war. Denn er zeigte ihr gegenüber nicht die normalen Zärtlichkeiten eines Vaters, sondern die plumpen und aufdringlichen Umarmungen eines betrunkenen Mannes.

Diese Peinlichkeit sowie das Erschreckende und Jämmerliche seines Verhaltens führten dazu, daß Frieda sich von ihrem Vater abgestoßen fühlte. Statt ihr ein Gefühl von väterlicher Geborgenheit zu geben, das ihr Respekt und Vertrauen vermittelt hätte, gab ihr Vater ihr das Gefühl, daß Männer etwas Schreckliches sind, etwas, das man sich am besten vom Leib hält.

Friedas Bild von Männern ist unauslöschlich von dieser Erfahrung geprägt. Es beeinflußt auch noch die Gefühlswelt, die sie als Erwachsene hat. Sie hat auch heute noch Schwierigkeiten, Männer mit Sicherheit, Verläßlichkeit, Attraktivität und Entspannung in Verbindung zu bringen – ihr Mann ist da keine Ausnahme. Und ohne es zu wissen, wird auf diese Weise der Mann, den sie liebt, zu einem Mann, den sie nicht ertragen kann und den sie wie ihren Vater von sich wegdrücken muß.

Wie steht es mit Ihnen? Haben auch Sie in Ihrer Primärehe einen Vater gehabt, der Ihnen ein verzerrtes Bild von Männern vermittelt hat? Oft entstehen solche Probleme durch Alkohol, aber das ist beileibe nicht immer so. Auch Familien, die von dieser Krankheit verschont geblieben sind, können solchen Verzerrungen Vorschub leisten.

Haben also auch Sie in der Phase, in der Sie am verwundbarsten waren und in der sich unsere Eindrücke am tiefsten eingraben, den wichtigsten Mann in Ihrem Leben, Ihren Vater, als enttäuschend, erschreckend und abstoßend erlebt? Haben Sie den Mann, den Sie so sehr liebten, zugleich auch nicht zu mögen oder gar zu hassen gelernt? Und könnte es nicht sein, daß Sie dieses Erbe Ihrer Primärehe, ohne daß Sie es ahnten, bis in Ihre heutige Partnerschaft mitgeschleppt haben? Vielleicht kann uns Ihre Vergangenheit Aufschluß über diese Frage geben.

Einige Fragen zu Ihrer Primärehe

Hatten Ihre Eltern eine spannungsreiche oder unbeständige Beziehung? Haben Sie sich oft gestritten? Hat Ihre Mutter Ihren Vater herabgesetzt? Hat Ihr Vater Ihre Mutter bedroht oder eingeschüchtert? Fehlte es bei Ihren Eltern an gegenseitigem Respekt?

Eltern können einem das Gefühl vermitteln, daß die Ehe eine Art Krieg zwischen den Geschlechtern ist. Ihre Streitigkeiten können eine schleichende Langzeitwirkung entfalten. Wir lernen nicht aus ihren Fehlern, sondern tragen sie unbewußt und unerkannt in die nächste Generation weiter. Der mangelnde gegenseitige Respekt unserer Eltern wird zum Nährboden für das tiefe Mißtrauen, das viele Frauen gegen ihre Männer hegen.

War Ihr Vater der »Tyrann« und Ihre Mutter die »Nachgiebige«? Hieß es bei Ihnen: »Warte nur, bis dein Vater nach Hause kommt«?

Es ist nicht nur der Alkohol, der einen Vater einschüchternd und erschreckend werden läßt. Manchmal kommt es bei den Eltern zu einer Art Arbeitsteilung: Die Mutter übernimmt die Rolle des freundlichen, der Vater die des bösen Elternteils. Wenn das geschieht, wird der Vater zur Überfigur. Wir erleben ihn als zornig, als furchteinflößend und strafend.

Derartige Erfahrungen untermauern bei einem kleinen Mädchen natürlich das Bild, daß Männer übermächtig und unberechenbar sind. Der Mann wird zu einem Monstrum, zum Tyrannen, zum Wüterich usw., zu etwas, dem man besser aus dem Weg geht. Und solche frühen Eindrücke können sich prägend auch noch auf die Bedürfnisse, die wir als Erwachsene haben. auswirken.

War Ihr Vater Ihnen gegenüber körperlich sehr zärtlich? Mußten Sie seinen Rücken krabbeln, auf seinem Schoß sitzen usw.? Haben Sie mit Ihrem Vater, nachdem Sie im Schulalter waren, öfter in einem Bett geschlafen? Können Sie sich daran erinnern, mit Ihrem Vater gebadet oder ihn regelmäßig nackt gesehen zu haben? War Ihr Vater liebevoller zu Ihnen als zu Ihrer Mutter? Waren Sie sein »Liebling«?

Aggressivität ist nicht das einzige, was uns an einem Vater abschrecken kann. Auch der übertriebene Körperkontakt kann für ein Mädchen peinlich und erschreckend sein – besonders wenn es sich gleichzeitig von ihrem Vater sexuell stimuliert fühlt.

Die Zärtlichkeiten eines Vaters (besonders wenn sie der Mutter nicht entgegengebracht oder von ihr zurückgewiesen werden) können einem Kind unangenehm oder peinlich sein. Tragen sie mehr sexuellen als väterlichen Charakter, ist es für das Kind eher bedrohend als beruhigend, der Gegenstand seiner Liebe zu sein.

Die Konsequenz für das spätere Leben ist die, daß der Mann, der einem am nächsten stehen sollte, der eigene Ehemann, ebenfalls als Bedrohung wahrgenommen wird. Das ist vielleicht der Grund dafür, daß Sie Ihren Mann körperlich und emotional auf Distanz halten, statt seine Nähe zu genießen.

Wurden Sie als Kind von Phantasien geplagt? Hatten Sie immer wiederkehrende Tag- oder Nachtträume, in denen Männer hinter Ihnen her waren, um sie zu entführen oder zu verletzen? Erinnern Sie sich daran, daß Sie Angst vor fremden Männern hatten? Haben Sie sich vor Monstern gefürchtet?

Derartige Phantasien treten häufig bei Kindern auf, die von ihrem Vater sehr verunsichert worden sind. Ihre phantastischen Träume drücken nichts anderes aus als ihre beunruhigenden Ängste vor diesem nur allzu realen Mann in ihrem Leben. Diese frühe Verängstigung durch Männer kann sich bis ins Erwachsenenalter durchziehen, so daß wir auf unseren eigenen Mann unbewußt wie auf den gefährlichen Bösewicht unserer Kindheitsträume reagieren.

Hatten Sie eine schwierige Pubertät? Waren Sie aufsässig? Haben Sie sich oft mit Ihren Eltern gestritten?

Oft tritt das Bedürfnis nach Distanz zuerst in der Pubertät auf, also zu einer Zeit, wo das Mädchen sich sexuell zu entwickeln beginnt. Wenn Sie als Teenager aufsässig und rebellisch waren, könnten das bereits die ersten Anzeichen Ihres unbewußten Bedürfnisses nach Distanzierung gewesen sein.

Vielleicht haben Sie bei dem Versuch, Ihre eigene Primärehe zu erforschen, einige Ähnlichkeiten zu den hier dargestellten Kindheitserlebnissen festgestellt. Möglicherweise sind auch Sie eine Frau, die unwissentlich noch aus der Kindheit stammende negative Empfindungen zum Vater (Beklemmung, Angst, Widerwille, ein sexuelles Unbehagen) mit in die eigene Ehe bringt. Solche Gefühle führen zu einem zwanghaften Bedürfnis, einen Mann auf Abstand zu halten, und können sich nachhaltig und störend auf Ihre Liebe auswirken.

Auch hier aber gilt, daß Ihre Selbsterforschung nur die eine Seite der Medaille darstellt. An einer aggressiven Ehe sind immer *beide* Seiten beteiligt. Auch in der Vergangenheit Ihres Mannes gibt es unverarbeitete Erfahrungen, die zu bestimmten Bedürfnisdispositionen geführt haben – eben z. B. zu einem ausgeprägten Bedürfnis nach Anerkennung. Davids Primärbeziehung eingehender zu untersuchen, könnte also für Sie durchaus hilfreich sein. Es gibt Ihnen vielleicht die Möglichkeit, Herkunft und Entwicklung der Bedürfnisse Ihres eigenen Mannes besser zu verstehen.

Davids Erfahrungen in der Primärehe

»Als ich vier Jahre alt war, nahm mein Vater einen lukrativen Job auf einer Bohrinsel vor Alaska an. Dadurch war er oft lange Zeit von zu Hause fort, aber er verdiente auf diese Weise sehr viel mehr, als er in Texas bekommen hätte. Die Ölindustrie boomte damals.

Dad kam zwischendurch immer für ein paar Wochen nach Hause. Wenn er dann wieder wegmußte, versuchte er mich immer aufzumuntern: ›Weine nicht, Junge! Deine Mutter braucht jetzt einen starken Mann im Haus, der sich um sie kümmert.‹«

Davids Mutter, Pat, eine eher selbstbezogene Frau, war mehr

als zufrieden, ihren Mann auf diese Weise aus dem Haus zu haben. Und so war David, der nur noch sie hatte, ziemlich auf sich allein gestellt.

»Ich glaube, meine Mutter war eher froh, wenn Dad wieder weg war. Sobald er aus der Tür war, hatte sie ihn schon vergessen – und mich ebenso. Ich fiel ihr zur Last; ich konnte ihr nichts recht machen.«

Als David sechs war, wurde sein Vater bei einer Explosion auf der Bohrinsel schwer verletzt. Nach Monaten in einem Therapiezentrum für Verbrennungen kam sein Vater schließlich zurück nach Hause.

»Wenn man meine Mutter so erlebte, hätte man glauben können, sie sei diejenige, der es schlecht ging. Alles, was sie machte, war, in einer Tour darüber zu jammern, wie anstrengend es sei, sich um Dad zu kümmern.«

Jetzt, da ihr Mann seine positiven Seiten für sie verloren hatte und nur noch eine Verpflichtung für sie darstellte, wurde Davids Mutter zunehmend verbittert und depressiv. Auch sein Vater, der eigentlich von Natur aus gutmütig war, war wegen seiner großen Schmerzen David gegenüber oft gereizt. David versuchte alles, um die Situation zu verbessern. Er strengte sich verzweifelt an, »ein lieber Junge zu sein«, damit die unglücklichen Menschen um ihn herum sich besser fühlten – aber ohne Erfolg.

Achtzehn Monate nach dem Unfall starb Davids Vater. David war am Boden zerstört, aber er bekam während dieser schweren Zeit nicht die geringste Unterstützung von seiner Mutter. Pat Peret, die sich immer mehr in ihr »schweres Schicksal« vergrub, verlor das Interesse an ihrem Sohn sogar noch mehr. Sie empfand nur ihr eigenes Schicksal, »ihren« Verlust, und wenn David versuchte, ihr zu helfen, wies sie seine Bemühungen barsch zurück:

»Ich erinnere mich daran, daß ich einmal für einen Nachbarn den Hund ausgeführt hatte. Ich hatte meiner Mutter nichts davon gesagt. Ich kam mit vier Dollar in der Tasche nach Hause, um sie damit zu überraschen. Ich kann mich noch genau an ihre Reaktion erinnern, als ich ihr das Geld gab:

›Und was meinst du, sollen wir jetzt damit anfangen: nach Mexiko fliegen?‹

Ich war wie vor den Kopf geschlagen!«

Was hat all dies bei einem kleinen Jungen wie David ausgelöst? David hat schon sehr früh versuchen müssen, für viele Dinge Verantwortung zu übernehmen. Er war vier Jahre alt, als sein Vater ihm diese Aufgabe übertrug, und wie alle Kinder nahm auch er sich seine Aufgabe sehr zu Herzen. Die Verantwortung in dieser unglücklichen Familie zu übernehmen, bedeutete für David: »Ich muß besser werden, damit es ihnen bessergeht.« Das Problem war, daß es ihm nicht gelingen konnte. Durch die Depression seiner Mutter und durch die Krankheit und schließlich den Tod seines Vaters war sein Bemühen von vornherein zum Scheitern verurteilt.

Die Eltern waren so sehr in ihr eigenes Leid vertieft, daß sie für David keine Aufmerksamkeit mehr hatten, etwa um ihm zu sagen: »Ja, du machst alles besser für uns. Du löst deine Aufgabe gut.« Er konnte ihnen nie ein bestätigendes Lächeln abgewinnen.

Und als sein Vater dann starb, blieb in David die verzweifelte Gewißheit zurück, daß er die Anerkennung seines Vaters nie würde erringen können. Was es für ihn aber noch schwerer werden ließ, war der Umstand, daß er sich mit der typischen Logik eines kleinen Kindes einbildete, sein Vater sei gestorben, *weil* er seiner Aufgabe nicht gerecht geworden war.

Diese Kindheitsreaktionen hinterließen in David ein schreckliches Schuldgefühl und ein Verlangen, sich noch mehr zu bemühen, um alles wieder gutzumachen. David hat seit seinem sechsten Lebensjahr nicht aufgehört, sich zu bemühen. Obwohl er jetzt erwachsen ist, versucht das verzweifelte und verängstigte Kind in David heute immer noch, Anerkennung zu finden.

Es gibt viele Erfahrungen in der Kindheit, die zu einem solchen verzweifelten Anerkennungsbedürfnis führen können. Ein schwerer Verlust und daraus entstehende Schuldgefühle wären ein typisches Beispiel für eine solche Entwicklung. Aber wie der folgende Fragenkatalog Ihnen zeigen wird, kann es auch bei Kindern, die von einer derartigen traumatischen Tragödie verschont geblieben sind, zu einem solchen verzweifelten Anerkennungsbedürfnis kommen.

Einige Fragen zur Primärehe Ihres Mannes

War die Mutter bzw. die primäre Bezugsperson Ihres Mannes sehr selbstbezogen? Waren seine Eltern sehr streng? Konnte er ihnen nichts recht machen? Sahen sie in ihm immer nur das Schlechte, niemals das Gute? Hatten sie unrealistische Erwartungen bezüglich ihres Sohnes?

Es sind weniger die Umstände oder psychischen Probleme als vielmehr die Persönlichkeit der Eltern, die häufig zu einem Bedürfnis nach Anerkennung führt. Manchmal schaffen Eltern Bedingungen, die es ihrem Kind unmöglich machen, sie zufriedenzustellen. Sie sind unerreichbar, anspruchsvoll oder übermäßig kritisch. Sosehr ihr Kind sich auch bemüht, es kann ihnen einfach nichts recht machen.

Es gibt nichts Schlimmeres für das Selbstbewußtsein eines Kindes, als schon im frühen Alter immer wieder die Erfahrung machen zu müssen, daß es die Anerkennung seiner Eltern nicht zu erringen vermag. Ein solches Kind wird nicht aufhören, um sie zu kämpfen, es wird alles tun, um die Bewunderung seiner Eltern zu gewinnen. Ein Ehemann mit einem überzogenen Anerkennungsbedürfnis könnte also in Wahrheit einfach nur versuchen, die Hürde zu nehmen, die seine Eltern ihm in seiner Kindheit aufgestellt haben. *Nichts trägt so sehr zu einem unersättlichen Bedürfnis nach Anerkennung bei wie zurückhaltende Eltern!*

Hatte Ihr Mann einen kranken Vater/eine kranke Mutter? Kam es in seiner Kindheit zu einer Familientragödie? Kam es zu finanziellen Engpässen (z. B. durch Arbeitslosigkeit oder einen Umzug der Familie)? Hatte er Geschwister, die besondere Aufmerksamkeit oder Pflege brauchten? War seine primäre Bezugsperson depressiv?

Es kann in einer Familie zu Umständen kommen, die die Eltern so sehr auslaugen, daß ihnen physisch und psychisch keine Kraft mehr bleibt, sich um ihr Kind zu kümmern. Möglicherweise waren auch die Eltern Ihres Mannes einfach zu überfordert, um ihm ein Gefühl der Bestätigung vermitteln zu können – ein Mangel, den er auch heute noch auszugleichen versucht.

Äußere Schicksalsschläge sind aber nicht der einzige Faktor, durch den Eltern unfähig werden können, sich ihrem Kind bestätigend zuzuwenden. Auch die bedrückenden Leiderfahrungen einer Depression können sie derart kraftlos werden lassen, daß sie für ihr Kind praktisch emotional nicht existent sind. Ein solch schwerer Verlust in der Kindheit kann sich beim Erwachsenen zu einem sehr ausgeprägten Verlangen nach Aufmerksamkeit und Bestätigung auswachsen. Ist dies vielleicht die Geschichte Ihres Mannes?

Haben seine Eltern sich, als er noch ein Kind war, scheiden lassen? Hat er Vater oder Mutter durch Krankheit, Tod oder Verlassenwerden verloren?

Kinder neigen dazu, sich selbst die Schuld für Scheidungen oder Verluste in der Familie zuzuschreiben. Sie werfen sich vor, nicht gut genug gewesen zu sein. Wenn ich lieber, klüger, braver, hilfsbereiter, fleißiger in der Schule ... gewesen wäre, wären wir heute noch eine Familie. Das verzweifelte Bestätigungsbedürfnis eines Erwachsenen kann das Erbe solcher frühen Schuldgefühle sein. Vielleicht sucht Ihr Ehemann auch heute noch nach dem bestätigenden Schulterklopfen, das ihm sagt: »Du bist ein lieber Junge – egal, was du getan hast!«

Wie sehr sich das Bild einer Ehe zu verändern beginnt, wenn man die unbewußten Bedürfnisse besser kennengelernt hat und begreift, daß die Alltagsehe in der Tat nur die Oberfläche darstellt. Wie anders wirkt die eigene Ehe, wenn man erst einmal eingesehen hat, daß und wie uns unsere Kindheitsenttäuschungen und Probleme quasi wie unsichtbare Dämonen bis in unsere Ehe hinein verfolgen.

Können wir z. B. David noch als Ungeheuer ansehen – jetzt, wo wir die verzweifelten Bemühungen des Sechsjährigen, alles besser zu machen, kennengelernt haben? Können wir Frieda wegen ihrer Selbstsucht wirklich noch verurteilen – jetzt, wo wir wissen, wie schlimm die langen Nächte in ihrer Kindheit gewesen sein müssen? Nein! Die Einsicht, die wir gewonnen haben, hat alles verändert. Einsicht gibt uns die Möglichkeit zu mitfühlendem Verständnis, und das ist bereits der erste Schritt heraus aus der aggressiven Ehe.

Das Problem in den Griff kriegen

Einfühlung und Verständnis führen *immer* dazu, daß die Partner von den alten destruktiven Aggressionsmustern (in unserem Fall die Enthemmung) Abstand nehmen. Sie sind für die eigenen inneren Kämpfe sowie für die des Partners sensibilisiert. Durch ihre größere psychologische Sensibilität können sie ihre destruktiven Verhaltensmuster und deren negative Auswirkungen auf das Verhältnis zum Partner klar erkennen. Und diese deutliche Erkenntnis gibt ihnen nun auch die Möglichkeit zur Veränderung. Das Verständnis setzt also außerordentliche Kräfte frei, Kräfte, die uns vor allem *die Möglichkeit bieten, uns anders zu verhalten!* Die alten Aggressionsmuster können durch die neuen Alternativen, die das Verständnis nun eröffnet, endgültig überwunden werden.

Hierin besteht eine große Hoffnung für Aggressionsenthemmer. Was können sie aber konkret tun? Wir wissen mittlerweile, daß das größte Problem bei diesem Aggressionsstil die leichte Reizbarkeit der Partner ist. Deswegen ist es vor allen Dingen wichtig, *daß sie ihre Reaktionen zu kontrollieren lernen.* Aggressionsenthemmer müssen gewissermaßen »erwachsen werden«. Ihre Reaktionen sind hitzig, ihr »Siedepunkt« äußerst niedrig – sie verhalten sich eher wie zornige Kinder und nicht wie vernünftige Erwachsene. Sie müssen lernen, ihre Reizbarkeit in den Griff zu bekommen.

Sollten Sie in die Kategorie der Aggressionsenthemmer fallen, denken Sie doch einmal über folgende Verhaltensveränderungen nach: Versuchen Sie, Ihre Toleranzbereitschaft gegenüber Aggressionen zu erhöhen, statt sofort zurückzuschießen. Verzögern Sie Ihre Reaktionen, versuchen Sie, Ihrem ersten Impuls, etwas zu sagen oder zu tun, nicht gleich sofort nachzugeben.

Aggressionsenthemmer müssen lernen, sich besser in den Griff zu bekommen, d. h. nachzudenken, bevor sie etwas sagen oder losschreien. Dies ist der alles entscheidende Punkt: Sie müssen dazu übergehen, einen Moment innezuhalten, um sich zu besinnen und nachzudenken, bevor Sie mit ihrer Antwort herauskommen. Diese Verzögerung, diese kleine Pause zwischen dem aggressiven Impuls und der eigenen Reaktion genügt häufig schon, einem Aggressionsenthemmer eine Alternative zum blinden Zurückschlagen zu geben. Verzögern Sie Ihre Reaktionen also, bis sich die Wut etwas gelegt hat, und Sie bekommen wieder etwas Luft, um Ihre Verletztheit zu verbalisieren, statt sie in einem Aggressionsausbruch enden zu lassen. *Das nachdenkliche Schweigen ist der Königsweg der Aggressionsenthemmer zu einer echten Veränderung!*

Aggressionsenthemmer müssen ihre Wutausbrüche durch Selbstkontrolle beherrschen lernen. Versuchen Sie sich zu diesem Zwecke mit folgenden Alternativen innerlich vertraut zu machen:

Niemand zwingt mich, impulsiv zu handeln.
Niemand zwingt mich, das zu sagen, was mir als erstes
einfällt.
Niemand zwingt mich, unfreundlich zu sein.
Niemand zwingt mich, weiterzustreiten.
Niemand zwingt mich, auf einen Vorwurf einzugehen.
Niemand zwingt mich, die alten Sachen wieder
auszukramen.
Niemand zwingt mich, laut zu werden.
Niemand zwingt mich, Drohungen auszustoßen.
Niemand zwingt mich, in gleicher Münze zurückzuzahlen.

Versuchen Sie, sich nicht alles gleich zu Herzen zu nehmen. Lassen Sie die Dinge auch mal von sich abperlen. Denken Sie einmal darüber nach, ob es nicht sinnvoller wäre, gezielt und bewußter zu streiten, sich die Auseinandersetzungen mit dem Partner gewissermaßen auszusuchen, statt sich immer gleich auf jeden Streit einzulassen. Lernen Sie, sich nicht von allem gleich getroffen zu fühlen. Wenn Sie Ihre Aggressionen etwas besser im Zaum halten, werden Ihnen diese neuen Verhaltensstrategien auch gelingen. Natürlich gibt es keine hundertprozentige Methode, die einem Aggressionsenthemmer diese neue Selbstbeherrschung garantieren könnte, aber die eigene Einsicht bringt uns schon einen entscheidenden Schritt weiter – besonders, wenn wir das Ziel fest im Auge behalten: eine andere und bessere Ehe.

Kapitel VI
Aggressionsprovozierer

In den sieben Jahren ihrer Ehe mit Malcolm hat Cheryl so manchen Grund gehabt, sich über ihren Mann zu ärgern:

»Wissen Sie, was mich jedesmal wieder aufregt? Die leere Milchtüte in unserem Kühlschrank. Jeden Morgen hole ich sie raus, und es tröpfelt nur ein mickriger Rest in meine Tasse. Ich werde zum Tier, wenn ich morgens keinen Kaffee kriege. Ach, ich könnte ihn . . .!

Ich glaube wirklich, Malcolm hat seine wahre Bestimmung verfehlt«, fährt sie mit unverhohlenem Sarkasmus fort. »Er hat eine einzigartige Begabung, die er sich bisher nie so richtig zunutze gemacht hat. Er läßt nämlich jede Schublade genau 2,5 Zentimeter offenstehen. Solch eine Präzision läßt sich doch bestimmt irgendwo vermarkten – vielleicht in der Raumfahrt oder so. Glauben Sie mir, manchmal könnte ich ihn selber zum Mond schießen!«

Obwohl Cheryl sich ihrer Verbitterung bewußt ist, ist sie sich nicht darüber im klaren, daß sie in einer aggressiven Ehe lebt – und zwar in einer *aggressions-provozierenden*! Sie kocht zwar nicht ständig über vor Wut und Gemeinheit, wie es bei Aggressionsenthemmern der Fall ist, aber sie lebt mit einem Mann zusammen, der sie immer wieder zum Wahnsinn treibt – ein deutliches Symptom für diesen destruktiven Aggressionsstil. Cheryl hat das Gefühl, daß sie aggressiv *gemacht* wird – und zwar von ihrem Mann!

Bei aggressionsprovozierenden Ehepaaren ist der deutliche Unmut nicht gleichmäßig verteilt. Nur einer der Partner empfindet Aggression, während der andere im Grunde »nie« wirklich wütend ist. In gewisser Weise handelt es sich also bei solchen Paaren um eine Zwitterform: der eine der Partner fühlt seine Aggressionen nur allzu deutlich, während der andere völlig frei von ihnen zu sein scheint; der eine tritt offen und unverhohlen aggressiv auf, während der andere den »Unschuldigen« spielt. Es handelt sich hierbei also um eine Beziehungsform, bei der der eine Partner sich durch das, was der andere tut oder unterläßt, immer wieder aufgestachelt, aufgeregt, gereizt und provoziert fühlt. Das ist das Typische an diesem Aggressionsstil: die Aggressionen sind unverkennbar da, aber sie gehen immer nur in eine Richtung, nur einer der Partner ist ständig sauer.

Malcolm z. B. ist der »nicht-aggressive« Partner. Er ist nicht wütend, sondern eher genervt; für ihn ist Cheryls Meckerei wegen der »Schubladengeschichte« einfach lächerlich: »Die meckert doch dauernd an mir herum. Ich trau mich ja kaum mehr, etwas zu machen.« Es gibt also eine klare Rollenverteilung: einer der Partner ist der »Provokateur«, der andere der »Provozierte«!

Das klassische Provoziererpaar sind der energische »Tatmensch« und der lethargische »Trödler«. Beverly und Alfred sind ein solches Paar. In ihrer Ehe ist nur Beverly der Teil, der die aggressive Rolle übernimmt, während Alfred nie versteht, worum es überhaupt geht.

Die attraktive und beredte Beverly hat keine Schwierigkeiten, mir mit beißendem Witz ihren Frust genau auseinanderzusetzen. Alfred macht sie rasend:

»Wenn ich ein Buch schreiben würde, würde ich es ›Die Sprüche des Vorsitzenden Alfred‹ nennen. Es würde mindestens sechs Bände umfassen und so denkwürdige Aussprüche enthalten wie:

›Ich weiß nicht. Kann das nicht bis morgen warten. Oh, das hab' ich vergessen. Du lieber Himmel, das war nur ein Versehen. Es ist doch wirklich keine große Sache. Übertreibst du da nicht ein bißchen? Na, mich stört es auf jeden Fall nicht.‹

Muß ich dazu noch mehr sagen? Alfred ist wie eine Teflonpfanne: alles gleitet an ihm ab. Das Problem ist nur, daß es dann an mir hängenbleibt.

Ich liebe ihn wirklich, aber wenn er mit dieser Tour anfängt, geht er mir schon sehr auf den Keks.«

Beverly zeigt die typischen Merkmale des »provozierten« Ehepartners: sie klagt, nörgelt und schimpft ohne Unterlaß.

Manchmal nimmt diese Aufspaltung der Ehe in »Tatmensch« und »Trödler« alles andere als amüsante Züge an. Wenn die Konflikte eines solchen Paares sich z. B. um finanzielle Dinge drehen, kann es zu schweren Krisen kommen. Ein »Provozierer« z. B., der die Versicherung zu zahlen vergißt, eine Rechnung verlegt oder das Familiensparbuch verliert, kann großen Schaden anrichten. Ian, ein überaus vorsichtiger Mensch, der in seinem ganzen Leben noch nie eine Rechnung schuldig geblieben ist, mußte auf die harte Tour lernen, daß er mit Jennifer eine Frau geheiratet hat, die ihn mit ihrem leichtsinnigen Verhältnis zu Geldangelegenheiten emotional und finanziell bis an den Rand des Ruins bringen kann: Jennifer hatte nämlich »vergessen«, die Rate für die Hausratversicherung zu bezahlen; eine Vergeßlichkeit, die ihn nach heftigen Frühlingsstürmen nicht weniger als 10 000 Dollar kosten sollte!

Vielleicht sind Sie nicht mit Cheryls Sarkasmus oder Beverlys beißendem Humor ausgestattet bzw. in eine so kostspielige Zwangslage geraten wie Jenny und Ian – dennoch könnte es gut sein, daß Sie diese Probleme an Ihre eigene Beziehung erinnern, wenn Sie eine Provozlererehe führen.

Gegensätze ziehen sich an

In der Regel haben die Partner in einer Provozlererehe sehr unterschiedliche Temperamente, Geschmäcker und Lebensstile. Die Konflikte zwischen der ordentlichen Cheryl und dem unordentlichen Malcolm, zwischen dem »Tatmenschen« Beverly und dem »Trödler« Alfred, dem verantwortungsvollen Ian und der leichtsinnigen Jenny haben uns dies deutlich gezeigt. Aber es gibt noch andere Varianten: So kann z. B. ein Partner aktiv sein, der andere passiv, der eine ein Führertyp, der andere ein Untertan, der eine der Akteur, der andere der Beobachter, der eine der Athlet, der andere der Zuschauer. Der eine Partner kann sehr pflichtbewußt sein, während der andere eine legere, gelassene Haltung zum Leben einnimmt usw. In sehr vielen Fällen sind es auch unsere unterschiedlichen Gewohnheiten, die die Ehestreitigkeiten auslösen. Etwa wenn eine äußerst pingelige Frau mit einem Mann zusammenlebt, dem es ziemlich gleich ist, wo seine Socken am Ende landen. Gibt es eine solche Konstellation auch in Ihrer Ehe? Wenn ja, welchen Part übernehmen Sie dann in dieser ungleichen Beziehung?

Wer von beiden trägt die Schuld?

Bei einem Provoziererehepaar reagiert der verärgerte Partner immer mit der gleichen Heftigkeit – gleichgültig, welchen »Verbrechens« sich der Partner schuldig gemacht hat. Es ist nicht so sehr das konkrete »Vergehen«, sondern die dahinterstehende »Haltung«, die ihn zur Weißglut bringt. Deswegen reagiert er auch auf Kleinigkeiten immer wieder mit großer Heftigkeit. Das hat oft zur Folge, daß der angegriffene Partner sich gegenüber der Entrüstung des anderen taub zu stellen beginnt. »Geht das schon wieder los!« Das Gefühl, daß er unterschiedslos wegen jeder Sache sofort heftig angegriffen wird, bringt ihn dazu, einfach abzuschalten und die Kritik des Partners zu ignorieren.

Der »schuldlose« Partner kann neben dem schlichten Ignorieren aber noch eine Reihe anderer Reaktionen auf diese Kritik an den Tag legen:

– Erstaunen . . . . Sag mal, worum geht es überhaupt?

– Abwehr . . . . Ich hab' doch nichts gemacht. Worüber regst du dich so auf?

– Ungerührtheit . . . . Ach, du warst wütend darüber? Ich wußte gar nicht, daß dich das so sauer macht.

- Bedauern .... Tut mir leid. Das war wirklich
  keine Absicht.
- Selbstgerechtigkeit ... Sag mal, was fällt dir eigentlich
  ein, so mit mir zu reden!

Der passive Teil in der Provoziererehe findet für alles, was sein Partner ihm vorwirft, eine Entschuldigung: »Kann ich etwas dafür, daß die Bank genau in dem Moment zumachte, als ich ankam?«; »Meine Sekretärin hat vergessen, mich daran zu erinnern«; »Ich war mir sicher, du würdest die Adresse mitbringen« usw. Der passive Partner verfügt also über viele Mittel, seine Unschuld zu beteuern.

Im Grunde äußert auch der »unschuldige« Partner Aggressionen, nur daß er es indirekt tut: durch Passivität, Vergeßlichkeit, Inkompetenz, Ungeschicklichkeit, Hilflosigkeit, Vernachlässigung oder dadurch, daß er dem Zufall oder äußeren Umständen die Schuld gibt. Wenn Sie also jemand sind, der zwar nicht selber aggressiv wird, aber den Partner aggressiv macht, gehören sie wahrscheinlich zu den passiven Provozierern, die ihrer Wut auf Umwegen Luft machen.

So unterschiedlich die Partner in einer Provoziererehe ihrer Wut auch Ausdruck geben mögen, beide zeichnen sich gleichermaßen durch Gereiztheit und eine geringe Frustrationstoleranz aus. Bei beiden ist die emotionale Belastbarkeit eher gering, und beide haben Probleme, konstruktive Wege zu finden, ihre Gefühle auszudrücken. Der einzige Unterschied zwischen ihnen ist der, daß der aktive Partner seinen Frust offen zeigt, während der passive ihn mehr oder weniger schweigend vor sich hinbrodeln läßt. (Bei ihm zeigt sich die ständige Frustration dann in versteckter Form durch eine der oben beschriebenen Verhaltensweisen.) In gewissem Sinne könnte man also sagen, daß der eine Partner ständig explodiert, während der andere dauernd implodiert.

Die Schöne und das Biest

Ein relativ deutlicher Hinweies darauf, daß man in einer solchen Form von aggressiver Verbindung lebt, ist das Gefühl, daß die eigene Ehe durch eine klare Rollenverteilung in »gut« und »böse«, »Teufel« und »Engel« bestimmt ist. Häufig wird dieser Eindruck auch durch Außenstehende bestätigt, durch Freunde etwa oder Verwandte, die in dem einen Partner den unfähigen Idioten, herrschsüchtigen Tyrannen oder unbarmherzigen Sklaventreiber und im anderen den ausgenutzten Sklaven und das unschuldige Opfer sehen. Eine Konstellation, über die sich viele Freunde nur wundern können: »Ich frag' mich nur, wie so ein netter Kerl an solch eine Xanthippe gekommen ist« oder unter umgekehrtem Vorzeichen: »Sie ist wirklich so ein Schatz. Wie hält sie es nur aus, mit diesem Mistkerl ins Bett zu gehen?«

Könnten Sie sich vorstellen, daß man auch über Ihre Ehe so spricht? Wenn es auch in Ihrer Ehe eine klare Gut-Böse-Verteilung gibt, wenn Sie der Engel und Ihr Partner der Teufel ist, sollten Sie ernsthaft darüber nachdenken, ob nicht auch Sie eine Provoziererehe führen.

Es muß endlich was passieren, ich halt' das nicht mehr aus!

Oft empfindet der verärgerte Partner einer Provoziererehe den anderen als jemanden, den er erleiden und ertragen muß. Der Partner wird für ihn zur Strafe, die Ehe zur Prüfung, die ihm immer häufiger Unmutsäußerungen abfordert:

»Ich habe einfach nicht mehr die Kraft.«
»Wie stellt er sich vor, soll ich das aushalten?«
»Ich ertrage es keine Minute länger.«

Ein solcher Ehepartner brüllt seine Wut nicht laut heraus oder hebt etwa verzweifelt die Hände zum Himmel. Er neigt dazu, leise vor sich hinzumurren und läßt die Aggression in sich so lange brodeln, bis sie aus ihm herausplatzt und er die Kontrolle über sich verliert.

So kommt es bei ihm zu periodisch auftretenden Wutausbrüchen. Es braucht dann nur den berühmten Tropfen, um das Faß zum Überlaufen zu bringen. Oft greift sich der provozierte Partner dann ein typisches Laster des anderen heraus. Aber sein Wutausbruch hat nur einen vorübergehenden Effekt, und schon nach zwei Tagen liegen die schmutzigen Socken wie gewohnt überall herum. Das ist durchaus kennzeichnend für eine solche Beziehung: Hat sich der Rauch erst einmal gelegt, schleichen sich die alten verhaßten Verhaltensweisen schnell wieder ein, und der ganze Ärger beginnt von neuem.

Die schleichende Entfremdung

Der eine Partner schimpft, der andere versucht, sich um seine Aggressionen herumzudrücken – und beide stehen am Ende mit demselben Gefühl der Ausweglosigkeit da. Sie haben das Gefühl, in einer Sackgasse festzustecken. »Ich bin ständig sauer auf dich, aber du scheinst nicht das geringste davon anzunehmen«, beschwert sich der eine. »Ich bin gar nicht so schlimm, aber du scheinst ja nur noch sauer auf mich zu sein«, der andere – und beide überkommt am Ende dasselbe Gefühl von Hoffnungslosigkeit und Resignation.

Die Partner von Provoziererehen fühlen sich voneinander völlig ausgelaugt. Im schlimmsten Fall kann es so weit kommen, daß beide über ihr Unglück, mit dem anderen verheiratet zu sein und ihn nun am Hals zu haben, zu resignieren beginnen. Diese Situation birgt eine echte Gefahr in sich: *Die Partner entfremden sich voneinander, weil sie ausgelaugt und erschöpft sind und die Nase voll haben.* Dora und Teddy sind ein gutes Beispiel für ein Provoziererehepaar, das diesem hoffnungslosen Stadium gefährlich nahe kam. Bewegt sich auch Ihre Ehe im Bereich dieser Gefahrenzone?

Die Alltagsehe zweier Provozierer: Dora und Teddy

Dora, die mit ihren dreijährigen Zwillingen einen Full-time-Job hat, kam mit ihrem Mann Teddy zu einem Beratungsgespräch. Es war das verflixte siebte Jahr ihrer Ehe, und die Dinge standen alles andere als gut. Teddy kam verspätet zu dieser Sitzung (»Tut mir leid, der Verkehr auf der Brücke war wirklich schlimm.«) und ließ Dora mit ihrer Geschichte beginnen:

»Teddy ist wirklich ein guter Vater – wenn er da ist. Das ist das Problem: er ist so gut wie nie zu Hause.«

Teddy unterbrach sie:

»Ich fahre ja nicht in Urlaub und laß dich mit den Kindern zu Hause, ich arbeite!«

Nun war es Dora, die das Wort an sich riß. Ihre ansteigende Wut war deutlich zu hören:

»Und was ist mit deinem Golfspiel jeden Samstag? Und deinen monatlichen Pokerabenden? Und dem Abendessen letzte Woche mit deinen Freunden, das dann die ganze Nacht dauerte? Und du hast es noch nicht einmal geschafft, zu Hause anzurufen und mir Bescheid zu sagen. Welche Entschuldigung hast du denn diesmal dafür?«

Ted hob verzweifelt den Blick gen Himmel und antwortete:

»Ich hab's einmal zu Hause versucht. Aber es war besetzt. Ich hab' einfach vergessen, es noch mal zu versuchen. Ich hab' mich bei dir dafür entschuldigt.«

Er fuhr etwas leiser fort, sich weiter zu verteidigen:

»Und überhaupt, Dora, ich hab's dir schon einmal zu erklären versucht: Du bist es, die nicht ausgehen will. Du hättest ja mitkommen können. Wir hatten einfach nur Spaß miteinander. Aber nein, du magst ja keine Parties. Meine Freunde trinken dir zuviel und kriegen nie genug. Deswegen bleibst du lieber zu Hause und liest ein Buch.«

Teddys Rechtfertigung trug wenig dazu bei, Dora zu besänftigen:

»Wahrscheinlich hast du unseren Termin hier letzte Woche auch bloß ›vergessen‹. Ich war nämlich da. Ich mußte extra noch

meine Mutter bitten, auf die Kinder aufzupassen, um hierher-
zukommen – und pünktlich zu sein.« Doras Vorwürfe an Teddy
waren nun klar.

Teddy, der bis zu diesem Punkt eher genervt gewirkt hatte,
wurde jetzt lauter. Zum erstenmal machte sich Irritation in
seinem Tonfall bemerkbar:

»Hierherzugehen war deine Idee. Schon wieder vergessen?
Wie überhaupt alle Dinge, die wir gemeinsam machen, immer
deine Idee sind.« Seine Stimme brach ab, und er schien in ein
eisiges Schweigen zu verfallen. Dora konterte:

»Ja, richtig. Wenn ich solche Sachen dir überlassen würde,
würde nie etwas passieren. Du setzt dich doch erst in Bewegung,
wenn man dich zwingt.«

Dora wandte sich nun an mich, offenbar um Unterstützung
zu kriegen. Da sie sich ganz auf mich konzentrierte, bekam sie
gar nicht mit, daß Teddy aufgehört hatte, ihr zuzuhören.

»Ich will Ihnen mal ein typisches Beispiel geben, Frau Doktor. Teddy hat versprochen, den Keller auszubauen. Wir brauchen den Raum einfach, jetzt wo die Kinder größer werden. Sie
bringen alles durcheinander.«

Dora schien sichtlich zu leiden, als sie auf die »chaotischen«
Zustände in ihrem Haus zu sprechen kam.

»Ich weiß ja ganz genau, wie gut Teddy seine sogenannten
›Versprechen‹ normalerweise einhält. Aber ich habe mich trotzdem auf ihn verlassen. Und er? Für seinen Freund John, da hat er
Zeit und streicht ihm die Garage, aber bei uns passiert monate-
lang überhaupt nichts. Und irgendwann samstags, als die Kinder
mal wieder das ganze Haus durcheinandergebracht hatten, ist
mir dann der Kragen geplatzt. Da ist er dann endlich in die
Gänge gekommen und hat die Paneele und das ganze Material
besorgt.«

Ted gähnte. Aber Dora schien das überhaupt nicht mitzukriegen.

»Und da ich Teddy kenne, habe ich ihm genau aufgeschrie-
ben, wieviel wir brauchen, dazu die Markennummer, den Her-
steller, wirklich alles. Und was macht er? Er kommt natürlich

mit der falschen Farbe nach Hause. Und da die Paneele extra für uns zugeschnitten wurden, muß ich jetzt für den Rest meines Lebens mit seinem blödsinnigen Fehler leben. Mein Haus sieht aus wie ein Trümmerhaufen. Ich weiß nicht mehr, was ich machen soll!«

Trotz Doras wortreicher Kritik machte Teddy keine Anstalten, ihr zu antworten. Es war unübersehbar, daß er mit seinen Gedanken ganz woanders war. Er hatte mehr als einmal gegähnt, und jetzt sah er so aus, als ob seine Augenlider jeden Moment zufallen könnten. Er hatte offensichtlich ein starkes Schlafbedürfnis! Da saßen sie also – die aufgebrachte Dora und der schläfrige Teddy – ein Provoziererpaar par excellence!

Die Kennzeichen der Provoziererehe – Erkennen Sie Ihre Ehe wieder?

Der eheliche Alltag von Dora und Teddy weist viele klassische Merkmale eines typischen Provoziererpaares auf. Kennzeichnend für ihre Ehe ist zweifelsohne, daß Teddys Handlungen (oder vielleicht besser seine ausbleibenden Handlungen) Doras Aggressionen weiter entfachen. Betrachten Sie einmal die folgende Liste symptomatischer Kennzeichen:

o Die beiden weisen ein unterschiedliches Temperament auf. Er ist Trödler, sie Tatmensch. Sie haben verschiedene Neigungen: Er geht auf Parties, sie bleibt zu Hause und liest.

o Er ist auf eine passive Weise aggressiv: Er »vergißt« anzurufen; er versäumt die Therapiesitzung; er kauft die falschen Paneele.

o Es kommt bei ihnen in periodischen Abständen zu Zornausbrüchen: Sie keift ihn an, er soll den Keller fertig machen usw.

Ist Ihre Oberflächenehe der der beiden ähnlich? Möglicherweise übernehmen Sie ja die Rolle des passiv-aggressiven Partners, der seine andere Ehehälfte durch Kleinigkeiten zum Wahnsinn treibt. Vertrödeln Sie vieles, vergessen Sie öfter Dinge, vernachlässigen, unterlassen oder vereiteln Sie Dinge, die Ihrem Partner wichtig sind? Und sind Sie dann erstaunt oder gar verärgert, wenn er sauer reagiert? Vielleicht aber übernehmen Sie ja auch die andere Rolle dieses aggressiven Gespanns und stellen den Inbegriff des genervten Ehepartners dar, der nur allzuleicht auf die Palme zu bringen ist. Haben auch Sie bereits festgestellt, daß diese Rollenaufteilung Ihre Liebe gefährdet und ein Schatten der Hoffnungslosigkeit und Resignation auf Ihre Ehe gefallen ist?

Das Dekodieren der Kritik –
Wie die verborgene Ehe ans Tageslicht kommt

Was ist der wahre Konflikt, der Dora und Teddy auseinanderdriften läßt? Das Problem zwischen ihnen ist selbstverständlich nicht der unfertige Keller, sondern vielmehr das unerkannte und um so hemmungslosere Wirken ihrer unbewußten Bedürfnisse. Und ironischerweise sind sie beide trotz ihrer gegensätzlichen Temperamente tatsächlich von dem gleichen Bedürfnis bestimmt: *dem Bedürfnis, auf keinen Fall verlassen werden zu wollen.* Beide werden von der Angst beherrscht, daß sie von ihrem Partner verlassen werden könnten, aber sie gehen auf eine unterschiedliche, den Konflikt zwischen ihnen verschärfende Weise damit um. Dora versucht, sich ihr Nest zu bauen, und Teddy macht sich aus dem Staub. Wir werden uns im folgenden genauer mit ihrer gegenseitigen Kritik auseinandersetzen, um dadurch die Bedürfnisse offenzulegen, die ihre verborgene Ehe beherrschen. Vielleicht wird Ihnen im Verlauf der Darstellung das eine oder andere über Ihre eigene Ehe bewußt werden.

Ihre Vorwürfe und seine Bedürfnisse

Als ich Dora darauf aufmerksam machte, daß sie und Teddy von demselben Bedürfnis, von derselben Angst, verlassen zu werden, bestimmt sind, war sie mehr als perplex:

»Schon ein Monat ohne Geschäftsreise genügt, und er ist kaum mehr zu halten. Wie könnte jemand, der sich ständig aus dem Staub macht und zum Golfplatz rennt oder mit seinen Freunden weggeht, jemand, der keine Gelegenheit ausläßt, nach der Arbeit einen trinken zu gehen, der es sonntags vorzieht, bei einem Freund Fußball zu sehen – wie könnte so jemand Angst davor haben, verlassen zu werden. Er ist doch derjenige, der immer weg ist.«

Ich legte ihr eine Betrachtungsweise nahe, die vielleicht helfen konnte, ihre Kritik zu dekodieren:

»Welches Ziel ist schwerer zu treffen, ein stillstehendes oder ein bewegliches? Wenn jemand Angst davor hat, daß man ihn verlassen könnte, versucht er, sich rar zu machen, damit die Wahrscheinlichkeit, daß es passiert, sich verringert. Es ist die Angst vor dem Verlassenwerden, die Ihren Mann so umtreibt! Dadurch, daß er ständig woanders ist, will Teddy verhindern, daß er sich zu sehr an Sie bindet und Wurzeln schlägt. Es ist eine Art Schutzmechanismus. Es sieht vielleicht für Sie so aus, als würde er versuchen, von zu Hause wegzukommen. Aber in Wahrheit ist es nur ein Versuch, der vollen Wucht des Verlassenwerdens zu entkommen.«

Aber Dora war mit ihrer Kritik noch lange nicht zu Ende:

»Es wirkt einfach so egoistisch: sein Sport, seine Freunde, seine Verabredungen. Immer dreht sich alles nur um ihn. Er investiert ständig in seine ›Steckenpferde‹, ohne auch nur im geringsten an unsere finanzielle Situation zu denken. Teddy geht es immer nur um Teddy. Glauben Sie mir, er kann ohne weiteres einen Termin beim Zahnarzt vergessen, aber den ersten Schlag bei einer Golfrunde hat er noch nie versäumt.«

Doras Erbitterung über Teddys Selbstbezüglichkeit war unüberhörbar, aber ich versuchte, ihr eine andere Möglichkeit, seine Egozentrik zu deuten, nahezubringen:

»Egozentrische Leute sind Menschen, die sehr wenig Vertrauen in andere haben. Ihre Selbstbezüglichkeit ist nichts anderes als der Versuch, sich um sich selbst zu kümmern, weil sie nicht daran glauben, daß es andere tun werden. Das klingt vielleicht überraschend und paradox; dennoch trifft es zu: *Das unbewußte Motiv für den Egoismus ist eine enorme Angst, daß sich niemand um einen bemühen wird. Deswegen glaubt der Egoist, dies selbst in die Hand nehmen zu müssen.* Könnte es nicht auch bei Teddy so sein? Ist nicht vielleicht auch er nur deswegen so auf sich fixiert, weil er nicht daran glaubt, daß er anderen wichtig ist?«

Dora hatte Schwierigkeiten, sich Teddy als einen Menschen vorzustellen, der unter der Angst, verlassen zu werden, leiden könnte. Sie war mit ihrer Geduld am Ende und hatte keine Kraft mehr, sich auf seinen Standpunkt einzulassen. Dora und Teddy waren zwei Provozierer, die ihre Ehe an den Rand des Ruins gebracht hatten.

Fühlen Sie sich ebenso ausgelaugt wie Dora? Erleben Sie die gleichen Frustrationen? Vielleicht kann Ihnen die Dekodierung der im folgenden aufgelisteten Vorwürfe und Mäkeleien dabei helfen herauszubekommen, ob diese Frustration auf ein verborgenes Bedürfnis Ihres Mannes zurückzuführen ist: das Bedürfnis, unter keinen Umständen verlassen zu werden.

IHRE KRITIK: Klar hat er die Wäsche gewaschen, aber jetzt ist die gesamte weiße Unterwäsche rosa. Er erklärt sich bereit, mich zu dem Vorstellungsgespräch zu fahren, und dann stellt sich heraus, daß er den Wagenschlüssel im Wagen steckengelassen hat. Ich mußte eine Stunde im Regen stehen, bloß weil er »vergessen« hat, in welchem Kino wir uns treffen wollten.

DAS VERBORGENE BEDÜRFNIS IHRES MANNES: Solange es nicht über bloße Worte hinausgeht, ist Ihr Mann möglicherweise umgänglich und hilfsbereit. Sobald es aber ums tatsächliche Tun geht, verhält er sich nicht so, wie Sie sich das vielleicht wünschen. Im Grunde sagen seine Lippen »Ja«, während seine Handlungen (oder deren Ausbleiben) eher ein »Nein« sprechen.

Wie hängt das nun mit dem Bedürfnis Ihres Mannes zusammen, sich vor dem Verlassenwerden zu schützen? Unbewußt glaubt Ihr Mann offenbar nicht daran, daß Sie noch weiterhin zu ihm stehen würden, wenn er seine eigenen, den Ihren entgegengesetzten Wünsche offen aussprechen würde, wenn er also klipp und klar sagen würde: »Ich habe keine Lust zu waschen, dich zur Arbeit zu fahren, ins Kino zu gehen.« Ein deutliches und aggressives »Nein« zu sagen, scheint ihm zu riskant. Also gibt er nach außen hin nach, um Ihnen dann verdeckt Widerstand zu leisten.

IHRE KRITIK: Ich kann ihm das noch so oft sagen, immer vergißt er die Toilettenbrille wieder runterzutun. Warum kann er nicht die Haare aus dem Ausguß holen; er weiß doch, wie sehr ich mich davor ekle. Er weiß ganz genau, daß ich japanisches Essen nicht mag; warum bringt er es immer wieder zum Abendessen mit?

DAS VERBORGENE BEDÜRFNIS IHRES MANNES: Ihr Mann kann seine Aggressionen nicht offen zeigen. Ein offener Wutausbruch wäre viel zu gefährlich. Sie könnten ihn ja verlassen, wenn er mal richtig wütend würde. Deswegen muß er seine Aggressionen sozusagen in kleineren Häppchen und auf indirekte Weise rauslassen. Ihre kleinen Abneigungen kommen ihm da gerade recht; dadurch kommt er an Sie heran!

IHRE KRITIK: Er zwingt mir alle Entscheidungen auf. Er kümmert sich kein bißchen ums Haus. Er kümmert sich nicht um unsere finanziellen Angelegenheiten. Er macht nicht den kleinsten Vorschlag für die Renovierung unseres Hauses. Ich bin immer diejenige in der Familie, die die Verantwortung übernehmen muß; er haut sich einfach vor den Fernseher.

DAS VERBORGENE BEDÜRFNIS IHRES MANNES: Was äußerlich so aussieht wie ein Unvermögen, die Dinge in die Hand und damit Verantwortung zu übernehmen, könnte in Wahrheit ein unbewußter Widerwille sein, sich an Haus und Hof zu ketten. Je mehr Ihr Mann in Sie und die Familie investiert, desto mehr hat er zu verlieren.

IHRE KRITIK: Wir haben nur sehr unregelmäßig Sex, aber ich bin mir sicher, er onaniert.

DAS VERBORGENE BEDÜRFNIS IHRES MANNES: Möglicherweise zielt sein Bedürfnis auf sexuelle Unabhängigkeit. Auf diese Weise würde er den Verlust, falls Sie ihn verlassen sollten, nicht so schmerzlich empfinden. Er hätte ja immer noch sich selbst, um sich sexuell zu befriedigen – auch dann noch, wenn Sie nicht mehr da sein sollten.

IHRE KRITIK: Er zeigt seine Gefühle kaum. Er ist kein Mann, der einem sagen würde, daß er einen liebt. Er ist kein bißchen romantisch. Manchmal habe ich das Gefühl, er liebt mich gar nicht – nicht von Herzen.

DAS VERBORGENE BEDÜRFNIS IHRES MANNES: Das Zurückhalten der eigenen Gefühle ist oft auf Angst zurückzuführen. Ihr Mann fürchtet sich vielleicht davor, seine Gefühle zu leben und sich so zu sehr an Sie zu binden. Was würde passieren, wenn Sie sich irgendwann einfach von ihm abwendeten? Diese Verlustangst sitzt ihm ständig im Nacken und macht es ihm unmöglich, sich rückhaltlos dem Menschen hinzugeben, den er am meisten liebt.

Vielleicht macht es Ihnen Schwierigkeiten, sich vorzustellen, daß der Mann, der Sie mit seiner Unbesorgtheit schier zum Wahnsinn treibt, in Wahrheit bloß Angst vor seinen intensiven Gefühlen und Aggressionen hat und sie deswegen versteckt. Gleichwohl wäre es durchaus denkbar, daß Sie mit einem solchen Mann zusammenleben – einem Mann, für den die Liebe ein großes Risiko darstellt, weil Nähe und emotionale Abhängigkeit ihn zu verletzbar machen könnten. Vielen von uns ergeht es so!

Seine Kritik und ihre verborgenen Bedürfnisse

Teddy und ich machten uns gemeinsam daran, seine Kritik an Dora zu analysieren, um besser verstehen zu können, wie ihr unbewußtes Bedürfnis (das Verlassenwerden zu verhindern) sich im Alltag ihrer Oberflächenehe manifestiert. Es zeigte sich, daß dies durchaus keine leichte Aufgabe werden sollte. Teddy war während der Therapiesitzungen ebenso passiv-aggressiv wie in seiner Ehe.

Als wir mit unserer Analyse begannen, kam Teddy zunächst etwas müde damit heraus, daß er sich nichts sehnlicher wünsche, als endlich von Dora in Ruhe gelassen zu werden. Er war fest davon überzeugt, daß es nur deshalb zwischen ihnen nicht klappte, weil sie ständig mit ihm unzufrieden war – und nicht umgekehrt. Ich sagte Teddy, daß er einen störrischen Eindruck auf mich machte, und fragte ihn, ob er das Gefühl hätte, jetzt von zwei Frauen angegangen zu werden: von Dora *und* mir! Ich erklärte ihm, daß es mir nicht darum ginge, die Berechtigung von Doras Kritik zu behandeln, sondern daß ihre Mäkeleien uns hier etwas über Doras verborgene Gedanken verraten könnten, und daß es jetzt nicht um Teds angebliche Fehler und Macken ginge. Teddy gab mir durch ein entschuldigendes Lächeln und ein Kopfnicken zu verstehen, daß er verstanden hatte, und fuhr, wenn auch noch ein bißchen widerwillig, in seiner Erzählung fort. Zuerst knöpfte er sich Doras Einstellung zu Geldsachen vor:

»Wenn ich mir irgend etwas kaufe, das mir gefällt – einfach so zum Spaß –, dreht sie gleich durch. Sie gibt wie ein Geier auf unser Geld acht. Dora spricht dauernd von dem Notgroschen, den wir uns zurücklegen sollen, aber es geht uns doch gut. Wir brauchen nicht so knauserig zu sein wie sie es gerne hätte.«

Teddys Liste wurde immer länger. Dora wäre bei Geschenken nicht großzügig genug. Sie würde oft sparen, wo es gar nicht notwendig sei. Und wenn Teddy in den Supermarkt einkaufen ginge, gäbe es immer Ärger:

»Wenn ich vom Einkaufen zurückkomme, kriege ich gleich den Kopf gewaschen: Warum bin ich nicht zu dem anderen Supermarkt gefahren, bei dem es das Toilettenpapier im Angebot gab? Warum hab' ich das ›Perduehähnchen‹ gekauft? Ob ich nicht wisse, daß Markenartikel teurer seien? Und so geht das in einer Tour.«

Ich machte Teddy darauf aufmerksam, daß seine Kritik uns möglicherweise dabei helfen könnte zu verstehen, welche Bedeutung das Geld für Dora hat:

»Geld kann für Dora Sicherheit bedeuten, nicht nur im gewöhnlichen Sinne: Dora hat Angst davor, daß sie verlassen werden könnte, daß einmal eine Zeit kommen wird, in der sie allein und ohne etwas in der Hand dastehen könnte. Deswegen kann sie nicht unbesorgt und genießerisch mit Geld umgehen. Sie ist nicht grapschig, in ihrem Unterbewußtsein legt sie nur ein Depot für den Tag an, an dem sie ihren Gürtel enger schnallen muß!«

Teddy kam noch mit weiteren Kritikpunkten raus: Dora sei stur:

»Sie setzt sich etwas in den Kopf, und dann ist sie nicht mehr davon abzubringen. Sie beschließt, daß irgend etwas getan werden muß, und gibt dann keine Sekunde Ruhe mehr.«

Teddy war zunächst sehr überrascht, als ich ihm zur Interpretation seiner Kritik eine Frage stellte, die mehr in den Bereich der Physiologie als der Psychologie zu gehören schien:

»Was passiert mit Ihrem Körper, wenn Sie in Panik sind? Sie werden ›starr vor Angst‹. Selbst unsere Sprache weiß von dieser physiologischen Reaktion. Sie fühlen sich wie gelähmt, wie versteinert. Angst kann nicht nur unseren Körper lahmlegen und starr werden lassen, sondern auch unser Denken. Und ist es nicht genau das, was bei der Sturheit passiert? Man erstarrt, versteift und verschließt sich. Das eigene Denken fixiert sich steif und fest auf eine Idee.

Wenn ein Mensch große Angst hat, wird er intellektuell unbeweglich und starr. Ich könnte mir gut vorstellen, daß Dora durch ihre Verlustängste ihre mentale Flexibilität eingebüßt hat.«

Der letzte Abschnitt hat gezeigt, wie die Analyse von Teddys Kritik uns zu Doras Bedürfnis, ein Verlassenwerden zu verhindern, geführt hat. Die folgenden Kritikpunkte und Vorwürfe sollen Ihnen eine Orientierung darüber verschaffen, ob auch Sie wie Dora von einer solchen Verlustangst bestimmt werden.

DIE KRITIK IHRES MANNES: Sie ist eine Perfektionistin, bis ins kleinste Detail. Jede Kleinigkeit, die schiefgeht, versetzt sie in Panik. Wenn ich einen Fehler mache, ist das für sie gleich das Ende der Welt. Für sie ist es schon ein Verbrechen, wenn ich das falsche Reinigungsmittel nach Hause bringe. Sie kann nicht schlafen, wenn sie nach einer Party nicht alles wieder saubergemacht hat.

IHR VERBORGENES BEDÜRFNIS: Wenn nicht alles perfekt läuft, ist das für Sie gleich das Ende der Welt. Durch Ihr Bedürfnis, ein Verlassenwerden unter allen Umständen zu vermeiden, können Sie nichts einfach nur tun und es dabei belassen. Jede Unordnung, und besonders die im eigenen Haus, stellt für Sie eine Bedrohung dar; sie gibt Ihnen das Gefühl, daß Ihre persönliche Welt auseinanderbricht. Dadurch, daß Sie dafür sorgen, daß alles an Ort und Stelle kommt, versuchen Sie sich selbst zu beruhigen. Ihre Devise lautet: Wenn äußerlich alles in Ordnung ist, ist auch innerlich alles O. K.

DIE KRITIK IHRES MANNES: Sie drängt einen so. Immer will sie etwas von mir. Die Frau kann sich einfach nicht entspannen, immer hat sie etwas Neues vor. Sobald ich mit irgend etwas fertig bin, kommt sie schon mit der nächsten Sache an.

IHR VERBORGENES BEDÜRFNIS: Ihre Verlustangst hat ein unersättliches Monstrum nervöser Besorgnis in Ihnen entstehen lassen. Ständig müssen Sie es im Zaum halten. Sie haben das Gefühl, in Ihrer Wachsamkeit keinen Augenblick nachlassen zu dürfen, und müssen ständig etwas tun, um Ihre Angst zu beruhigen. Ihr Mann fühlt sich von diesem nervösen Aktionismus bedrängt – aber nur deswegen, weil er Ihre dahinter stehende Angst nicht versteht.

DIE KRITIK IHRES MANNES: Jedesmal wenn ich zum Fußball (Golf, Fischen, Pokerabend etc.) gehen will, ist sie beleidigt. Jedesmal wenn ich beruflich verreisen muß, nimmt sie mir es übel. Wenn ich sie zu Hause nicht anrufe, wird sie wütend.

IHR VERBORGENES BEDÜRFNIS: Jede Trennung ist für Sie eine Qual. Unbewußt befürchten Sie, daß jemand, der Sie vorübergehend verläßt, nie mehr zurückkommen könnte. Ihr Mann fühlt sich von Ihnen an die Kette gelegt, denn er versteht nicht, daß Sie sich jedesmal mit dem Gedanken quälen, daß Sie ihn verlieren könnten und daß es für Sie um mehr geht als eine bloße Geschäftsreise.

DIE KRITIK IHRES MANNES: Sie bittet mich zwar öfter, ihr zu helfen, aber ich spüre genau, daß sie am liebsten alles allein macht. Wenn sie in ihre Arbeit vertieft ist, sei es Kinder, Haushalt oder Wohltätigkeiten, bleibt für mich einfach kein Platz mehr. Es kommt nie vor, daß sie sich wirklich freut oder aufgeregt ist, wenn ich nach Hause komme – sie ist entweder genervt oder hat zu tun.

IHR VERBORGENES BEDÜRFNIS: Die Kontrolle Ihrer eigenen Zuneigung zu Ihrem Mann ist ein wesentlicher Teil Ihrer Bedürfnisstruktur – nicht nur der seinen! Das Paradoxe bei Ihnen ist, daß Sie Ihren Mann um sich haben müssen, damit er Sie versichert, daß er Sie nicht verlassen wird. Dennoch können Sie ihn weder emotional noch sexuell an sich heranlassen – für den Fall, daß er Sie wirklich verläßt.

DIE KRITIK IHRES MANNES: Unser Sex läuft immer gleich ab. Sie gibt mir ständig Anweisungen, wie ich es machen soll. Wenn wir nicht die richtige Stellung haben, kriegt sie keinen Orgasmus.

IHR VERBORGENES BEDÜRFNIS: Menschen mit großen Verlustängsten neigen sehr stark dazu, sich und den anderen kontrollieren zu wollen – nicht nur im Bett.

Die verborgene Ehe und der Teufelskreis der Aggression

Dora und Teddy führen durch ihre unbewußten Bedürfnisse auf der verborgenen Ebene eine Ehe, in der sie sich in einem ewigen Kreislauf von Konflikten bewegen. Beide treffen durch ihre jeweiligen Bedürfnisse genau den wunden Punkt des anderen. Sie sind wie zwei Marionetten, die so miteinander verbunden sind, daß die Bewegung der einen sofort eine Gegenbewegung bei der anderen nach sich zieht. Und so gleicht ihre Ehe einem endlosen Pas de deux des Zorns. Doras Verlustängste üben eine unwiderstehliche verborgene Macht über sie aus: Sie muß alles unter Kontrolle haben – ein unbewußter Zwang, der nicht unglücklicher mit Teddys Bedürfnisstruktur korrespondieren könnte. Doras Dominanz versetzt ihn in Panik. Er hat Angst davor, sich eindeutig an jemanden zu binden; er könnte ja verlassen werden. Denn auch Teddy ist unbewußt von Verlustängsten bestimmt. Um sich vor einem möglichen Verlassenwerden zu schützen, entzieht er sich. Was wiederum Doras unbewußte Ängste verstärkt. Sie liest Teddys Distanzierungsversuche als Bestätigung: »Aha. Jetzt verliere ich ihn.« Verunsichert und noch weiter verängstigt werden ihre Forderungen an ihren Mann immer aggressiver, Forderungen nach mehr gemeinsamer Zeit, Aufmerksamkeit, Zweisamkeit. Teddy wiederum reagiert genau darauf mißtrauisch und zieht sich noch weiter zurück, denn intime Nähe erscheint ihm riskant. Oder er bekommt es angesichts Doras offensivem Auftreten mit der Angst zu tun und sagt ja zu ihren Forderungen, obwohl es seinem inneren Empfinden nicht entspricht. Beide Reaktionsweisen aber verstärken nur die Ängste seiner Frau. Und so dreht sich das Karussell ihrer verborgenen Ehe immer weiter. Läuft auch Ihre verborgene Ehe in derart eingeschliffenen Kreisbahnen?

Die Primärehe: Wo alles begann

Wie um alles in der Welt aber kommen zwei erwachsene Menschen dazu, sich derart vor dem Verlassenwerden zu fürchten? Um auf diese Frage eine Antwort zu finden, müssen wir uns ihre Vergangenheit ansehen. Die tiefe Verunsicherung, die sich bei beiden zeigt, hat ihren Ursprung in ihrer ersten wichtigen Beziehung: *der Primärehe*!

Doras Erfahrungen in der Primärehe

»Ich erinnere mich daran, als wäre es erst gestern gewesen«, sagt Dora: »Ich war von zu Hause weg, im Sommercamp. Es war mein erster Sommer in Camp Cejwin, aber der zweite Sommer, den ich nicht zu Hause verbrachte. Ich war damals sieben. Ich war alles andere als scharf auf diesen Campaufenthalt – aber ich bin trotzdem gefahren. Ich war ein sehr folgsames Kind. Meine Eltern wollten, daß ich fahre, also fuhr ich auch. Ich hatte wochenlang Heimweh, aber ich hielt durch. Meine Eltern wollten es so.

Am Besuchstag ging ich leer aus. Meine Eltern sagten mir, mein Vater müßte auf eine Geschäftsreise, und meine Mutter konnte die lange Reise nicht allein machen.

Ich blieb zwei Monate. Ich kann mich nicht daran erinnern, daß ich viele Briefe bekommen hätte. Einmal schickten meine Eltern mir ein Eßpaket. Aber das war's auch schon, glaube ich.

Als ich dann nach Hause kam, ich war in Vermont in ein Flugzeug gesteckt worden, war nur meine Mutter am Flugplatz. Ich glaube, ich habe noch nicht einmal gefragt, wo mein Vater war. Vielleicht ahnte ich schon, daß da irgend etwas nicht stimmte.

Mein Vater war zu Hause, als wir bei uns ankamen. Er saß im Wohnzimmer, er saß da wie ein Gast, der auf uns wartete. Ich ging mit Mom ins Wohnzimmer, und ich hatte ein ganz mulmiges Gefühl im Magen.

Mein Vater sprach als erster: ›Ich werde jetzt nicht mehr hier wohnen‹, sagte er. ›Mommy und ich werden uns scheiden lassen.‹

Ob er danach noch etwas gesagt hat, weiß ich nicht mehr. Auf jeden Fall ging er sofort nach seiner kleinen ›Rede‹ weg. Ich weiß nur noch, daß damals meine kleine Welt zusammenbrach – in vielerlei Hinsicht, das können Sie mir glauben.«

Doras Vater, der schon in ihren ersten sieben Lebensjahren kaum für sie vorhanden gewesen war, spielte nach dieser Scheidung eine noch geringere Rolle für ihr Leben: »Ich habe auch vor der Scheidung nie viel Zeit mit meinem Vater verbracht, aber ich weiß, daß wir danach keinen einzigen Urlaub mehr miteinander hatten. Er hatte sehr viel in seinem Importunternehmen zu tun, und wahrscheinlich hatte er einfach keine Zeit für mich.«

Doras Mutter wiederum war ganz anders. Ihr überdrehtes und nervöses Wesen brachte sie dazu, sich nach ihrer Scheidung noch fester an die Tochter zu klammern. »Meine Mutter hatte sich immer schon in meine Sachen eingemischt, aber nachdem Dad weg war, warf sie sich mit ihrer ganzen Energie auf mich. Dad heiratete wieder, Mutter nicht. Ich glaube, im Grunde meinte sie es gut, aber sie hat mir wirklich jeden Schritt vorgeschrieben, besonders als ich etwas älter wurde.

Ich konnte nicht aus dem Haus gehen, ohne ihr einen exakten Plan darüber zu geben, wo ich mich in den nächsten Stunden aufhalten würde. Und dann mußte ich mich ihren Vorstellungen entsprechend anziehen. Auf mein Gewicht hat sie peinlich genau geachtet. Ich mußte mit sechzehn zu einem Diätberater, weil sie sich einbildete, ich würde meinen ›Babyspeck‹ nicht verlieren. Und natürlich hat sie auch dafür gesorgt, daß ich mich ›zu benehmen‹ lernte. Ich habe sogar einen Kurs für Umgangsformen belegt. Meine Mutter hat wirklich nichts ausgelassen.

Und so war ich sehr bald ein makelloses Kind. So war ich immer. Die vollkommene kleine Dame.«

Durch die Scheidung ihrer Eltern brach Doras sichere und gewohnte Welt ohne Vorwarnung zusammen. Die Folgen für Dora waren verheerend – besonders deswegen, weil sie auch vor der Scheidung nicht gerade das sicherste Kind gewesen war. Doras Mutter, die selbst zur Überbesorgtheit neigte, verstärkte diesen Zug und ließ in Dora den Eindruck entstehen, daß die Welt eine unsichere und gefährliche Angelegenheit ist. Ihr Vater, der ein Gegengewicht zu der nervösen Angespanntheit ihrer Mutter hätte darstellen und ihr so ein gewisses Sicherheitsgefühl vermitteln können, war einfach zu selten da, um einen positiven Einfluß auf sie ausüben zu können.

So wurde Doras grundsätzliche Unsicherheit durch die Scheidung ihrer Eltern und die Abwesenheit des Vaters noch verstärkt. Dora interpretierte den Verlust ihres Vaters vor der Folie ihrer eigenen Probleme: »Wenn er mich wirklich liebte, wäre er auch bei mir.«

War es ihren Eltern so schon nicht gelungen, ihr ein gewisses Selbstbewußtsein und eine Art Urvertrauen zu vermitteln, so verschärften sie dieses Problem paradoxerweise leider noch dadurch, daß sie ständig falsche Entscheidungen trafen. So war es zum Beispiel keine gute Idee, sie im Alter von sechs Jahren in ein Sommercamp zu schicken, sie also in einem Alter, in dem sie noch zu klein und zu ängstlich war, so lange der schützenden Sphäre des eigenen Elternhauses zu entziehen. Dora hat in ihrer Primärehe wiederholt gelernt, Geliebt- und Verlassenwerden miteinander in Verbindung zu bringen. Besonders die Scheidung hat in ihr die traurige und unauslöschliche Erfahrung hinterlassen, daß sie von ihren Eltern im Stich gelassen wurde.

Dora hat aus diesen Erfahrungen der Primärehe einen großen Hang zur Überbesorgnis mitgebracht. Das verlassene kleine Mädchen in ihr ist schnell wieder geweckt. Sie geht mit dieser Ängstlichkeit im Prinzip genauso um wie ihre Mutter. Da sie ständig das Gefühl hat, die Welt könnte (wie damals) aus den Fugen geraten, versucht sie ihr durch einen peniblen Ordnungssinn Festigkeit und Struktur zu geben.

Dies ist also Doras Geschichte. Ist sie Ihrer möglicherweise ähnlich? Sind auch Sie mit einem solchen Erbe aus Ihrer Primärehe belastet, so daß Sie heute verunsichert und ohne Selbstvertrauen sind?

Sind das die Erfahrungen Ihrer eigenen Primärehe?

Hat einer Ihrer Eltern überpenibel auf Ihr Äußeres (Gewicht, Größe, Attraktivität, Kleidung usw.) geachtet? War einer Ihrer Eltern Perfektionist? Hatten Sie einen ängstlichen oder sogar krankhaft-phobischen Vater bzw. eine solche Mutter?

Entspannte, ruhige und sichere Eltern sind für die Entwicklung des Selbstvertrauens eines Kindes unerläßlich. Wir können nur dann ein beruhigendes Urvertrauen entwickeln, wenn wir es in unserer Primärehe erfahren haben.

Der Motor einer peniblen oder perfektionistischen Erziehung ist im allgemeinen Überbesorgnis oder Ängstlichkeit. Eine Ängstlichkeit, die sich unglücklicherweise auf die Kinder überträgt und sie unsicher werden läßt. Wenn die Atmosphäre in Ihrer Primärehe durch Unsicherheit und Ängstlichkeit getrübt war, sind Sie als verunsichertes Kind aufgewachsen, dem vermutlich auch noch im Erwachsenenalter das innere Urvertrauen fehlen wird.

Kam es bei Ihnen schon in frühen Jahren zu einer erschreckenden oder unerwarteten Trennung von der Familie? Waren Sie als Kind länger im Krankenhaus? Haben Sie eine Zeitlang fern von Ihrem Elternhaus gelebt (bei Verwandten z. B.)? Sind Ihre Eltern oft verreist? Haben sie sich scheiden lassen?

Kinder haben eine andere Wahrnehmung von Zeit und Entfernung als Erwachsene. Trennungen, die Erwachsenen unerheblich erscheinen (»Es war nur eine Woche, die du bei der Oma verbringen mußtest, als dein Bruder geboren wurde«), können für ein kleines Kind wie eine Ewigkeit wirken. Insbesondere kleinen Kindern kann die Abwesenheit eines Elternteils (selbst wenn sie auf Krankheit oder Scheidung zurückzuführen ist) wie ein irreparabler Verlust erscheinen.

Hatten Sie als kleines Kind beim Schlafengehen bestimmte Rituale (unter das Bett gucken, die Tür einen Spalt auflassen, Licht anlassen, ein Lieblingskissen...)? Gab es in Ihrer Kindheit einen Gegenstand, von dem Sie auf keinen Fall getrennt werden wollten (eine Decke, ein Kissen, einen Teddybären)? Haben Sie lange am Daumen gelutscht?

Kinder, die verunsichert und ängstlich sind, suchen nach Methoden, sich zu trösten und zu beruhigen. Zum Beispiel durch regelmäßige Rituale; die Vorhersagbarkeit solcher Rituale kann ihnen ein Gefühl von Sicherheit und Ordnung geben. Eine andere Möglichkeit sind weiche Gegenstände, die zu »untrennbaren« Freunden der Kinder werden und so ein Gefühl der Verläßlichkeit vermitteln. Auch der beruhigende Trost eines Daumens kann einem Kind eine gewisse Erleichterung von seiner Angst verschaffen. Vielleicht hatten ja auch Sie als Kind ein solches Bedürfnis nach Trost und Versicherung.

Waren Sie ein klammerndes Kind? Fiel es Ihnen als kleines Kind schwer, von Ihren Eltern getrennt zu sein? Waren Sie ängstlich, wenn Sie zur Schule gehen mußten? Haben Sie ungern bei Freunden übernachtet? Haben Sie Risiken gescheut (z. B. beim Sport oder bei Mutproben)? Waren Sie auf ein Lieblingsessen fixiert?

Ein sicheres Kind hat keine Probleme damit, in die Welt hinauszuziehen, sie zu erforschen, Neugier zu entwickeln und Risiken einzugehen – denn es hat einen sicheren Ort in seinem Elternhaus. Wenn man Angst hat, daß das, was man besitzt, nicht sicher ist, wenn man befürchtet, daß es nicht mehr dasein könnte, wenn man zurückkommt, klammert man sich stärker daran. Wenn Sie als Kind also geklammert haben, hatten Sie wahrscheinlich Angst, das wenige, was Sie besaßen, auch noch zu verlieren.

Waren Sie ein braves Kind? Waren Sie immer gehorsam und pflichtbewußt? Waren Sie sauber und pingelig (z. B. mit Ihren Spielsachen)? Fühlten Sie sich unwohl, wenn Sie schmutzig oder unordentlich waren?

In der kindlichen Phantasie bedeuter unordentlich und unsauber sein oft dasselbe wie »schlecht« sein. Verunsicherte und verängstigte Kinder geben sich deswegen oft die größte Mühe, keine von diesen »schlechten« Eigenschaften aufzuweisen. Es steht für sie zuviel auf dem Spiel. Wenn sie gut (d. h. sauber, ordentlich und gehorsam) sind, wird man sie – so ihre kindliche Logik – auch nicht verlassen.

Auch wenn Sie Ihre eigene Kindheit nicht hundertprozentig in der Geschichte Doras wiederfinden, kann die grundlegende Struktur nichtsdestoweniger auch Ihre Primärehe bestimmen. Sie müssen nicht unbedingt eine persönliche Katastrophe in Ihrer Kindheit durchgemacht haben, um Verlustängste zu entwikkeln. Manchmal reicht schon ein allgemeines Klima der Verunsicherung, um ein solches Gefühl der Entwicklung entstehen zu lassen. Die ständige Angst davor, verlassen zu werden, kann genauso erschreckend und folgenreich sein wie die tatsächliche Erfahrung eines solchen Verlustes der Bezugspersonen.

Wir wollen uns nun Teddys Primärehe zuwenden, um zu begreifen, wie seine Verlustängste entstanden sind. Es wäre möglich, daß Sie die Gefühlswelt Ihres eigenen Mannes dadurch besser zu verstehen lernen.

Teddys Erfahrungen in der Primärehe

»Wir waren fünf Kinder zu Hause. Ich hatte noch zwei ältere Brüder und zwei jüngere Schwestern. Noch heute ist mein Vater stolz darauf, niemanden von uns bevorzugt zu haben: ›Ich hab' euch alle fair und gleich behandelt‹, sagte er immer.

Mom war für unsere Erziehung zuständig, aber eigentlich war es Dad, der die Fäden in der Hand hielt. Mom machte nur, was er sagte. Dad hielt große Stücke auf Disziplin. Wenn wir beim Essen Theater machten, z. B. wenn ich irgend etwas nicht essen wollte, weil es mir nicht schmeckte, mußten wir sofort den Tisch verlassen. Und dann hörten wir, wie er Mom mit dieser strengen Stimme anwies, uns kein Essen mehr zu geben. Und dann gab's auch nichts mehr!

Wenn wir ihm richtig blöd kamen und ihm z. B. Widerworte

gaben, gab's eine Backpfeife, oder er ließ sich irgendeine ›erbauliche‹ Strafe einfallen, die uns Respekt beibringen sollte.

Dad gab viel auf Selbständigkeit. Wir hatten z. B. ein Familienspiel, so eine Art Versteckspiel in der Wildnis. Dad ging mit einem von uns auf eine Wandertour, und der mußte sich dann Orientierungszeichen setzen. Und dann irgendwann ließ er einen allein. Und wir mußten den Weg ganz allein, nur mit Hilfe unserer eigenen Markierungen zurückfinden. ›Wenn du ohne Hilfe nach Hause zurückfindest‹, sagte er, ›gibt's ein Stück Torte für dich.‹

Ich kann mich nicht mehr an allzu vieles aus meiner frühen Kindheit erinnern, aber ich erinnere mich noch genau, wie es meiner jüngsten Schwester, Joanna, einmal erging – und ich schätze, sie wurde genauso behandelt wie ich. Ich weiß noch, daß Joanna öfter weinte. Meine Mutter wollte sie auf den Arm nehmen und beruhigen, aber Dad sagte: ›Du verpäppelst sie, wenn du sie bei jeden kleinen Anlaß gleich so bemutterst.‹ Statt sie also auf den Arm zu nehmen, schloß Mom die Zwischentür oder machte das Radio an, um Joanna nicht mehr schreien zu hören.

Im Grunde, glaube ich, kam das meiner Mutter eher entgegen. Sie hatte selber nichts für Zärtlichkeiten zu uns Kindern übrig. Trotz ihrer fünf Kinder war sie kein ›Baby‹-Typ. Sie hat uns mehr als einmal gesagt, daß ›Kinder mit dem Alter erträglicher werden‹.«

Welche Erfahrungen hat Teddy in seiner Primärehe also gemacht? Beide Eltern waren streng und kalt. Ihnen fehlte das Interesse oder die Fähigkeit, ihren Kindern die Zeit, Aufmerksamkeit und Wärme zu geben, die sie brauchten – obwohl keiner von beiden das heute wohl zugeben würde! Im Grunde hatten sie ja auch alles so arrangiert, daß sie es sich gar nicht einzugestehen brauchten; sie hatten ihrem Familienleben einen Charakter gegeben, der diese Zurückhaltung nicht nur möglich, sondern sogar vernünftig erscheinen ließ. Unter dem Vorwand, die Kinder charakterlich zu erziehen, ihnen Disziplin und moralische Werte zu vermitteln, hatten sie sich um die emotional sehr komplexen Seiten der Elternschaft, um Sensibilität, Zuwendung und Verständnis, herumgedrückt. Sie machten also in Wahrheit aus ihren Schwächen Tugenden. Die Schwierigkeit der Mutter, zu den eigenen Kindern zärtlich zu sein, verschwand hinter der Erziehungsmaxime: ›Zärtlichkeit verdirbt die Kinder.‹ Und aus der Unfähigkeit des Vaters, eine persönliche und intime Beziehung zu seinen Kindern aufzunehmen, wurde der Gleichheitsgrundsatz: ›Ich bevorzuge keines meiner Kinder.‹

Was haben diese Erfahrungen bei Teddy ausgelöst? Von Anfang an wurde Teddy von seinen Eltern zu sehr vernachlässigt. Und Kinder, besonders kleine Kinder, nehmen ein solches Fehlen von Zuwendung und emotionaler Wärme als ein Verlassenwerden wahr. Aus ihrer Perspektive sind Eltern, die sich ihnen nicht zuwenden und um sie kümmern, einfach nicht da – selbst wenn sie tatsächlich im Nebenzimmer sein sollten, um Musik zu hören. Die Folge dieser Erfahrungen sind Ängstlichkeit und Unsicherheit. So haben Teddys Eltern paradoxerweise in ihrem Sohn ein Gefühl von Verlassensein und Ungeschütztheit hinterlassen, obwohl sie ihn faktisch nie verlassen haben.

Aber Teddys Primärehe hat noch eine andere Schwierigkeit nach sich gezogen. Die unhinterfragte Geltung von festen Regeln und Vorschriften, die vom Vater erlassen und von der Mutter genehmigt wurden, ließ Teddy wenig Raum für die Entwicklung der eigenen Durchsetzungsfähigkeit. Er durfte nicht widersprechen oder eine eigene Meinung haben, er durfte auch nicht wütend werden – besonders nicht gegenüber den Eltern. Und da jedes Zeichen seiner sich entwickelnden Selbständigkeit als Trotzhandlung ausgelegt wurde, die ihm nur Bestrafung und Isolierung in der Familie eingebracht hätte, lernte Teddy seine oppositionellen Gefühle versteckt auszudrücken.

Teddys Erfahrungen aus der Primärehe haben sich im wesentlichen in zwei Problemen niedergeschlagen: Er lebt mit einer ständigen Angst, verlassen zu werden und muß sich deswegen gegen diese Möglichkeit schützen. Und er hat auch heute noch Probleme, seine Aggressionen offen zu zeigen und kann sie nur indirekt und versteckt äußern.

Vielleicht sind auch Sie mit einem Mann verheiratet, der wie

Teddy aus einer grundsoliden Familie zu kommen scheint, und der doch gerade durch die Erfahrungen seiner Kindheit emotional verklemmt und voller Probleme ist. Es folgt nun ein Katalog von Fragen, der Ihnen dabei helfen soll, die Primärehe Ihres Mannes zu analysieren. Auf diese Weise können Sie herausfinden, ob die verborgenen Bedürfnisse und emotionalen Schwierigkeiten Ihres Mannes auf eine ähnliche Familienstruktur zurückzuführen sind.

Sieht die Primärehe Ihres Mannes so aus?

Waren seine Eltern sehr streng? Waren sie in Erziehungsfragen altmodisch? Haben sie ihm Vorschriften gemacht, wie er sein Leben zu führen hat? Haben sie ihm etwa ein Mädchen ausgeredet, das ihnen nicht paßte, darauf bestanden, daß er das College besuchte, auf das auch sein Vater ging, oder ihm einen bestimmten Beruf vorgeschrieben?

Disziplin ist, besonders wenn sie streng und unnachgiebig gehandhabt wird, für viele Eltern ein Vorwand, ihre Kinder tyrannisch unter Kontrolle zu halten. Ihr Festhalten an überkommenen traditionellen Vorstellungen bedeutet oft im Grunde nichts anderes als: »Wir haben keine Lust, den Vorstellungen unserer Kinder zuzuhören. Wir wollen das Sagen haben.« Und so sind die meisten Ratschläge bei ihnen weniger ein Teilnehmenlassen an der eigenen Lebenserfahrung, als ein Versuch, die Kontrolle zu behalten.

Solche Erziehungsmethoden drängen die natürliche Frustration und Wut von Kindern ins Unbewußte ab. Sollte auch Ihr Mann eine solche Erziehung »genossen« haben, könnte darin wahrscheinlich der Grund für die passiv-aggressive Struktur seiner Bedürfnisse liegen.

Drängten seine Eltern ihn zur Selbständigkeit? Sind sie stolz darauf, daß er sich schon im frühen Kindesalter mit sich selbst beschäftigen konnte? Wollten sie, daß ihre Kinder sich wie Erwachsene benahmen?

Je schneller das Kind heranreift, desto weniger müssen sich die Eltern um es kümmern. Deswegen drängen viele Erwachsene ihre Kinder zu frühzeitiger Reife; es macht das Leben für sie leichter. Die Gefahr dabei ist, daß das Kind das Gefühl bekommen kann, daß es aus dem Nest geworfen wird, noch bevor es zu fliegen gelernt hat. Vielleicht hat auch bei Ihrem Mann das Verlangen seiner Eltern, ihn zu einem vorzeitigen Erwachsenen zu machen, zum Gefühl der Heimatlosigkeit und damit zu seiner heutigen Unsicherheit beigetragen.

Waren seine Eltern strikt dagegen, ihre Kinder zu verpäppeln? Haben sie ihn schon als Baby einem Zeitplan unterworfen (Füttern, Schlafen usw.)? Sagen sie von ihrem Sohn, er sei früh sauber gewesen?

Bei der Erziehung ist es wichtig, daß man sich, besonders wenn das Kind noch sehr klein ist, auf die Bedürfnisse des Kindes einläßt und erst allmählich dazu übergeht, sie an die Notwendigkeiten und Forderungen des Alltagslebens heranzuführen. Eine solche Flexibilität auf seiten der Eltern vermittelt einem Kind das Gefühl, daß man sich auf seine Bedürfnisse einstellt. Starrheit und der frühzeitige Versuch, ihr Kind in eine Form zu pressen, könnten Ihrem Mann in der Kindheit also das Gefühl gegeben haben, daß seine Eltern sich nicht auf ihn einließen. Eine solche Gleichgültigkeit gegenüber den Bedürfnissen eines Kindes kommt aus kindlicher Perspektive einem Verlassenwerden gleich.

Wie man aus der Sackgasse der Provoziererehe herausfinden kann

Teddy und Dora erscheinen uns jetzt als Provoziererehepaar deutlich anders als zu Beginn dieses Kapitels. Wirkte es zuerst so, als seien sie völlig gegensätzliche Charaktere, so zeigt sich nun, daß sie sich in einem entscheidenden Punkt sehr ähnlich sind: beide haben ein starkes Bedürfnis, sich gegen ein mögliches Verlassenwerden durch den anderen zu schützen!

Ihre Familien könnten kaum gegensätzlicher wirken: War Doras Familie durch eine sehr unsichere und ängstliche Atmosphäre bestimmt, so schien die Teddys solide und unerschütterlich. Aber es hat sich gezeigt, daß ein autoritäres Elternhaus ebensosehr zu Verlustängsten führen kann wie ein zerbrochenes, auch wenn sich die Angst im letzteren Falle in einer passiv-aggressiven Persönlichkeitsstruktur äußert!

Durch die Aufdeckung dieser Hintergründe hat sich das Bild grundsätzlich verändert. Wir nehmen die ständig nörgelnde Dora nun, da wir um dieses Ungeheuer aus Ängstlichkeit, das sie in sich zu bekämpfen sucht, wissen, in einem anderen Licht wahr. Und auch Teddy, der einem so sehr auf die Nerven gehen kann, erscheint völlig anders, wenn man weiß, wie wenig Wärme und Zärtlichkeit er von seiner Familie erhalten hat.

Darin liegt natürlich auch eine Chance für die Partner: Das Wissen um die gegenseitige Situation und die daraus folgende gefühlsmäßige Anteilnahme läßt die Wahrscheinlichkeit, daß sie die alten, destruktiven Beziehungsmuster der Provoziererehe aufrechterhalten, geringer werden. Aber das allein genügt noch nicht. Durch das Wissen, das wir uns von diesem Aggressionsstil erworben haben, eröffnen sich mehrere Wege, die wir als Provozierer beschreiten können, um die Probleme in den Griff zu bekommen und unsere Ehe zu verändern.

Es wurde deutlich, daß das größte Problem bei diesem Aggressionsstil darin liegt, daß die Balance zwischen den Partnern zerstört ist und die Aggression sich auf nur einen Partner beschränkt. Es müßte aber darum gehen, die Aggression zu einer gemeinsamen Angelegenheit zu machen, für die beide Partner die Verantwortung übernehmen. Dies läßt sich am besten dadurch bewerkstelligen, daß man die Aggression nicht mehr als das Problem *eines* der beiden Partner, sondern als ein Problem der *gemeinsamen Beziehung* begreift.

Der aggressive Teil müßte lernen, seine Vorwürfe an den Partner gewissermaßen so umzuformulieren, daß nicht der Partner, sondern die Aggression das Problem wird. Er müßte lernen, seine Vorwürfe (»Ich bin so wütend auf dich, weil ...«)

in Fragen umzuwandeln (»Ich frage mich, warum wir immer wieder in Situationen hineingeraten, in denen ich auf dich wütend werde?«). Solche Fragen legen den Grundstein dafür, Aggressionen als ein gemeinsames Problem zu sehen.

Ist dies erreicht, kann man dazu übergehen, das Problem der Aggression selbst anzugreifen, statt die Aggression wie bisher dazu zu benutzen, den Partner als das vermeintliche Hauptproblem zu attackieren. Ein solcher Perspektivenwechsel gibt Ihnen die Chance, den Partner zur gemeinsamen Problemlösung einzuladen. Und Ihr Partner kann sich auf diese Weise nicht mehr vor den Problemen drücken; denn er weiß jetzt, daß Ihre Aggressionen auch die seinen sind!

Sollten Sie in Ihrer Ehe den Platz Doras einnehmen und der aktiv-aggressive Partner sein, gibt es für Sie mehrere Möglichkeiten, den Mechanismus Ihrer destruktiven Aggression aufzubrechen. Wir wollen sie hier in Form von Faustregeln aufführen:

○ Ich muß nicht sofort reagieren, wenn ich provoziert werde. Dadurch unterstütze ich doch nur den passiven Stil meines Partners. Außerdem kann er mich dann ohne Probleme als »Nörgler« abstempeln.

○ Wenn ich erst einmal genügend Distanz dazu bekommen habe, kann ich über das, was mich ärgert, reden. Je mehr ich über meine Aggressionen rede, statt sie unkontrolliert herauszulassen, desto größer wird die Chance, daß mein Partner mir zuhört. Auf diese Weise kann ich auch die Berechtigung meiner Frustration vorbringen.

○ Ich kann mich bewußt dafür entscheiden, welche Aggressionen ich überhaupt rauslassen will. Wenn ich immer gleich in die Luft gehe, wirkt alles gleich schlimm. Ich sollte damit aufhören und mir überlegen, was ich wirklich von meinem Partner will, ohne mich von meiner Ängstlichkeit leiten zu lassen.

○ Ich kann vieles meinem Partner überlassen, ohne ihm meine Maßstäbe aufzuzwingen. Durch meinen Perfektionismus habe ich bisher alles selbst in die Hand genommen, eben weil ich es »perfekt« mache. Ich kann mich aber darum bemühen, auch weniger ideale Möglichkeiten und Ergebnisse zu akzeptieren.

○ Ich kann weniger kritisch sein und meinen Partner öfter loben. Meine Überbesorgtheit verzerrt meine Wahrnehmung und macht es mir unmöglich, mit meiner eigenen Frustration toleranter umzugehen. Ich sehe immer nur die schlechten Seiten. Ich sollte meinem Mann auch sagen, was ich an ihm schätze.

Es gibt natürlich auch für diejenigen, die Teddys Rolle in der Provoziererehe übernehmen, eine Vielzahl von Verhaltensalternativen. Einige der wichtigsten sollen im folgenden aufgezählt werden:

○ Ich kann lernen, nein zu sagen. Ich habe ein Recht darauf, meine Wünsche in meiner Ehe vorzutragen. Meine lebenslange Angst vor der Selbstbehauptung hat dazu geführt, daß ich ja sage, ohne mir oder meinem Partner meine wahren Gefühle einzugestehen. Nichts hindert mich daran, innezuhalten und auf mein wahres Selbst zu achten. Ich sollte lernen, auf meine innere Stimme zu hören und meinen Partner bitten, meine Wünsche zu respektieren – wenn ich sie selbst erst einmal richtig kenne!

○ Ich kann meine Aggressionen durch meine Offenheit legitimieren. Wenn ich wütend bin – und das kommt häufig vor –, kann ich das offen und ungeschminkt zugeben. Je öfter es mir gelingt, meine Aggressionen ehrlich zu zeigen, desto wahrscheinlicher wird es, daß meine passive Aggressivität verschwindet.

○ Ich kann gemeinsam mit meinem Partner die Verantwortung für die Aggressionen in unserer Ehe übernehmen – dazu muß ich selbstbewußter auftreten und offen zu meinen aggressiven Gefühlen stehen.

Sie haben jetzt neue Möglichkeiten kennengelernt, mit Ihren Aggressionen umzugehen – Möglichkeiten, die Ihnen dabei helfen können, die unausgeglichene Aggressionsverteilung der Proviz1ererehe zu überwinden und zu einer neuen Gemeinsamkeit zu finden. Haben Sie dies erst einmal geschafft, werden Sie sich Ihrem Partner zweifellos wieder näher fühlen. Wenn die Partner, statt sich grollend in verschiedene Ecken zurückzuziehen, zu dieser Solidarität und Gemeinsamkeit zurückfinden, ist der erste Schritt zu einer befriedigenden und glücklichen Ehe getan.

Wie geht es nun weiter? Wir haben bis jetzt zwei unterschiedliche Beziehungstypen kennengelernt, Enthemmer und Provozierer. So unterschiedlich diese Aggressionsstile im einzelnen auch sind, ist ihnen doch eines gemeinsam: die Ehepartner wissen, daß sie in einer aggressiven Ehe leben. Wir werden jetzt vier Ehepaare kennenlernen, deren Gemeinsamkeit genau in der entgegengesetzten Richtung liegt: Sie leben in einer aggressiven Beziehung, ohne die geringste Ahnung davon zu haben![1]

Mit den neuen Aggressionsstilen werden wir auch den Handlungsort wechseln. Der Blick geht gewissermaßen von meinem Büro weg zu den Ehen selbst, die wir in einer typischen Situation aufsuchen wollen.

Dieser »Ortswechsel« ist durchaus nicht zufällig. Man würde das tatsächliche Bild doch sehr verzerren, wenn man jeden Aggressionsstil so darstellte, als kämen die frustrierten Ehepartner zum Therapeuten gelaufen. Es entspräche einfach nicht der Wahrheit, besonders nicht bei den Paaren, die von ihren Aggressionen noch nicht einmal wissen!

Meine Erfahrung hat gezeigt, daß solche Paare das Büro eines Therapeuten so gut wie nie gemeinsam wegen ihrer Beziehungsprobleme aufsuchen. Der Weg in die Therapie geht bei ihnen meistens über die individuellen psychischen Probleme einer der Partner, der etwa an Depressionen leidet. Erst die Einzeltherapie, durch deren Erfolge sich zugleich die ganze Struktur der Ehe zu verändern beginnt, bringt den anderen Partner schließlich dazu, ebenfalls professionelle Hilfe einzuholen.

Das nächste Paar, das wir kennenlernen werden, ist ein Paar von typischen Aggressionsüberspielern: Laura und Jason. Wir werden sie erleben, kurz bevor sie sich gute Nacht sagen. Der Ort, in den Sie als heimlicher Beobachter Einblick gewinnen, ist also nicht mehr meine Praxis, sondern das Schlafzimmer der beiden. Aber bevor wir die Beziehung dieser beiden Aggressionsüberspieler im Detail analysieren, wollen wir uns erst die allgemeinen Kennzeichen dieses Aggressionsstiles etwas genauer ansehen. Vielleicht treten Ihnen dabei die Muster Ihrer eigenen Beziehung vor Augen.

Kapitel VII
Aggressionsüberspieler

Linda ist jetzt seit sechs Jahren mit Arty verheiratet. In dieser Zeit besuchte sie regelmäßig alle sechs Monate die luxuriöse Kurklinik Golden Door:

»Ich weiß selbst nicht, was das ist. Irgendwann fang' ich einfach an, mich ausgelaugt zu fühlen. Ich brauch' dann einfach eine Pause und gehe für eine Woche in Kur. Danach geht es mir besser. Arty ist nicht gerade begeistert davon. Aber schließlich geht er ja auch jede Woche zum Golfspielen, ohne könnte er gar nicht leben. Genauso geht es mir mit meinen Kurbesuchen.«

Unglücklicherweise jedoch hält der innere Frieden, den Linda durch ihre Kurbesuche gewinnt, nie lange vor. Und schon ein paar Wochen später spielt sie meist schon wieder mit dem Gedanken, das Golden Door aufzusuchen. Und was Arty betrifft, ist Golf für ihn mehr als nur ein Spiel, er ist davon geradezu besessen.

Vielleicht fällt es manch einem schwer, Mitgefühl für Linda und Arty aufzubringen, die bestimmt keine Geldsorgen haben und in einer Woche mehr Zeit in Saunas und auf Golfplätzen verbringen als andere in ihrem ganzen Leben. Aber durch diesen schönen Schein eines »sorglosen Lebens« sollten wir uns nicht über die großen Probleme hinwegtäuschen lassen, mit denen beide zu kämpfen haben. Trotz all der Schlammpackungen, Massagen, Kräuterverbände und trotz der großen Erfolge beim Golfspielen sind Linda und Arty in den letzten zweieinhalb Jahren fast nie glücklich miteinander gewesen. Das ist auch ihnen selbst nicht entgangen. Sie wissen, daß ihre Ehe alles andere als ein Paradies ist. Was sie aber nicht wissen und was sie sicherlich überraschen würde, ist, daß sie eine aggressive Ehe führen: Arty und Linda überspielen ihre Aggressionen.

Eine Menge Lieblingshobbies

Obwohl die Aggression die Wurzel ihrer Eheprobleme ist, schaffen es Aggressionsüberspieler wie Linda und Arty, ihre Aggressionen verborgen zu halten. Wie gelingt es ihnen, ihre Aggressionen »zum Verschwinden« zu bringen? Aggressionsüberspieler lenken sich durch Aktivitäten von ihren Aggressionen ab. Sie entwickeln einen großen Aktivismus, der einzig dazu dient, das eigene emotionale Unwohlsein zu »überspielen«. Ihre Aktivität ist also nicht Ausdruck ihrer Freude an dem, was sie tun, sondern lediglich der Versuch, die eigenen aggressiven Gefühle nicht an die Oberfläche kommen zu lassen. Wie auch bei den anderen verborgenen Aggressionsstilen handelt es sich indes auch hier nicht um eine bewußte oder absichtliche Strategie. Es ist vielmehr eine Art unbewußter und doch notwendiger Versuch, die eigenen Aggressionen zu verbannen.

In der Regel verspüren »Überspieler« einen inneren Zwang, etwas zu tun, bei dem sie sich »wohl« fühlen, eben um dadurch ihr »Unwohlsein« (sprich ihre Aggression) nicht empfinden zu müssen. Zum Beispiel können sie versuchen, sich außerhalb ihrer Beziehung Bestätigung zu holen, um sich die unerträglichen Frustrationen innerhalb ihrer Partnerschaft nicht eingestehen zu müssen. Allerdings braucht man nicht gleich einen Kuraufenthalt oder einen Golfplatz, um diesen Zweck zu erreichen. Tatsächlich sind die meisten Fluchtwege der Aggressionsüberspieler sehr viel prosaischerer Natur:

Eine Unzahl von Aktivitäten, vom Einkaufen bis zum Spielen, vom Sport bis zum Essen, kann solchen Überspielern die erforderliche Fluchtmöglichkeit bieten. Dennoch ist deswegen nicht gleich jeder Jogger, Fußballfan oder Eisliebhaber ein Aggressionsüberspieler. Offensichtlich gibt es eine große Zahl glücklich verheirateter Paare, die denselben Tätigkeiten nachgehen wie die Vertreter dieses verborgenen Aggressionsstils. Wie läßt sich nun unterscheiden, ob es sich bei solchen Tätigkeiten um Aktivitäten handelt, die ganz normal zu einer Ehe dazugehören, oder um die Ausweichmanöver von Aggressionsüberspielern?

Genug ist nicht genug

Ein verräterisches Signal ist bereits angesprochen worden: das Verhältnis von zunehmender Aktivität und abnehmender Aggressivität. Aggressionsüberspieler haben durch ihre ablenkenden Aktivitäten sicherlich nicht gerade das Gefühl, in der glücklichsten Ehe zu leben, aber sie empfinden doch ihren ehelichen Frust und die dadurch ausgelösten Aggressionen sehr viel weniger. Das Überspielen als Ausdruck ihrer Aggressionen ist also paradoxerweise von dem Gefühl einer unbeschwerteren, scheinbar konfliktfreien Ehe begleitet.

Für Aggressionsüberspieler ist es bezeichnend, daß sie sich ihren jeweiligen Ablenkungsbeschäftigungen in exzessiver Weise widmen – bis zu einem Ausmaß, das ihnen nur noch wenig Zeit für Ehe, Partner und Familie läßt. Ein »fanatischer« Golfspieler, wie z. B. Arty, der mehr Zeit auf dem Golfplatz als im Schlafzimmer verbringt, ist ein typisches Beispiel dafür.

Darüber hinaus verwenden Überspieler für ihre Steckenpferde ein beträchtliches Maß an Energie, Hilfsmitteln und Geld. Kurz: Sie investieren in jeder Hinsicht mehr in ihre Aktivitäten als in ihre Ehe; und entsprechend ist die Befriedigung und Lust, die sie aus ihnen ziehen, ungleich größer.

Der große Aufwand an Zeit, Mühe und Energie ist nicht das einzige Kennzeichen von Aggressionsüberspielern. Hinzu kommt noch das geradezu zwanghafte Verhalten, das sie an den Tag legen. Da sie ständig versuchen müssen, ihre unverarbeiteten Aggressionen abzuwehren, können sie nicht von ihren Ablenkungsmanövern lassen. Ohne es zu wissen, sind sie gezwungen, ihren Schutz gegen ihre eigenen Aggressionen ständig aufrechtzuerhalten. Ein Aggressionsüberspieler kann einfach nicht genug kriegen. Die Frau, die ihre exzessiven Einkaufsorgien nicht sein lassen kann, der Mann, der unter keinen Umständen sein Training verpassen darf, der Arbeitssüchtige, der keinen Auftrag abschlagen kann, sind gute Beispiele für solche Aggressionsüberspieler. Ohne ihre eigenen Motive zu kennen, halten sie alle krampfhaft an dem fest, was ihnen ihre eigenen Aggressionen vom Leib hält.

Getrennt von Tisch und Bett

Bezeichnenderweise bringen die Beschäftigungen der Aggressionsüberspieler die Partner nicht zusammen, sondern lassen sie ihre eigenen Wege gehen. Es kommt bei ihnen typischerweise nie zu gemeinsamen Unternehmungen, so daß statt eines Austausches nur weitere Entfremdung einsetzt. Genau dies hat sich bei Arty und Linda ereignet. Nach zweieinhalb Jahren ständiger Kuraufenthalte und Golfturniere mußten sie traurig feststellen, daß sie angefangen hatten, »zwei verschiedene Leben« zu führen. Hierin liegt das Hauptproblem für Aggressionsüberspieler, die ständige Distanz führt zu einem Nachlassen des Interesses aneinander. Mit den Jahren stellen sie fest, daß sie kaum mehr etwas gemeinsam haben und sich ihre Interessen nicht mehr berühren. Im Extremfall kann diese Entfremdung sogar so weit gehen, daß sie »wie zwei Fremde unter einem Dach wohnen«.

Sicherlich enden nicht alle Überspielerehen so, aber doch sehr viele. Das Klima ist bei solchen Ehen zweifellos eher von Langeweile als von offener Wut bestimmt. Die Partner empfinden eher Gleichgültigkeit und Apathie als Aggressionen und Antipathie. Deswegen erscheint ihnen ihre Ehe lahm, langweilig, uninteressant und wenig stimulierend. Kurz: Ihre Ehe ist nicht allzu reizvoll! Manchmal schlägt ihr mangelndes Interesse auch in Abscheu um: Die Partner beginnen dann, Widerwillen und Ekel gegeneinander zu empfinden.

Aggressionsüberspieler sind sehr kreativ. Auch die alltäglichsten Seiten des Ehelebens können von ihnen unbewußt in Instru-

mente ihres Frustrationsabbaus umgewandelt werden. Lassen
Sie uns im folgenden einige dieser Techniken des Überspielens
von Aggressionen genauer betrachten.

Der Dritte im Bunde

Um der Frustration über die mangelnde Zuwendung in der Ehe
aus dem Wege zu gehen, suchen sich Aggressionsüberspieler oft
gleichgeschlechtliche Partner, die ihnen den Freund, den sie in
ihrer eigenen Ehe vermissen, ersetzen sollen. Solche außerehelichen Vertrauenspersonen können helfen, die aggressionsfördernde Enttäuschung über den eigenen Partner zu dämmen.

Diese Methode der Aggressionsvermeidung nimmt bei Männern und Frauen im allgemeinen unterschiedliche Formen an.
Frauen suchen sich meistens eine beste Freundin, die für sie
Vertrauensperson, Freundin und Beraterin in einer Person ist –
die also alles das in sich vereinigt, was der eigene Partner vermissen läßt. Auf diese Weise brauchen sie sich den Aggressionen,
die die mangelnde Aufmerksamkeit seitens ihrer Männer in
ihnen entstehen läßt, nicht zu stellen.

Männer benutzen ihre Freundschaften auf eine etwas andere
Weise. Sie suchen sich nicht eine einzelne Person, um sich über
ihren ehelichen Frust hinwegzutrösten, sondern eine Gruppe.
Männliche Aggressionsüberspieler suchen im allgemeinen keinen Partnerersatz, sondern gehen lieber »mit den Jungs« zum
Sport, auf ein paar Bier oder zum Bowling, wo sie sich akzeptiert
und bewundert fühlen.[1]

Bei vielen ist die Eckkneipe allerdings schon durch den Computer abgelöst worden! Susans Mann, Joel, z. B. kommt mit
seinen »Hacker«-Freunden nicht mehr in der Bar, sondern über
ein internationales Computernetzwerk zusammen. Joel hat
wahrscheinlich mit seiner Computertastatur mehr zärtlichen
Kontakt als mit seiner Frau.

Allerdings sind Freundschaften nicht die einzigen Ersatzbeziehungen, die sich Aggressionsüberspieler suchen. Ersatzpartnerschaften können sich sogar im eigenen Haus entwickeln,

z. B. im Kinderzimmer. Aggressionsüberspielende Eltern, Väter und Mütter gleichermaßen, neigen dazu, sich ganz auf das Leben ihrer Kinder zu stürzen. Sie benutzen ihre eigenen Kinder unbewußt als Möglichkeit, sich ihren Aggressionen nicht stellen zu müssen. Ein Vater, der mehr Zeit beim Training der Kindermannschaft als bei seiner Frau verbringt, oder eine Mutter, die sich die Nacht um die Ohren schlägt, um für ihre Kinder den fälligen Aufsatz am Schuljahrsende zu tippen, statt mit ihrem Mann zu schlafen, sind typische Beispiele hierfür. Aggressionsüberspieler sind nie einfach bloß sehr engagierte Eltern, sie sind überengagiert: Sie holen sich auf dem Umweg über ihre Kinder die Aufregung, Befriedigung und Bestätigung, die sie in ihrer Ehe nicht finden können. Die Konzentration auf das eigene Kind kann die Mängel und Defizite einer Ehe verschleiern und so die innere Frustration und die Aggression unter Kontrolle halten.

Der Ausgleich durch die Affäre

Auch Affären sind natürlich mögliche Ablenkungsmanöver für Aggressionsüberspieler. Sie benutzen sie, um ihren Unmut und die Unzufriedenheit in der eigenen Ehe nicht erleben zu müssen. Die Affäre hat hier also eine ganz andere Funktion als bei den offen aggressiven Enthemmern. Der Liebhaber/die Geliebte wird nicht als Waffe gegen den Partner eingesetzt, sondern er wird zum Inbegriff des »guten Partners«, mit dessen Hilfe man die frustrierenden Erfahrungen mit dem eigenen enttäuschenden Partner ausgleicht. In gewissem Sinne könnte man sagen, daß Aggressionsüberspieler zwei Partner brauchen, um eine gute Beziehung daraus zu basteln: Den Partner für die Affäre und den eigenen. Dies träge z. B. für einen verheirateten Mann zu, der eine gute Mutter zu Hause bei den Kindern läßt und für die Mittagspausen noch eine weitere Partnerin für befriedigenden Sex hat! Dadurch, daß er beide Frauen in sein Leben integriert, hat er alle Bedürfnisse abgesichert und vermeidet so Frustrationen!

Aggressionsüberspieler enthüllen ihre Affären im allgemeinen nicht. Im Gegenteil: Oft rücken sie gar nicht damit heraus. Eine Konfrontation wäre überhaupt nicht in ihrem Sinne, sie könnte die prekäre Balance, die die angestauten Aggressionen zurückhält, kippen lassen.

Sollten Sie bei sich feststellen, daß Sie »wie wild« nach jemand anderem als ihrem Partner sind, benutzen Sie vermutlich eine außereheliche Romanze, um Ihrem eigenen Partner gegenüber nicht »fuchsteufelswild« zu werden. Wenn jemandem ständig eine Affäre durch den Kopf geht, könnte der Grund dafür schlicht darin liegen, daß er etwas anderes aus seinem Kopf herauskriegen will – seine Aggressionen!

Körper und Seele in Trab halten

Hobbies, Sport und die Mitarbeit in Bürgerinitiativen oder Wohltätigkeitsorganisationen sind einige der unzähligen Wege, wie Überspieler sich von ihren Aggressionen ablenken können. Es gibt aber auch Aggressionsüberspieler, die einen ganz anderen Weg einschlagen: Sie wenden sich spirituellen Angelegenheiten zu und suchen sich Gurus, Heilpraktiker oder Menschen mit übersinnlichen Kräften, die das spirituelle Vakuum in ihrer Ehe ausfüllen sollen. Sie suchen sich auf diese Weise spirituellen Trost, um sich die emotionalen Defizite der eigenen Ehe nicht eingestehen zu müssen.

Sich vollstopfen

Viele Aggressionsüberspieler benutzen das Essen dazu, ihren Zorn zum Stillschweigen zu bringen. Sie versuchen, die Unzufriedenheit in ihrer Ehe durch orale Befriedigung wettzumachen. Mit anderen Worten: Sie verzehren, um sich nicht selbst vor Wut verzehren zu müssen!

Das Sich-Vollstopfen ist ein typisches Ausweichmanöver von Aggressionsüberspielern, das sich nicht nur auf das Essen beschränkt. Auch der unmäßige Kaufzwang stellt eine solche

Form des Sich-Vollstopfens dar – nur daß es nicht der eigene Magen, sondern z. B. der Kleiderschrank ist, der vollgestopft wird. Solche Kauforgien verfolgen denselben Zweck wie das übermäßige Essen: Sie sollen die eigenen Aggressionen verdecken. Der Lust des spontanen Impulses widerstandslos nachzugeben (»Ich muß dieses Kleid einfach haben«) kann Aggressionsüberspielern große Befriedigung verschaffen. Auf diese Weise wird die fehlende Befriedigung in der Ehe von ihnen nicht mehr so deutlich empfunden.

Obwohl besonders Frauen gerne »Geldverschwendung« nachgesagt wird, neigen Männer kaum weniger zu dieser Form von Aggressionsüberspielung. Auch sie geben viel Geld für ihre »Spielzeuge« aus: Die neueste Stereoanlage, die Qualität des neuen Graphik-Computers, ein neuer Satz von Golfschlägern können als solche Spielzeuge dienen, denen Männer ihre ganze Aufmerksamkeit widmen, um sich von ihrer Aggression abzulenken.

Die Lust an der Arbeit

Vermutlich ist Arbeit die Ablenkungsstrategie, auf die von Aggressionsüberspielern am häufigsten zurückgegriffen wird – von Frauen nicht weniger als von Männern. Bei dem Ehepaar, das wir im folgenden eingehend besprechen wollen, ist es der Ehemann Jason, der geradezu den Prototyp dieser Form des Überspielers darstellt: Er ist so sehr in seinen nächsten Auftrag verwickelt, daß er gar keine Zeit hat, aggressiv zu werden. Es kann also zu der paradoxen Situation kommen, daß der Partner Abend für Abend in den nicht enden wollenden Stau des Berufsverkehrs gerät und dies, ohne es zu wissen, sogar begrüßt, weil er es als Teil seiner Ablenkung braucht!

Die Folgeschäden

Die Verhaltensmuster von Aggressionsüberspielern sind oft sinnlos und manchmal sogar destruktiv. So besteht z. B. die Gefahr, daß ein Arbeitssüchtiger nicht nur den Kontakt zur Familie verliert, sondern zudem streßbedingte Krankheitssymptome entwickelt, einen hohen Blutdruck oder einen Herzinfarkt etwa. Ein übermäßiger Esser setzt seine Gesundheit aufs Spiel und muß zudem damit rechnen, daß er zu sehr zunimmt und so möglicherweise für seinen Partner an Attraktivität verliert. Der Kaufsüchtige schließlich ist eine Gefahr fürs Familienbudget und damit für die finanzielle Sicherheit der Familie. Aber die Risiken, die Unterdrücker eingehen, um sich von ihren Aggressionen zu befreien, können leider noch viel drastischere Formen annehmen:

»Laß uns doch ein oder zwei Straßen Koks nehmen, wenn die Kinder im Bett sind.«

»Hast du etwas Valium?«

»Es handelt sich doch nur um einen kurzen Wochenendtrip zu den Spielkasinos.«

»Warum ist kein Bier im Haus?«

Solche Sätze sind bei Überspielern, die versuchen, den inneren Ansturm ihrer Aggressionen einzudämmen und sich dadurch selber in Gefahr bringen, nicht selten. Sie zeigen, wie schrecklich es für sie sein muß, ihre Aggressionen rauszulassen.

Natürlich kann auch der Alkohol dazu dienen, das innere Brodeln der Aggression zu besänftigen. Wer Alkohol trinkt, um zu entspannen und einfach mal abzuschalten, versucht in Wirklichkeit vielleicht nur, seiner Aggression die Schärfe zu nehmen.

Für viele Unterdrücker ist das Bedürfnis, ihre Aggression durch Drogen (Kokain oder Marihuana), Medikamentenmißbrauch (Tranquilizer, Sedative, Schlaftabletten) oder gar zwanghaften Sex (häufig wechselnde Partner, Prostituierte) zu dämmen, sehr groß und oft geradezu zwanghaft. Diese Hilfsmittel verschaffen ihnen einen sofortigen Schub von Lustempfindungen, wodurch der potentielle Unmut so weit transformiert wird, daß die Aggressionen »verschwinden« – wenigstens für den Moment!

Auch die Spielsucht mit ihrem Nervenkitzel und ihren Aufregungen fällt in diese Kategorie, wobei sie den zusätzlichen Vorteil bietet, daß die eigenen Aggressionen von dem Partner weg auf mangelndes Glück projiziert werden können.

Es muß an dieser Stelle allerdings betont werden, daß mit Aggressionsüberspielern nicht unbedingt Alkoholiker, Drogenabhängige, Sexverrückte und Spieler, die sich um Haus und Hof bringen, gemeint sind. Das Risiko, daß sich das Verhalten der Aggressionsüberspieler verselbständigt und ihr Leben zu bestimmen beginnt, besteht zweifelsohne. Dennoch sind die oben genannten Erscheinungen eher Extremformen.

Wir sprechen hier von den Menschen, die zwar nicht gerade im klassischen Sinne als abhängig zu bezeichnen sind, die aber dennoch Alkohol, Drogen, Sex und das Spiel brauchen, um ihr Leben erträglicher zu gestalten. Ihnen gilt unsere Warnung!

Jason und Laura sind typische Aggressionsüberspieler. Jason arbeitet wie ein Tier, und Laura kann nicht aufhören zu essen. Bisher haben beide die Affäre als Abwehrmaßnahme gegen ihre Aggressionen noch nicht erwogen, aber einer von ihnen steht unbezweifelbar kurz davor!

Jason und Laura

Laura saß im Bett und sah sich die Spätshow an. Jason stand gerade unter der Dusche. Wie so oft war er erst nach zehn von der Arbeit nach Hause gekommen. Nachdem er sich etwas zu essen gemacht hatte, ging er nach oben, um sofort in der Dusche zu verschwinden. Obwohl es also schon spät am Abend war, hatte Laura noch eine gute halbe Stunde für sich.

Es machte ihr eigentlich nicht viel aus. Im Grunde machte es das Leben für sie nur leichter. Jason mochte es nicht, wenn Laura gemütlich im Bett aß, und wie immer hatte sie Lust auf Eis gehabt.

Unglücklicherweise kam Jason gerade in dem Augenblick aus der Dusche, als Laura die Eiskremverpackung im Abfalleimer verschwinden lassen wollte. »Das hat mich sofort runtergebracht«, erzählte Jason nachdenklich. »Leider kam ich zu früh nach Hause. Ich hätte kommen sollen, als sie schon eingeschlafen war.«

Laura war eine gutaussehende Frau, als sie zum erstenmal als Aushilfskraft in Jasons Büro kam. Seine erste Ehe war damals bereits Geschichte, auch wenn es noch ein paar Jahre dauern sollte, bis er endlich auszog. Und Laura war für ihn sicherlich ein wichtiger Grund gewesen, endgültig mit seiner früheren Frau zu brechen. Es lief einfach viel besser mit Laura, besonders im Bett. Und so war die Scheidung das Vernünftigste, was er damals tun konnte.

Nur vier Jahre sind seitdem vergangen, und doch – wie hat sich alles verändert! Jason hatte sich ohnehin schon nicht wohl bei dem Gedanken gefühlt, mit Laura zu schlafen. Und als er jetzt das Eis bemerkte, mußte er einfach etwas sagen:

»Meinst du nicht, du solltest das Eisessen aufgeben? Gibt es denn für dich nichts Schönes, was dich von dieser Gewohnheit abbringen könnte?« sagte er ohne jede Boshaftigkeit.

Laura haßte ihre Gewichtsprobleme, aber sie konnte einfach nicht widerstehen, ihren Gelüsten von Zeit zu Zeit nachzugeben. Sie gab Jason einen Gutenachtkuß und murmelte etwas von sich mehr bemühen.

Bevor er das Licht ausmachte, kam Jason noch einmal auf seine großen Pläne zu sprechen, die sich in den nächsten Tagen erfüllen sollten:

»Es sieht so aus, als ob die Sache mit der Bankfusion klappen könnte«, sagte er mit plötzlich wieder lebhafter Stimme. »Ich habe aber auch echt Schweiß gelassen dafür. Der Zeitpunkt ist genau richtig. Den Jungs wird das Wasser im Mund zusammenlaufen.«

So unvermittelt wie Jason seinen Monolog begann, beendete er ihn auch, drehte sich um und schlief ein. Und Laura lag da und dachte an etwas anderes, etwas, das ihr das Wasser im Mund zusammenlaufen ließ: den neuen Sportlehrer.

Sie schloß ihre Augen, und Mats dunkler, schlanker Körper kam in den Blick. Er hatte heute so beruhigend auf sie eingewirkt – sogar bezüglich ihrer zu vielen Pfunde: »Ich kann diese dürren, jungen Dinger nicht ausstehen. Können Sie sich vorstellen, daß Rubens solche Frauen gemalt hätte? Nie und nimmer. Er war auf Frauen wie Sie ganz scharf.«

Laura war sich zwar nicht ganz sicher, aber sie hatte das Gefühl gehabt, Mats Hand sei nicht zufällig an ihrer Brust vorbeigestrichen. Auch jetzt wurden ihre Brustwarzen wieder hart, wenn sie an seine Berührung dachte. Sie malte sich aus, wie sie mit Mat schlafen würde, genauso wie damals mit Jason, als er noch mit seiner Frau verheiratet war.

Laura lächelte. An Mat zu denken war für sie viel entspannender als eine Valiumtablette. Sie sollte öfter zum Gymnastikkurs gehen. Vielleicht sollte sie wirklich auf Jasons Rat hören und sich etwas Schönes suchen, was sie von ihrer Lust auf Eis wegbringen würde. Sie kicherte in sich hinein, während sie allmählich einschlief: »Ich könnte es ja mit Mat versuchen, wenigstens macht er nicht dick.«

Die Signale der Oberflächenehe – Sind Sie Aggressionsüberspieler?

Jason und Laura sind typische Aggressionsüberspieler. Beide zeigen ihre Aggressionen nicht offen. Aber auch wenn ihr Unmut sich nicht gerade in Wut- und Aggressionsausbrüchen zeigt, verrät er sich doch in ihrem Verhalten. Beide *überspielen* ihren Groll, um ihn sich nicht eingestehen zu müssen! Jason stürzt sich in die Arbeit und Laura ins Essen. Und beide haben Affären. Vergessen wir nicht, daß sie sich so kennengelernt haben. Erinnert Sie der Zustand dieser Ehe an Ihre eigene? Weist sie vielleicht eine der folgenden verräterischen Eigenschaften auf?

○ Beiden Partnern wird das Eheleben durch ihr aggressionsüberspielendes Verhalten erträglicher. Sie findet die gemütlichen Abende zu Hause ohne ihn angenehmer, und er zieht es vor, bis spät in der Nacht in seinem Büro zu arbeiten.

- ○ Sie haben kein Interesse füreinander. Ihr ist sein bevorstehender großer Geschäftsabschluß gleichgültig, und er fragt sie nicht, wie ihr Tag war.
- ○ Sie hegen eine heimliche Abneigung gegeneinander – in sexuellen Dingen.

Vielleicht haben Sie beim Vergleich Ihrer Ehe mit der der beiden die eine oder andere Ähnlichkeit feststellen können. Überlegen Sie aber auch, ob sich Ihre Ehe nicht vielleicht auch andere, gefährlichere Kanäle gesucht hat, um die vorhandenen Aggressionen zu überspielen, etwa Alkohol, Drogen, Sex oder das Spielen.

Zwei Fliegen mit einer Klappe – Das gleichzeitige Verstecken von Aggressionen und Bedürfnissen

Hinter jeder aggressiven Ehe stecken verborgene Triebkräfte: die unbewußten Bedürfnisse der Partner. Aber in einer aggressiven Ehe, in der zusätzlich auch noch die Aggressionen versteckt werden müssen (wie bei den Aggressionsüberspielern Laura und Jason) entwickelt sich eine verborgene Triebkraft, durch die die Partner belastet werden: Ihr Unterbewußtsein muß nämlich jetzt neben ihren Bedürfnissen auch noch ihre Aggressionen verstecken. Die Partner in verdeckt-aggressiven Ehen arbeiten gewissermaßen unter besonders harten Bedingungen, ihre Psyche wird einer zusätzlichen Belastung unterzogen.

Wir werden nun dazu übergehen, die gegenseitigen Beschwerden von Laura und Jason zu untersuchen und zu dekodieren. Dabei wird sich zeigen, daß bei Aggressionsüberspielern das Verhalten, das sie sich aussuchen, um ihre Aggressionen zu überspielen, oft auch einen Hinweis auf die Natur ihrer verborgenen Bedürfnisse enthält.

So wird sich z. B. bei Jason, der seine Aggressionen durch Arbeit zu überspielen versucht, herausstellen, daß er damit zugleich gegen seine Traurigkeit anzuarbeiten versucht. Und genau darin liegt sein unbewußtes Bedürfnis. Und Laura? Das Essen hat bei ihr sicherlich die Funktion, ihre Aggressionen in Schach zu halten, aber es könnte auch ein Versuch sein, ihre innere Leere auszufüllen. Genau das ist ihr unbewußtes Bedürfnis.

In verdeckt aggressiven Ehen unterdrücken die Partner, wie wir gesehen haben, gleich zwei Kräfte auf einmal: die eigenen Aggressionen und die eigenen Bedürfnisse. Unsere Aufgabe besteht darin, beide aufzudecken. Wir haben uns dem ersten Bereich bereits zugewendet. Jetzt wollen wir uns den Bedürfnissen von Jason und Laura widmen, indem wir uns ihre gegenseitige Kritik ansehen und sie zu dekodieren versuchen.

Das Dekodieren der Kritik als Weg zur verborgenen Ehe

Wie sehen die Bedürfnisse, die zwischen Laura und Jason einen Keil treiben, aus? Jason, das Arbeitstier, hat in Wahrheit mit seinen depressiven Zuständen zu kämpfen. Er wird zusätzlich zu seinem Bedürfnis, die eigenen Aggressionen zu entkräften, noch von einem anderen unbewußten Bedürfnis beherrscht: *Er muß gegen seine Niedergeschlagenheit ankämpfen.*

Auch Laura hat sich in einen solchen unbewußten Kampf verstrickt. Auch sie hat neben ihrem Widerwillen, sich ihren Aggressionen auszusetzen, ein unbewußtes Bedürfnis, durch das ihre Verhaltensweisen bestimmt werden: *Sie muß ihre innere Leere ausfüllen.* Diese inneren Kämpfe, die die beiden führen, sind die Wurzeln ihrer aggressionsgestörten Ehe. Wenn wir uns nun im folgenden mit den Problemen ihrer Oberflächenehe beschäftigen und die wechselseitigen Vorwürfe dekodieren, wird uns nach und nach die *verborgene*, aber nichtsdestoweniger enorm wirkmächtige Ehe der beiden schärfer vor Augen treten. Möglicherweise enthält sie ja auch wichtige Aufschlüsse über Ihre eigene Ehe.

Ihre Vorwürfe und seine Bedürfnisse

Wir wollen uns zunächst mit Lauras Beschwerden über Jason beschäftigen. Jeder einzelne Kritikpunkt, den sie ihm gegenüber vorbringt, kann uns helfen, sein Bedürfnis, die eigene Niedergeschlagenheit in Schach zu halten, nach und nach zu erschließen.

Obwohl Laura nichts dagegen hat, daß Jason ihr durch seine Arbeitswut so viel Zeit für sich läßt, hat sie doch etwas an der Hektik auszusetzen, die dadurch in ihr gemeinsames Leben kommt:

»Wir haben nie genug Zeit, uns richtig zu entspannen. Er hat immer noch ein Eisen im Feuer, ein neues Gebäude, das er besichtigen muß, ein Grundstück, das begutachtet werden muß usw. Kaum hat er sich vorgenommen, ein ruhiges Wochenende zu Hause zu verbringen, schon fällt ihm wieder etwas ein, was er *unbedingt* noch im Büro erledigen muß.«

Jason, der ausgesprochen aktiv und fleißig ist, entspricht wohl kaum der stereotypen Vorstellung, die wir (und wohl auch Laura) uns gemeinhin von einem depressiven Menschen machen. Die meisten Menschen denken bei Depressionen an jemanden, der Trübsal bläst, weint und unter Antriebslosigkeit leidet, jemanden, der morgens kaum die Kraft aufbringt, aufzustehen und sich dem Tag zu stellen. Aber das ist tatsächlich nur eine Möglichkeit, wie sich diese Niedergeschlagenheit ausdrücken kann.

Sie kann auch genau die entgegengesetzte Erscheinungsform annehmen! Depressionen können einen Menschen auch auf Touren bringen. Der Depressive jagt und hetzt umher, als hoffe er dadurch dem Gefühl der Niedergeschlagenheit, das sich an seine Fersen geheftet hat, entkommen zu können. Es sieht dann aus, als sei er sehr aktiv, während er in Wahrheit nur aufgewühlt und gehetzt ist.

Ein Mensch, der nie innehält, Musik hört, den Kindern Gutenachtgeschichten vorliest oder auch sonst mit entspannten Aktivitäten nichts anfangen kann, könnte wie Jason von einer Trauer verfolgt werden, der er zu entfliehen versucht!

Laura klagt auch darüber, daß die Freizeitgestaltung mit Jason ein großes Problem ist. Und im Urlaub ist er nachgerade nicht auszuhalten; selbst noch am Strand rennt er ständig zur Telefonzelle, um sein Büro anzurufen!

Das zwanghafte Bedürfnis, der eigenen Niedergeschlagenheit zu entkommen, läßt Entspannung und Ruhe für einen Menschen wie Jason wie eine Bedrohung erscheinen. Es entsteht ein Stillstand, der es den depressiven Gefühlen ermöglichen würde, ihn einzuholen. Jason kann es sich nicht erlauben, einfach am Strand zu liegen und dem beruhigenden Rauschen der Brandung zuzuhören, denn in dieser friedlichen Stimmung würde seine innere Betrübnis wie eine Riesenwelle über ihm zusammenschlagen.

Haben Sie auch einen ruhelosen, angespannten, getriebenen Mann? Wenn ja, überdenken Sie noch einmal Ihre Wahrnehmungen, und versuchen Sie sich über die dahinter steckende Psychologie klar zu werden. Vielleicht ist Ihr Mann in der Tat ein unbarmherzig Gehetzter, gejagt von seiner eigenen Niedergeschlagenheit. Sehen Sie sich die Liste der folgenden dekodierten Klagen an. Sie wird Ihnen helfen, die Bedürfnisstruktur Ihres Mannes besser zu verstehen.

IHRE KRITIK: Nichts kann ihn wirklich für längere Zeit interessieren. Kaum ist er mit der einen Sache fertig, schon fängt er die nächste an. Er ist so schnell gelangweilt.

DAS BEDÜRFNIS IHRES MANNES: Das Problem ist weniger, daß Ihr Mann einer Sache schnell müde wird. Vielmehr: Er muß sich ständig beschäftigen und braucht immer neue Ablenkungen, gleich aus welchem Bereich, um ja keinen Platz für seine innere Traurigkeit zu schaffen.

IHRE KRITIK: Nach einem großen beruflichen Erfolg ist er überglücklich – aber immer nur für einen kurzen Moment. Wenn er eine Sache erfolgreich abgeschlossen hat und nicht gleich die nächste in Angriff nehmen kann, wird er unruhig. Ich glaube, insgeheim ist er enttäuscht, wenn alles klappt und praktisch wie von selbst läuft.

DAS BEDÜRFNIS IHRES MANNES: Wenn die Anspannung am Ende eines Tages oder nach einem erfolgreichen Geschäftsabschluß von Ihrem Mann abfällt, steht er vor einer großen Enttäuschung. Wenn alles zur Ruhe kommt, holen ihn seine Depressionen sofort wieder ein.

IHRE KRITIK: Er gibt ständig an. Überall wo er hinkommt, tischt er seine Erfolge auf. Er gibt sogar vor den Kindern an.

DAS VERBORGENE BEDÜRFNIS IHRES MANNES: Es könnte sein, daß Ihr Mann im Grunde nur versucht, alle um ihn herum für sich zu gewinnen, damit sie ihm dabei helfen, den Mut nicht zu verlieren. Er gibt nicht an, sondern er versucht, seine inneren Dämonen loszuwerden.

IHRE KRITIK: Er muß vor dem Schlafengehen immer noch einen trinken. Er zieht sich jedes Wochenende ein oder zwei Straßen Koks rein. Manchmal nimmt er Diätpillen, um sich aufzumöbeln.

DAS VERBORGENE BEDÜRFNIS IHRES MANNES: Alkohol, Drogenkonsum und Medikamentenmißbrauch sind für Menschen, die unter Depressionen (und Aggressionen) leiden und sie unbewußt bekämpfen wollen, typisch. Da diese Substanzen wenigstens vorübergehend stimmungsaufhellend wirken, greifen sie gerne auf diese Hilfsmittel zurück, um ihre Depressionen zu bekämpfen. Das Problem ist nur, daß sie sich so nicht beseitigen lassen und letztlich nur verschlimmert werden.

Wenn auch Ihr Mann zu Alkohol oder Drogen greift, könnte er darin eine Medizin gegen seine Depressionen sehen. Eine solche Selbstmedikamentierung gegen die Depressionen verbirgt sich tatsächlich hinter den allermeisten Fällen von Alkohol- und Drogenmißbrauch. Außerdem darf nicht vergessen werden, daß solche Rauschmittel zugleich die eigenen Aggressionen besänftigen – also zwei Fliegen mit einer Klappe schlagen können.

Diese Einsichten können Ihnen vielleicht dabei helfen, Ihren Mann in einem neuen Licht wahrzunehmen; auch wenn es in der Tat nicht leichtfällt, einen Menschen, der so agil und dynamisch wirkt, sich gleichzeitig als depressiv zu denken. Die äußere Lebensweise Ihres Mannes mag also auf den ersten Blick nichts von der stummen Trauer, die ihn umfängt, verraten. Aber vielleicht hilft Ihnen das, was Sie bisher gelernt haben, dabei, die Dinge trotz ihres äußeren Anscheins so zu sehen, wie sie wirklich sind.

Seine Kritik und ihr Bedürfnis

Lauras Kritik an Jason hat uns ein Fenster in die Innenwelt seiner Bedürfnisse geöffnet. Nun wollen wir den Spieß umdrehen und Jasons Klagen über Laura hören, um so einen Einblick ins Innerste ihrer Gefühlswelt zu erhalten. Auf diese Weise werden wir auf ihr Bedürfnis, die eigene innere Leere auszufüllen, stoßen. Vielleicht verhilft die nachfolgende Analyse Ihnen zugleich zu Einsichten über Ihr eigenes Verhalten in der Ehe.

Ein nicht unerheblicher Teil der Mäkeleien Jasons hat mit Lauras Verhalten zu anderen Männern zu tun:

»Laura flirtet in einer Tour. Sie hat immer einen jungen ›Protegé‹ im Schlepptau, irgendeinen Künstler, Tänzer oder arbeitslosen Tischler. Wir haben eine Menge zweitklassiger Bilder und viel mehr Möbel, als wir eigentlich brauchen – und das alles bloß, weil sie sie ›unterstützen‹ muß.«

Ein Mensch, der sich bedeutungslos und leer fühlt, kann versuchen, seine innere Unausgefülltheit dadurch zu bekämpfen, daß er sich die Aufmerksamkeit der Außenwelt zu versichern sucht. Für Laura ist die Bewunderung eines Mannes wie ein erholsames Bad in positiven Gefühlen. Allerdings hat sie einen unerschöpflichen Bedarf nach Bewunderung, da sie eine nahezu bodenlose innere Leere auszufüllen hat. Und so umgibt sie sich mit einer endlosen Schar von »Bewunderern«.

Durch ihre innere Unersättlichkeit gerät Laura leicht in Gefahr, von anderen ausgenutzt zu werden. Ihr verzweifeltes Bedürfnis beeinträchtigt ihr Urteilsvermögen. Dadurch wird sie zur leichten Beute für skrupellose Männer, die ihre innere Notsituation spüren und sie mit einer vorgetäuschten Bewunderung überschütten, in der sie zu Recht ein ideales Mittel zur Manipulation sehen: Wenn sie nur ihr leeres Herz auszufüllen wissen, sollte es ihnen nicht schwerfallen, ihr volles Sparbuch zu leeren!

Obwohl Laura noch keine richtige Affäre mit Mat angefangen hat, weiß Jason genau, daß sie durchaus dazu fähig wäre:

»Ich mach' mir da nichts vor. Ich weiß, daß Laura eine sehr ausgeprägte Sexualität besitzt und daß sie in unserer Beziehung nicht befriedigt wird. Allerdings glaube ich auch, daß sie zu schnell von einer Sache gelangweilt ist.«

Laura hat dem, was sie mit Jason hatte, den Rücken gekehrt – besonders seitdem die anfängliche Leidenschaftlichkeit der beiden im Alltag der Ehe verlorengegangen ist. Was für Jason so aussehen muß, als sei sie gelangweilt, ist in Wahrheit eine verzweifelte Suche nach immer mehr äußerer Bestätigung und Stimulation, die ihre innere Unausgefülltheit vertreiben soll.

Warum aber greift sie ausgerechnet auf den Sex zurück, um ihre innere Leere loszuwerden? Die körperliche Empfindung, jemanden in sich zu haben, soll gleichsam ihre emotionale Leere ausfüllen. Darüber hinaus gewährt die Empfindung der körperlichen Liebe, der Schwall entfesselter Lust, ihr eine momentane Erleichterung von ihrer inneren Leblosigkeit. Außerdem darf nicht vergessen werden, daß befriedigender Sex außerhalb ihrer Ehe ihr dabei hilft, die Enttäuschungen und Aggressionen der Ehe zu ersticken. Wieder also zeigt sich, daß durch das »Überspielen« zwei verschiedene Gefühle unterdrückt werden können.

Möglicherweise sind Sie nicht wie Laura und neigen eher dazu, Ihre innere Unausgefülltheit durch Ihre Beziehung zu den Kindern oder zu Freunden statt durch einen zweiten Mann oder einen zusätzlichen Ballen Eis auszugleichen. Es folgt nun eine Liste dekodierter Beschwerden, die Ihnen dabei helfen soll herauszufinden, ob Sie wie Laura von dem Bedürfnis beherrscht werden, Ihre innere Leere auszufüllen, auch wenn Sex bei Ihnen dabei keine Rolle spielt.

DIE KRITIK IHRES MANNES: Sie kocht immer wie eine Wilde. Sie ißt zuviel. Sie kann ihre Diät nicht einhalten. Sie mästet die Kinder. Sie ist verrückt nach Süßigkeiten.

IHR VERBORGENES BEDÜRFNIS: Die meisten Menschen, die gegen eine innere Leere kämpfen, greifen auf das Essen zurück. Sie versuchen, ihre innere Verzweiflung dadurch zu mildern, daß sie sich körperlich vollstopfen – als wollten sie dadurch zugleich ihre seelische ›Erfüllung‹ erreichen. Da ihr Bedürfnis auf diese Weise nicht befriedigt werden kann, essen sie natürlich immer weiter. Ihre innere Unausgeglichenheit wird für sie zu einem endlosen Problem: Kein Wunder, daß sie keine Diät einhalten können!

DIE KRITIK IHRES MANNES: Sie hat doch wirklich alles, aber sie will immer noch mehr. Sie ist selbst zu verwöhnt, und jetzt verwöhnt sie auch noch unsere Kinder.

IHR VERBORGENES BEDÜRFNIS: Menschen, die sich innerlich unausgefüllt fühlen, begehen unbewußt oft den Irrtum, sich an materielle Dinge zu halten, in der Hoffnung, sich durch Autos, Schmuck, Kleider etc. der inneren Leere entledigen zu können. Aber diese Rechnung geht nicht auf. Auch wenn sie das bekommen, was sie doch so dringend wollten, fühlen sie sich weiterhin leer und unzufrieden. Und so versuchen sie es immer weiter, wirken verwöhnt und undankbar, wo sie in Wahrheit nur unausgefüllt sind. Wird auch Ihre innere Notlage von Ihrem Partner als Verwöhntheit und Undankbarkeit mißverstanden?

196

DIE KRITIK IHRES MANNES: Sie nimmt zuviel Valium. Sie nimmt Schlaftabletten. Ich glaube manchmal, sie nimmt die Diättabletten nur, weil sie sie aufputschen.

IHR VERBORGENES BEDÜRFNIS: Das Gefühl der inneren Leere und Ödheit ist oft sehr erschreckend. Wenn ihre Einsamkeit und das innere Schweigen unerträglich wird, greifen manche Menschen deswegen auf solche Hilfsmittel zurück, um so ihre Qualen zu vertreiben oder in den Schlaf zu entkommen. Daß sie zusätzlich so noch ihre Aggressionen vertreiben, kommt ihnen nur zu sehr entgegen. Zwei Fliegen mit einer Klappe!

DIE KRITIK IHRES MANNES: Sie ist ein echtes Prinzeßchen. Sie hat nichts aus ihrem Leben gemacht. Das einzige was sie will, ist, daß wir noch reicher werden, als wir es schon sind.

IHR VERBORGENES BEDÜRFNIS: Unser äußeres Leben reflektiert unsere inneren Gefühle. Wenn ein Mensch mit sich im reinen ist, hat er damit ein inneres Reservoir, aus dem er für sich und andere schöpfen kann. Man kann nur dann wirklich geben, handeln und etwas erreichen, man kann sich nur dann »reich« und ausgefüllt nennen, wenn man ein solches inneres Reservoir besitzt. Emotionale Leere führt unausweichlich auch zu einem trostlosen, leeren Leben. Es ist paradox, daß gerade die Frauen, die an einer solchen inneren Verarmung leiden, immer wieder als verwöhnte »Prinzeßchen« tituliert werden.

Vielleicht helfen Ihnen diese Erkenntnisse, sensibler füreinander zu werden. Mit dieser Sensibilität können Sie sich nun auch besser dem Teufelskreis der Konflikte zuwenden und erkennen, wie er Ihrer Ehe die Freude und Lust nimmt, die sie sonst sicherlich besitzen würde.

Die verborgene Ehe und der Teufelskreis der Konflikte

Wenn man sich noch einmal die Beziehung von Laura und Jason vergegenwärtigt, kann man deutlich erkennen, wie die beiden durch ihre Bedürfnisse in ihrer aggressionsüberspielenden Ehe festgehalten werden. Vielleicht hilft Ihnen das Verständnis dieser Ehe, Ihre eigene, vielleicht aussichtslos erscheinende Beziehung besser zu durchschauen und zu verändern.

Im Unterschied zu Enthemmern und Provozierern verschwenden Aggressionsüberspieler ihre Zeit erst gar nicht mit offenen Aggressionsausbrüchen. Sie tun lieber das, was sie wirklich gut beherrschen: Sie überspielen ihre Aggressionen durch andere Aktivitäten. Und genau dadurch gefährden sie ihre Ehe.

Wie kam es dazu, daß die Ehe von Jason und Laura so in Gefahr geraten ist? Beginnen wir mit Jason. Das Bedürfnis, seine innere Niedergeschlagenheit zu bekämpfen, hat ihn so weit gebracht, daß er durch seinen Beruf alles andere verdrängt. Er kann keinen Moment abschalten, weil er sonst von seinen inneren Gefühlen eingeholt werden könnte. Und so treibt ihn sein inneres Bedürfnis immer weiter. Laura, die Jasons wirkliche Motive nicht kennt, fühlt sich ignoriert und vernachlässigt. Sie bekommt die »Seelennahrung« nicht, die sie so verzweifelt benötigt. Und so wendet sie sich ab und holt sie sich woanders – bei Mat oder im Kühlschrank.

Und was bewirkt das bei Jason? Da Laura sich von ihm zurückgezogen hat, findet er zu Hause nun noch weniger Trost und Zuspruch, die ihm vielleicht über seine Niedergeschlagenheit hinweghelfen könnten. Und um nicht völlig im Sumpf seiner Depressionen zu versinken, stürzt er sich nun um so energischer in seine Arbeit. Und so dreht sich das Karussell dieser beiden Aggressionsüberspieler immer weiter!

Einen zusätzlichen Drehimpuls erhält diese Kreisbewegung durch Laura und ihr ebenfalls durch ihr inneres Bedürfnis produziertes Verhalten. Beginnen wir also die Kette der Verstrickungen noch einmal, diesmal mit Laura. Sie zieht sich zurück und spinnt sich in ihre Welt von Ersatzbefriedigungen ein, durch die sie ihre innere Unausgefülltheit zu bekämpfen hofft.

Jason müssen Lauras Versuche, sich wieder »aufzuladen«, wie eine lethargische Passivität erscheinen, und genau die fürchtet er am meisten, denn sie zieht ihn in seine eigenen Depressionen herab. Also sucht sich Jason, getrieben von seiner unbewußten Bedürfnisstruktur, etwas, durch das er sich retten und der Gefahr, von seinen Depressionen eingeholt zu werden, entgehen kann, z. B. neue Geschäfte.

Und was bedeutet das für Laura? Sie steht jetzt wieder allein da und ist auf sich selbst zurückgeworfen. Da Jason sich emotional entzogen hat, spürt sie ihre innere Leere jetzt noch stärker als vorher – und greift natürlich auf ihre üblichen Überspielertaktiken zurück. Ein weiteres Eis muß also her! Und so dreht sich der Kreisel. *Die unbewußten und unbefriedigten Bedürfnisse bringen Laura und Jason immer wieder dazu, auf ihre eingespielten Überspielertechniken zurückzugreifen, ohne daß sie dadurch auch nur einen Schritt weiter kämen!*

Die Primärehe – Wo alles seinen Anfang nahm

Warum ist Jason so abgrundtief traurig? Und wie kam Laura zu diesem Gefühl innerer Leere und Verlassenheit? Woher kommen derart übermächtige Bedürfnisse? Und wie kommt es, daß die beiden noch mit einer zusätzlichen Belastung, ihren verborgenen Aggressionen, zu kämpfen haben? Die Antwort auf all diese Fragen liegt in ihrer Vergangenheit, ihrer Primärehe, in der die schmerzhaften Probleme der beiden ihren Ursprung haben.

Lauras Erfahrungen in ihrer Primärehe

Laura kann sich noch heute an ihr erstes Partykleid erinnern: »Ich glaube, ich trug es zu meinem vierten oder fünften Geburtstag. Es war ein grünes Samtkleid und es war am Ausschnitt mit kleinen rosa Satinrosen gesäumt. Meine Mutter, die mich immer von oben bis unten ausstaffierte, hatte es gekauft.

Ich weiß noch, daß es fürchterlich gekratzt hat, aber meine Mutter bestand darauf, daß ich es trage: ›Alle Mädchen in deinem Alter träumen von so einem Kleid‹, sagte sie. Also trug ich es.

Es war eine richtig große Party. Es gab einen Zauberer, der seine Tricks vorführte, und einen Haufen Kinder, die einen Riesenspaß hatten. Ich gehörte nicht zu ihnen.

Mein Vater war wie immer nicht da. Und meine Mutter blieb nur so lange, bis sie alle Gäste begrüßt hatte, und ging dann auch. Ich weiß noch, wie ich sie nach oben gehen sah und sie bat, doch zu bleiben. Ich glaube nicht, daß ich es ihr so sagte, ich habe mich bloß an ihren Rock geklammert.

Sie hat mich weggedrückt. ›Stell dich nicht so an, Liebling. Ich hab' wirklich schreckliche Kopfschmerzen. Jeremy ist ein großartiger Zauberer. Bestimmt sind die anderen Kinder neidisch auf dich.‹

Ich begann zu weinen. Mutters Gesichtszüge verhärteten sich, und ihre Stimme wurde streng: ›Laura, hör sofort auf damit. Du bist wirklich so undankbar. Und du siehst ganz rot und häßlich aus, wenn du weinst.‹

Ich versuchte aufzuhören, damit sie blieb. Aber sie sah mich nur angewidert an und zog sich, wie sie es immer machte, in ihr Zimmer zurück.

Erst als Vater nach Hause kam, kam sie wieder aus ihrem Zimmer und hatte sich bildhübsch zurechtgemacht. Sie hat immer viel Zeit auf ihr Äußeres verwandt. Ich durfte ihr nie einen Kuß geben, weil das ihr Make-up ruiniert hätte.

Melva brachte mich dann ins Bett, während meine Eltern noch ein spätes Abendessen zu sich nahmen. (Ich aß immer etwas früher mit Melva.) Ich schmuggelte mir ein paar Kekse auf mein Zimmer. Meine Eltern hätten einen fürchterlichen Aufstand gemacht, wenn sie gemerkt hätten, daß ich mir etwas zu Naschen mitgenommen hatte. Aber sie kamen ja nicht auf mein Zimmer. Ob Melva es gesehen hatte, weiß ich nicht. Jedenfalls hat sie mich nicht verraten. Ich glaube, ich tat ihr leid.«

Wenn man Laura von ihrem Leben erzählen hört, kommt einem sofort das Klischee vom armen reichen Mädchen in den Sinn. Und in gewisser Weise trifft es auch auf sie zu. Laura hatte Eltern, die sie mit materiellen Dingen nur so überschütteten. Aber sie waren nicht in der Lage, ihr das zu geben, was sie wirklich brauchte: sich selbst! Sie geizten mit ihrer Liebe, mit Zuneigung und Aufmerksamkeit. Und wenn Laura einmal von sich aus auf sie zutrat, um sich die fehlende Zuwendung zu holen, fühlten sich ihre Eltern belästigt – so als ob ihre kindlichen Bedürfnisse nichts anderes als kindische, unvernünftige Zumutungen seien.

Sie waren nicht gerade gerne Eltern, und ihr Kind paßte nicht so recht zu ihrem Naturell. Sie versuchten, ihre Unfähigkeit dadurch auszugleichen, daß sie die Verantwortung für ihr Kind an andere delegierten: an Kindermädchen, Haushälterinnen, »Zauberer«, Nachhilfelehrer und Lehrer. Aber immer unter dem Vorwand, daß sie ihr auf diese Weise alles gaben, was ihr Herz sich nur wünschen konnte.

Das Verhalten ihrer Eltern ließ in Laura ein starkes Gefühl von Einsamkeit heranwachsen. Dadurch, daß sie die vertrauenerweckende Sicherheit einer selbstverständlichen, liebenden Zuwendung durch Vater und Mutter nie kennenlernte, begann sich Laura innerlich leer und unausgefüllt zu fühlen. Aber sie war zugleich zutiefst verwirrt, denn – wenigstens äußerlich – »hatte sie ja alles«.

So führte das Verhalten ihrer Eltern bei Laura zu einer Art psychischen Zerrissenheit: Sie war emotional ausgehungert und wurde doch zugleich von ihren Eltern mit materiellen Dingen geradezu vollgestopft. Die enttäuschte Wut über das Verhalten ihrer Eltern, die aufwallenden Aggressionen darüber, daß sie ihr so wenig emotionalen Rückhalt boten, wurde so bereits im Keim erstickt. Sobald sie sie äußerte, hieß es: »Warum weinst du? Kein anderes Kind bekommt so viel wie du.«

Laura hatte also »keinen Grund«, wütend zu sein. Sie hatte »kein Recht« auf ihre Aggressionen. Und so wurde schon die geringste Unmutsäußerung ihrerseits streng unterbunden. Laura lernte also in ihrer Kindheit, daß es für ihre Aggressionen *keinerlei Berechtigung* gab. So ging sie unausweichlich dazu über, ihre Aggressionen zu verleugnen! Lauras zwanghafte Neigung, Wut und Aggression aus ihrem Gefühlshaushalt zu verbannen, hat ihren Ursprung mithin in ihrer Primärehe. Indem sie lernte, ihre Aggressionen zu verleugnen, hat sie sie faktisch unterdrückt und versteckt!

Laura hat also ein zweifaches Erbe aus ihrer Primärehe mitbekommen: Ein schmerzliches Gefühl innerer Einsamkeit und Leere und Hang dazu, ihre Aggressionen zu leugnen.

Überlegen Sie, ob nicht auch Sie eine solche zweifache Belastung aus Ihrer Primärehe in Ihre jetzige Partnerschaft mitgebracht haben. Allerdings müssen Sie dafür nicht unbedingt Lauras Schicksal erlitten haben. Nicht nur »arme reiche Mädchen« erleben ihre Eltern als materiell großzügig und zugleich emotional geizig. Überlegen Sie also, ob dieser Widerspruch zwischen scheinbarer äußerlicher Überhäufung und innerlich-emotionaler Verarmung nicht ebenfalls in der einen oder anderen Form Ihre Kindheit bestimmt haben könnte. Sehen Sie sich z. B. einmal die folgenden Merkmalskataloge von dafür typischen Primärehen an.

Sah so Ihre Primärehe aus?

Haben Sie nur wenige oder gar keine Erinnerung daran, daß Ihre Eltern mit Ihnen gespielt haben oder mit Ihnen an Schulveranstaltungen teilgenommen haben? Hatten Sie selten andere Kinder bei sich zu Hause? Waren Sie lieber bei anderen Kindern als bei sich?

Kinder, die bei ihren Eltern die innere, gefühlsmäßige Anteilnahme vermißt haben, können sich nur an wenige gemeinsame glückliche Momente erinnern. Da sie in so frühem Alter noch nicht genau wissen, was ihnen eigentlich fehlt, fühlen sie sich unbewußt zu Familien von Freunden hingezogen, in denen die elterliche Wärme und das Interesse an den Kindern, das sie zu Hause vermissen, deutlich spürbar sind.

Waren Sie jähzornig? Haben Sie geschrien und geweint, wenn Sie etwas wollten?

Kinder, die verwirrt und unglücklich sind, sind oft auch jähzornig. Sie empfinden eine unkontrollierbare Frustration, weil sie das, was sie wollen und brauchen, nicht kriegen. Allerdings verstehen sie nicht, daß der Grund für ihre frustrierten Aggressionsausbrüche darin liegt, daß ihre emotionalen Bedürfnisse unbefriedigt bleiben. Vielleicht ist das auch Ihre Situation.

Hat man Ihnen vorgeworfen, Sie wären verzogen?

Glückliche und zufriedene Kinder, die innerlich ausgefüllt sind, haben keine Probleme mit einer solchen chronischen Unzufriedenheit. Sie findet sich ausschließlich bei unausgefüllten, vernachlässigten und enttäuschten Kindern. Es sollte hier auch nicht vergessen werden, daß ein »verzogenes« Kind offenbar nicht richtig erzogen, also in gewissem Sinne vernachlässigt wurde. Vielleicht ist es Ihnen auf dem emotionalen Gebiet ebenso ergangen.

Haben Sie jemals andere Kinder bestohlen oder den Wunsch danach verspürt? Haben Sie hinter dem Rücken Ihrer Eltern Eßwaren auf Ihr Zimmer geschmuggelt? Hatten Sie als Kind Eßprobleme? Haben Sie Geschichten erfunden oder gelogen?

Kinder, die sich ungeliebt und vernachlässigt fühlen, versuchen häufig, die so entstandenen Lücken zu füllen und die emotionalen Mängel auszugleichen. Da sie aber ihre Bedürfnisse noch nicht richtig in Worte fassen können, greifen sie auf Taten zurück. Manche Kinder nehmen dann einfach Dinge, die anderen gehören, um ihre innere Leere zu füllen. Andere versuchen, dieses Loch mit Essen zu stopfen. Wieder andere versuchen, ihr inneres Manko dadurch auszugleichen, daß sie sich Geschichten und Phantasien zurechtlegen, in denen sie sich in völlig andere Menschen verwandeln.

Natürlich gibt es keine zwei Primärehen, die sich wirklich gleichen. Aber auch wenn Ihre Familie von der Lauras grundverschieden war, wenn Kindermädchen und extravagante Geburtstagsfeiern nicht in die Annalen Ihrer persönlichen Geschichte gehören, können Sie dennoch einen ähnlichen emotionalen Mangel erlitten haben. Überprüfen Sie also, ob nicht auch Sie

mit einem übermäßigen Bedürfnis ausgestattet sind, eine qual-
volle innere Leere auszufüllen (und Aggressionen zu leugnen) –
mit einem Bedürfnis, das seine Wurzeln in einer wie auch
immer gearteten emotional zurückhaltenden Familie haben
könnte. Wir wollen uns nun in einem nächsten Schritt Jasons
verborgenem Bedürfnis, seiner Niedergeschlagenheit zu entkommen, zuwenden. Es wäre denkbar, daß sich von hier aus
Analogien zu Ihrem Mann ergeben könnten. Wir werden uns
also erst einmal Jasons Primärehe ansehen, um von da aus
weiterzukommen.

Jasons Erfahrungen in seiner Primärehe

»Meine Mutter war immer wütend. Sie wachte schon morgens
voller Aggression auf und ging abends genauso wütend wieder
ins Bett. Meistens war sie auf meinen Vater sauer. Er machte ihr
nicht genug. Er bekam die Beförderung nicht. Und er war nicht
reich, so wie sein Bruder, Larry.

Ich kann eigentlich nicht einmal sagen, daß ich mich an viele
solcher Szenen erinnere, denn ich habe möglichst wenig Zeit zu
Hause verbracht. Ich war schon sehr früh ziemlich unabhängig.
Ich blieb meistens auf dem Schulhof und spielte Basketball oder
machte da sonst etwas. Ich kam dann immer erst wieder abends
zum Essen nach Hause.

Mein Vater hatte wirklich einiges auf dem Kasten. Politisch
war er immer auf dem laufenden. Er sah für sein Leben gern die
politischen Magazine im Fernsehen. Und er war ein herzensgu-
ter Mensch. Er hätte jedem sein letztes Hemd gegeben – was
meine Mutter nur noch mehr fuchste: ›Nächstenliebe fängt zu
Hause an‹, fauchte sie ihn in solchen Situationen immer an.

Aber Dad hat sich nicht gewehrt. Er hat sich nie gewehrt.
›Man darf bei deiner Mutter nicht jedes Wort auf die Goldwaage legen‹, gestand er mir einmal nach einer ihrer Schimpftiraden. Oder er machte Witze darüber: ›Ihre Wutausbrüche
sind gar nicht so schlimm, wenn man sich dabei ein Football-
Spiel ansieht und ein Bier genehmigt.‹

Ich war nie sauer auf Dad. Nur einmal, weiß ich noch, nachdem ich meinen Onkel Larry in Los Angeles besucht hatte, wünschte ich mir, wir hätten auch so ein Haus mit Swimmingpool.

Als mein Vater einmal eine Zeitlang arbeitslos war, hat Onkel Larry uns Geld geschickt. Meine Mutter hat es Dad immer spüren lassen. Sie konnte richtig gemein sein. Ich kann mich noch daran erinnern, daß wir damals irgendwann beim Abendessen saßen und Dad das Essen nicht zu schmecken schien. Da hat's meine Mutter ihm aber richtig gegeben:

›Hättest du das Essen bezahlt, hättest du auch ein Recht, dich darüber zu beschweren. Im Moment hätte allenfalls dein Bruder dieses Recht, und der ist in Kalifornien.‹ Meine Mutter konnte echt giftig werden.«

Jason konnte dem Rat seines Vaters, nicht alles, was seine Mutter sagte, gleich auf die Goldwaage zu legen, nicht folgen. Im Gegenteil, das, was sie sagte, hatte ein ungeheures Gewicht für ihn. Jason liebte seinen Vater, und es verletzte ihn, mitansehen zu müssen, wie sein Vater ständig herabgesetzt und erniedrigt wurde, ohne sich dagegen zu wehren.

Der Schmerz, seinen Vater so erniedrigt zu sehen, hat bei Jason eine tiefe Niedergeschlagenheit hinterlassen, die er als Erbe aus seiner Primärehe mitschleppte. Aber das war nicht das einzige, was zu seiner melancholischen Gemütsverfassung, die ihn bis ins Erwachsenenalter verfolgt hat, beigetragen hat.

Was Jason nicht begriff, war, daß die Passivität seines Vaters Ausdruck einer tiefen Depression war. Diese Depression hinderte seinen Vater daran, sein Leben wirklich in den Griff zu bekommen. Sie raubte ihm sein Selbstbewußtsein, seine Spannkraft und sein Durchsetzungsvermögen. Sie nahm ihm die Möglichkeit zu arbeiten. Ja, sie nahm ihm sogar die Kraft, sich gegen seine Frau zu wehren und ihrem verbalen Sperrfeuer die Stirn zu bieten.

Dies alles führte dazu, daß Jason nicht nur traurig war angesichts der Situation seines Vaters, sondern sich zudem unbewußt mit ihm identifizierte! Jason übernahm die Depressionen seines

Vaters. Aber er ging anders mit ihnen um. Während sein Vater sich ganz in seine Niedergeschlagenheit hineinfallen ließ, stürzte sich Jason in einen ungehemmten Aktivismus, um auf diese Weise seiner Traurigkeit zu entfliehen.

So sieht also der Ursprung seines verborgenen Bedürfnisses aus. Dennoch bleibt die Frage: Woher kommt seine große Scheu vor Aggressionen? Alle Kinder (und zumal Jungen) wünschen sich einen heldenhaften Vater, zu dem sie aufblicken können. Wenn ihr Vater diesen Erwartungen nicht entspricht und sie enttäuscht, werden sie traurig – und zugleich wütend: »Wie konnte mein Held mich so enttäuschen?« Und so empfand Jason nicht nur Mitleid mit seinem Vater, sondern – wie jeder Junge in seiner Lage – auch Zorn.

Aber die traurige, verletzliche Wesensart seines Vaters machte es Jason unmöglich, seine Aggression offen zu zeigen. Sein Vater wirkte wie ein verletzliches, hilfsbedürftiges Reh, und Jasons aufkommende Aggressionen waren von zu starken Schuldgefühlen begleitet, als daß er auf diesen schon am Boden liegenden Mann noch hätte einschlagen können! Jason hatte zuviel Mitleid mit seinem Vater, er konnte es sich nicht erlauben, Aggressionen gegen ihn zu empfinden. Und so wurden Jasons Aggressionen unter einem Berg von Schuldgefühlen begraben.

Soweit die Geschichte von Jasons Primärerfahrungen. Zeigen sich möglicherweise gewisse Ähnlichkeiten zu den Erfahrungen Ihres Mannes? Denken Sie einmal darüber nach, ob auch er einen Vater hatte, der bei ihm zugleich offenes Mitleid und verborgene Aggression geweckt hat. War also der Vater das Modell, an dem sich die Depressionen Ihres Mannes geformt haben? Die folgende Liste von Einzelfragen soll Ihnen dabei helfen, die Erfahrungen, die Ihr Mann in seiner Primärehe gemacht hat, zu entschlüsseln und in ihrer Bedeutung für Ihre Ehe zu verstehen.

Hatte er einen passiven Vater? War sein Vater ein »Versager«? Hatte sein Vater Schwierigkeiten, seinen Job zu behalten? Gab es eine Kluft zwischen den Talenten seines Vaters und dem, was er erreicht hat?

Männer, die über viele Fähigkeiten verfügen, ohne sie jedoch umsetzen oder verwerten zu können, leiden häufig an Depressionen – dem eigentlichen und unüberwindlichen Hindernis auf dem Weg zum Erfolg. Paradoxerweise könnte es durchaus sein, daß die mögliche Arbeitswut Ihres Mannes nichts anderes ist als sein verzweifelter Versuch, nicht so ein »Versager« zu werden wie sein Vater. Ihr Mann könnte also noch immer gegen dieselben Dämonen ankämpfen wie sein Vater.

Sind seine Kindheitserinnerungen trauriger Natur? Denkt er ohne Freude an seine Familie zurück? Gab es bei ihm zu Hause wenig Schönes und Aufregendes? Hat er die Ehe seiner Eltern als unglücklich wahrgenommen?

Das Problem einer depressiven Niedergeschlagenheit vererbt sich nicht immer nur von einem Familienmitglied her. Auch eine ganze Familie kann depressiv sein. Es wäre also möglich, daß die gesamte Familie Ihres Mannes von einer düsteren und depressiven Gedrücktheit umfangen war. Und er könnte diese Last mit in die Ehe gebracht haben.

War er so ein Kind, das nie nach Hause kam? War er ständig auf Achse (zum Sport, zu Schulveranstaltungen, mit Freunden unterwegs)? Hat er sich meistens mit einer Gruppe, einer Bande herumgetrieben?

Vielleicht hatte Ihr Mann das Bedürfnis, seinem unglücklichen Elternhaus zu entkommen, um so die eigene, innere Niedergeschlagenheit zu verscheuchen. Scheinbar so unschuldige Aktivitäten (wie bis in die Dämmerung noch Basketball spielen) oder auch problematischere Unternehmungen (wie mit einer wilden Bande durch die Nachbarschaft stürmen) können ein solcher Versuch der Problemlösung sein. Und oft wird auch im Erwachsenenalter diese Verarbeitungsstrategie noch beibehalten.

Das Problem in den Griff kriegen –
Der Schritt in die erwachsene Ehe

Die Einsicht in die Voraussetzungen ihrer Ehe hat das Bild, das Jason und Laura uns bieten, grundlegend verändert. Es ist, als träten uns zwei völlig neue Menschen entgegen. Die Kategorisierungen »Arbeitswütiger« und »verwöhntes Prinzeßchen« lassen sich, wie jetzt deutlich wird, nur so lange auf die beiden anwenden, wie uns ihre inneren Kämpfe gegen ihre Depression bzw. Einsamkeit verborgen bleiben. Sobald man indes über die Hintergründe Bescheid weiß und Jasons depressiven Vater bzw. Lauras unfähige Eltern kennengelernt hat, geht man dazu über, mit ihnen zu fühlen, statt sie kurzerhand abzuschreiben.

Hierin liegt eine wichtige Erkenntnis verborgen. Wenn es Ihnen und Ihrem Partner gelingt, sich für die jeweiligen Hintergründe des anderen zu öffnen, ermöglichen Sie es sich, Sympathie und Verständnis füreinander zu entwickeln und sich so aus den Fängen Ihrer aggressionsüberspielenden Ehe zu befreien. Je mehr Sie Ihr eigenes Verhalten und das Ihres Partners verstehen, desto geringer wird die Gefahr, daß Sie in die eingefahrenen Verhaltensmuster zurückfallen. Sie eröffnen sich wieder die Möglichkeit der gegenseitigen Anteilnahme und verringern so die Wahrscheinlichkeit, daß Ihre Ehe in Langeweile, Apathie oder Antipathie zurückfällt.

Aber es gibt noch einen Punkt, den besonders Aggressionsüberspieler berücksichtigen müssen. Sollte dieser Aggressionsstil auf Sie zutreffen, sind Sie jetzt mit Ihrem größten Problem vertraut. Sie ersetzen Ihre Gefühle durch Taten, Sie überspielen sie. Das heißt, Sie handeln, um nicht empfinden zu müssen. Hierin ist im Grunde schon die entscheidende Information für die notwendigen Verhaltensänderungen enthalten: Die Ehe von Aggressionsüberspielern wird sich erst dann wirklich ändern können, wenn das Überspielen der Aggressionen aufhört!

Zweifelsohne sind Einsicht und Verständnis in einer solchen Ehe unverzichtbar. Aber eine wirkliche Veränderung wird nur erzielt werden können, wenn die Verhaltensweisen, durch die

die Partner ihre peinlichen und »verpönten« Gefühle zu überspielen suchen, aufgegeben werden. An diesem Schritt hängt alles. Wenn Sie z. B. durch einen engsten Freund, ein Lieblingskind oder ein Lieblingshobby Ihre gefühlsintensive (und deswegen auch frustrierende) Ehe ersetzen wollen, müssen Sie Ihr Engagement für diese Menschen oder Hobbies zurückschrauben und gewissermaßen in die eigene Ehe zurücklenken. Dasselbe gilt für Ihre unterdrückten Aggressionen. Um sie wieder dorthin zu kriegen, wo sie hingehören, nämlich in Ihre Ehe, werden Sie Ihre Überspieleraktivitäten zurückfahren oder ganz aufgeben müssen:

Wenn Sie übermäßig essen . . .   müssen Sie das Essen
                                                einschränken.
Wenn Sie trinken . . . .   müssen Sie das Trinken
                                                aufgeben.
Wenn Sie Affären haben . . . . .   müssen Sie Ihre Affären
                                                aufgeben.
Wenn Sie Drogen nehmen . . .   müssen Sie aufhören,
                                                Drogen zu nehmen.

Man betrügt sich nur selbst, wenn man sich vormacht, daß man die Handlungen, durch die man seine Frustration überspielt, beibehalten könnte und dennoch aus dem Teufelskreis seiner aggressionsgestörten Ehe ausbrechen wird. Beides schließt sich wechselseitig aus und führt zu einem logischen Widerspruch:

Die Handlungen, durch die wir unsere Aggressionen überspielen, hindern uns daran, unsere Gefühle zu empfinden.
Wenn wir unsere Gefühle gar nicht erst zulassen, werden wir auch nicht lernen, sie in Worte zu fassen und sie zu verstehen.
Worte und Verständnis aber sind die einzige Möglichkeit, aus dem Teufelskreis herauszufinden.

Eine aggressive Überspielerehe kann sich erst dann verändern, wenn die Schmerzen und Leiden in Worte gefaßt werden. Das gilt auch für die übrigen Aggressionstypen: Aggressive Ehen bedürfen grundsätzlich einer durch Einsicht und Verständnis bestimmten Kommunikation der Partner, wollen sie sich wirklich wandeln. Wir werden uns in einem späteren Kapitel (»Die neue Sprache der Liebe«) mit dieser auf Einsicht gestützten Verständigungsform detailliert auseinandersetzen. Letztlich hängt der Schritt von der aggressiven zur reifen und erwachsenen Ehe an dieser Möglichkeit, sich zu verständigen.

So wichtig es ist, das eigene Verhalten in Worte zu fassen, so schwer fällt es in der Praxis – besonders Aggressionsüberspielern. Im Grunde ist es auch nicht weiter verwunderlich: wenn ein Aggressionsüberspieler genau diejenigen Handlungen, die es ihm ermöglichen, seine unerträglichen Empfindungen loszuwerden, plötzlich einstellt, sieht er sich mit einemmal der ungebremsten Wucht seiner verdrängten Gefühle schutzlos ausgeliefert! Jason z. B. wird die volle Kraft seiner Depressionen empfinden, so wie Laura die ihrer qualvollen inneren Leere.

Alles andere also als eine verlockende Aussicht für Aggressionsüberspieler, ihre Flucht aufzugeben. Dabei darf indes eines nicht vergessen werden: Jason ist kein kleiner Junge mehr und Laura kein kleines Mädchen. Beide werden sicherlich ihren schmerzlichen Gefühlen voll ausgesetzt sein, wenn sie ihre aggressionsüberspielenden Tätigkeiten einstellen. Aber da sie nicht länger kleine hilflose Kinder sind, stehen ihnen jetzt diejenigen Instrumente zur Verfügung, mit denen sie den schlimmsten Teil ihrer Gefühle auffangen können. Aber vor allem: Sie haben ja noch sich!

Das Überspielen der eigenen Aggressionen ist eine frühe Bewältigungstechnik, auf die man aus Mangel an besseren Möglichkeiten zurückgreift, um die Probleme der Primärehe, die schmerzliche Niedergeschlagenheit und die herzzerreißende Leere, zu überwinden. Aber es ist an der Zeit und es ist nun auch möglich, andere Wege einzuschlagen. Denn es darf nicht vergessen werden, daß man in dem Partner einen vertrauten und liebenden Freund an der Seite hat, mit dessen Hilfe man die Flucht in aggressionsüberspielende Tätigkeiten aufgeben kann.

Kapitel VIII
Aggressionsverlagerer

Erstaunlicherweise lassen sich Aggressionsverlagerer besser verstehen, wenn man einmal nicht an die Liebe, sondern an die Politik denkt: Man sucht sich einen äußeren Feind, um die Unzufriedenheit im eigenen Land nach außen hin abzulenken. Und genau das ist die unbewußte Strategie der Aggressionsverlagerer. So aggressiv diese in Wahrheit auch sind, sie richten ihre Aggressionen nie gegeneinander. Um sich zu Hause sicher zu fühlen, projizieren sie ihre Aggressionen auf Ziele außerhalb der eigenen Partnerschaft. So zeigt die Aggression zwar weiterhin ihr »häßliches Gesicht« – aber doch aus einer sicheren Distanz zur eigenen Beziehung. Aggressionsverlagerer brauchen äußere Feinde, weil sie unbewußt befürchten, daß die Wut, die sie innerlich empfinden, sie in dem Moment, in dem sie sie herauslassen, zu unversöhnlichen und erbitterten Gegnern werden läßt.

Je mehr aggressionsverlagernde Ehepaare ihren Unmut nach außen, auf einen gemeinsamen Feind, projizieren, desto weniger empfinden sie ihn gegeneinander. Und wenn sie tatsächlich einmal einen Hauch von ihrer versteckten Wut aufeinander verspüren, können sie ihren Frust jederzeit wieder dorthin verlagern, wo er ihrer Meinung nach auch »hingehört«: nämlich auf den äußeren Feind!

Obwohl Aggressionsverlagerer zu den letzten Menschen gehören, die *innerhalb* der Ehe Aggressionen wahrnehmen würden, entwickelt sich die Aggression bei solchen Paaren (wenn auch verdeckt) schon in einem sehr frühen Stadium. Sie kann sogar schon auftauchen, bevor sie überhaupt den »Bund der

Ehe« geschlossen haben. Ihre gemeinsame Planung der Verlobungsparty ist häufig von Schimpftiraden gegen die zukünftigen angeheirateten Verwandten untermalt.

Die Logik der Verlagerung: Wir gegen die anderen

Aggressionsverlagernde Paare igeln sich in ihre Zweisamkeit wie in eine Art geschlossenes System ein. Dabei wird ihr spezifischer Aggressionsstil von dem deutlichen Bewußtsein einer Entgegensetzung von »uns« und »den anderen« begleitet. Aggressionsverlagerer reagieren sehr empfindlich auf die Art und Weise, wie die Umwelt mit ihnen umgeht. Sie haben eigentlich immer irgendeinen äußeren Feind, mit dem sie im Streit liegen oder zu dem sie im Extremfall wütend die Beziehung abbrechen: »Wie konnten sie mir das nur antun! Sollen sie doch bleiben, wo der Pfeffer wächst.« Im letzten Fall kann es bei ihnen zur Entstehung einer Art Phantomfeindes kommen, z. B. bei einer Schwester, die sie zutiefst verabscheuen, obwohl sie sie seit zwanzig Jahren nicht mehr gesehen haben. Diese Abneigung kann sogar so weit gehen wie in dem Fall eines meiner Patienten, der von seinem Bruder nur als »mein ehemaliger Bruder« sprach. Ein fast sorgsames Festhalten an alten Wunden und die Beharrlichkeit im Nachtragen von weit zurückliegenden Vergehen anderer sind typisch für diesen Aggressionsstil. Aggressionsverlagerer haben ein gutes Gedächtnis und vergeben nicht so schnell. Das können sie sich auch kaum erlauben, denn sie brauchen ein ständig verfügbares Ziel, gegen das sie ihre Aggressionen richten können.

Die Ziele der Aggressionsverlagerer

Familienmitglieder sind noch immer die beliebtesten und häufigsten Zielscheiben der Aggressionsverlagerung – besonders die sprichwörtliche Schwiegermutter. Wenn es bis zur Hochzeit noch nicht zu offenen Auseinandersetzungen mit der Familie gekommen ist (und der Entschluß zu heiraten bietet oft den idealen Nährboden für beginnende Familienfeindschaften: »Deine Mutter würde doch drei Kreuze hinter mir machen, wenn sie mich endlich los wäre«), stellen sie sich spätestens zu anderen großen Familienanlässen ein – z. B. bei der Geburt des ersten Kindes. Aggressionsverlagerer, die gerade ihr erstes Kind bekommen haben, streiten sich typischerweise nie wegen Erziehungsfragen – das wäre zu gefährlich. Statt dessen werden sie auf die frischgebackenen Großeltern sauer oder auf Tante und Onkel: »Vielleicht hat man damals schreiende Kinder einfach liegengelassen, aber *wir* halten von solchem Unsinn nicht viel«; »Woher nehmen *die* das Recht, uns vorzuschreiben, wie wir unser Kind erziehen sollen!«; »*Ihre* Kinder sind auch nicht gerade Goldschätze.«

Nicht selten aber werden die Aggressionen auch auf Ziele außerhalb der Familie projiziert und z. B. auf Freunde, den Chef, Untergebene oder Kollegen. Ed, ein Röntgenassistent, und Katie, eine Rechtsanwaltsgehilfin, sind ein solches Paar, das seine heimischen Eheprobleme auf das wesentlich ungefährlichere Gebiet der Arbeitswelt verlagert. Aus ihrer Perspektive ist Ed von einer Schar von Ärzten umgeben, die jegliches Gefühl für das Machbare verloren haben: »Die reichen mir alles auf den letzten Drücker rein und erwarten dann, daß ich am besten gestern noch mit Ergebnissen aufwarte.«

Und Katie muß in einem Büro arbeiten, in dem es vor Inkompetenz nur so wimmelt. »Ich weiß bestimmt zweimal soviel wie die meisten dieser hochgepriesenen Juristen. Du müßtest einmal sehen, was für Fehler denen unterlaufen. Und von mir erwarten sie, daß ich sie wieder ausbügele.«

Wenn Ehepaare wie Ed und Katie ihre Aggressionen unbewußt von sich auf andere verlagern, nehmen ihre Gefühlsäußerungen zumeist einen ganz bestimmten Charakter an. Die Aggressionen, die sie auf andere verlagern, haben spürbar nichts mit spontaner Wut oder offen aggressiver Feindschaft zu tun. Vielmehr handelt es sich bei ihnen eher um eine Art aggressiver Ungeduld, um mißgestimmte Enttäuschung und Mißtrauen. Aggressionsverlagerer neigen zu Verurteilungen und zu harscher Kritik – allerdings nie gegeneinander. Ed würde nie den Gedanken äußern, daß Katie vielleicht ungeduldig sein könnte, und Katie würde nie auch nur andeuten, daß Ed vielleicht nicht effizient genug arbeitet. Denn das könnte Konflikte zwischen ihnen aufrühren. Statt dessen lassen sie sich auf eine andere, ungefährlichere, gemeinsame Unternehmung ein: Sie suchen bei *anderen* nach Fehlern und neigen dazu, auf andere herabzusehen – sogar auf Menschen, die sie vorgeblich lieben. (So witzelte einer der gemeinsamen Freunde der beiden einmal ganz treffend: »Die hassen ja sogar noch die Menschen, die ihnen am Herzen liegen.«)

Ein komplexer Überlegenheitskomplex

Man kann sich gut vorstellen, wie Aggressionsverlagerer miteinander tratschen und sich gegenseitig wegen all der Ungerechtigkeiten, Erniedrigungen und sonstigen Dinge, die die anderen Menschen ihnen antun, bemitleiden. Und sie tun es grundsätzlich hinter verschlossenen Türen: »Das bleibt aber unter uns.«

Die zornigen Unmutsäußerungen, die sie über andere abgeben, vermitteln einem oft den Eindruck, daß Aggressionsverlagerer verleumderisch und unloyal sind und daß sie an einem »Überlegenheitskomplex« leiden. Aber eine solche Schlußfolgerung würde das Wesentliche dieses Aggressionsstils außer acht lassen. Sie berücksichtigt weder die inneren Kämpfe, die mit diesem Stil einhergehen, noch den ungeheuren Druck, der ein aggressionsverlagerndes Ehepaar dazu treibt, ihre Beziehung von jeglichen Aggressionen freizuhalten. Durch ihr gemeinsames »Überlegenheitsgefühl« versuchen Aggressionsverlagerer, sich fester aneinander zu binden. Sie bilden einen exklusiven Klub, dem nur zwei Menschen angehören.

Allerdings wird diese verstärkte Wendung nach innen, zu einem intensiveren Eheleben, von der Außenwelt, von der sich ein solches Paar abwendet, oft genug fehlinterpretiert. Margo und Sam haben diese massive Fehldeutung ihrer Verlagererehe am eigenen Leib zu spüren bekommen:

»Es war so um die Weihnachtszeit, und die Leute aus meinem Büro planten eine Silvesterparty. Ich bekam zufällig mit, wie sie über Sam und mich sprachen. Sie sagten, wir wären Snobs, und selbst wenn wir kämen, würden wir doch mit niemandem reden. Das hat wirklich weh getan.«

Bei Irene und Roger war es gar nicht nötig, Gespräche anderer »zufällig« mitzukriegen. Sie bekamen den Stachel dieser typischen Fehlinterpretation auch so zu spüren:

»Als ich meiner Schwester sagte, wir würden nicht zu ihrem Picknick erscheinen, ist sie regelrecht explodiert: ›Ihr beide seid doch wirklich so etwas von eingebildet. Ihr seid euch doch viel zu gut, um euch mit mir und meinen Freunden abzugeben.‹«

Aggressionsverlagerer werden von Außenstehenden leider häufig als unnahbar, ungesellig, zurückgezogen und unansprechbar, als schroff und kalt, hochmütig, eingebildet und überheblich wahrgenommen.

Isolation ist ein weiteres großes Problem bei Verlagerern. Sie ziehen sich von der Welt zurück, statt sich ihr zu öffnen und sich einzubringen. Ihr gesellschaftliches Leben ist schwer in Mitleidenschaft gezogen. In der Regel sind Häuser von Aggressionsverlagerern alles andere als rege und fröhliche Treffpunkte für Freunde und Verwandte.

Auch ihre Freundschaften bleiben von dieser allgemeinen Charakteristik nicht unbeeinflußt. Verlagerer haben eher oberflächliche und lockere Außenkontakte. Nur selten finden sie ein anderes Ehepaar, zu dem sie eine besondere Nähe entwickkeln. Da sie so gut wie nie enge Freunde, Kameraden oder Vertraute haben, ist ihr eigener Partner oft auch ihr bester und einziger Freund. Ein solcher Mangel an Offenheit und Vertrauen (selbst gegenüber Menschen, die sie zu mögen glauben), ist ein typisches Merkmal von Aggressionsverlagerern.

Aggressionsverlagerer und ihre Kinder

Gemessen an den anderen Aggressionsstilen zeichnet sich die Verlagerung dadurch aus, daß die von ihr Betroffenen – oft ohne es selbst zu realisieren – ein besonders auffälliges Verhältnis zu ihren eigenen Kindern entwickeln! Wie wir gesehen haben, schützen sich Verlagerer dadurch vor ihren Aggressionen, daß sie sich in eine undurchdringliche Zweisamkeit zurückziehen. Ein Baby hat somit als zusätzliches drittes Element tiefgreifende Einwirkungen auf das Beziehungssystem von Verlagerern und stellt oft eine erhebliche Bedrohung dar. Aus diesem Grunde können die Reaktionen der Partner auf den eigenen Nachwuchs uns helfen, diesen Aggressionsstil zu isolieren.

Verlagerer können sich so fest an ihre Zweisamkeit klammern, daß für Kinder einfach kein Platz mehr bleibt. Deswegen zögern sie das Kinderkriegen oft erheblich hinaus oder entscheiden sich ganz und gar dagegen: »Wir können uns einfach nicht vorstellen, Kinder zu haben«; »Wir sind sehr zufrieden mit unserer Lebensweise. Warum sollten wir sie ändern?«

Und wenn ihr Beziehungsgefüge tatsächlich noch Platz für Kinder läßt, machen sie sie häufig zu einem Teil ihres idealisierten, engen Familienzirkels: »Ehrlich gesagt, andere Kinder können unserem Sohn/unserer Tochter nicht das Wasser reichen!« Das eigene Kind wird sozusagen zum auserwählten Mitglied des ›exklusiven‹, und d. h. alle anderen ausschließenden Verlagererklubs; es wird ein Teil dieses *Wir*, durch das sich Verlagerer gegen die *anderen* abschließen: »Unser Kind gibt sich so gut wie gar nicht mit den Nachbarkindern ab.«

Unglücklicherweise kann die ganze Geschichte auch in die entgegengesetzte Richtung ausschlagen. Die aggressionsverlagernden Eltern können unbewußt das Bedürfnis entwickeln, ihr Kind der Kategorie der ›anderen‹, der Außenstehenden zuzuordnen: »Wir haben eigentlich wenig mit unserem Sohn/unserer Tochter zu tun.« Diese Konstellation kann dazu führen, daß letztlich sogar die eigenen Kinder für die Eheprobleme verantwortlich gemacht werden: »Ehrlich gesagt, wenn unser Kind nicht wäre, hätten wir auch keine Probleme.« Die Harmonie in der Ehe wird hier dadurch hergestellt, daß das eigene Fleisch und Blut zum Feind gemacht wird.

Zu einer Abwandlung dieser unbewußten Taktik kommt es

oft, wenn zwei Kinder da sind. Es wird dann eine strenge Unterscheidung getroffen: eines der Kinder wird dem eigenen Klub zugeschlagen, das andere ausgeschlossen. Auf diese Weise verschaffen sich Aggressionsverlagerer eine äußerst effektive Möglichkeit, ihre Aggressionen weiterhin auf andere abzulenken. Zusammen mit dem »guten« Kind grenzen sich die aggressionsverlagernden Eltern gegen das »schlechte« Kind ab, das als Sündenbock für den verlagerten Unmut herhalten muß und so zur aggressionsfreien Zone des neuen Dreierklubs wesentlich beiträgt: »Unser Sohn ist ein echter Schatz, aber bei unserer Tochter ist es eine ganz andere Geschichte.« Familien, bei denen eines der Kinder zum schwarzen Schaf gestempelt wird, sind oft unbewußte Aggressionsverlagerer.

Austauschbare Zielscheiben

Wenn Verlagerer ihren äußeren Feind verlieren (wenn z. B. die verhaßte Schwiegermutter stirbt oder die Familie umzieht und ihre alten Feinde zurückläßt), wenden sie ihre Aggressionen manchmal auch gegeneinander. Allerdings geschieht dies nur äußerst selten, da Verlagerer sehr schnell arbeiten und nicht sehr lange brauchen, um Ersatz für ihren verlorenen Sündenbock zu finden! Wenn allerdings durch irgendwelche äußeren Umstände tatsächlich einmal ein solcher Ersatz nicht zur Hand ist, fallen die Aggressionen auf die Verlagerer selbst zurück.

Oft ist dies der Fall, wenn Verlagerer in Urlaub fahren (»um von allem wegzukommen«) und dann feststellen müssen, daß ihr Partner tatsächlich die einzige Person ist, auf die sie nun ihre Aggression richten können. In dieser Ausnahmesituation kann die vorher verlagerte Aggression vorübergehend in der Verlagererehe selbst zum Ausbruch gelangen. Angesichts dieses Risikos neigen aggressionsverlagernde Ehepaare dazu, nur kurze Zeit in Urlaub zu fahren!

Die unausbleiblichen Folgekosten
der Aggressionsverlagerung

Obwohl Aggressionsverlagerer unbewußt einen sicheren Mechanismus gefunden haben, die Aggressionen aus ihrer Ehe zu vertreiben, müssen sie dafür einen hohen Preis zahlen. (In jeder verdeckt aggressiven Ehe zieht die Aggressionsverdrängung solche Folgekosten nach sich!) Die Aggressionen verschwinden zwar, aber das eheliche Elend bleibt – nur daß es ein anderes, abgemildertes Aussehen erhält. So wirkt die geschützte und behagliche kleine Inselwelt, die sich Aggressionsverlagerer selbst schaffen, unausweichlich irgendwann öde und einsam.

Die Partner spüren immer mehr, wie die Spannung und das Leben aus ihrer Ehe verschwinden. Das ewige Einerlei der zweisam-einsamen Abendessen verliert mit der Zeit an Reiz und Lebendigkeit, wenn das einzige Motiv für diese Zweisamkeit wirklich nur in der Flucht vor den eigenen Aggressionen besteht.

Es kann auch so weit kommen, daß die selbstgewählte Isolation solcher Ehepaare über die bloße Langeweile hinausgeht und plötzlich weh tut. Dies kann z. B. in den Ferien und zu Weihnachten geschehen, wenn zwei Aggressionsverlagerer feststellen müssen, daß sie nur sich haben, während andere in ihrem Alter im trauten Schoß ihrer Familie geborgen sind. Zur Not retten sie sich dann noch dadurch, daß sie über die Feiertage wegfahren oder die Bedeutung solcher Familienfeste herunterzuspielen versuchen.

Nichtsdestoweniger empfinden Verlagerer keine Aggressionen in ihrer Ehe. Sie fühlen sich vielleicht traurig, einsam und abgeschnitten, ihre Ehe wird triste und öde. Aber auch diese Empfindungen des Bedauerns stellen sich nur zeitweise und vorübergehend ein und typischerweise erst, wenn die Ehe schon länger Bestand hat.

Die Zeit hinterläßt bei Aggressionsverlagerern ihre Spuren. Und das Bedauern über das »Verpaßte« oder »Aufgegebene« wird mit den Jahren immer spürbarer, immer deutlicher und leider auch immer schmerzlicher.

»Es tut mir jetzt doch leid, daß wir keine Kinder hatten«; »Ich wünschte, wir hätten mehr Kontakt zu unserem Sohn/unserer Tochter«; »Schade, daß unsere Kinder sich nicht so gut verstehen« – solche Äußerungen des Bedauerns gewinnen bei Verlagerern mit den Jahren immer mehr an Gewicht.

Aggressionsverlagerer können es in ihrer Technik der Aggressionsumlenkung zu einer wahren Meisterschaft bringen. Theoretisch können sie ihre Kunst so weit ausfeilen, daß sie nie auf den Gedanken kommen, daß etwas mit ihnen selbst vielleicht nicht stimmt! Aber diese Möglichkeit stellt eher eine Ausnahme dar. Im allgemeinen holt das Leben die Menschen ein – auch wenn sie sich noch so große Mühe gegeben haben, ihre Gefühle und Aggressionen aus ihrem Leben auszulagern.

Irgendwann kommt ein Punkt im Leben, an dem auch der gewandteste Aggressionsverlagerer müde wird, ständig zu hassen, zu beschuldigen und Krieg gegen andere zu führen. Irgendwann kommt für jeden Verlagerer der Augenblick, in dem er in einer stillen, dunklen Nacht den Kopf auf das Kissen legt und im Innersten weiß, daß irgend etwas in seinem Leben schiefgelaufen ist.

Hänsel und Gretel

Die vielleicht traurigste Empfindung, die Verlagerer haben können, ist die Überzeugung, daß sie in einer lieblosen und unwirtlichen Welt leben. Ihr Bedürfnis nach einem äußeren Sündenbock, nach Widersachern, Gegnern, Aggressoren und Feinden wirft einen dunklen Schatten von Mißtrauen über ihr Leben. Aggressionsverlagerer machen sich selbst unbewußt zu einem Hänsel-und-Gretel-Paar: Sie befinden sich in einem dunklen Wald, umgeben von vielfachen Gefahren und von Menschen, die nichts Gutes im Schilde führen.

So kann es bei Aggressionsverlagerern zu der paradoxen (und ihnen selbst unbegreiflichen) Situation kommen, daß ihre »gute« Ehe, für die sie alles aufs Spiel gesetzt haben, sie über die »schlechte« Welt, die sie sich geschaffen haben, kaum mehr hinwegzutrösten vermag. Sie fühlen sich vielleicht miteinander noch einigermaßen glücklich, aber ansonsten sind sie eher traurig. Und am Ende haben sie zwar noch sich, aber das ist vielleicht auch schon alles, was sie haben.

Catherine und Andrew sind ein solches aggressionsverlagerndes Paar. In den elf Jahren ihrer Ehe hat eigentlich nichts ihrer Zweisamkeit etwas anhaben können. Dennoch ist ihr Leben bis in die Grundfesten durch diesen Aggressionsstil geprägt und in Mitleidenschaft gezogen worden. Ihre Beziehung soll im folgenden als mögliche Vergleichsfolie für Ihre eigene Ehe dargestellt werden.

Die Oberflächenehe zweier Aggressionsverlagerer: Catherine und Andrew

Catherine machte die Haustür zu und gab einen Seufzer der Erleichterung von sich. Es war neun Uhr durch. Die letzten Gäste waren gerade gegangen. Gott sei Dank mußten sie nur einmal im Jahr eine Cocktailparty für ihre Arbeitskollegen aus dem Büro geben.

»Auf der Einladung stand doch unmißverständlich, daß die Party von sechs bis acht gehen sollte. Man sollte doch wirklich soviel Taktgefühl von den Leuten erwarten dürfen, die Gastfreundschaft nicht überzustrapazieren und pünktlich zu gehen. Statt dessen hängen sie herum und fressen einem die Haare vom Kopf.«

Darauf erwidert Andrew:

»Kennst du irgend jemand, der heute wirklich noch Taktgefühl hat? Warum wunderst du dich darüber? Selbst mir mußtest du, als wir uns kennenlernten, einen damals auch wirklich notwendigen Schnellkurs in gutem Benehmen erteilen.«

Andrews Gedanken wanderten zu den ersten Tagen seiner Beziehung mit Catherine zurück, als sie ihn immer heimlich mit dem Ellenbogen anstieß, wenn er etwas falsch gemacht hatte. Die Verärgerung, die diese Erinnerung im ersten Moment vielleicht in ihm auslöste, machte schnell der Erkenntnis Platz, daß Catherine ihn nur auf die richtige Bahn gebracht hatte – etwas, was seine selbst schlecht erzogenen Eltern nie getan hatten! Am Ende konnte er ihr dafür nur dankbar sein:

»Wenn du nicht gewesen wärst«, sagte er mit erkennbarer Ergebenheit, »wäre ich jetzt wie ›die anderen‹.«

Catherine setzte noch einen drauf:

»Apropos Umgangsformen! Hast du mit dem Mann gesprochen, den Janice heute mitgebracht hat? Vielleicht hat er ja Geld, von Benehmen aber hat er keine Spur.

Übrigens hat sie dir ein Geschenk für deinen morgigen vierzigsten Geburtstag mitgebracht – wahrscheinlich hatte sie es noch von ihrem Exmann im Wandschrank hängen.«

Ohne Übergang fuhr sie fort: »Dein Chef und dieser Lakai, den er sich da als Nachfolger heranzieht, sind wirklich unerträglich in ihrer Arroganz.«

Andrews Nicken machte deutlich, daß sie ihm aus der Seele gesprochen hatte:

»Ja. Die haben dieselbe Vorstellung von Management: Laß deine Angestellten die ganze Arbeit tun, und sieh zu, daß du den Lohn für ihre harte Arbeit in Anspruch nimmst!«

Es ist wirklich schade, dachte Catherine. Sie hatte alles versucht, um Andrew dabei zu helfen, die Karriereleiter hochzusteigen. Wenn er doch nur stärker auf Karters Job gedrängt hätte. Aber konnte sie wirklich sauer auf Andrew sein? War es denn sein Fehler, daß bei Beförderungen nicht die Arbeit, die man leistet, sondern die Firmenpolitik den Ausschlag gab?

Und überhaupt, überlegte sie weiter, was sie wirklich auf die Palme brachte, war, daß sie Andrews Eltern ertragen mußte.

Andrew und sie versuchten, den Odelles so weit wie möglich aus dem Weg zu gehen. Aber seit ihrem fünfunddreißigsten Geburtstag vor drei Jahren hörte ihre Schwiegermutter gar nicht mehr auf, ihr die Ohren darüber vollzujammern, daß sie noch immer keine Enkelkinder hätte. Andrew hatte damals, als er seinen Eltern klarzumachen versuchte, wie er und Catherine zu Kindern stehen, Catherines Standpunkt wiederholt:

»Catherine und ich haben eben einfach eine andere Einstellung als du und Vater. Wir glauben nicht, daß wir Kinder brauchen, um ein erfülltes Leben zu führen. Catherine genügt mir voll und ganz!«

Catherine wußte, daß Andrew sie bewunderte. Es war ihr vom ersten Augenblick an klar gewesen, damals bei ihrer ersten Verabredung zum Tennis. Er konnte sich gar nicht mehr beruhigen, so begeistert war er von ihrem Spiel gewesen. Er hatte sogar einen der Profispieler ganz aufgeregt herbeigewunken: »Dabei ist sie gerade einmal Anfängerin. Ist sie nicht ein Naturtalent?«

Auch Catherine hatte sich von Anfang an zu Andrew hingezogen gefühlt – allerdings weniger durch das, was er war (er war ein wenig untersetzt, wußte sich nicht zu kleiden und hatte nicht gerade einen Superjob). Sie liebte ihn wegen der Möglichkeiten, die er in sich hatte. Und nach elfjähriger Ehe hatte sie etwas aus ihm gemacht. Catherine kaufte Andrews Kleidung, achtete auf seine Diät, spornte ihn an, seinen Abschluß zu machen, und hatte ihn alles in allem völlig unter Kontrolle. Nur die richtigen Tischmanieren stellten sich als ein großes Problem heraus. Aber das lag nur an der schlechten Erziehung, die die Odelles ihm hatten zukommen lassen.

Andrews Stimme ließ Catherine wieder aus ihrer Gedankenverlorenheit auffahren:

»Woran denkst du?«

»Ach, nur an die ewige Drängelei deiner Mutter wegen eines Enkelkindes. Man sollte doch wirklich erwarten, daß sie es mittlerweile aufgegeben hätten.«

Andrews Gesichtsausdruck veränderte sich. Morgen wäre er schon vierzig, und er war alles andere als glücklich darüber, ein Mann mittleren Alters geworden zu sein. Plötzlich hörte er sich selber etwas sagen, von dem er nie geglaubt hätte, daß er es aussprechen würde:

»Weißt du, Catherine, vielleicht sollten wir uns das mit den Kindern noch einmal überlegen.«

Catherine war sichtlich geschockt darüber und wurde aggressiv:

»Deine Mutter ist eine echte Hexe. Sieh dir doch an, wie sie dich einwickelt. Jeder Kontakt mit ihr bringt alles durcheinander. Aber damit ist jetzt Schluß. Was mich angeht, braucht sie sich hier gar nicht mehr blicken zu lassen!«

Andrew hörte seiner Frau zu und hatte plötzlich eine neue Idee:

»Hör mal, ich glaube, meine Mutter bringt wirklich alles durcheinander. Vielleicht ist ja ihr ewiges Genörgele schuld daran, daß ich mich über meinen vierzigsten Geburtstag nicht freuen kann.«

Jetzt, da sie übereingekommen waren, daß Mrs. Odelle die Schuldtragende war, löschten Andrew und Catherine das Wohnzimmerlicht und gingen nach oben ins Schlafzimmer.

Die Kennzeichen der Oberflächenehe – Verlagern auch Sie Ihre Aggressionen?

Das alltägliche Zusammenleben von Andrew und Catherine weist alle Merkmale einer typischen Ehe von Aggressionsverlagerern auf. Ihre Aggressionen treten nicht unmittelbar an die Oberfläche ihrer Ehe, sondern werden ausgelagert und auf andere projiziert!

Diese Aggressionsverlagerung baut eine Mauer zwischen den beiden und der übrigen Welt auf, durch die sie enger zusammenrücken, die anderen aber ausgeschlossen werden. Sobald sich auch nur die leiseste Möglichkeit eines Auftauchens von Aggressionen in ihrer Ehe andeutet, werden sie sogleich verlagert und auf andere projiziert: Es ist stets die Schuld der *anderen* (der Freunde, der Familie, des Chefs . . .), wenn sie selbst nicht glücklich sind!

Aber es gibt noch viele andere verräterische Merkmale in ihrer Beziehung:

○ Sie nehmen Außenstehende als ihre Feinde wahr: die angeheirateten Verwandten, Andrews Chef . . . Ihre Beziehung unterliegt mithin dem typischen Verlagerungsschema: Wir gegen die anderen.

○ Die Auseinandersetzung kommt an einem entscheidenden Wendepunkt ihres Lebens zustande. Ihre biologische Uhr läuft unbarmherzig ab, und sie sind wütend auf Andrews Eltern, weil sie sie daran erinnern.

○ Sie tratschen, verurteilen andere und fühlen sich ihnen überlegen – wie das Auseinandernehmen der Gäste nach der Party beweist.

Überlegen Sie, ob nicht auch Ihre Oberflächenehe eines dieser Merkmale aufweist. Wenn Sie in Ihrer Beziehung vielleicht nicht sonderlich glücklich sind, aber doch weder enge Freunde noch enge Beziehungen zur Verwandtschaft und zu Arbeitskollegen haben, könnte es sein, daß die wirklichen Probleme nicht bei den anderen zu suchen sind, sondern in ihrer aggressionsgestörten Verlagererehe.

Die Dekodierung unserer Kritik;
wie man die verborgene Ehe sichtbar werden läßt

Wie in jeder aggressiven Partnerschaft sind es auch in dieser Ehe die unbewußten Bedürfnisse, die die treibenden Kräfte der unsichtbaren Ehe abgeben. Andrew hat unbewußt das *Bedürfnis nach einem idealisierten Beschützer*, und Catherine wird von dem Bedürfnis bestimmt, *einen Mann wieder aufzubauen*, ihn aus einem schwachen in einen starken Mann umzumodeln. Allerdings muß die Dekodierung der Kritik, die den verborgenen Kern der Ehe aufdecken soll, bei Aggressionsverlagerern eine etwas andere Form annehmen. Denn schließlich leben sie in der festen Überzeugung, daß an dem anderen nichts auszusetzen ist. Zu der »unerschütterlichen Einheit« ihrer Ehe gehört der Verzicht auf echte Kritik. Sicherlich beobachten sie, bemerken, kommentieren, geben »konstruktive Kritik« ab – aber echte Beschwerden über den anderen passen nicht in ihr Beziehungsbild. Denn schließlich gibt es für sie immer jemanden, den sie anstelle ihres Partners anklagen und kritisieren können.

Vielleicht gibt es irgendwann in der Zukunft wirklich einen Zeitpunkt, an dem sich bloße Bemerkungen in echte Klagen, Beobachtungen in Kritik am anderen verwandeln werden. Aber für Catherine und Andrew ist dieser Punkt noch weit entfernt. Und offen gesagt gibt es aggressionsverlagernde Paare, deren unerschütterliche Einigkeit nie durch solche Zweifel in Gefahr gerät.

Auf die Frage: »Welche Klagen haben Sie über Ihren Partner?« würde ein Verlagerer nach der Logik dieses Aggressionstyps eine beschwichtigende Antwort geben, die etwa so beginnen könnte: »Nun, ich würde nicht so weit gehen, es Klagen zu nennen ...« Also wollen auch wir uns diesem Sprachgebrauch anschließen und von »Beobachtungen« statt von »Klagen« ausgehen, um einen Einblick in die verborgenen Bedürfnisse der beiden zu gewinnen.

Ihre Kritik und sein verborgenes Bedürfnis

Catherines »Beobachtungen« geben wie ein Fenster den Blick auf Andrews verborgenes Bedürfnis frei: Er braucht eine vollkommene Frau, um sich vollkommen geschützt fühlen zu können.

»Mir ist an Andrew aufgefallen, daß er mir bei jedem Wort an den Lippen hängt. Wir können über irgend etwas reden, und beim nächsten Mal, wenn wir darauf zu sprechen kommen, vertritt er meine Ideen. Das kann einem schon ein ganz gutes Gefühl geben.«

»Imitation ist die höchste Form der Schmeichelei«, lautet ein Sinnspruch. Hinter solcher Bewunderung verbirgt sich oft eine Art von sich unterordnender Verherrlichung des anderen. Auch Andrew hat unbewußt ein starkes Bedürfnis nach einer solchen hohen Meinung von seiner Frau, ja sogar nach Ehrfurcht vor ihr. Sein unbewußtes Bedürfnis läßt ihn seine Frau idealisieren.

Catherine hat beobachtet, daß Andrew dadurch selbstsicherer wirkt und bestimmter auftritt:

»Er wirkt viel stärker und überzeugender, wenn er meinen

Standpunkt vertritt. Wie z. B. damals, als er sich dann plötzlich so unmißverständlich in der Kinderfrage äußern konnte.«

Andrew scheint mehr von Catherines Ideen als von seinen eigenen zu halten, deswegen schließt er sich ihrer Meinung oft an. Er fühlt sich unter dem Schutz ihrer Vorstellungen sicher und geborgen. Für ihn sind Catherines Äußerungen nicht nur Worte, sondern fast schon so etwas wie magische Schutzschilder. Er wird dadurch stärker und selbstbewußter. Catherine weiß es am besten, und folglich, wenn er sich zu ihrem Sprachrohr macht, weiß auch er es am besten. Und mit diesem Wissen kann er sich dann auch natürlich besser gegen andere durchsetzen.

So ermöglicht das Gefühl von Beschütztheit, das Catherine Andrew vermittelt, ihm ein aggressives Auftreten (z. B. gegenüber seinen Eltern). Offenbar ist Andrews Verhalten nicht nur Ausdruck seines unbewußten Bedürfnisses. Vielmehr wird er dadurch, daß er die Meinung seines idealisierten Beschützers vertritt, zugleich in die Lage versetzt, seine Aggressionen auf andere zu verlagern! Ein und dasselbe Verhalten kann also zwei psychologische Funktionen übernehmen. Wie schon gesagt, arbeitet unsere Psyche sehr ökonomisch: Dasselbe Verhalten dient zugleich der Befriedigung eines innersten Bedürfnisses und der Verlagerung unliebsamer Aggressionen; »zwei Fliegen mit einer Klappe«.

Empfindet Ihr Mann unverhohlene Bewunderung für Sie? Hört er auf Ihren Rat und blickt er zu Ihnen auf, um ihn zu bekommen? Blickt er gleichzeitig auf andere herab? Sind Sie die Quelle all seiner Kraft und der Stärke, die er gegenüber anderen beweist? Diese Beobachtungen lassen vermuten, daß Ihr Mann ein inniges Bedürfnis hat, Sie zu idealisieren.

Sollten Sie sich nach dem bisher Gesagten noch nicht völlig über die innere Bedürfnisstruktur Ihres Mannes im klaren sein, werden Ihnen vielleicht die nachfolgenden Beobachtungen ein Stück weiterhelfen können:

IHRE KRITIK/BEOBACHTUNG: Er sagt, ich hätte einen tadellosen Geschmack, was Kleidung betrifft. Er hat die ganze Einrichtung unseres Hauses mir überlassen, weil er meinem Urteilsvermögen blind vertraut. Er prahlt bei jedem damit, was für eine außergewöhnliche Köchin ich sei.

DAS VERBORGENE BEDÜRFNIS IHRES MANNES: Sie sind wahrscheinlich eine tolle Frau, aber sind Sie so gut, wie Ihr Mann zu glauben scheint? Ist seine vorbehaltlose Bewunderung für Sie realistisch, oder braucht er Sie einfach so makellos und vollkommen und projiziert infolgedessen dieses Bedürfnis auf Sie. Sie sollten auch nicht vergessen, daß seine Idealisierung Sie für ihn so vollkommen erscheinen läßt, daß Sie keinerlei Angriffsfläche für seine Aggressionen bieten. Im Gegenteil, im Vergleich zu Ihnen sind es immer nur die anderen, die schlecht aussehen. So erfüllt seine Bewunderung gleich zwei Zwecke auf einmal: sie macht aus Ihnen eine perfekte Beschützerin und hilft ihm, seinen Unmut gegen Sie unter Kontrolle zu halten!

IHRE KRITIK/BEOBACHTUNG: Er wendet sich immer an mich, wenn irgendwelche Entscheidungen anstehen. Ich bin für ihn der Weisheit letzter Schluß. Er schließt sich meiner Meinung in allen strittigen Fällen an.

DAS VERBORGENE BEDÜRFNIS IHRES MANNES: Ihr Mann begibt sich ganz in Ihre Hände, weil er möchte, daß Sie sich um ihn und seine Angelegenheiten kümmern. Er vertraut darauf, daß er bei Ihnen in vollkommener Obhut ist.

Nach einer Weile kann ein Mann, der sich ausschließlich dem besseren Urteilsvermögen seiner Frau überläßt, für sie zu einer echten Belastung werden. Oft wird in einer solchen Situation die Schuld bei anderen, etwa bei seiner Mutter gesucht, die ihm nie eine eigene Meinung erlaubt hat. Solche Sündenböcke dienen dazu, das aufkommende Gefühl der Aggression im Ansatz zu ersticken.

IHRE KRITIK/BEOBACHTUNG: Er sagt mir oft, ich genüge ihm voll und ganz. Er sagte manchmal, er brauche keine Kinder, um glücklich zu werden. Ich glaube, ich bin ihm wichtiger als unsere Kinder.

DAS VERBORGENE BEDÜRFNIS IHRES MANNES: Es könnte sein, daß Ihr Mann Kinder als Bedrohung wahrnimmt. Er braucht ja Ihren Schutz und fürchtet vielleicht, Kinder könnten ihm diesen Schutz rauben.

Seine Kritik/Beobachtungen und Ihr verborgenes Bedürfnis

Wenn wir nun unsere Strategie umkehren und uns Andrews »Beschwerden« ansehen, um Catherines versteckte Bedürfnisse freizulegen, stellen wir fest, daß auch Andrew »eigentlich keine größeren Klagen« hat. Da er indes nur die andere Hälfte dieser Verlagererehe darstellt, war dies aber auch nicht anders zu erwarten. Immerhin aber können uns seine Beobachtungen über Catherine helfen, ihr eigenes Bedürfnis, einen Mann wieder aufzubauen, zu verstehen.

Andrews Bemerkungen über seine Frau haben fast durchgehend dasselbe Thema: wieviel von seinem Erfolg er ihr im Grunde doch verdankt:

»Catherine kommt aus einem besseren sozialen Umfeld als ich. Sie war auch eine viel bessere Studentin, sie war viel intellektueller. Ich hatte wirklich Glück, daß sie sich gerade in mich verliebte.«

Hatte Andrew wirklich nur »Glück in der Liebe« oder ist er nicht auch Catherines »Rohmaterial«, das sie braucht, um einen Mann nach ihren Vorstellungen zu formen? Andrew, der sozial und bildungsmäßig unter ihr stand und zudem wenig weltgewandt war, war genau der ungeschliffene Diamant, der ihrem unbewußten Bedürfnis entgegenkam.

Das Gefühl des Rangunterschieds, das Andrew hatte, machte ihn zudem sehr aufgeschlossen für Catherines »Aufbauarbeit«:

»Meine Herkunft brachte es mit sich, daß ich mir nie wirklich große Ziele setzte. Aber das wurde mir erst bewußt, als ich Catherine kennenlernte. Sie hat mir auch weitergehende Perspektiven eröffnet – besonders im Beruf. Sie hat mich dazu gebracht, die großen Dinge anzustreben. Sie hat mir klargemacht, daß ich den anderen Männern um mich herum einiges voraushabe.«

Catherine hatte ihren Rohdiamanten gefunden und konnte nun ihr Bedürfnis ausleben, ihm den entscheidenden Schliff zu geben, d. h., ihren Mann besser, stärker und erfolgreicher zu machen. Der unbewußte Druck ihres inneren Bedürfnisses wirkte sich auch nach außen hin aus und brachte sie dazu, ein »Stück Kohle« in einen wertvollen Edelstein zu verwandeln. Aber auch jetzt ließ der Druck nicht nach. Jedesmal wenn Andrew ein Ziel erreicht hat, treibt sie ihn zu neuen Dingen an.

Catherine ist mehr als nur eine Stärkung für Andrews Selbstgefühl. Sie ist etwa wie ein Trainer, der seinen »Kämpfer« in Form bringt. Je fitter und stärker Andrew sich fühlt, desto besser kommt er in seinem Beruf zurecht und desto höher kommt er auf der Karriereleiter. Catherine schürt das erbitterte Konkurrenzdenken in Andrew, um ihn beruflich weiterzutreiben. Diese Aufbauarbeit, dieser Versuch, ihm zu einem robusten, durchsetzungsfähigen und stärkeren Selbst zu verhelfen, ist Ausdruck ihres unbewußten Bedürfnisses!

Ein zusätzliches Resultat dieser Strategie ist, daß Andrews Aggressionen auf seine Kollegen abgelenkt werden, auf »diese Idioten«, die er aus dem Feld räumen will. Aus Arbeitskollegen sind Feinde geworden. Auf Catherine aber, die ihn unbarmherzig treibt, wird Andrew nie wütend. Im Gegenteil, beide entwickeln ein Zusammengehörigkeitsgefühl gegen die beruflichen Feinde, die all diese Mühen notwendig machen! Dadurch, daß sie ihr Bedürfnis, einen Mann nach ihren Vorstellungen aufzubauen, befriedigt und Andrew zugleich dazu bringt, seine Aggressionen auf andere zu projizieren, wird Catherine zu einem typischen Beispiel für einen Aggressionsverlagerer!

Bauen Sie das Selbstgefühl Ihres Mannes mit der heimlichen Absicht auf, ihn nach Ihren Vorstellungen umzumodeln – einer Absicht, die Ihnen vielleicht gar nicht bewußt ist? Könnte es sein, daß Ihr Versuch, ihn aufzurichten, darauf abzielt, ihm eine berufliche Karriere und damit eine Machtposition zu verschaffen? Möglicherweise gehen Sie dabei anders vor als Catherine. Sehen Sie sich deswegen die nachfolgenden Beobachtungen genau an. Sie könnten Ihnen einen Weg in Ihre eigene verborgene Ehe öffnen.

DIE KRITIK/BEOBACHTUNG IHRES MANNES: Mir war eigentlich nie klar, wie sehr sich meine Eltern in alles einmischen – bis ich heiratete. Heute lasse ich mir so leicht nichts mehr von meinem Bruder (Schwester, Vater, Mutter) sagen.

IHR VERBORGENES BEDÜRFNIS: Die Einstellung des eigenen Mannes zu seiner Familie verändern zu wollen, ist ein typisches Kennzeichen für das hier behandelte Bedürfnis. Sie können den Status quo, den er mit seiner Familie gefunden hat, nicht akzeptieren. Für Sie ist es wichtig, daß er sich gegen sie durchsetzt. Es ist für Sie ein Beweis, daß er zu einer Kraft geworden ist, mit der man rechnen kann. Und genau darauf zielt Ihr verborgenes Bedürfnis.

Vielleicht wird er Ihnen in der Zukunft einmal vorhalten, daß Sie einen Keil zwischen ihn und seine Familie getrieben haben. Aber im Moment noch sind Sie sich beide einig, daß »die anderen« die Schuld haben, d. h., Sie verlagern Ihre Aggressionen!

DIE KRITIK/BEOBACHTUNG IHRES MANNES: Meine Frau hat mich auf Diät gesetzt. Ich habe nie sehr auf meine Kleidung geachtet, bis meine Frau mir klargemacht hat: »Kleider machen Leute.« Sie ist der Grund, warum ich wieder zur Schule ging.

IHR VERBORGENES BEDÜRFNIS: Einen Mann zu ermuntern oder sogar zu bedrängen, mehr aus sich zu machen, ist oft ein Zeichen für das hier besprochene Bedürfnis. Sie wollen Ihren

Mann schlanker, sauberer, schicker und smarter. Für Ihr unbewußtes Bedürfnis, sich Ihren Mann nach Ihren Vorstellungen aufzubauen, ist es absolut entscheidend, daß er vorankommt!

Für den Augenblick noch, und mit Ihrer Unterstützung, projiziert er seine Irritation nach außen. Er ist Ihnen dankbar und wütend darüber, daß er das, was er von Ihnen bekommt, zu Hause nicht bekam. Ob dies so bleibt, ist allerdings eine andere Frage.

DIE KRITIK/BEOBACHTUNG IHRES MANNES: Ich bin jetzt viel unverblümter als früher. Ich lasse mich nicht mehr so einfach von anderen überrollen. Ich bin nicht mehr der ewig freundliche »liebe Kerl«, der ich früher immer war – seit ich meine Frau kennengelernt habe.

IHR VERBORGENES BEDÜRFNIS: Das Durchsetzungstraining gehört zum Pflichtprogramm, wenn man sich einen starken Mann aufbauen will. Zaghaftigkeit, Scheu, mangelndes Selbstvertrauen und Ängstlichkeit sind keine Qualitäten, die Sie an einem Mann schätzen könnten. Sie brauchen einen Mann mit Rückgrat und mutigem Auftreten und versuchen, Ihren Mann dahingehend zu formen.

Dadurch, daß Sie ihn zu einem selbstbewußten Auftreten antreiben, ist er jetzt auch eher in der Lage, sich gegen andere durchzusetzen. Er läßt sich nicht mehr alles gefallen. Das bedeutet gleichzeitig, daß es ihm jetzt auch leichterfällt, seine Aggressionen auf andere zu verlagern. Wieder werden zwei Funktionen auf einmal erfüllt!

Es kann in einer solchen Situation allerdings auch vorkommen, daß der Mann ein böses Erwachen erlebt und plötzlich feststellt, daß seine aggressive Art ihn unbeliebt hat werden lassen. Zwar muß dies nicht passieren, aber wenn es geschieht, wird es letztlich an Ihnen hängenbleiben: »Bevor ich meine Frau kennengelernt habe, war ich ein sehr umgänglicher Typ.« Im Moment bewundert Ihr Mann Sie allerdings ohne Frage noch.

DIE KRITIK/BEOBACHTUNG IHRES MANNES: Durch meine Frau bin ich zu einem guten Liebhaber geworden. Als wir uns kennenlernten, war ich sexuell richtig naiv. Ich war noch Jungfrau, sie nicht. Ich hatte im Gegensatz zu meiner Frau wenig Erfahrung.

IHR VERBORGENES BEDÜRFNIS: Wie könnten Sie Ihr Bedürfnis besser befriedigen, als daß Sie aus Ihrem Mann einen guten Liebhaber machen. Einen sexuell unerfahrenen und unentwickelten Mann in einen erotischen Meister umzuformen, ist der absolute Höhepunkt, wenn man einen Mann aufbauen will.

Ihre verborgene Ehe –
Der Kreislauf der Aggressionsverlagerung

Wenn Sie sich noch einmal die Ehe von Andrew und Catherine ansehen, werden Sie feststellen, daß die Bedürfnisse der beiden so ineinandergreifen, daß sie sich gegenseitig in ihrer aggressionsverlagernden Ehe fixieren. Betrachten Sie den dahintersteckenden Mechanismus genauer und überlegen Sie, ob er nicht vielleicht auch Ihre Ehe bestimmt.

Bevor wir uns jedoch diesen Kreislauf ansehen, muß ein Punkt noch einmal besonders betont werden: Auch wenn Catherine und Andrew sich in einem Teufelskreis verfangen haben, ist dieser Kreislauf kein aggressiv-konfliktgeladener. Dieser findet sich nur bei offen aggressiven Paaren, also in Ehen, in denen die eigenen Aggressionen enthemmt oder provoziert werden. Dies ist bei Aggressionsverlagerern nicht der Fall.

Verlagerer führen eine Ehe, in der sie fest aneinander gebunden sind. Sie schließen sich hermetisch in ihre Ehe ein. Ihre unbewußten Bedürfnisse müssen dabei so zusammenwirken, daß sie die Partner näher zusammenbringen und in eine verläßliche, intime und geradezu symbiotische Einheit verflechten. Sie gehorchen einem wichtigen unbewußten Impuls: Je enger sie sich aneinander binden, desto weniger Platz bleibt für ihre Aggressionen übrig. Und das bedeutet, daß sie sich außerhalb der Beziehung entladen muß.

Andrew und Catherine werden bereits von den ersten Warnzeichen ihrer unterdrückten Unzufriedenheit eingeholt – in der Kinderfrage nämlich. Aber noch sind sie fest und unerschütterlich in den Kreislauf der Aggressionsverlagerung eingebunden. Wie aber wirken ihre Bedürfnisse nun im einzelnen zusammen, um diese scheinbar undurchdringlich verborgene Ehe zu Wege zu bringen?

Beginnen wir mit Andrew. Sein inneres Bedürfnis, an einen idealisierten Beschützer zu glauben, hat dazu geführt, daß er seine Frau bewundert und sich an ihr orientiert. Dadurch, daß Catherine von ihrem eigenen Bedürfnis (einen Mann zu verändern) bestimmt wird, deutet sie Andrews Hochachtung für sie als ein Zeichen dafür, daß er schwach und unfertig ist. Unbewußt zieht sie die Schlußfolgerung:

»Ein Mann, der zu mir aufsieht, kann nicht viel wert sein.« Und diese unbewußte Voraussetzung setzt ihr verborgenes Bedürfnis, einen Mann aufzubauen, in Gang. Catherine beginnt, Andrew vorwärts-, und d. h. die Karriereleiter aufwärtszutreiben.

Bezeichnenderweise ist Catherine dem »armen« Andrew nie böse wegen seiner Mängel. Ihre Wut gilt den Menschen, die die Verantwortung für seine Defizite tragen. Und umgekehrt ist auch Andrew der »vollkommenen« Catherine niemals böse, weil sie ihn unbarmherzig treibt. Dafür blickt er mit Verachtung auf »die Idioten« herab, die sich ihm in den Weg stellen.

Und das Rad der Aggression dreht sich weiter. Catherine und Andrew sind in einen Teufelskreis geraten, der sie nicht auseinander-, sondern immer enger zusammentreibt und so in ihrer Verlagererehe bestärkt.

Die Primärehe:
Der Ursprungsort unserer Aggressionen

Warum braucht Andrew einen vollkommenen Beschützer als Partner? Wie kommt Catherine zu ihrem Bedürfnis, einen

Mann aufzubauen und ihn stärker zu machen? Und wie kommen sie an den zusätzlichen Druck, ihre verdrängten Aggressionen auf keinen Fall in ihrer Ehe zulassen zu dürfen? Was also hat sie zu diesem Hänsel-und-Gretel-Paar werden lassen, das sich in einer unwirtlichen Welt ängstlich aneinanderklammert? Die Antwort auf all diese Fragen liegt in ihren jeweiligen *Primärehen* begründet.

Catherines Erfahrungen in ihrer Primärehe

Obwohl sie es in einem sehr nüchternen Ton erzählt, muß das, was Catherine in ihrer Kindheit erlebt hat, für sie sehr schmerzlich gewesen sein:

»Meine Mutter ist nicht einfach. Sie war es nie. Einmal z. B. hat sie herausgefunden, daß ich auf dem Heimweg von der Schule Süßigkeiten gegessen hatte. Meine Schwester muß mich verpetzt haben. Bonbons waren uns verboten – wie so vieles andere auch.

Ich kam nach Hause, und die Tür war abgeschlossen. Draußen hing ein Zettel: ›Wenn du so gerne Süßigkeiten ißt, dann bleib draußen. Dort kannst du sie den ganzen Tag lang essen!‹

Sie ließ mich nicht rein. Ich schellte und schellte, und schließlich gab ich auf. Ich saß stundenlang vor der Tür. Als endlich mein Vater nach Hause kam (und das war bestimmt nicht vor acht, neun Uhr), durfte ich schließlich reinkommen.

Ich kann mich nicht daran erinnern, daß mein Vater irgend etwas zu mir oder meiner Mutter gesagt hätte. Aber er sagte sowieso nie viel, er war ein ruhiger Typ. Ich bin dann einfach nach oben ins Bett gegangen.«

Das war nicht das einzige Erlebnis dieser Art, das Catherine als Kind hatte.

»Als ich fünfzehn war, hat sie sich noch so ein Ding erlaubt. Ich hatte mir von meinem Taschengeld ein Kleid für einen Ballabend gekauft. Ich versteckte es vor ihr, denn es war ziemlich kurz. Zwei Tage vor dem Ball war das Kleid plötzlich verschwunden. Auf dem Bett fand ich wieder einen ihrer berühmten Zettel:

›Falls du das Kleid suchst, es ist da, wo es hingehört – in der Abfalltonne.‹

Ich weiß noch, daß ich meinem Vater alles erzählte. Und es war nicht zu übersehen, daß er ihre Mätzchen genau kannte, aber er unternahm nichts dagegen.«

Catherines Mutter war brutal und streng. Ihre mißgünstige Eifersucht brachte sie so weit, daß sie ihre Tochter, ein kleines, hilfloses Kind, rücksichtslos und geradezu bösartig behandelte. Catherine reagierte mit Angst, Verletztheit und Wut. Aber sie war nicht in der Lage, diese Reaktionen zu zeigen. Wenn schließlich schon ein Schokoriegel ausreichte, um ihre Mutter so wütend zu machen, wie würde sie dann erst reagieren, wenn Catherine aggressiv würde.

Catherine hatte Angst, daß die Äußerung ihrer Wut sie endgültig zerstören könnte. Nach der traumatischen Erfahrung, allein vor der Tür gelassen worden zu sein und nach der Geschichte mit ihrem weggeworfenen Kleid war ihre Reaktion nur allzu verständlich. Und es war wenig überraschend, daß sie ihre Aggressionen versteckte.

Indes, es gibt noch einen weiteren Grund, warum sie ihre Wut unterdrückte. In ihrer Mutter erfuhr sie Aggressionen als etwas Brutales und unbarmherzig Gnadenloses. Und als Kind hatte sie Angst, daß ihre eigenen Aggressionen, sobald sie sie rausließ, eine ähnliche Form annehmen könnten. Schließlich – so schloß sie unbewußt – war sie immerhin die Tochter ihrer Mutter. Und die Angst davor, daß sie ein ebenso unbeherrschtes Gemüt haben könnte, ließ sie ihre Aggressionen verdrängen.

Aber wir dürfen natürlich auch Catherines Vater und die besondere Rolle, die er in dieser Primärehe spielte, nicht außer acht lassen. Entscheidend für Catherine war die schmerzliche Erfahrung, daß er ihr nie zu Hilfe kam. Ruhig, zurückhaltend und langweilig, wie er war, fuhr er nie dazwischen, um die Gehässigkeiten ihrer Mutter zu verhindern oder sie sogar zurechtzuweisen. Die tiefe Verletztheit und die Enttäuschung, die das Versäumnis ihres Vater in ihr hinterließ, war für ihr weiteres Leben prägend. Sie entwickelte das Bedürfnis, diesen Fehler wiedergutzumachen. Deswegen »bearbeitet« sie heute ihren Mann so sehr und versucht, aus ihm eine starke, kompetente und durchsetzungsfähige Persönlichkeit zu formen. Zugleich ist das auch der Grund, warum sie solche Probleme mit der Wut, die sie immer noch verspürt, hat.

Dies ist das doppelte Erbe, das Catherine aus ihrer Primärehe mitschleppt: Sie hat ein unbewußtes Bedürfnis, sich einen starken und fähigen Mann zu schaffen. Wenn ihr das gelingt, ist sie vor der Härte und Grausamkeit ihrer Mutter sicher. Aber sie muß sich zugleich ihrer häßlichen und destruktiven Aggressionen entledigen.

Vielleicht ist Ihre Geschichte ähnlich schmerzvoll. Denken Sie einmal darüber nach: Hatten Sie auch eine grausame Mutter und einen Vater, der nur dabeistand und ruhig zusah, wie Sie gequält wurden? War Ihre Mutter unbeherrscht, Ihr Vater dagegen lammfromm und fügsam? Ließen die Erfahrungen Ihrer Primärehe in Ihnen Wut und Aggressionen entstehen, wobei Ihnen aber der Mut fehlte, sie gegenüber der Person, die für Ihren Schmerz verantwortlich war, zu äußern? Sehen Sie sich doch einmal die folgenden Kurzbeschreibungen von Primärehen an.

Sind dies die Kennzeichen Ihrer Primärehe?

○ Hatten Sie eine aggressive Mutter, die ihren Unmut am liebsten an Ihnen abließ? Ließ sie es an Ihnen aus, wenn irgend etwas zu Hause nicht so lief, wie sie es wollte? Waren Sie ein »böses« Kind?

Eltern, die ihr Kind als Prügelknaben benutzen, nutzen seine Hilflosigkeit bedenkenlos aus. Es ist kein Wunder, wenn Sie mit dem Bedürfnis aufwuchsen, einen starken Mann an Ihrer Seite zu haben.

○ Haben Sie Ihre Mutter gehaßt, es aber nie gezeigt? Halten Sie wenig von ihr, ohne allerdings starke Gefühle mit Ihrer Abneigung zu verbinden?

Wenn Eltern ihre Stellung mißbrauchen, ruft das normalerweise einen starken Unwillen in ihren Kindern hervor. Sollte sich diese Gefühlsreaktion bei Ihnen nicht einstellen, ist das ein Hinweis darauf, daß Sie Ihre Wut und Ihre Verletztheit verdrängen. Sie spielen den Ihnen zugefügten Schaden herunter, aber dennoch kommen Sie ohne Schutz nicht aus. Auch jetzt noch als Erwachsener leugnen Sie Ihre Aggressionen, indem Sie sie auf ein anderes, sichereres Ziel umlenken – möglicherweise auf eine andere Mutter – die Ihres Mannes!

o Hatten Sie als Kind Angst vor Hexen? Träumten Sie öfter von bösen Zauberinnen? Hörten Sie gerne Geschichten über böse Stiefmütter, Hexen und böse Feen?

Diese Träume, Phantasien und Märchen hatten für Sie vermutlich eine besonders schmerzliche Bedeutung, da Sie sich sehr stark mit den hilflosen Opfern dieser grausamen Figuren identifizierten.

o Hatten schon kleine Vergehen bei Ihrer Mutter große Wutausbrüche zur Folge? War Ihre Mutter unbeherrscht? War sie eifersüchtig auf Sie? War sie gemein und grausam zu Ihnen?

Bei manchen Eltern äußert sich die eigene Enttäuschung in Gemeinheit und Gehässigkeit. Anstatt ihrem Kind Vertrauen und Sicherheit zu vermitteln, nehmen sie ihm das Gefühl, daß es in einer sicheren und freundlichen Welt lebt. Sollte dies auf Ihre Kindheit zutreffen, dann ist es wenig verwunderlich, daß Sie die Welt auch heute noch als unfreundlich und kalt erleben.

Genauso wenig überrascht es, daß Sie Angst davor haben, Ihre Aggressionen gegenüber Ihrem Mann rauszulassen, denn Aggressionen sind Ihnen nur in ihrer krudesten Form als Grausamkeit begegnet. Und das Kind, das auch heute noch in Ihnen lebt, kann nicht anders als zu glauben, daß die eigenen Aggressionen ähnlich monströse Formen annehmen würden, wenn es sie erst einmal herausließe.

Jede Primärehe ist anders. Und auch Ihre eigene wird der Catherines nicht exakt gleichen. Vielleicht war die Grausamkeit Ihrer Mutter subtiler als bei Catherine und hat sich in einer eisigen Verachtung statt in wutentbrannten Handlungen geäußert. Vielleicht war sie aber auch brutaler und hat sich in körperlicher Mißhandlung geäußert.

Hat Ihr Vater es versäumt, Sie gegen Ihre Mutter in Schutz zu nehmen, weil er zu schwach und energielos war? Oder waren die Rollen gar vertauscht? War es bei Ihnen der Vater, der seine Aggressionen an Ihnen abgelassen hat, und lag das Versäumnis demnach bei Ihrer Mutter? Leider Gottes gibt es eine Unzahl von Möglichkeiten und Konstellationen, in denen man als Kind solche Grausamkeiten erfahren kann.

Dennoch hat Ihnen Catherines Primärehe vielleicht dabei geholfen, Ihre eigene Kindheit und die Last, die Sie in Ihre Ehe mitgebracht haben, etwas besser zu verstehen. Wie aber steht es mit Andrew? Wir wollen uns nun seiner Primärehenerfahrung zuwenden, um vor diesem Hintergrund auch sein Verhalten besser zu durchschauen.

Andrews Erfahrungen in der Primärehe

»Meine Mutter hat immer geweint, meistens wegen meiner Großmutter, einer richtigen Hexe. Sie war Deutsche, sehr streng und penibel. Großmutter hat meiner Mutter das Leben wirklich zur Hölle gemacht. Ich weiß noch, wieviel Mühe sie sich gab, wenn sie meine Großeltern sonntags zum Abendessen eingeladen hatte.

Sie fing schon eine Woche vorher mit den Vorbereitungen an. Spätestens sonntags war sie bloß noch ein Nervenbündel und hatte sich kaum mehr unter Kontrolle. Irgend etwas ging dann immer schief: Entweder ließ sie vor Nervosität einen Teller fallen, oder der Braten brannte an. Und das war genau der Anlaß, auf den Großmutter Odelle gewartet hatte.

Sie war natürlich zu sehr gebildete Dame, um Mom direkte Vorwürfe zu machen, aber sie konnte meine Mutter mit einem eisigen Blick streifen, der ihr das Mark in den Knochen gefrieren ließ.

Nach diesen Disastern brachte meine Mutter mich immer ins Bett und klagte darüber, wie schrecklich sie sich fühlte. Mein Vater hatte nicht die Geduld, ihr zuzuhören. Er konnte ihre ewigen Klagen einfach nicht aushalten.«

Andrews Großmutter war aber nicht die einzige Person, die seine Mutter hilflose Tränen weinen ließ:

»Als ich etwa elf war, trennten sich meine Eltern für eine Zeit. Mein Vater zog damals aus. Meine Mutter fiel völlig in sich zusammen.

Ich mußte mir anhören, wie sie ihn am Telefon anflehte und ihm mit Selbstmord drohte. Es verging kein Abendessen während dieser sechs Monate, an dem sie mir nicht vorjammerte, wie schrecklich es ihr ging. Manchmal wurde ich nachts wach und hörte, wie sie durchs Haus schlich, weinte und meinen Vater anflehte; dabei war er nicht einmal da! Sie drehte völlig durch.

Ich glaube, mein Vater hatte Angst, sie könnte sich wirklich das Leben nehmen. Schließlich kam er dann auch nach Hause.«

Andrew hatte als Kind viel Mitleid mit seiner Mutter, der es immer nur schlechtzugehen schien. Aber die Gefühle, die sie in ihm auslöste, gingen über bloßes Mitleid weit hinaus. Sie konnte so überreizt und verzweifelt werden, daß ihm angst und bange wurde. Selbst seinen Vater konnte sie in große Angst versetzen! Mrs. Odelle verlor nicht nur einfach ihre Haltung, sie verlor jegliche Kontrolle und wurde hysterisch. Sie schien völlig wehrlos und hilflos.

Diese Verletzlichkeit und Hilflosigkeit gaben auch Andrew ein Gefühl von Ungeschütztheit und fehlendem Rückhalt. Denn Mrs. Odelle war nicht nur außerstande, sich um Andrew zu kümmern, sie drehte die Rollen um und suchte, wenn es ihr schlechtging, bei ihrem Sohn Trost und Hilfe.

Auch wenn sie es nicht beabsichtigte, wurde sie doch dadurch für ihren Sohn zu einer großen Belastung – einer Belastung, die in Andrew das Bedürfnis entstehen ließ, das ihn auch heute noch bestimmt: einen Beschützer zu haben, jemanden, der alles völlig unter Kontrolle hat. Auf diese Weise konnte er seine Gefühle von Hilflosigkeit und Bedrohtsein überwinden.

Woher aber sein Drang, die eigenen Aggressionen loszuwerden? Obwohl Andrew viel Mitleid mit seiner Mutter hatte, löste sie doch auch Beklemmungen und Aggressionen in ihm aus. Er haßte seine Mutter wegen ihrer jämmerlichen Hilflosigkeit. Aber konnte er seine Wut wirklich herausschreien, so wie er es sich heimlich wünschte? Konnte er sie wirklich einfach packen und ihr sein verzweifeltes: »Hör doch endlich auf!« ins Gesicht schreien? Nein. Seine Mutter wirkte viel zu zerbrechlich, um auch noch seine Wut ertragen zu können. In seiner kindlichen Vorstellung bildete sich der Verdacht aus, daß er sie zerstören würde, wenn er nicht vorsichtig war. Ihre wiederholten Selbstmorddrohungen ließen seine Aggressionen zu einem hohen Risikofaktor werden: Sie könnten seine Mutter in den Tod treiben. Ihm blieb also nichts anderes übrig, als sie zu verdrängen.

Soweit die Geschichte von Andrews Primärehe. Hatte Ihr Mann mit ähnlichen Problemen zu kämpfen? Hatte vielleicht auch er eine Mutter, die regelmäßig »zusammenbrach«? Oder war es bei ihm der Vater, der sich hilfesuchend an seinen Sohn wandte? Sehen Sie sich die folgenden Fragen an, um sich ein genaues Bild über Ihren Mann und die möglichen »Altlasten« zu machen, die er in Ihre Ehe mitgebracht hat.

War er der Ansprechpartner für Vater oder Mutter? Hat einer von beiden die Ehe- und Familienprobleme mit ihm besprochen? Hat Ihr Mann miterleben müssen, daß sein Vater/seine Mutter bei Problemen weinte, schrie, flehte und hysterisch wurde?

Wenn Eltern Probleme haben, kann es für ein Kind manchmal wichtig sein, in diese Probleme eingeweiht zu werden, damit es weiß, daß es selbst nicht der Grund dafür ist. Dennoch dürfen Kinder *auf keinen Fall* der vollen Wucht der elterlichen Schwierigkeiten und Verzweiflung ausgesetzt werden. Es ist für sie eine zu erschreckende Erfahrung, die eigenen Eltern hilflos zusammenbrechen zu sehen. Sollte Ihr Mann als Kind zuviel von den Problemen seiner Eltern gesehen und mitbekommen haben, hat er wahrscheinlich als Erwachsener in Ihnen einen vollkommenen Beschützer gesucht.

Kam es im Leben seiner Eltern zu irgendwelchen katastrophalen Ereignissen, durch die sie einen Zusammenbruch erlitten: Scheidung, Krankheit, Tod, Feuer, Arbeitslosigkeit ...?

Manchmal verliert einer der Eltern durch ein solches traumatisches Erlebnis plötzlich jeglichen Mut und hat keine Kontrolle mehr über sich. Ein solches Extremerlebnis hinterläßt in einem Kind tiefe Spuren, selbst dann noch, wenn seine Eltern sich normalerweise gut im Griff hatten. Es könnte deswegen sein, daß Ihr Mann in Ihnen nun den perfekten Beschützer sucht in der unbewußten Hoffnung, daß Ihre Stärke ihn vor solchen Erlebnissen bewahren kann.

Tranken seine Eltern viel? Waren sie hysterisch und unkontrolliert? Litt einer seiner Eltern unter schweren Depressionen? Wurde Ihr Mann Zeuge eines Nervenzusammenbruchs oder einer Selbstmorddrohung?

Eltern, die durch Alkohol, durch psychische oder andere Probleme aus dem Gleichgewicht geraten sind und mit ihrem Leben nicht mehr zurechtkommen, sind für Kinder eine große Verunsicherung. Es ist sehr beängstigend für Kinder, erleben zu müssen, daß ihre eigenen Eltern ungefestigt und unfähig sind, auf sich selbst zu achten. Auch jetzt als Erwachsener versucht Ihr Mann vermutlich noch, diesem unerträglichen Gefühl zu entkommen – indem er Sie als unfehlbaren Schutzengel benützt.

Wie man das Problem in den Griff bekommt – Der Schritt in eine erwachsene Ehe

Der Eindruck, den Sie zuerst von Catherine und Andrew hatten, hat sich vermutlich im Laufe der letzten Seiten bei Ihnen geändert. Jetzt, da wir um ihre Vergangenheit wissen, fällt es uns schwer, sie als bloße Snobs wahrzunehmen. Statt dessen erscheinen sie nun eher als ein Paar, das sich in die schützende Festung ihrer Ehe zurückgezogen hat, um sich gegen Schmerz und Aggressionen abzuschirmen. Aus dem scheinbar überheblichen Ehepaar sind verängstigte Kinder geworden, die sich aneinander festzuklammern versuchen, weil der Welt, so wie sie sie wahrnehmen, nicht zu trauen ist. Aber sie können auch sich selbst und ihren eigenen Aggressionen nicht trauen. In ihrer Kindheit (und diese Primärerfahrungen wirken immer noch) haben sie gelernt, daß Aggressionen zu risikoreich, zu häßlich und mächtig sind, als daß man ihnen einen Ort in der Ehe einräumen dürfte.

Diese eingefahrenen Grundvorstellungen über das Wesen der Aggression in Frage zu stellen, ist für Verlagerer die primäre Aufgabe. Nur wenn ihnen das gelingt, eröffnen sie sich die Möglichkeit, zu einer wirklich erwachsenen Ehe zu finden. Verlagerer sehen in Aggressionen gefährliche und zerstörerische Kräfte, weil sie sie in ihrer Kindheit ausschließlich von dieser Seite her kennengelernt haben:

○ Ihre Eltern haben sich gehenlassen und ihre aggressiven Gefühle in Akten der Gewalt ausgelebt (z. B. bösartige oder gewalttätige Eltern).
○ Ihre Eltern haben alle Empfindungen und Anzeichen von Aggression im Keim erstickt und als Grausamkeit gegen sie erscheinen lassen (z. B. überreizte oder suizidgefährdete Eltern).

Verlagerer müssen begreifen, daß ihre eigene Ehe mit ihrer Primärehe, in der Aggression und Grausamkeit eines waren, nicht identisch ist. Grausamkeit und Aggression sind zwei verschiedene Dinge. Und es liegt bei jedem einzelnen, den Schnitt zu vollziehen, der beide Phänomene auf immer auseinanderdividiert. Unglücklicherweise gibt es nur allzu viele Eltern, bei denen diese Trennung nicht vorgenommen wurde.

Vor allem aber müssen Verlagerer lernen, wie es wirklich um

Aggressionen steht, damit sie ihre aus der Primärehe überkommenen Vorstellungen darüber über Bord werfen und auch diese »verbotenen« Empfindungen in die eigene Ehe integrieren können:

○ Gefühle, und d. h. besonders auch Aggressionen, bewirken nichts Schlechtes.
○ Nicht das Gefühl der Aggression ist gefährlich, sondern das, was die Menschen tun, wenn sie aggressiv sind.
○ Aggressive Menschen stellen nur dann eine Gefahr dar, wenn sie ihre Aggressionen benutzen, um ihre Macht über Schwächere zu mißbrauchen.
○ Aggression erzeugt keine Grausamkeit.

Verlagerer müssen lernen, die eigenen Aggressionen, die unausweichlich aus ihrem verletzten und erzürnten Inneren aufsteigen müssen, in Worte zu fassen. Sie müssen sich die Selbstkontrolle abverlangen, die ihre Eltern vermissen ließen. Aggressionsverlagerer müssen lernen, sich von dem Muster ihrer Eltern zu emanzipieren und statt brutaler und herzloser Handlungen Worte benutzen, um die eigenen Frustrationen loszuwerden. Eine solche neue und liebevollere Art des Umgangs mit der eigenen Frustration ist durchaus nicht leicht zu erlernen – besonders dann nicht, wenn die eigene Primärehe nur andere, gegenteilige Erfahrungen erlaubte. Nichtsdestoweniger ist dieser Lernschritt für den Weg zur erwachsenen Partnerschaft unerläßlich.

Vielleicht ermöglichen Ihnen diese Einblicke und Hintergründe, auch sich selbst gegenüber nachsichtiger und verständnisvoller zu werden. Auch Sie haben möglicherweise eine sehr verletzende Primärehe hinter sich, in der Ihre Eltern Ihnen statt Sicherheit und Geborgenheit nur Chaos und Angst vermittelt haben. Eine Erfahrung, die Sie beide dazu gebracht hat, sich in den Schutzraum Ihrer Zweisamkeit zu flüchten, als hätte die Welt noch immer nur die Schmerzen und Enttäuschungen der Kindheit zu bieten. Sie beide sind wie verletzte und verängstigte

Tiere, die sich gemeinsam in einen schützenden Bau zu retten versuchen.

Die Einsicht in die eigene Geschichte und das teilnehmende Verständnis, das daraus erwächst, sind für Aggressionsverlagerer von entscheidender Bedeutung! Denn gerade Aggressionsverlagerer stehen vor einer besonders schweren Aufgabe, wenn sie den entscheidenden Schritt in die *erwachsene Ehe* vollziehen wollen: Sie müssen die schützenden Mauern, die sie sich errichtet haben, einreißen. Ein Schritt, der angesichts der großen und tiefsitzenden Angst der Verlagerer ungeheuren Mut voraussetzt. Denn die in der Kindheit gelernte Gleichsetzung von Aggression und Grausamkeit gibt ihrem ängstlichen Schutzbedürfnis ein Gewicht, das psychisch nur schwer wieder auszugleichen ist.

Aggressionsverlagerer können diese Primärängste deswegen nur überwinden und die starre Festung ihrer schützenden Ehe wieder verlassen, wenn sie verstanden haben, wo diese Ängste herkommen. Nur wenn man weiß, daß man nicht mehr gefährdet ist, wird es einem gelingen, das Verlagern der eigenen Aggressionen aufzugeben. Dazu aber bedarf es der Einsicht in die eigene Situation. Sie deckt auf, daß es in Wahrheit die Vergangenheit, die eigene Primärehe, ist, vor der man Schutz sucht.

Einsicht in die eigene Geschichte kann Ihnen das Wissen vermitteln, das jeder Aggressionsverlagerer haben muß, um sich endlich herauswagen zu dürfen: Der Bann ist gebrochen! Der Quälgeist, der Ihr Leben durch seine unkontrollierte Aggressionsausübung unerträglich gemacht hat, hat keine Gewalt mehr über Sie und Ihr Leben.

Aggressionsverlagerer müssen lernen, mutig zu sein. Was sie brauchen ist die Furchtlosigkeit, die aus der Selbsterkenntnis erwächst. Hiervon hängt alles weitere ab. Wenn es Ihnen gelingt, diesen Mut aufzubringen, der alles in einem anderen Licht erscheinen läßt, kann auch die Aggression, ohne zur Gefahr zu werden, in Ihre Ehe zurückkehren. Sie sollten sich als Aggressionsverlagerer folgende Faustregeln immer wieder vor Augen halten, um Ihre Situation anders und besser werden zu lassen:

Ich kann die hermetische Abgeschlossenheit meiner Ehe durchbrechen.

Ich kann andere Menschen, die mir wichtig sind, in mein Leben integrieren.

Ich kann meinen Kindern Platz in meinem Herzen einräumen.

Ich kann tiefe Freundschaften schließen.

Ich kann in meinem Beruf mehr Befriedigung finden.

Ich kann liebevollere und engere Beziehungen zu meiner Familie entwickeln.

Der Mut, der aus der Einsicht erwächst, wird reich belohnt. Letztendlich bietet er Aggressionsverlagerern den sicheren Hafen ihrer Ehe *und* ein erfüllteres, reicheres, lohnenderes Leben. Beides ist Ihnen möglich, und Sie haben das Recht, beides zu verlangen.

Kapitel IX
Aggressionssymbolisierer

Symbolisierer drücken ihre Aggressionen durch körperliche Symptome statt durch Worte aus. Sie können nicht offen zu ihren aggressiven Gefühlen stehen. So kommt in ihrem Körper das zum Ausdruck, was ihr Geist nicht erträgt und zu verdrängen versucht. Die Aggressionen werden also unbewußt umgelenkt und symbolisch nach außen hin repräsentiert.

Darin sind die Symbolisierer den Verlagerern nicht unähnlich. Aggressionsverlagerer lenken ihren Unmut um, indem sie ihn von seinem eigentlichen Ort in der Ehe herauslösen und auf eine Ersatzperson außerhalb der Partnerschaft projizieren. Auf diese Weise unkenntlich gemacht, könne die ehelichen Aggressionen nunmehr unbedenklich geäußert werden.

Auch Symbolisierer trennen ihre Aggressionen von ihren eigentlichen Quellen ab. Aber überraschenderweise ist das Ziel ihrer Umlenkungsaktion ihr eigener Körper! Die unerträglichen Empfindungen der Aggressionen werden dadurch erträglicher gemacht, daß sie in körperlichen Schmerz umgewandelt werden. Das ist das verwirrende Markenzeichen von Aggressionssymbolisierern: Ihre versteckte Wut wendet sich gegen sie selbst.

Theoretisch können beide Partner die ehelichen Feindseligkeiten in körperliche Krankheiten umwandeln. Aber das ist eher die Ausnahme. Im allgemeinen wird nur einer der Partner von körperlichen Gebrechen heimgesucht, während der andere zur »Krankenschwester« wird und sich um ihn kümmert. In dieser Arbeitsteilung zwischen Krankem und Krankenpfleger verfolgen indes beide ein und dasselbe Ziel: die eigenen Aggressionen zu verbergen. So empfindet der pflegende Partner am Ende keine Aggressionen mehr, sondern eher Schuld, weil er sich vielleicht nicht regelmäßig und ausreichend um den Kranken kümmert. Und dieser selbst wiederum fühlt sich vielleicht eher verletzt als aggressiv, z. B. weil er zu wenig oder falsch gepflegt wird.

Damit einher geht ein weiteres typisches Kennzeichen von Symbolisierern: Sie sind im Grunde unaufhörlich mit den Problemen des kränkelnden Partners beschäftigt. Wenn auch Sie also Ihrem Partner gegenüber die aufopfernde Rolle der Florence Nightingale spielen (oder umgekehrt), könnte sich dahinter der Versuch verbergen, die eigenen Aggressionen symbolisch zu versorgen oder wegzutherapieren.

Mehr als nur ein Spiel

Obwohl die Beschwerden von Symbolisierern in Wirklichkeit nur körperliche Erscheinungsformen von unterdrückten Aggressionen sind, ist ihre Krankheit dennoch keine Fiktion. Die Leiden und Schmerzen, die Unpäßlichkeiten und Beschwerden, unter denen Symbolisierer leiden, sind mehr als nur ein Spiel. Symbolisierer täuschen keine Krankheit vor. Vielmehr weist ihr Körper eine Schwachstelle auf, über die die Aggression sich in körperlicher Form ausdrücken kann.[1]

Diese Erkenntnis, daß es sich hier um echte Krankheiten handelt, bringt uns zu einem weiteren, sehr wichtigen Punkt: Man sollte solche physischen Symptome immer erst von einem Arzt untersuchen lassen und sich so lange der Vermutung, daß körperliche Beschwerden umgewandelte Aggressionen sind, enthalten, bis die Möglichkeit einer Krankheit eindeutig ausgeschlossen werden kann. Wiederkehrende Kopfschmerzen mit: »Du bist doch nur über deinen Mann wütend!« abzutun, wäre ein Fehler.[2]

Hinzu kommt, daß Symbolisierer tatsächlich häufig auf medizinische Hilfe angewiesen sind. So kann eine physiotherapeutische Behandlung sich bei einem »aggressionsbelasteten« Rükken als hilfreich erweisen. Schmerztabletten können von einem »wütenden« Kopfschmerz befreien. Und bei einem »brodelnden« Blutdruck kann sich eine Medikamentierung als durchaus notwendig herausstellen. Obwohl die Entstehung von Krankheiten bei Symbolisierern also in ihrem Gefühlsleben beginnt, kann es am Ende so weit kommen, daß sie nicht nur einen Therapeuten, sondern auch einen Internisten benötigen!

Der Symbolisierer und seine Ärzte

Das Leben von Symbolisierern ist oft ganz darauf ausgerichtet, eine Lösung für die jeweiligen körperlichen Beschwerden zu finden – Beschwerden, die die gesamte Bandbreite von Rücken- und Kopfschmerzen über Erschöpfung, Schwindelgefühle bis zu gastritischen Leiden abdecken können. Es gibt kein körperliches Symptom, das in irgendeiner Form »bevorzugt« würde.

Die konventionelle Medizin ist normalerweise der erste Weg, der von Symbolisierern eingeschlagen wird, wobei sie typischerweise von einem Arzt zum anderen, von einem Spezialisten zum nächsten gehen. Unglücklicherweise werden die Anstalten von Symbolisierern, ihre Aggressionen unter Verschluß zu halten, von den Ärzten nicht selten unterschätzt. Obwohl sie keine medizinischen Probleme feststellen können, rücken nicht alle Ärzte mit diesem Sachverhalt sofort heraus. Aus einem Bedürfnis, besonders gründlich zu sein, oder weil sie eine spätere gerichtliche Belangung fürchten, unterziehen sie ihren Patienten oft einer endlosen Serie von Tests und Untersuchungen![3] Dies ist ein weiteres deutliches Erkennungsmerkmal: Symbolisierer sagen selten nein, wenn sie abgetastet, gepiekst, untersucht, geröntgt und von oben bis unten durchgecheckt werden sollen.

Allerdings bleiben Symbolisierer nicht bei der klassischen Medizin stehen, sondern greifen auch gerne zu alternativen Behandlungsmethoden: Akupunktur, Massagen, Kuraufenthalte, Chiropraktik, makrobiotische Ernährung, die Alexandertechnik, Ernährungsumstellung, Bio-Feedback und anderes mehr stecken den weiten Rahmen dieser Alternativen ab. Auch Spezialkliniken (etwa für Schmerzbehandlung, Allergie-, Kopfschmerz-, Schlafprobleme, Prämenstrualsyndrom, usw.) werden Zwischenstationen auf ihrer Suche nach Linderung ihrer Gebrechen.

Diese Suche kann Symbolisierer durchaus auch auf unorthodoxe Abwege bringen und sich beispielsweise Wunderheilern, Gurus, Astrologen, Aromatherapeuten, Rolfern oder Menschen mit übersinnlichen Kräften zuwenden lassen. Symbolisierer sind leichte Beute für die »neuesten Wundermethoden« von Quacksalbern und Scharlatanen. Sollten Sie sich in Ihrer Ehe also schwertun und in Kräutertees oder dem Lesen von Teeblättern Erleichterung suchen, sollten Sie sich Gedanken machen, ob nicht auch Sie zur Gruppe der Aggressionssymbolisierer gehören!

Haben Sie schon einmal daran gedacht, einen Therapeuten aufzusuchen?

Es gibt noch ein weiteres Kennzeichen für Aggressionssymbolisierer, das mit ihrer Einstellung zu Ärzten zu tun hat. Doktor Asch, ein erfahrener Internist, faßt es in folgende Worte:

»In meiner langjährigen Praxis habe ich es mehr als einmal erlebt: Ich untersuche einen Patienten und alles deutet darauf hin, daß seine Probleme eine psychische Ursache haben. In einem solchen Fall lege ich meinen Patienten nahe, einen befreundeten Kollegen, der Psychologe ist, aufzusuchen. Und das ist dann das letzte Mal, daß sie sich in meinem Büro blicken lassen.«

Symbolisierer wollen nicht, daß man ihnen sagt, sie sollen sich »ihren Kopf untersuchen lassen« – es sei denn, man meint damit, daß sie eine weitere Aufnahme ihres Gehirns vornehmen lassen sollten! Allerdings gibt es auch in der Tat bedeutende Gründe für ihren Widerwillen dagegen.

Sie haben Angst, daß man ihnen ihre Symptome nehmen könnte und daß sie sich am Ende dort wiederfinden, wo ihre

Aggressionen ausgesprochen und entdeckt werden könnten: im Büro eines Therapeuten. Sollten auch Sie sich schon einmal ganz empört von einem Arzt verabschiedet haben, weil er den Mut besaß, Ihnen zu sagen, daß Ihrer Krankheit und Ihrer Ehe wesentlich besser durch psychologische Einsicht als durch Röntgenstrahlen geholfen werden kann, dann sind Sie zweifelsohne ein Aggressionssymbolisierer!

Aber es sind nicht nur Ärzte, die in Symbolisierern Aggressionen auslösen. Sie erleben jeden als verletzend, der ihre Krankheit nüchtern, teilnahmslos oder skeptisch betrachtet, und ärgern sich über einen derart »herzlosen« Zeitgenossen. Wobei dieser Ärger sich bei beiden Partnern gleichermaßen findet. Auch die »Krankenschwester« kann es sich nicht leisten, ihren »Patienten« zu verlieren und statt dessen nichts als eheliche Aggressionen zurückzubehalten.

Wo tut's denn weh?

Die Art der Krankheit und ihr spezifischer Verlauf kann uns ebenfalls wichtige Hinweise auf diesen Aggressionsstil geben. Wenn eine Krankheit einen Anfang, eine Mitte und ein Ende hat, ist die betreffende Person wahrscheinlich kein Symbolisierer. Es braucht mehr als ein einmaliges Auftreten der Krankheit, um die Interpretation zu rechtfertigen, daß es sich hier in Wirklichkeit um unterdrückte Aggressionen handelt.

Die Beschwerden von Symbolisierern sind chronischer Natur: »Ich nehme jeden Tag mein Geritol«, »Ich hab' mein Bufferin immer bei mir«, »Der Schmerz taucht immer an derselben Stelle auf«. Obwohl die Krankheiten äußerst hartnäckig sind, sind sie niemals lebensbedrohlich. Der Symbolisierer ist im allgemeinen eher »unpäßlich« als krank, eher »außer Gefecht gesetzt« als wirklich gefährdet. Vokabeln wie »ausgelaugt«, »schlecht zurecht«, »angegriffen«, »nicht man selbst sein«, »kränklich«, »angeschlagen«, »unwohl« beschreiben den Zustand von Symbolisierern recht treffend und sind typische Kennzeichen für diesen Aggressionsstil.

Ausbrüche von Panik

Bei sehr vielen Symbolisierern kommt es wegen dieser chronischen Beschwerden zu wiederholten, periodisch auftretenden Ausbrüchen extremen körperlichen Unwohlseins, das oft Panikgefühle auslöst: Herzrasen, ein pulsierender Kopfschmerz, ein jagender Puls, schwitzende Hände und ein flaues Gefühl im Magen sind typische Anzeichen für diesen Zustand. Aus Angst, daß sie einen Herzinfarkt oder sonst irgendein ernsthaftes Leiden erlitten haben könnten, rufen sie mitten in der Nacht panisch ihren Hausarzt an oder eilen zur nächsten Notaufnahme.

Das strenge Regime der Krankheit

Gleichgültig welcher Natur ihr Gebrechen ist, die Krankheit wird für Symbolisierer zur Hauptbeschäftigung, zum Thema Nummer eins. Die Krankheit also als Lebensweise, als dasjenige Problem, um das die Partner ihr gesamtes Leben organisieren. Eine Symbolisiererehe ist ganz und gar von den Erfordernissen der Krankheit geprägt. Der Kranke bestimmt, was zu tun und was zu lassen ist. Denn ein schweigendes Leiden würde der Logik dieses Aggressionsstiles zuwiderlaufen: »Du weißt doch, wie verheerend diese Stadionsitze für meinen Rücken sind« – und schon fällt das große Spiel für beide aus. »Ich hab' wieder Probleme mit meinem Magen. Ich glaube, wir sollten doch besser die Einladung zum Essen absagen« – also fällt der gesellige Abend für beide ins Wasser. »Ich krieg' wieder meine Migräne. Ich schlafe wohl besser im Gästezimmer« – also hat sich das Thema Sex für diesen Abend wieder einmal von selbst erledigt. In dieser Weise wird die Krankheit zum bestimmenden Faktor im Eheleben der Aggressionssymbolisierer.

Dies führt zu einem weiteren Kennzeichen dieses versteckten Aggressionsstils. Das strenge Regime, das die Krankheit in der Ehe ausübt, kann bei den Partnern irgendwann zu zusätzlichen Aggressionen führen. Schließlich gibt es vieles, worauf sie verzichten müssen, obwohl es ihnen vielleicht Spaß gemacht hätte: das Spiel, der gesellige Abend, der Sex. Aber bezeichnenderweise richten sie die aufkommenden Aggressionen nicht gegeneinander, sondern gegen das körperliche Gebrechen: gegen diese verdammten Kopfschmerzen oder diese elende Allergie. In dieser Hinsicht ist das Symbolisieren dem Verlagern von Aggressionen sehr ähnlich – nur daß hier nicht auf die leidige Schwiegermutter, sondern auf das Leiden im Rücken geschimpft wird. Sollten Sie feststellen, daß Sie in Ihrer Ehe nur Groll gegen Krankheiten hegen und niemals gegen Ihren Partner, könnte das ein Hinweis auf Aggressionssymbolisierung sein.

Die entstehenden Folgekosten

Es ist nicht sehr schwer, sich auszumalen, welchen Preis Symbolisierer für ihre unbewußten Versuche, Aggressionen aus ihrer Ehe zu verdrängen, zahlen müssen. »Es ist, als legte sich eine riesige klamme Decke über einen«, versinnbildlichte es ein Symbolisierer einmal ganz treffend. Das gesamte Eheleben wird abgedämpft und fad. Symbolisierer sorgen sich mehr als daß sie sich freuen. Sie geben ihr Geld für Krankenhaus – statt für Hotelzimmer aus. Ihr geselliges Leben wird genauso in Mitleidenschaft gezogen wie ihr Sexleben. Oft versiegt beides völlig!

Im äußersten Fall kann es sogar so weit kommen, daß jede Freude aus ihrem Zusammenleben verschwindet. Dem »krankenpflegenden« Partner wird es zuviel, er verliert die Lust und entwickelt vielleicht sogar Abscheu. Während andererseits der »kranke« Partner immer mutloser und abgestumpfter und schließlich depressiv wird. Oft sind es dann diese Gemütszustände, also die Spätfolgen des Versuches, die eigenen Aggressionen in körperliche Symptome umzuwandeln, die die Partner in die Psychotherapie bringen.

Symbolisierer bringen oft wenig zustande, da sie Tage, Wochen und oft Jahre für ihre Krankheit opfern und z. B. ihren gesamten Urlaub (und die Versicherungsleistungen) für den kranken Partner verwenden.

So beginnt ihre Ehe an Aufregung und Freude einzubüßen, und die Sonne verschwindet aus ihrem Leben. Ihr Zusammenleben nimmt Formen an, die in der Tat eine gehörige Dosis Gerital angeraten scheinen lassen könnte. Auch die Ehe von Maxime und Jim, einem klassischen Symbolisiererpaar, dem wir uns nun zuwenden wollen, scheint ein solches Aufputschmittel gebrauchen zu können.

Maxime und Jim: Ein typisches Symbolisiererpaar

Maxime rief Jim auf der Arbeit an. Sie krümmte sich vor Schmerz auf dem Küchenboden. Es war wieder einmal ihr Rücken. Zum Glück war Jims Chef gerade in Urlaub. Er würde also diesmal weniger Schwierigkeiten haben, vom Geschäft wegzukommen als das letzte Mal, als Mr. Andrews ihn zurückgehalten hatte:

»Hör zu, Jim. Wenn Maxime dich wirklich braucht, mußt du dir etwas anderes überlegen. Wir haben jetzt Hochbetrieb, und ich kann hier nicht auf dich verzichten.«

Jim war sauer darüber gewesen und erzählte die Geschichte seiner Frau. Maxime war empört:

»Was denkt der sich eigentlich. So einfach von dir zu erwarten, daß du deinen Job vor deine kranke Frau stellen sollst. Trotzdem mußt du jetzt sehr vorsichtig sein«, fügte sie warnend hinzu. »Es gibt so viele, die deinen Job, ohne zu fragen, sofort mit Handkuß nehmen würden. Und wenn du arbeitslos wärest, sähe es wirklich übel für uns aus. Ich kann mit diesem Rücken unmöglich wieder den ganzen Tag an der Schreibmaschine sitzen.«

Glücklicherweise aber bestand an diesem Morgen keinerlei Gefahr. Jetzt war Jim zu Hause. Der Hydrokulator, den er gekauft hatte, stand in einem Topf Wasser auf dem Herd. Er gab genau acht. Das letzte Mal hatte er ihn zu heiß werden lassen und Maxime beinahe damit verbrannt.

Arme Max! Diese Rückenschmerzen waren wirklich die Hölle. Und sie sollten Jim heute wieder einmal eine Menge kosten. Denn es war jetzt zu spät, um die Karten für die Country Music Show noch zu verkaufen.

»Diese verdammten Rückenschmerzen«, ging es ihm durch den Kopf, »jetzt muß ich die Karten weggeben.«

Ihr ganzes Leben schien von der Krankheit beherrscht zu werden. Seit Maximes erstem Anfall hatten sie immer mehr Termine absagen müssen. Ihre Sozialkontakte waren auf einem absoluten Tiefpunkt.

Immer noch verstimmt wegen der Karten trug Jim den Hydrokulator in ein Handtuch eingewickelt ins Gästezimmer. Maxime hatte sich angewöhnt, während ihrer »Phasen« dort auf der Erde zu schlafen. Ihr Sexleben war auch abgestorben – und das alles wegen ihrem vierten Lendenwirbel.

Maxime sah weniger schlimm aus, als er erwartet hatte. Er überlegte, ob sie nicht vielleicht doch noch mit ins Konzert kommen könnte.

»Hör mal, Max, wenn die Tabletten für die Muskelentspannung helfen, könntest du ja vielleicht doch noch mit heut abend.«

»Wie stellst du dir das denn vor? Diese Tabletten, die Dr. Calvin mir gegeben hat, sind völlig nutzlos. Sie helfen kein bißchen gegen die Schmerzen. Und dann hat sie auch noch den Nerv, mir vorzuschlagen, ich sollte mal deswegen so einen Seelenklempner aufsuchen. Von ihren Tabletten will ich nichts mehr wissen. Das war das letzte Mal, daß sie mich gesehen hat. Ich hab' da etwas von dieser Klinik an der Universität gehört. Dieser Dr. Meltzer, von dem du das Buch neulich gelesen hast, leitet die. Ich glaub', ich geh da mal hin.«

Maxime fielen die Konzertkarten wieder ein.

»Warum gehst du nicht allein?«

Maxime stöhnte. Ihr Rücken meldete sich wieder. Als Jim ihr verzerrtes Gesicht bemerkte, eilte er auf sie zu, um ihr den heißen Umschlag zu geben:

»Nicht, wenn du solche Schmerzen hast. Wie sollst du ohne meine Hilfe zurechtkommen?«

Maxime beantwortete seine Frage durch ihr Schweigen. Jim

war oft so kopflos bei dem Versuch, ihr zu helfen, daß er alles nur noch schlimmer machte. Er wollte sie aufmöbeln, während alles, was sie brauchte, absolute Ruhe und Bewegungslosigkeit war. Dieses Rückenproblem war unerträglich. Maxime begann zu weinen, und, als ob es nicht schon so schlimm genug gewesen wäre, bekam sie jetzt auch noch Herzjagen. Sie konnte nicht mehr richtig Luft holen. Ihr war mulmig. Sie haßte es, wenn ihr das passierte.

Jim bemerkte ihren Zustand. Er fühlte sich hilflos. Was konnte er nur tun? Sie hatten schon so vieles ausprobiert, was zuerst vielversprechend wirkte, aber nichts hatte geholfen. Sie durften nicht aufgeben:

»Schau, Max. Vergiß das mit den Karten einfach. Du magst Country Music sowieso nicht besonders. Und Andrews kann mir gestohlen bleiben. Ich nehme mir einfach einen Tag frei, und wir fahren zur Klinik. Ich bin überzeugt, daß man dir da helfen kann.«

Maxime hatte große Mühe zu sprechen, als sie ihre Einwilligung gab:

»Ja, Dr. Meltzer soll wahre Wunder vollbringen können. Er wird mir sicher helfen.«

Aber im Grunde glaubten beide nicht wirklich daran.

Die Oberflächenmerkmale einer Symbolisiererehe – Erkennen Sie Ihre Ehe wieder?

Maxime und Jim sind ohne Zweifel Symbolisierer. Sind Ihnen die Strukturen dieser Ehe vertraut? Ihr alltägliches Zusammenleben zeigt auf der Oberfläche ihrer Ehe gleich mehrere typische Kennzeichen dieses verdeckten Aggressionsstils.

Zunächst und vielleicht am wichtigsten: Ihre Aggressionen richten sich nicht gegeneinander. Die beiden werden nicht wütend – vielmehr wird der eine krank, während der andere alle Hände voll zu tun kriegt! Wenn sich wirklich einmal Aggressionen zeigen, werden sie auf »diese verdammte Krankheit«, den »Idioten von Arzt« oder auf die »herzlosen, unsensi-

blen Menschen, die einfach nicht verstehen wollen«, abge-
wälzt.

Aber es gibt in dieser Ehe noch weitere deutliche Anzeichen
für den Mechanismus der Aggressionssymbolisierung. Vergleichen Sie sie doch einmal mit Ihrer eigenen Ehe:

○ Beide sind in die Krankheit einbezogen. Der Rückenschmerz
bringt sie zusammen. Er kommt extra von der Arbeit nach
Hause, nimmt sich frei, fährt sie zur Klinik.
○ Ihr Leben unterliegt großen Einschränkungen. Sie müssen
auf vieles verzichten: Sie können nicht ins Konzert, haben
kaum Sozialkontakte, keinen Sex; sie kann nicht mehr als
Schreibkraft arbeiten.
○ Die Krankheit ist chronischer Natur. Außerdem hat Maxime
»Anfälle« von unerträglichen Rückenschmerzen, Atemnot
und Herzrasen.

Erkennen Sie Ihre eigene Ehe darin wieder? Die Rollen können
dabei natürlich auch vertauscht sein: Vielleicht ist Ihr Mann der
Leidende und Sie seine aufopferungsvolle Florence Nightingale. Es wäre auch möglich, daß Sie sich mit den Rollen abwechseln. Wenn es also in der Tat nicht die Aggressionen in Ihrer
Ehe, sondern Rückenschmerzen sind, die Sie plagen, wenn Ihr
Blutdruck nicht vor Wut, sondern aus Krankheitsgründen steigt
und wenn Sie nicht nach einem Wutausbruch, sondern durch
körperliche Schwäche erschöpft zusammensinken, ist das ein
deutliches Zeichen für Aggressionssymbolisierung.

Das Dekodieren der Kritik –
Die Aufdeckung der verborgenen Ehe

Von welchen unbewußten Kräften ist diese Beziehung bestimmt? Jim hat, wie wir sehen werden, ein unbewußtes Bedürfnis, jemanden aus einer Not zu retten, während Maximes
Verhalten von ihrem unbewußten Drang, die Kontrolle zu bewahren, bestimmt wird. Die genaue Analyse ihrer Klagen und

Beschwerden übereinander wird diese Bedürfnisse als treibende Kräfte ihrer verborgenen Ehe sichtbar werden lassen.

Ihre Kritik und sein verborgenes Bedürfnis

Da in jeder Kritik ein entscheidender Hinweis verborgen ist, wollen wir uns nun Maximes Klagen über Jim ansehen, um dessen unbewußtes Bedürfnis aufzudecken: seinen Drang, *jemanden aus seiner Not zu retten*.

Maxime hat Probleme damit, wie Jim mit ihren Schwierigkeiten umgeht:

»Obwohl er selbst sieht, daß ich mich nicht bewegen kann, und ich ihm das auch noch extra sage, fragt er mich immer wieder, ob ich es schaffe aufzustehen und zu gehen. Es ist, als ob er mir nicht zuhört.«

Jims Wahrnehmung wird durch sein Bedürfnis verzerrt. Was er hört und was Maxime sagt, hat nichts miteinander zu tun: Maxime sagt ihm deutlich: »Ich komme nicht vom Boden hoch«, aber Jim hört aus dem etwas ganz anderes heraus: »Ich habe Probleme! Rette mich!«

Jim drängt Maxime also aufzustehen – jedoch nicht, weil er unsensibel wäre. Er kann es einfach nicht ertragen, sie so hilflos leiden zu sehen. Wenn sie es schafft, aufzustehen und ihr normales Leben wieder aufzunehmen, ist mit ihr alles wieder in Ordnung. Er hat sie dann »gerettet«. Ein Nein kann er unmöglich akzeptieren, denn das würde bedeuten, daß er seinen Job, sie aus ihrer Not zu retten, nicht gut erledigt hat. Er hätte also nur Schuldgefühle.

Dies gibt Maxime Anlaß zu einer weiteren Klage über Jim:

»Manchmal glaube ich, daß ich wesentlich gefaßter bin als er, obwohl ich die Schmerzen habe. Jim bemüht sich sehr, aber er ist nicht gerade ruhig und gesammelt, wenn die Probleme auftauchen.«

Hierin verbirgt sich eine wichtige Erkenntnis: Jims unbewußtes Bedürfnis ist von Angst und Sorge begleitet. Wenn jemand aus seiner Not gerettet werden muß, bedeutet das schließlich, daß er einer schrecklichen Gefahr ausgeliefert ist und vor ihr geschützt werden muß. Und diese Angst vor den unbekannten, aber in seiner Phantasie realen Folgen schafft in ihm eine unbeholfene Nervosität. Menschen mit einem solchen Bedürfnis, andere zu retten, sind im allgemeinen in ständiger Angst. Und diese Besorgtheit verhindert oft das ruhige, gefaßte und vernünftige Verhalten, das in solchen Fällen notwendig wäre.

Zeigt sich bei Ihrem Mann eine nervöse Ungeduld bezüglich Ihrer Probleme? Versucht er, Sie krampfhaft aufzumuntern und anzutreiben, wenn Sie nicht mehr weiterkönnen und völlig erledigt sind? Eine solche angespannte und überzogene Reaktionsweise ist für Menschen mit einem unbewußten Bedürfnis, andere aus ihrer Not zu befreien, sehr charakteristisch.

Aber das sind nur wenige Beispiele aus einer Vielfalt von möglichen Reaktionsweisen. Sehen Sei sich bitte die Auflistung der folgenden Verhaltensweisen an, um anhand ihrer einschätzen zu können, ob vielleicht auch Ihr Mann von einem solchen unbewußten Bedürfnis getrieben wird.

IHRE KRITIK: Er fragt mich ständig, ob mit mir alles in Ordnung ist. Er übertreibt manchmal mit seiner Besorgtheit. Mindestens die Hälfte unserer Telefongespräche beginnt mit: »Du hörst dich heute so anders an. Ist alles in Ordnung?«

DAS VERBORGENE BEDÜRFNIS IHRES MANNES: Durch sein zwanghaftes Bedürfnis, andere aus ihrer Not zu retten, kann es sich Ihr Mann nicht leisten, sich nur oberflächlich für Ihren Zustand zu interessieren. Er muß immer ganz genau wissen, wie es um Sie steht, um Ihnen im Notfall zu Hilfe kommen zu können. Seine ständige Beobachtung hängt direkt mit seinem Hang zur Wachsamkeit zusammen.

IHRE KRITIK: Ich bitte ihn um ein Thermometer, und er läßt es fallen. Als er zur Notstation fuhr, hatte er beinahe einen Unfall.

Er kam mit den falschen Schmerztabletten von der Apotheke zurück. Wenn ich mich vor Schmerzen krümme, steht er nur hilflos da.

DAS VERBORGENE BEDÜRFNIS IHRES MANNES: Für einen Menschen, der von dem unbewußten Bedürfnis getrieben wird, andere aus ihrer Not zu retten, bekommt auch die einfachste Aufgabe eine geradezu lebenswichtige Bedeutung. Dies führt zu einer großen Ängstlichkeit, die Ihren Mann hektisch oder handlungsunfähig macht. Dieser innere Druck, Ihnen helfen zu müssen, läßt ihn alles falsch machen und ihn inkompetent wirken.

Hinzu kommt noch, daß es sehr schwer ist, auf jemanden böse zu sein, der doch nur nett sein möchte und einem helfen will, wenn man Schmerzen hat. Wieder zeigt sich also: *Ein und dasselbe Verhalten erfüllt zwei psychologische Zwecke.* Nicht nur wird sein unbewußtes Bedürfnis befriedigt, sondern es werden zugleich durch dieses Verhalten Aggressionen unterdrückt.

IHRE KRITIK: Sobald ihm jemand einen Arzt, eine Klinik oder eine neue Medizin empfiehlt, will er sofort, daß ich dort hingehe bzw. das Medikament ausprobiere. Er schneidet unentwegt Zeitungsartikel aus, liest Bücher oder sieht Ratgebersendungen, um mir zu helfen.

DAS VERBORGENE BEDÜRFNIS IHRES MANNES: Er kommt ständig mit Vorschlägen, neuen Ideen und Möglichkeiten, weil er seinem eigentlichen, allerdings unbewußten Bedürfnis gehorcht, Ihnen möglichst jeden Schmerz zu ersparen. Für Ihren Mann bedeutet, Sie zu »heilen« gleichzeitig, Sie zu retten.

IHRE KRITIK: Er hält es nicht aus, wenn ich wegen meiner Probleme zu weinen beginne. Er haßt es, mich in Schmerzen zu sehen. Wenn ich nicht schlafen kann, bleibt er die ganze Nacht wach.

DAS VERBORGENE BEDÜRFNIS IHRES MANNES: Natürlich ist Ihr Mann durch Ihre schwierige Situation beunruhigt und macht sich Sorgen. Aber insbesondere Ihre Tränen, Schmerzen und Leiden müssen für ihn unerträglich sein. Sie signalisieren ihm, daß Sie in Ihrer verzweifelten Situation einen Retter brauchen. Da er sich unbewußt als Ihr Retter ansieht, beunruhigen und alarmieren ihn diese Signale.

Diese Einsichten können Ihnen helfen, Ihren Mann (und seine Reaktionen auf Ihr Krankheiten oder Gebrechen) in einem neuen Licht zu sehen. Vielleicht lösen Ihre körperlichen Beschwerden bei Ihrem Mann genau einen solchen Besorgtheitsmechanismus aus. Vielleicht hat auch Ihr Mann das uneingestandene, aber nichtsdestoweniger bestimmende Bedürfnis in Ihre Ehe mitgebracht hat, Sie von Ihrem Leiden zu erlösen.

Seine Kritik und Ihre Bedürfnisse

Wir wollen den Spieß nun umdrehen und Jims Klagen und Nörgeleien analysieren, um Maximes Bedürfnis, *die Kontrolle zu behalten*, in den Blick zu bekommen.

Der Kritikpunkt, der Jim am meisten zu schaffen macht, ist der, daß Maximes Rückenprobleme eine große Leere in ihrem gesellschaftlichen Leben herbeigeführt hat. Sobald Maximes Rückenschmerz wieder einmal einsetzt, verliert sie, die ohnehin nie ein Fan von Parties war, endgültig die Lust an sozialen Aktivitäten:

»Dabei sind es nicht nur die großen Veranstaltungen, die uns entgehen. Selbst ein Kinofilm oder ein Hamburger an der Ecke sind ihr dann schon zuviel.«

Maximes Leiden diktiert den Rhythmus ihres gemeinsamen Lebens. Eine Tatsache, die etwas über ihr verborgenes Bedürfnis verraten kann: Durch ihr körperliches Gebrechen reguliert sie das Ausmaß an Aktivitäten in ihrer Beziehung.

Maxime setzt unbewußt ihren Körper dazu ein, um der Beziehung ihren Stempel aufzudrücken. Sie ist nicht gerne mit anderen Menschen zusammen, und so sorgt sie erfolgreich, wenn auch unbewußt, dafür, daß sie keine Leute treffen. Ihr Rücken diktiert das Geschehen, er bestimmt, was gemacht wird und was nicht. Maxime hat durch ihre körperliche Beeinträchtigung in ihrer Beziehung das Heft in die Hand genommen. Sie dominiert ihre Ehe mittels ihres kranken Körpers.

Selbstverständlich ist es Jim unmöglich, ihr wegen dieser Kontrollausübung böse zu sein. Schließlich ist es ja nicht ihre Schuld, wenn ihr Rücken wieder anfängt zu schmerzen und sie ihre »Anfälle« bekommt. Maxime wird also eher Mitgefühl als Wut entgegengebracht. Außerdem hat sie so gleichzeitig eine sehr effektive Verteidigung gegen den Unmut möglicher Enttäuschung: »Ich bin zwar nicht gerade verrückt nach Basketball, aber ich würde ja mitgehen, wenn es mir nur etwas besser ginge.« Maximes schlimmer Rücken ist stark gefordert. Er muß ihr die Kontrolle über die Beziehung sichern und sie von Aggressionen freihalten. Und wieder sind es zwei Fliegen, die mit einer Klappe geschlagen werden.[4]

Indes darf man nicht in den Fehler verfallen zu glauben, daß dieses Bedürfnis nach Kontrolle bewußt und absichtlich ist. Maxime will ihre Ehe nicht bewußt kontrollieren. Ihr Bedürfnis liegt auf der unbewußten Ebene, und sie bezahlt mit ihren physischen und psychischen Leiden einen hohen Preis dafür. Offenbar liegt dem ein sehr zwingendes Motiv zugrunde. Die Kontrolle über die Beziehung ist von einer derart hohen Wichtigkeit, daß kein Preis, nicht einmal Gesundheit und Wohlbefinden, ihr hoch genug erscheinen: Kontrolle um jeden Preis!

Vielleicht haben Sie begonnen, die Möglichkeit zu erwägen, daß auch Ihre eigenen körperlichen Probleme ein Mittel sein könnten, sich Kontrolle über ihre Beziehung zu verschaffen und zu sichern.[5] Sehen Sie sich doch bitte die nachfolgenden Merkmale an. Sie werden Ihnen helfen, Ihr unbewußtes Bedürfnis weiter zu enthüllen.

DIE KRITIK IHRES MANNES: Wir schlafen nie miteinander, wenn sie ihre Darmprobleme (Rückenschmerzen, Migräne, Schwindelgefühle . . .) hat.

IHR VERBORGENES BEDÜRFNIS: Sex ist gleichbedeutend mit Erregung und Kontrollverlust – ein unerträglicher Zustand für jemanden, der unbewußt alles daransetzt, Oberwasser zu behalten.

Aber Kontrolle haben bedeutet auch, das Sagen zu haben. Und Ihre Krankheit ermöglicht es Ihnen, nein zu sagen, ohne daß Sie sich wegen der Zurückhaltung der Annäherungsversuche Ihres Mannes große Sorgen machen müßten. »Nicht heute, Liebling, ich hab' Kopfschmerzen« – dieser in vielen schlechten Witzen verwendete Satz hat einen ernsten Hintergrund. Er verweist auf die vielen Symbolisierer, die ihre Krankheit auch im Schlafzimmer als ein Kontrollinstrument einsetzen.

DIE KRITIK IHRES MANNES: Sie hat immer wieder diese Anfälle, bei denen sie zu sterben (einen Herzinfarkt zu erleiden, verrückt zu werden) glaubt.

IHR VERBORGENES BEDÜRFNIS: Diese »Anfälle« haben keine körperliche, sondern eine emotionale Ursache. Es sind Angst- oder Panikattacken. Allerdings haben Sie das Gefühl, Ihr Körper geriete außer Kontrolle – eine für Sie unerträgliche Vorstellung. *Angst- und Panikattacken sind die klassischen Symptome für einen Menschen, für den Kontrolle ein zentrales Problem darstellt.*

DIE KRITIK IHRES MANNES: Sie wurde fuchsteufelswild, als der Internist ihr vorschlug, doch einmal einen Psychiater aufzusuchen. Seit ihre Freundin ihr gesagt hat, ihr eigentliches Problem sei in ihrem Kopf, redet sie nicht mehr mit ihr.

IHR VERBORGENES BEDÜRFNIS: Sie werden wütend, weil sie sich von jedem, der auch nur leise andeutet, daß Ihre Krankheit ein Mittel zur Manipulation sein könnte, bedroht fühlen. Zugleich sind Ihre Wutausbrüche gegen solche Menschen ein kaum verhülltes Warnsignal an Ihren Mann: Nimm mir meine Krankheit bloß nicht weg, sonst kannst du was erleben. Da er Ihren Aggressionen lieber aus dem Weg gehen will, nimmt er Ihre Warnung ernst und vermeidet solche Andeutungen. Ein weiteres Beispiel also für eine Symbolisiererehe, in der die Aggressionen erfolgreich in Schach gehalten werden.

DIE KRITIK IHRES MANNES: Obwohl sie sagt, daß ich ruhig ausgehen kann, habe ich ein schlechtes Gewissen, wenn ich sie allein lasse. Sie sagt mir zwar immer, ich bräuchte sie nicht zur Klinik zu fahren (früher nach Hause kommen, mit ihr die Party früher verlassen ...), aber irgendwie bringe ich es dann nicht übers Herz.

IHR VERBORGENES BEDÜRFNIS: Ein ideales Werkzeug, um Kontrolle auszuüben, sind Schuldgefühle, und die sind durch eine Krankheit oder ein Leiden leicht herzustellen! Durch die Schuldgefühle, die Sie bei Ihrem Mann durch Ihren Zustand auslösen, bringen Sie ihn dazu, ständig um Sie herumzutanzen. Außerdem wird ein Mann mit Schuldgefühlen nicht so schnell wütend und aggressiv. Denn schließlich sind Sie es nicht, die ihm die Hände bindet, sondern Ihre Krankheit. Abermals also erfüllt ein und dasselbe Symptom zwei wesentliche Zwecke.

Unsere verborgene Ehe –
Der Kreislauf der Symbolisierung

Jetzt, da wir die unbewußten Bestrebungen kennen, die jeder der Partner in die Beziehung einbringt, können wir uns auch bewußt machen, wie sich Maxime und Jim in den Teufelskreis der Aggressionssymbolisierung verfangen. Die Offenlegung des Kreislaufs Ihrer unsichtbaren Ehe wird Ihnen dabei helfen, die versteckte Logik Ihrer eigenen Beziehung besser zu verstehen.

Beginnen wir mit Jim und seinem Bedürfnis, andere aus ihrer Not zu retten. Jims Bedürfnis läßt in ihm seiner Frau gegenüber eine Art nervöser Handlungsbereitschaft entstehen. Sein ständiges Drängen, seine Versuche, Maxime anzutreiben und wiederaufzurichten, sind Folgen dieses unbewußten Zustandes.

Maxime aber sieht Jims Bemühungen nicht als Versuch, seine Rettungsmission in die Tat umzusetzen. Sie erlebt seine Aufforderungen als bedrängend: »Er treibt und drängt mich. Alles gerät außer Kontrolle. Es ist besser, wenn ich wieder das Heft in die Hand nehme«, denkt sie sich vielleicht und setzt es in die Tat um.

Aber wie wir jetzt wissen, geschieht dies bei Symbolisierern auf eine sehr eigene Weise: Maxime benutzt ihren Körper, um über diesen Kontrolle auszuüben. So lehnt sie es z. B. ab, bestimmte Dinge zu tun, weil sie »ihren Rücken überfordern würden«. Mit Hilfe ihrer physischen Krankheit verschafft sie sich ein psychisches Übergewicht in der Beziehung. Sie hält die Zügel in der Hand, sie läßt sich nicht treiben. Welche Auswirkungen hat dies nun auf Jim?

Auch er seinerseits begreift nicht, daß dieses Verhalten aus Maximes drängendem Bedürfnis nach Kontrolle erwächst. Er interpretiert ihren Mangel an Aktivität und Energie allein vor der Folie seines eigenen Bedürfnisses: »Sie kann nicht mehr. Sie hat Schwierigkeiten. Ich muß ihr zu Hilfe kommen.« Was also tut er nun? Richtig! Unter dem Druck seines Bedürfnisses, ihr zu helfen, versucht er beunruhigt, sie zu Aktivitäten anzutreiben. Und so dreht sich der Kreislauf dieser Symbolisiererehe weiter!

Welche Form aber nimmt ihre verborgene Ehe aus Maximes Perspektive an? Verfolgen wir den Kreislauf also von ihrem Standpunkt aus. Maximes Bedürfnis nach Kontrolle geht über ihren kaputten Rücken. Natürlich hat sie einen schwachen vierten Lendenwirbel, aber die extremen Symptome ihrer Rückenprobleme dienen zweifellos ihrem Bedürfnis, die Kontrolle über die Beziehung zu bekommen.

Jim deutet ihre Zusammenbrüche auf die einzige Weise, die ihm möglich ist: als Alarmzeichen, die ihn zu Hilfe rufen. Angetrieben von seinem Bedürfnis, stürzt er sich nun kopflos ins Handeln: Er kauft Bücher, erkundigt sich nach Kuren und kommt mit überheizten Hydrokulatoren und den falschen Schmerztabletten angelaufen.

Und wie interpretiert Maxime sein Verhalten? Es entgeht ihr, daß sein hektischer Aktivismus von seinem Bedürfnis, als Retter aufzutreten, herrührt. Sie deutet Jims Verhalten von ihren eigenen Voraussetzungen her. Entsprechend sieht sie in seiner erhöhten Aktivität nichts anderes als ihren eigenen Verlust der Kontrolle. Und auf diesen unakzeptablen Zustand kann es für sie nur eine Antwort geben: Sie muß die Kontrolle wieder zurückgewinnen. Und dies tut sie auch. Ihr Rücken wird wieder schlimmer. Und alles fängt wieder von vorne an. Das Rad dreht sich weiter und weiter.

Die Primärehe – Wo alles begann

Wie kam es dazu, daß Jim den Drang zu retten und Maxime das Bedürfnis nach Kontrolle entwickelte? Und wieso müssen die beiden ihre Aggressionen in dieser symbolischen Weise somatisch umwandeln? Die Antwort auf diese Fragen findet sich in der Vergangenheit, in ihren jeweiligen *Primärehen*. Sie ist tief vergraben in kaum noch bewußten Erinnerungen, die so schrecklich und beängstigend sind, daß sie vollständig unterdrückt und ausgeblendet werden. Dieser Umstand läßt unsere Erforschung dieser beiden Symbolisierer und ihrer Primärehen sehr viel schwieriger werden als die der anderen aggressionsgestörten Ehen, die wir bisher kennengelernt haben.

Maximes Erfahrungen in ihrer Primärehe

Maxime hat einige recht lebhafte Erinnerungen an ihre Kindheit, aber an einem Punkt läßt ihr Erinnerungsvermögen plötzlich merklich nach:

»Ich kann mich noch sehr gut an das Haus in Ironweed erinnern. Aber von der Zeit, nachdem wir in das Haus meines

Großvaters in Flint gezogen sind (das war im Sommer, bevor ich in die fünfte Klasse kam), weiß ich fast nichts mehr.

Ich glaube, wir sind damals umgezogen, weil meine Mutter krank geworden war. Ich bin mir nicht mehr ganz sicher, aber ich meine, sie hätte Probleme mit ihren Nieren gehabt und mußte deswegen für längere Zeit ins Krankenhaus.«

Maximes Erinnerungsvermögen setzt an dieser Stelle aus, weil sie sich nicht mehr erinnern will. Oder genauer: Sie will ihr Geheimnis, das Geheimnis ihrer Primärfamilie, nicht preisgeben. Aber nach und nach dringen doch mehr Einzelheiten aus dieser Zeit in ihr Gedächtnis. Zögernd und unter sichtlicher Anstrengung erzählt sie weiter:

»Als meine Mutter aus dem Krankenhaus zurückkam, hatte sie sich völlig verändert. Sie war nervös und gereizt. Sie stellte ihre Aktivitäten in der Eltern-Lehrer-Vereinigung und in der Bürgerinitiative ein. Opa hatte gleich eine Erklärung dafür zur Hand: ›Das liegt nur daran, daß deine Mutter niemanden in Flint kennt.‹

Auch Dad hatte seine Theorie: ›Diese Ärzte mit ihren ewigen Tests haben sie ausgelaugt‹, sagte er, um damit Moms neue Angewohnheiten, sich in ihr Zimmer zurückzuziehen oder einfach nur aus dem Fenster zu starren, zu erklären.

Zuerst glaubte ich ihnen. Aber schon bald war mir klar, daß das alles Lügen waren. Wir machten uns alle etwas vor.

Nach einer Weile ging es Mom dann wieder besser. Etwa ein Jahr lang – dann eines Tages wurde in meiner Schule angerufen: ›Moms Nieren‹ machten wieder Schwierigkeiten, und ich sollte sofort nach Hause kommen, um auf meinen kleinen Bruder aufzupassen.

Es kam während meiner Kindheit zu einer ganzen Reihe solcher ›Nierennotfall‹-Anrufe – meist nachdem Mom vorher eine Zeitlang unter Schlaflosigkeit gelitten hatte. Sie war dann immer tagelang gereizt und streitsüchtig. Und dann irgendwann drehte sie durch.

Es war schrecklich für mich, besonders als ich älter wurde. Als Teenager lebte ich in ständiger Angst, daß irgend jemand die

Wahrheit herausfinden könnte. In der Schule sagte ich den anderen Kindern einfach, daß meine Mutter an einer sehr schweren Krankheit litt. Sie glaubten mir und brachten mir viel Mitgefühl entgegen.

Bis heute gibt es kaum jemanden außerhalb der Familie, der weiß, daß die ›Nierenprobleme‹ meiner Mutter in Wahrheit ein manisch-depressives Leiden waren.«

Während ihrer gesamten Kindheit geriet Maximes Leben durch die seelische Krankheit ihrer Mutter immer wieder aus den Fugen. Besonders verheerend für sie aber war, daß es sich dabei um ein schreckliches Geheimnis handelte; etwas, das so schlimm war, daß es selbst die Erwachsenen, die sie umgaben, verheimlichen wollten und sie deswegen belogen. Aber diese Lügen erreichten nur das Gegenteil. Sie vergrößerten die Verwirrung und ihre Angst. Obwohl Maxime die Lüge längst durchschaut hatte, hielt die Familie hartnäckig an ihrer Version fest.

Welche Auswirkungen hatte dies nun auf Maxime? Die zähen Lügen der Familie bewirkten in Maxime genau das, was sie bei jedem Kind bewirkt hätten: Sie fühlte sich in dieser schrecklichen und verwirrenden Situation allein gelassen. Es gab niemanden, nicht einmal unter den Erwachsenen, an den sie sich hätte wenden oder bei dem sie hätte Trost finden können. Die Lügen, Vorwände und Märchen der Familie machten das einfach unmöglich. Ist es da noch ein Wunder, daß sie ein inneres Bedürfnis ausbildete, Kontrolle zu erlangen?

Wieso aber muß sie dieses Bedürfnis gerade über ihren Körper ausdrücken? Die ständigen Lügen über die »Krankheit« ihrer Mutter zeigten bei Maxime schließlich eine eigene Wirkung. Sie ließen sie, was ihren eigenen Körper betrifft, sehr wachsam und ängstlich werden. Maxime war fortan ungewöhnlich stark mit dem Zustand ihres Körpers beschäftigt.

Aber was vielleicht noch wichtiger ist, sie setzte Krankheit mit Aufmerksamkeit und Kontrolle gleich. In ihrer kindlichen Wahrnehmung wurde die »kranke Mutter« zum Mittelpunkt der Familie. Schließlich hörte die alltägliche Routine schlagartig auf, sobald ihre Mutter »krank« wurde. In Maximes Augen wurde das gesamte Verhalten der Familie von der Krankheit der Mutter bestimmt. Sie diktierte das Geschehen: Großvater kochte, Maxime selbst durfte einfach die Schule verlassen und nach Hause gehen, ja die Krankheit brachte sogar Erwachsene dazu zu lügen! Maxime zog in ihrer kindlichen Logik daraus den Schluß: krank sein bedeutet das Sagen haben! Sie lernte also, Krankheit mit Kontrollausübung gleichzusetzen.

Aber es fehlt uns noch ein weiteres Teilchen, um das Mosaik dieser faszinierenden und komplizierten Primärehe vollständig zusammenzusetzen: Woran entzündeten sich Maximes Aggressionen, und warum ging sie dazu über, sie zu verdrängen? Maxime reagierte wie alle Kinder in ihrer Situation: Sie wurde wütend auf ihre Mutter, weil sie »die ganze Aufmerksamkeit auf sich zog« und weil sie Maximes Leben »ruinierte«.

Jedoch konnte sie ihre Aggressionen nicht rauslassen. Denn Maxime trug sich mit einer für sie erschreckenden Vorstellung, mit einer fixen Idee, die sich bei vielen Kindern und besonders bei Kindern mit psychisch gestörten Eltern entwickelt: Wenn man aggressiv wird, verliert man die Kontrolle über sich und wird verrückt. Die Panikanfälle, die sie als Erwachsene durchzustehen hat, sind eine Art Wiedererwachen dieser schlimmen Kindheitsängste vor einem solchen Kontrollverlust: Wenn ihr Körper »verrückt spielt«, kommen diese alten Kindheitsängste, verrückt zu werden, wieder hoch.

Man muß sich dabei bewußt halten, daß Maxime nicht wußte, daß ihre Mutter an einer manisch-depressiven Gemütserkrankung litt. Sie beobachtete nur, daß ihre Mutter gereizt und streitsüchtig (sprich aggressiv) wurde und dann »durchdrehte«. So wurde für Maxime »aggressiv« und »verrückt« ein und dasselbe.[6] Ist es da noch überraschend, daß sie sich nicht aggressiv zu werden traute?

Maxime ist mit dem Erbe einer sehr komplexen Primärehe belastet. Ihre Kindheitserfahrungen haben bei der erwachsenen Maxime zu einem ausgeprägten Bedürfnis geführt, immer die Kontrolle haben zu wollen – auch über die eigenen Aggressionen. Ihr eigener Körper ist dabei gewissermaßen der Kampf-platz, auf dem diese inneren Auseinandersetzungen stattfinden.

Kommen Ihnen einige Elemente dieser Primärehe bekannt vor? Haben auch Sie Erinnerungen an eine Kindheit, die im Schatten einer solchen Familienlüge stand? Erlebten Sie Ihre Kindheit als verwirrend oder gar als chaotisch, weil es da Dinge gab, die Sie nicht ganz verstanden oder glauben konnten? Sehen Sie sich bitte die folgenden Kurzskizzen von ähnlich problema-tischen Primärehen an, um zu entscheiden, ob auch Sie eine vergleichbare Last in Ihre jetzige Ehe einbringen.

Sah Ihre Primärehe so aus?

Hat Ihre Mutter den verkaterten Zustand Ihres Vaters damit entschuldigt, daß er sich »nicht wohl« fühlt? Wurden die Wut-ausbrüche Ihres Bruders/Ihrer Schwester damit entschuldigt, daß er/sie einen schlechten Tag hätte? Versuchte Ihre Mutter, Ihnen einzureden, daß ihre blauen Flecken von einem Sturz stammten? Hat sich Ihre Schwester einer »Operation unterzo-gen«, wo sie in Wahrheit eine Abtreibung vornehmen ließ?

Probleme wie Alkoholismus, Drogenmißbrauch, seelische Störungen, ungewollte Schwangerschaften, sexueller und kör-perlicher Mißbrauch werden in vielen Familien hinter Lügen versteckt. Dabei wird das wahre Problem oft durch eine »akzep-tablere Krankheit« zu verschleiern versucht – der morgendliche Kater wird so z. B. zum chronischen Kopfschmerz.

Diese Strategie, die eigenen Familienprobleme durch Lügen und Märchen vertuschen zu wollen, ist für Kinder äußerst erschreckend und sehr verwirrend. Als Erwachsene entwickeln sie häufig ein sehr ausgeprägtes Kontrollbedürfnis. Allerdings vermögen sie nicht immer, sich von der in der Familie geübten Praxis des Selbstbetrugs zu befreien und schreiben deswegen auch noch im Erwachsenenalter ihre psychischen Probleme physischen Krankheiten zu. Denken Sie doch einmal darüber nach, ob diese Verquickung der Sphären nicht auch Ihre Kind-heit bestimmte und ob Sie sie heute wirklich abgelegt haben?

Waren Sie ein »sensibles Kind«? Kam es öfter vor, daß Sie ins Krankenzimmer der Schule liefen oder erst gar nicht in die Schule gingen, weil Ihnen »nicht gut« war? Denken Sie gerne daran zurück, wie Sie zu Hause bei Ihrer Mutter bleiben durften, wenn Sie krank waren? Waren Ihre Eltern Hypochonder?

Es gibt Familien, in denen die Kinder ziemlich schnell begreifen, daß sich Aufmerksamkeit am besten durch körperliche Krankheiten gewinnen läßt. Vielleicht haben auch Sie versucht, auf diese Weise die Zuwendung Ihrer Eltern zu erlangen und halten auch noch heute unbewußt an dieser »Tradition« fest, um von Ihrem Partner durch körperliche Gebrechen das zu bekommen, was Sie am dringendsten brauchen – Liebe.

Haben Sie einen Elternteil durch Krankheit verloren? War eines Ihrer Geschwister länger krank? War einer Ihrer Eltern längere Zeit im Krankenhaus oder in einer Nervenklinik? Haben sich Ihre Eltern eine Zeitlang getrennt, auch wenn Sie sich selbst nicht mehr daran erinnern?

Dies sind nur einige der möglichen Katastrophen, die über ein Kind hereinbrechen und sein Leben in ein Chaos verwandeln können. Möglicherweise hat auch Ihr eigenes Kontrollbedürfnis in einer solchen Familientragödie seine Ursache.

War einer Ihrer Eltern Alkoholiker mit einer starken Neigung zu irrationalen Ausbrüchen? Litt einer in Ihrer Familie an psychischen Störungen, die mit unkontrollierbaren Aggressionsausbrüchen einhergingen? Hatten Sie das Gefühl, Ihre Eltern würden jeden Augenblick durchdrehen, wenn sie wütend wurden? Haben sich die Wutausbrüche eines Mitglieds Ihrer Familie in Gewalt und Zerstörungswut geäußert? Waren Sie als Kind jähzornig und unkontrolliert?

Ein Kind, das bei sich oder bei anderen unkontrollierte Aggressionen oder irrationale Wutausbrüche erlebt, entwickelt oft ein Bedürfnis, diese erschreckenden Kräfte zu kontrollieren. Nicht selten stellt sich bei ihm die unbewußte Befürchtung ein, daß Aggressivität der erste Schritt zu einem im Wahnsinn endenden Verlust der Selbstkontrolle darstellt. Ist dies auch Ihre heimliche Befürchtung, die sich bei jedem Ihrer Panikanfälle wieder einstellt?

Vielleicht ist Maximes Primärehe das genaue Ebenbild Ihrer eigenen Kindheitserfahrungen, so daß Ihnen die Identifikation mit diesem Aggressionsstil keine großen Schwierigkeiten bereitet. Aber es gibt auch andere Wege, die zu einem solchen Bedürfnis nach Kontrolle führen können. Nicht nur verheerende und erschütternde Katastrophen schaffen ein solches Gefühl der Hilflosigkeit. Statt eines einschlagenden zentralen Ereignisses kann auch eine subtile Erfahrung, etwa die der Persönlichkeit der Eltern, die Ursache für solche Entwicklungen sein.

Versuchen Sie also, sich von dem, was Sie noch wissen, zu dem, was Sie schon verdrängt haben, allmählich vorzuarbeiten. Eines können Sie mit Sicherheit voraussetzen: Wenn Sie tatsächlich ein Aggressionssymbolisierer sind, werden Sie in Ihrer Vergangenheit, in den Erfahrungen Ihrer Primärehe, die Gründe finden, die Sie dazu gemacht haben.

Unsere nächste Aufgabe besteht nun darin, die Ursachen ausfindig zu machen, die für das Bedürfnis Ihres Mannes, jemanden retten zu wollen, verantwortlich sind. Dazu wollen wir uns zunächst Jims Primärehe etwas genauer ansehen. Allerdings ergibt sich dabei ein nicht geringes Problem.

Schon Maximes Erinnerungen waren eher vage und unsicher. Erst allmählich entwickelte sie den Mut, sich den sehr schmerzlichen Erinnerungen ihrer Primärehe auszusetzen. Sie besaß ihre Erinnerungen also noch, hielt sie aber quasi stets außerhalb ihres unmittelbaren Erinnerungshorizonts zurück. Als sie schließlich soweit war, konnte sie sie ohne größere Schwierigkeiten wieder näher an sich heranlassen.

Dies ist bei Jim grundlegend anders. In Jims Primärehe gab es einige Erfahrungen, von denen er heute völlig abgeschnitten ist. Er ist ohne Erinnerung an sie. So etwas ist gar nicht so selten. Viele Menschen haben ihrer Kindheit etwas derart Unerträgliches erlebt, daß sie es völlig aus ihrem Bewußtsein auszublenden versuchen und ihre Erinnerung daran gewaltsam unterdrücken. Für Kinder ist ein solches Vergessen oft die einzige Möglichkeit, psychisch zu überleben. Bei Erwachsenen kehrt sich die Struktur allerdings um: Die einzige Möglichkeit, sich psychisch wieder herzustellen, liegt für sie im Erinnern.

Jims Erfahrungen in seiner Primärehe

Jim erinnert sich mit leisem Abscheu an seine Kindheit:

»Unser Haus hatte grüne Fensterläden und war von einem weißen Palisadenzaun umgeben, und auf dem Rasen vor dem Haus stand die goldene Statue eines Apportierhundes, den wir Skipper nannten. Meine beiden Schwestern, Lilly und Kate, eine älter und eine jünger als ich, waren langbeinige Blondinen. Unser kleiner Bruder, Evan, war ein richtiger kleiner Engel, und ich war ein großer Sportler. Meine Eltern hatten sich auf dem College kennengelernt. Sie kamen beide aus ›dem richtigen Elternhaus‹. Von außen betrachtet waren wir der Inbegriff der perfekten Familie.

Aber man mußte nur ein bißchen länger dableiben, um zu sehen, wie diese Idylle sich in Nichts auflöste. Dad z. B. kam oft erst gar nicht nach Hause, er besaß ein Boot und ging abends nach der Arbeit oft dahin statt nach Hause. Manchmal durfte ich kommen und ihm helfen, das Boot zu lackieren oder aufzuräumen. Aber meistens wollte er niemanden aus der Familie dabeihaben.

Ich war vielleicht neun oder zehn, als mir klar wurde, daß das Boot sein Versteck war, in dem er sich mit irgendwelchen Frauen traf. Ich hatte in der Kajüte Damenunterwäsche, solche schwarzen Spitzendessous, entdeckt, und da war ich natürlich sofort im Bilde.

Mutter hatte währenddessen zu Hause alle Hände voll zu tun. Sie war das echte brave, züchtige Hausmütterchen – bis sie zu den Cocktails griff. Sie war mit sich selbst übereingekommen, daß sie, solange sie erst nach fünf Uhr trank, keine Alkoholikerin sein könnte.

Mutter war eigentlich nicht sehr überschwenglich. Aber so nach ein paar Drinks hieß es nur noch: ›Komm her, mein Schatz, gib mir einen Kuß.‹ Ich machte, daß ich nach oben kam, wenn sie so anfing.

Einen Abend, an dem sie besonders gefühlsduselig war, werde ich nie vergessen. Ich muß so etwa elf Jahre alt gewesen sein. Wir hatten Weihnachtsferien, und meine ältere Schwester, Lilly, hatte ihren Freund, Henry, vom College mit zu uns gebracht. Ich war gerade auf dem Weg nach oben in mein Zimmer, als ich hörte, wie meine Mutter in dieser samtigen Stimme, die sie manchmal hatte, mit Henry sprach.

Ich schlich mich runter und beobachtete die beiden im Wohnzimmer. Das Zimmer war in Dämmerlicht getaucht. Ich kann mich an das, was da passierte, nicht mehr genau erinnern. Ich weiß nur noch, daß ich da auf der Treppe saß, so als ob ich über dem Zimmer schwebte, und zusah, wie meine Mutter Henry küßte. Mir wurde übel bei dem Anblick.

Ich hab's meiner Schwester nie erzählt. Ich wollte ihr die Ferien nicht kaputtmachen, sie war so schrecklich verliebt in Henry. Ich habe nur dafür gesorgt, daß Henry während seines restlichen Aufenthalts bei uns nicht mit meiner Mutter allein blieb. Ich tat so, als wäre ich froh, bei all diesen Schwestern endlich mit einem ›größeren Bruder‹ zusammen sein zu können. Henry nannte mich gegen Ende der Ferien nur noch seinen siamesischen Zwilling.

Ehrlich gesagt, machte ich Henry überhaupt keine Vorwürfe. Meine Mutter hatte sich ihm an den Hals geworfen. Er war völlig hilflos. Ich war auch auf meine Mutter eigentlich nicht böse. Sie gab ein jämmerliches Bild ab. Im Grunde tat sie mir leid.«

Es gibt also genug Störungen in Jims Primärehe, die die Schwierigkeiten, mit denen er zu kämpfen hat, erklären können. Aber so unangenehm diese Erinnerungen auch sind, sie geben nur einen Teilaspekt aus dem Gesamt seiner Primärehe wieder. Um Jim zu verstehen, müssen wir uns auch die übrigen Aspekte vergegenwärtigen. Was also fehlt uns noch in diesem Mosaik?

Die abstoßende Szene, die sich zwischen Henry und seiner Mutter abgespielt und die Jim mitangesehen hat, ist für ihn zugleich die Folie für eine andere schmerzhafte Erinnerung, die er tief und unerreichbar in sein Unterbewußtsein vergraben hat.

Manchmal lassen wir Erfahrungen, die so schrecklich für uns sind, daß wir sie aus unserem Bewußtsein ausradieren müssen, in einer abgewandelten, milderen und für uns erträglicheren Form in unserer Erinnerung wieder auftauchen. Für diese Fälle gibt es eine Anzahl von Erkennungssignalen, die uns darüber aufklären können, ob das, was wir tatsächlich erinnern, nicht in Wahrheit nur ein Verstecken von Erfahrungen ist, die zu erinnern wir nicht ertragen.

Eine schwache Erinnerung ohne viele Details, eine Erinnerung, bei der wir uns nur als außenstehende Beobachter sehen, die Zeuge einer Szene werden, in der alles wie in ein schwaches Licht oder in eine undeutliche Aura getaucht ist, sind deutliche Signale dafür, daß sich hinter unseren tatsächlichen Erinnerungen noch andere, dunklere befinden.[7]

Genau diese Merkmale lassen sich auch bei Jim wiederfinden. Und es ist alles andere als Zufall, daß er sich daran erinnert, wie Henry ihn seinen siamesischen Zwilling nannte. Jim kann die Erinnerung nicht ertragen, daß er exakt das gleiche Erlebnis mit seiner Mutter hatte!

Als er noch sehr jung war, war seine Mutter, wenn sie zuviel getrunken hatte, sexuell oft sehr erregt. Unter dem Vorwand, daß sie sich einsam fühlte, nahm sie ihren Jungen dann manchmal mit in ihr Bett, streichelte ihn und preßte ihren fast nackten Körper gegen seinen. Es war eine Erfahrung, die Jim mit großer sexueller Erregung erfüllte und ihn mit einem Gefühl verzweifelter Hilflosigkeit zurückließ.

Dieses verwirrende Erlebnis hinterließ in ihm ein unterschwelliges Panikgefühl, und er sehnte sich danach, aus diesem chaotischen Gemütszustand gerettet zu werden, so wie er Henry gerettet hatte. Es war dieser sexuelle Mißbrauch durch seine Mutter und sein verzweifelter Wunsch, ihr zu entkommen, der in ihm das panische, zwanghafte Bedürfnis, jemanden zu retten, entstehen ließ.

Und genau das ist auch der Grund, warum er sich zu seiner gesundheitlich labilen Frau hingezogen fühlt: Ohne es zu ahnen, setzt Jim sich selbst mit seiner hilflosen und hilfsbedürftigen Frau gleich. Durch diese Identifikation sind alle Versuche, die er unternimmt, sie zu retten, zugleich auch *symbolische* Rettungsversuche, die ihm selber gelten.

Aber auch hier fehlt wieder ein wichtiger Teil an dem Gesamtmosaik dieser Primärehe. Wie kommt seine Aggressionsunterdrückung zustande? Jims hilflose Wut über die Zudringlichkeit seiner Mutter wurde zusammen mit dem gesamten Erlebnis begraben. Er kann es sich nicht leisten, diese Wut zu empfinden oder zuzulassen, weil mit ihr zugleich auch ihre Ursache an die Oberfläche kommen könnte. Das Geheimnis muß unter allen Umständen verborgen bleiben und mit ihm die eigenen Aggressionen, die haßerfüllte Wut über ihren Vertrauensmißbrauch, die so stark ist, daß Jim ihre gefährliche Wucht fürchtet.

Hat auch Ihr Mann in seiner Primärehe möglicherweise Situationen erlebt, denen er hilflos ausgeliefert war? Und könnten diese schrecklichen Erinnerungen so tief in ihm begraben sein, daß sie heute noch in abgemilderter, weniger bedrohlicher Form auftauchen?

Hat Ihr Mann mit angesehen, wie einer der Eltern den Partner mißhandelt? Wurde eines seiner Geschwister mißhandelt oder sexuell mißbraucht?

Elterliche Mißhandlungen stellen einen Mißbrauch von Macht dar, bei dem der Stärkere seine Überlegenheit gegenüber dem Schwächeren ausnutzt. Auch wenn Ihr Mann selbst nicht das Opfer eines solchen Machtmißbrauches geworden ist, hinterläßt eine solche Erfahrung dennoch immer tiefe Spuren. Das, was Ihr Mann mitansehen mußte, hat vermutlich in ihm den verzweifelten Wunsch aufkommen lassen, es aus der Welt zu schaffen. Aber er war ebenso machtlos wie die Opfer. Es ist gut möglich, daß es genau dieses Schuldgefühl ist, seinem Bruder, seiner Schwester oder Mutter nicht beigestanden zu haben, das zur Entstehung seines Bedürfnisses, andere zu retten, geführt hat.

Waren seine Eltern grausam, bösartig oder sadistisch? Haben sie ihn erniedrigt oder gequält? Waren sie in ihrer Bestrafung streng und unnachsichtig? Hatten sie extreme und aus dem Rahmen fallende Bestrafungsmethoden?

Bedauerlicherweise gibt es eine Unzahl von Möglichkeiten, wie Eltern die Macht, die sie gegenüber ihren Kindern haben, mißbrauchen und sie durch Worte oder Taten zu hilflosen Opfern machen können. Ein völlig verängstigtes Kind etwa vom höchsten Sprungbrett ins Wasser springen zu lassen, um ihn »zu einem richtigen Mann« zu machen, ein Kind, das Spinat haßt, zu zwingen, gleich kiloweise davon zu essen, »damit es sich daran gewöhnt«, oder es in einen dunklen Keller zu sperren, um ihm »eine Lektion zu erteilen« – all das sind nur wenige Beispiele für den Einfallsreichtum dieser »nicht-gewalttätigen« Erziehungsmethoden. Sollte auch Ihr Mann in der einen oder anderen Form Opfer einer solchen abstrusen Behandlung geworden sein, fällt es Ihnen sicherlich nicht schwer, sich zu denken, woher sein Bedürfnis zu retten rührt.

Hat Ihr Mann als Kind geglaubt, er wäre nur adoptiert, hat er davon geträumt, der Sohn reicher oder berühmter Eltern zu sein? Hat er sich oft vorgestellt, von zu Hause wegzulaufen? Hat er sich mythische Helden oder Märchenländer ausgemalt, in denen er »lebte«?

Sollte Ihr Mann als Kind den Wunsch gehabt haben, seinem Zuhause (auf die eine oder andere Weise) zu entfliehen, ist dies ein deutlicher Hinweis darauf, daß es bei ihm unerträgliche und mithin von ihm unterdrückte Erinnerungen gibt. Flucht ist immer eine Form von Befreiung. Vielleicht verdrängt Ihr Mann, daß er sich als Kind nach einer solchen Befreiung und Rettung gesehnt und sie schließlich in seiner Phantasie zur Wirklichkeit gemacht hat.

Hat Ihr Mann früher jemals in den Spiegel gesehen und das Gefühl gehabt, nicht sich selbst zu sehen? Hat er schon einmal das Gefühl gehabt, neben seinem Körper zu stehen? Hat er jemals erlebt, daß er in einem menschenüberfüllten Raum war und sich dennoch so fühlte, als sei er der einzige dort, als sei zwischen ihm und den anderen eine tiefe Kluft oder als schwebe er über der ganzen Szene? Hat Ihr Mann manchmal kurzzeitige Gedächtnisstörungen?

Kinder mit verdrängten traumatischen Erfahrungen entwickeln zuweilen ein eigentümliches Gefühl von Unwirklichkeit. Es ist, als ob sie sich selbst splitten und sich neben sich stellen müssen, um so eine andere Person zu werden und ihrer bedrängenden Erinnerung zu entfliehen. Vielleicht hat auch die Psyche Ihres Mannes auf diese Weise Schutz vor unerträglichen Erinnerungen gesucht.

Wie man das Problem in den Griff bekommt – Der Schritt in die erwachsene Ehe

Sicherlich hat sich Ihr Eindruck von Maxime und Jim jetzt, da Sie ihre Primärehe kennen, grundsätzlich gewandelt: Maxime ist nicht länger die unerträgliche Hypochonderin und Jim nicht mehr der tapsige Krankenpfleger seiner unmöglich anspruchsvollen Frau. Statt dessen sehen wir nun zwei Menschen, die sich mit den Geheimnissen und der Scham ihrer Primärehenerfahrung abmühen. Mit diesen unerträglichen Geheimnissen haben sie zugleich ihre jeweiligen Aggressionen vergraben und aus ihrer Ehe verbannt. Scheint die Aggression dem einen als erster Schritt in den Wahnsinn, so versucht der andere, ihr zu entkommen, weil sie schmerzliche Erinnerungen birgt, die seinen eigenen ungebändigten Haß entfesseln könnten.

Bevor Aggressionssymbolisierer sich auf dem Weg der Einsicht einer neuen, wirklich *erwachsenen Ehe* nähern können, müssen sie zunächst ihre tiefsitzenden Ängste vor Aggressionen abbauen. Sie müssen ihre unbewußte Gleichsetzung von Aggressivität und geister Umnachtung überwinden und zu einem gereiften Verständnis der Geisteskrankheit gelangen. Erregtheit, Spannung und Wutausbrüche sind die Symptome, nicht die Ursachen des Problems. Bei Kindern kommt es verständlicherweise oft dazu, daß sie beides durcheinanderbringen und den wirklichen Zusammenhang umkehren. Sie verstehen oft noch nicht, daß es die psychische Labilität ist, die die Stimmung ihrer Eltern ins Aggressive umschlagen läßt, und glauben deswegen, daß es an der Aggression liegt, wenn ihre Eltern psychisch unstabil und gefährdet wirken. Für viele Menschen sind dies die prägenden Kindheitserfahrungen ihrer Primärehe. Aber es ist an der Zeit, diese Kinderlogik durch reife, erwachsene Vernunftseinsichten zu ersetzen. Um es einfach zu formulieren: Aggressionen führen nie und bei niemandem zu einem Verlust der geistigen Stabilität. Wer wütend wird, wird deswegen nicht wahnsinnig! Die große Herausforderung für Symbolisierer besteht letztlich darin, genau das klar zu erkennen!

(Die Panikattacken, denen Symbolisierer anheimfallen, lassen diese Herausforderung für sie oft geradezu erschreckend werden. Deswegen kann eine medizinische Unterstützung in vielen Fällen notwendig und äußerst hilfreich sein. Eine entsprechende Medikation[8] z. B. kann helfen, die Panikanfälle unter Kontrolle zu bringen und so dazu beitragen, das Problem in den Griff zu kriegen. Bleibt einem der Schrecken solcher Erfahrungen erspart, kann man sich mit mehr Ruhe und Sorgfalt an die Entwicklung reiferer Ansichten über das Wesen der Aggression machen.)

Der andere Symbolisierertyp (in unserem Beispiel Jim) steht vor einer ganz anderen Aufgabe. Als Jim noch ein kleines, abhängiges und hilfloses Kind war, waren seine Erinnerungen und der haßerfüllte Zorn, der mit ihnen einherging, zuviel für ihn. Seine Psyche verrichtete angesichts dieser Situation nahezu ein Wunder: Sie schaffte es, ihn zu schützen. Die erfolgreiche Verdrängung bedeutete für ihn Rettung und Befreiung. Er vergaß und baute so hohe schützende Mauern um das, was häßlich, schmerzlich und äußerst zornerregend für ihn war. Vielleicht gehören auch Sie diesem zweiten Symbolisierertyp an und haben damals ähnliche Erfahrungen tief in sich verschlossen, um mit Ihrem jungen Leben weitermachen zu können.

Aber Ihr Schutzmechanismus hat seine Aufgabe erfüllt und arbeitet nun mechanisch weiter, ohne daß noch ein Grund dafür vorhanden wäre. Sie sind heute erwachsen und verfügen über ganz andere Mittel wie damals in Ihrer Primärehe. Sie können es sich heute ruhig erlauben, die alten Erinnerungen hochkommen zu lassen. Nicht nur werden Sie die vermeintliche Schande, Schuld und Ihre Wut schadlos überstehen, Sie werden auch endlich von dem dunklen, schrecklichen Geheimnis, das Sie verfolgt, befreit sein. Damals in Ihrer Primärehe lag Ihre einzige Rettung im Vergessen, heute in Ihrer erwachsenen Ehe ist das Wiedererinnern der Königsweg in die Freiheit.

Aus all dem läßt sich deutlich ersehen, daß Aggressionssymbolisierer, soweit es um ihre Ehe und die eigenen verborgenen Aggressionen geht, vor einer nicht gerade leichten Aufgabe stehen. Um diesen Transformationsprozeß überhaupt bewerkstelligen zu können, müssen sie lernen, ihre düsteren und erschreckenden Geheimnisse mitzuteilen. Wenn Sie also sich selbst und Ihre Symbolisiererehe durchschaut haben, können Sie vielleicht dazu übergehen, die Geheimnisse miteinander zu teilen. Vielleicht hat Ihnen das, was Sie in diesem Kapitel erfahren haben, dabei geholfen zu verstehen, daß es nicht der schlimme Rücken oder die Kopfschmerzen sind, um die Sie sich zuvorderst kümmern müssen, sondern Ihre gebrochene Seele.

Allerdings sind solche Geheimnisse für einen allein oder auch mit der Hilfe des Partners nur schwer zu ertragen. Deswegen sollten Symbolisierer einmal darüber nachdenken, ob sie nicht besser Hilfe von außen für diesen schweren Kampf aufsuchen. Das vielleicht Sinnvollste und Naheliegendste wäre für Sie, sich in diesem Fall eine Gruppe zu suchen, in der Sie den Mut aufbringen, Ihr Geheimnis mit anderen Menschen zu teilen. Wenn Sie in einem therapeutischen Rahmen auch anderen Menschen begegnen, die in ihrer Primärehe mißbraucht oder belästigt wurden, unter den Folgen von Alkoholismus oder einer seelischen Krankheit litten, wird es Ihnen wesentlich leichterfallen, die Dämonen, die Sie verfolgen, endgültig zum Schweigen zu bringen. Ist Ihr Geheimnis erst einmal ans Tageslicht gedrungen, können auch Ihre Aggressionen wieder ihren angestammten Platz in Ihrer Ehe einnehmen.

Kapitel X
Aggressionsunterdrücker

Aggressionsunterdrücker sind Menschen, die ihren Zorn begraben, indem sie *Konflikte unterdrücken.* Sie tun einfach alles, um sicherzugehen, daß es in ihrer Ehe zu keinen Zwistigkeiten kommt. Für Spannungen, Disharmonie, Streitigkeiten und Gegensätze ist in ihrer Beziehung kein Platz. Auseinandersetzungen, Wortwechsesl, Kämpfe, Kräche, Zänkereien, Szenen, Zerwürfnisse, Dispute und Wortgefechte stellen für sie Vorstöße in verbotenes Territorium dar. Sie würden Aggressionen freisetzen – ein Greuel für jeden Aggressionsunterdrücker. Das ungeschriebene Motto einer solchen Ehe lautet: *ohne Konflikt auch keine Aggression!*

Unterdrücker können sehr einfallsreich sein! Ihre kreativen Instinkte führen dazu, daß ihre Beziehungen sehr vielgestaltig aussehen. Das hat zwei Gründe. Zum einen gibt es schlicht eine enorme Anzahl von verschiedenen Möglichkeiten, um Konflikten aus dem Weg zu gehen. Und zum anderen verlassen sich Unterdrücker, auch wenn sie meist eine Strategie favorisieren, selten auf nur eine Methode zur Konfliktvermeidung. Sie entwickeln gleich ein ganzes Arsenal von Abwehrmöglichkeiten. Diese Vielfalt macht die Analyse von Unterdrückerehen zu einer ebenso interessanten wie schwierigen Aufgabe!

Mischehen

Die Aggressionsunterdrückung läßt sich ohne weiteres mit den anderen (offen oder verdeckt) aggressiven Beziehungsstilen vereinbaren. Unterdrücker heiraten oft außerhalb ihrer »Gilde«. So kommt es oft vor, daß ein Enthemmer, ein Provozierer oder ein Überspieler sein »Jawort« gibt, während sein Partner unbewußt und heimlich mit einem »nein« antwortet und die »schlechten Zeiten« der ehelichen Konflikte nicht in sein Eheversprechen mit einbezieht. Es kann also in solchen Ehen zu den verschiedensten Konstellationen kommen: Ein Ehemann, der aggressiv und mit scharfer Zunge austeilt, kann mit einer Frau verheiratet sein, die sich die Zunge eher abbeißen als zurückkeifen würde, eine passiv-aggressive Ehefrau wiederum mit einem Mann, der ihre Provokationen systematisch ignoriert, und ein Überspieler mit einer Frau, die ihm trotz seiner Fehltritte »vorspielt«, es sei in ihrer Beziehung alles so, wie es sein sollte. Unterdrücker gehen also die unterschiedlichsten Verbindungen ein, leben – vom Standpunkt der Aggressionsstile aus betrachtet – oft in »Mischehen«!

Dieser Umstand verleiht diesem Aggressionsstil natürlich eine zusätzliche faszinierende und herausfordernde Komplexität. Der Reiz dieses Stils wird überdies noch dadurch gesteigert, daß jeder (selbst noch in der besten Ehe) etwas von einem Aggressionsunterdrücker an sich hat! Die Beschäftigung mit diesem aggressiven Beziehungsstil wird Sie also unumgänglich mit einem Teil Ihrer selbst und Ihrer Ehe konfrontieren!

Bevor wir aber im einzelnen auf diesen Stil eingehen, muß noch ein Punkt geklärt werden. Unterdrücker entwickeln oft Verhaltensweisen, die auf den ersten Blick vernünftig, ja sogar empfehlenswert erscheinen, etwa ihre Fähigkeit, sich bei ihrem Partner zu entschuldigen. Allerdings wenden Unterdrücker das richtige Verhalten gewissermaßen aus falschen Gründen an: Ihre Handlung zielt einzig und allein darauf, Konflikte zu unterdrücken. Es sind diese Verhaltensmotive und nicht bloß das Verhalten selbst, auf das wir unser Augenmerk richten müssen, um diesen destruktiven Beziehungsstil genauer zu verstehen.

Liebe tut weh

Immer wenn ich an einem neuen Buch arbeite, rede ich auch mit meinen Freunden darüber. Während unserer ganzen Diskussion über die aggressive Ehe bekam ich nie soviel Resonanz wie im Zusammenhang mit meinen Gedanken über Aggressionsunterdrücker. Der frostige und stürmische Januarabend am Abendtisch meiner Freundin Paula ist vielleicht ein gutes Beispiel hierfür. Kaum hatte ich das Thema auf die Aggressionsunterdrückung gebracht, pruzelten die Geschichten wie von selbst aus allen heraus. Ich kam mir vor wie die Vorsitzende eines Klubs von Anonymen Aggressionsunterdrückern.

Carol, die sich »nie mit ihrem Mann stritt«, begann mit einem klassischen Beispiel, der typischen Hausfrau aus den 50ern: Sie »schuftete den ganzen Tag am Herd«, nur um abends feststellen zu müssen, daß Bob in Gedanken noch zu beschäftigt war, um das Essen und ihre Mühen richtig wertzuschätzen. Verletzt zieht sie sich dann immer ins Schlafzimmer zurück, natürlich ohne die geringste Lust auf Sex. Am nächsten Morgen fühlt sie sich immer noch ein bißchen geknickt, aber mittags steht sie dann wieder in der Küche und kocht »wie wild« – aber »wild« im aggressiven Sinne wird sie nie!

Obwohl die meisten Frauen diesem Typ von »Hausmütterchen«, das sich am Herd abplagt, nicht mehr entsprechen, sind doch erstaunlich viele Frauen noch immer Aggressionsunterdrücker: Sie ersetzen ihre aggressiven Gefühle durch Verletztheit! Unterdrücker wehren sich nicht, wenn sie sich überlastet, ausgenutzt, ignoriert, übergangen, nicht geschätzt, besonders aber wenn sie sich kritisiert fühlen. Sie werden nicht wütend, sondern traurig.

Diese Umwandlung der Aggressionen in Gefühle von Verletztheit ist ein typisches Kennzeichen für Aggressionsunterdrücker und ist beileibe nicht auf Frauen beschränkt. Auch wenn es nicht in unsere stereotype Vorstellungswelt paßt, gibt es doch viele Männer, deren Aggressionen sich in verletzten Gefühlen äußern. Für jede Frau, die sich beleidigt am Herd abplagt, ließe sich mit Sicherheit ein Mann finden, der sich an seinem Bürotisch abmüht und sich nicht weniger verletzt fühlt.[1]

Um des lieben Friedens willen

Marissas Technik, Spannungen in der Ehe zu umgehen, sieht etwas anders aus: Sie zieht sich nicht verletzt in sich zurück, sondern sie wird aktiv und versucht, ihren Mann zu beschwichtigen. Sie würde alles tun, um einem Streit mit ihm aus dem Weg zu gehen:

»Wenn ich morgens aufwachte und feststellte, daß keine Milch für Charlies Kaffee mehr da war, rannte ich selbst bei Schnee in den nächsten Laden, um sie zu holen.«

Marissas Einsatzbereitschaft hat nichts mit Edelmut ihrem Mann gegenüber zu tun; ihr ging es, als sie trotz eines Schneesturms in den nächsten Laden lief, nicht darum, ihm eine Freude zu machen. Was sich auf den ersten Blick so löblich ausnimmt, hat (wie so oft bei Unterdrückern) bei näherem Hinsehen einen völlig anderen Hintergrund. Marissa ging es darum, einer möglichen Verärgerung ihres Mannes zuvorzukommen. Der Gedanke, sich dem frostigen Wetter draußen auszusetzen, war für sie weniger schlimm als die Vorstellung, drinnen von ihrem Mann mit einem eisigen guten Morgen empfangen zu werden.

Den häuslichen Frieden um jeden Preis wahren zu wollen, ist ein typisches Kennzeichen für diesen Beziehungsstil. Der Hang zur Beschwichtigung, der damit einhergeht, kann die unterschiedlichsten Formen annehmen. So hätte Marissa etwa, wenn sie ohne Milch zurückgekommen wäre, auf ein typisches Unterdrückerverhalten zurückgreifen und sich, um einem Streit möglichst aus dem Weg zu gehen, bei ihrem Mann entschuldigen können.

Die Fähigkeit, sich zu entschuldigen, ist zweifelsohne in jeder Ehe eine wertvolle Tugend. Sie zeugt von unserer Fähigkeit, uns einzugestehen, daß wir den Menschen, den wir lieben, verletzt haben könnten. Aber im Munde eines Aggressionsunterdrükkers wird jede solche Entschuldigung zugleich zu mehr und anderem als eine »löbliche« Bitte um Vergebung. Sie wird zu einem inständigen Flehen darum, doch bitte, *bitte nicht böse und aggressiv zu werden*!

Bitte sei mir nicht böse – ich hab's nicht so gemeint.
Bitte sei mir nicht böse – es war ein Versehen.
Bitte sei mir nicht böse – es wird nie wieder vorkommen.
Bitte sei mir nicht böse – ich hatte heute so viel zu tun,
                                    daß ich es einfach vergessen
                                    habe.

Etwas zugespitzt formuliert, drücken Aggressionsunterdrücker weniger ihr Bedauern aus, als daß sie um Gnade flehen. Wenn auch für Sie Liebe bedeutet, sich ständig zu entschuldigen, weil Sie jeder Auseinandersetzung ausweichen müssen, könnte es Ihnen darum gehen, Ihre Aggressionen zu unterdrücken.

Engstens verwandt mit diesem Hang zur Entschuldigung ist eine andere Strategie, die die Aggressionen entschärfen soll: die Selbstanklage. Aggressionsunterdrücker sind schnell mit Sätzen wie: »Im Grunde ist es ja meine Schuld« bei der Hand, weil es ihnen darum geht, Auseinandersetzungen aus dem Weg zu gehen. Wenn auch Sie in Ihrer Ehe immer wieder sich selbst anklagen, statt auch Ihrem Partner Vorwürfe zu machen, nehmen Sie vermutlich die Schuld auf sich, um eine für Sie viel schwerere Last abzuschütteln: die Aggression.

Jeder macht Fehler

Unterdrücker verfügen über ein großes Spektrum unbewußter Kniffe, ihren Partner zu entlasten und so jeder Aggression in der Ehe zu entkommen. Statt eine aggressionsgeladene Konfrontation zu riskieren, weichen sie lieber aus und »entschuldigen« ihren Partner: »Er meint es gar nicht so.« Aggressionsunterdrücker geben sich die ausbleibende Entschuldigung des Partners gewissermaßen selbst. »Auch wenn sie sich nicht entschuldigt hat, ich weiß, daß es ihr im Grunde leid tut« – oder wälzen die

Schuld auf anderes ab: »Es liegt nur am Alkohol, wenn er so redet.« Um jeder Konfrontation aus dem Weg zu gehen, haben Unterdrücker jederzeit eine Erklärung zur Hand, die ihren Partner von jeglicher Schuld freispricht.

Aggressionsunterdrücker reagieren scheinbar gelassen und großmütig auf Enttäuschungen in der Ehe. Sie wirken sehr verständnisvoll und sind wahre Experten, wenn es darum geht, eine gute Entschuldigung für den eigenen Partner zu finden: »Niemand ist perfekt«; »Davon geht die Welt nicht unter« ... Dieses Harmonisierungs- und Schlichtungsverhalten, durch das sie Aggressionen umgehen, führt dazu, daß Unterdrücker niemals wütend oder zornig werden. Sollten Sie also auch bei sich selbst eine solche außergewöhnliche Höflichkeit, eine Bereitschaft, jede Enttäuschung durch Verbalplatitüden zu entkräften, feststellen, sollten auch Sie stets liebenswert, herzlich, verständnisvoll und gutmütig sein. Statt mit Ihrem Partner auch einmal die Geduld zu verlieren, sind auch Sie vermutlich ein Aggressionsunterdrücker.

In diesem Punkt sind Unterdrücker unerschütterlich und felsenfest. Sie lassen nichts an sich herankommen. Es ist als hätten sie ein teflonbeschichtetes Gemüt – nichts bleibt lange genug haften, um bei ihnen Aggressionen und Streitigkeiten auslösen zu können.

Im allgemeinen sind Unterdrücker ruhig und gesammelt, emotional kühl, ja zuweilen sogar kalt. Die starken Einschränkungern in ihrem Gefühlsleben lassen sie selten weinen oder vor Freude in die Luft springen. Spontaneität ist nicht gerade ihre stärkste Seite.[2]

Man muß auch darüber lachen können

Humor ist in jeder Ehe eine sehr wertvolle Gabe. Er hilft uns über manche Unebenheiten hinweg und läßt uns die Dinge in einem anderen Licht sehen. Aggressionsunterdrücker setzen ihren Humor jedoch auf eine ganz andere Weise ein. Sie benutzen ihn, um Konflikte zu entschärfen.

So wie ein mir sehr gut bekannter Ehemann, der auf einer Party mit seiner Frau, einer Sprechtherapeutin[3], neben mir saß und sie alles andere als höflich behandelte. Als sie nämlich bei einem Wort ins Stottern geriet, nutzte er die Situation und äffte sie lachend nach: »Würden Sie sie wegen Ihres St-St-Stotterns aufsuchen?« Seine Frau kicherte darüber: »Er zieht mich eben gerne auf.« Da ich dieses Paar sehr gut kannte, wußte ich, daß dieses nervöse Kichern trotz der Erniedrigung, die sie fühlte, für sie die einzige Möglichkeit darstellte, auf diese Situation zu reagieren.

Ihr Kichern war mehr als nur ein Versuch, eine gesellschaftlich prekäre Situation zu überbrücken. Unterdrücker (wie diese Sprechtherapeutin) beherrschen ihre aggressive Reaktion in der Öffentlichkeit nicht, um sie dann zu Hause in den eigenen vier Wänden endlich rauszulassen und die Dinge richtigzustellen. Das nervöse Kichern, das diese Aggressionsunterdrückerin auf der Dinnerparty zeigte, war für sie durchaus kein Ausnahmefall. Es ist ihr typisches Verhalten in Konfliktsituationen.

Es lassen sich bei Unterdrückern die verschiedensten Varianten eines solchen »Mißbrauchs« ihres Humors feststellen. Alle sind sich insofern ähnlich, als sie helfen sollen, ein anstößiges Verhalten des Partners abzumildern und erträglicher zu machen. Der Unterdrücker will sich selbst davon überzeugen, daß es ihn im Grunde nicht berührt: »Wer nimmt so etwas schon ernst?«; »Das ist nur sein merkwürdiger Sinn für Humor«; »Er macht eben gerne Witze«; »Sie ärgert mich eben gerne«; »Er macht doch nur Spaß«. Wenn Sie auch da noch lachen, wo andere zu Recht sauer würden, ist Ihre Situation ernst: Es ist ein untrügliches Zeichen dafür, daß Sie Ihre Aggressionen unterdrücken!

Immer einer Meinung

Bei einem anderen Treffen der »Anonymen Aggressionsunterdrücker«, bei denen ich als informelle Vorsitzende agierte, kam das Gespräch der Gruppe von Männern und Frauen auf die verschiedenen Methoden, die sie anwandten, um Konfrontationen und Streitigkeiten aus dem Weg zu gehen. Eine der Frauen, Susan, erzählte uns von einem Essen, das sie mit ihren Freundinnen plante. Anfangs war sie ganz begeistert von dieser Idee, als indes die Gruppe sich auf ein Restaurant einigte, das ihr Mann, Joel, immer »viel zu teuer« nannte, kamen ihr Zweifel.

»Ich drehte mich um 180 Grad. ›Warum so viel Geld aus dem Fenster werfen?‹ sagte ich mir. Also ließ ich mir eine Entschuldigung einfallen und ging nicht mit.«

Susan zeigt hier ein für Unterdrücker typisches Verhalten: Sie hat nicht nur einfach ihre Meinung geändert, was für sich genommen kein Problem wäre, sondern sie hat ihre eigenen Gefühle unterdrückt, um mit ihrem Mann einer Meinung zu sein. Das bedeutet, sie hat Konflikten vorgebeugt. Diese Strategie, sich selbst davon überzeugen, daß man die Wünsche, die man verspürt, im Grunde gar nicht hat, findet sich häufig im Verhaltensrepertoire von Aggressionsunterdrückern.

Es gibt auch Unterdrücker, die mit diesem Problem noch radikaler umgehen als Susan. Sie ziehen die Möglichkeit, »mal für einen Abend mit den Freunden/Freundinnen auszugehen«, überhaupt nicht in Betracht. Solche Aggressionsunterdrücker brauchen sich gar nicht erst ihre eigenen Wünsche auszureden, weil sie sie gar nicht erst haben! Die Unterdrückung der eigenen Bedürfnisse, noch bevor sie überhaupt Anlaß zu Konflikten bieten können, ist eine extreme und sehr effektive Methode der Aggressionsvermeidung.

Um die Wahrheit zu sagen

Es entspräche nicht der Wahrheit, wenn wir behaupten würden, daß es in der Ehe nicht auch Platz für kleine Unwahrheiten gibt. Sparsam eingesetzt, kann die Notlüge (»Ich hab' deiner Mutter erzählt, daß wir Freitag schon etwas vorhaben«) das Schmiermittel sein, daß die Ehe in Gang hält. Zeigen Sie uns einen Menschen, der seinen Partner niemals zu belügen behauptet, und wir zeigen Ihnen einen Menschen, der lügt.

Aggressionsunterdrücker indes greifen nicht gelegentlich auf

Notlügen und kleine Unwahrheiten zurück, um so ihre Ehe in Gang zu halten. Sie verdrehen die Wahrheit wiederholt oder sogar gewohnheitsmäßig, um so eine für sie große Gefahr abzuwenden: die Konfrontation.

Geldangelegenheiten, die in jeder Ehe einen potentiellen Streitpunkt darstellen, sind das vielleicht typischste Feld, auf dem Unterdrücker die Wahrheit verdrehen, damit ihr Partner nicht durchdreht. Madge, die als Serviererin arbeitet, ist ein gutes Beispiel für diese finanziellen Mogeleien. Sie schaffte jede Woche einen Teil ihres Trinkgeldes beiseite, um es dann irgendwann heimlich für sich auszugeben.[4]

Das Verschwindenlassen von Rechnungen, heimliches Borgen bei den Eltern, Schummeln mit den Einkaufspreisen (etwa das Supersonderangebot eines 50-Dollar-Kleides, das in Wahrheit das Doppelte gekostet hat) sind nur einige der vielfältigen Tricks, die sich ein Unterdrücker einfallen lassen kann.

Aber nicht nur Frauen benutzen die Notlüge als Strategie der Konfliktvermeidung. Auch Patrick hat da durchaus seine Erfahrungen. Da seine Frau, Mindy, etwas gegen seine Pokerabende jeden Donnerstag hat, holt ihn jetzt sein Bruder Bob jede Woche »zum Donnerstag-Bowling« ab!

Viele Unterdrücker greifen wie Pat auf solche erfundenen Geschichten zurück. Oft aber wird die Wahrheit einfach nur verschwiegen. Wie z. B. bei Robert, der oft (eigentlich fast immer) »vergißt«, Audrey zu sagen, daß er wieder einmal ein Strafprotokoll bekommen hat. »Warum soll ich sie damit belasten?« sagt er sich und räumt so einen weiteren Konfliktpunkt »erfolgreich« aus dem Weg.

Oft werden auch die eigenen Kinder von Aggressionsunterdrückern zu Mittätern ihrer kleinen Schwindeleien gemacht: »Wir sagen Mommy einfach nicht, daß Dad eine Zigarette geraucht hat« oder »Wenn Dad anruft, sagst du ihm, Mommy schläft.«

Unterdrücker, die ohne solche Lügen nicht auskommen, sind nicht moralisch verwerflich, sondern nur verängstigt. Die Wahrheit offen auszusprechen, erscheint ihnen gefährlich. Es ist, als würden sie ihren Partner so herausfordern, und schon die bloße Vorstellung der dann fälligen Probleme, Streitigkeiten und Auseinandersetzungen ist ihnen ein Graus. Wenn auch Sie, um Spannungen in der Ehe aus dem Weg zu gehen, gewohnheitsmäßig die Unwahrheit sagen, könnte die eigentliche Wahrheit hinter ihren Lügen die sein, daß Sie Ihre Aggressionen unterdrücken!

Morgen ist auch noch ein Tag

Unterdrücker sind sehr geschickt, wenn es darum geht, die Zeit für ihre Zwecke verstreichen zu lassen. Sobald sich eine mögliche Auseinandersetzung andeutet, wird sie gleich vertagt: »Ich sag' ihm morgen, wie ich darüber denke«; »Es ist wohl nicht der richtige Moment, darüber zu reden«; »Ich laß' ihr noch etwas Zeit, dann denkt sie bestimmt anders darüber«; »Ich überschlafe es erst mal«. Das Problem ist, daß auf diese Weise der richtige Augenblick *nie* kommen wird. Der Unterdrücker wird seine Aggressionen immer wieder vor sich herzuschieben versuchen.

Aus den Augen, aus dem Sinn

Unterdrücker versuchen, den Problemen im buchstäblichen Sinne aus dem Weg zu gehen. Die Double-Feature-Nacht im Kinocenter oder der doppelte Bourbon in ihrer Stammbar sind für sie willkommene Anlässe, dem eigenen Partner zu entfliehen. Wenn sie den Kontakt mit ihm möglichst gering halten, gibt es auch weniger Reibungspunkte.

Aber nicht alle Unterdrücker gehen ihrem Partner im buchstäblichen Sinn aus dem Weg, um Konflikte mit ihm zu vermeiden. Viel häufiger ist bei ihnen wahrscheinlich das Schweigen. Sie halten sich möglichst stark zurück, um möglichst wenig Angriffsfläche zu bieten und so erst gar keinen Streit aufkommen zu lassen. Ihr unbewußtes Kalkül: Je weniger wir miteinander reden, desto weniger können wir uns streiten. Ein solches Schweigen kann vielerlei Formen annehmen: Man versteckt sich etwa beim Frühstückstisch hinter der Zeitung oder entzieht sich dem Partner des Abends durch den Fernsehapparat.

Ein solcher Entzug ist jedoch nicht in allen Fällen das Ergebnis einer Strategie, er kann auch aus einem Charakterzug erwachsen. Viele Unterdrücker sind in ihrer Ehe eher scheu und zurückhaltend, reserviert und verschlossen, desinteressiert und gleichgültig oder eigenwillig und schweigsam. Wie immer auch die charakterliche Ausformung im einzelnen aussehen mag, entscheidend ist hier die Vermeidung durch Schweigen. Wenn auch Sie zu solchem Schweigen neigen, ist es vermutlich die Aggression, deren »Austausch« Sie in Ihrer Ehe verhindern wollen.

Das habe ich doch nie gesagt

Aggressionsunterdrücker können das entschuldigende Zurücknehmen zu einer wahren Meisterschaft entwickeln, um so Uneinigkeiten zu vermeiden. Schon bei den ersten Anzeichen von Spannungen versuchen sie oft, den Grund für die Meinungsverschiedenheit (oder das, was sie dafür halten) aus der Welt zu schaffen: »Ich hab's nicht so gemeint«; »Du hast mich mißverstanden«; »Das hab' ich doch nie gesagt«; »Das ist gar nicht mein Standpunkt«; »Du unterstellst mir da eine falsche Meinung«.

Das Abstreiten und Ableugnen, das Zurücknehmen der eigenen Gefühle, Worte und Gedanken ist eine verzweifelte Strategie des Aggressionsunterdrückers, Disharmonie in der Ehe zu vermeiden. Wenn auch Sie dazu neigen, Ihre eigenen Überzeugungen wieder zurückzunehmen, versuchen Sie vermutlich, Ehestreitigkeiten um jeden Preis zu vermeiden. Wenn Sie etwas anderes sagen, als Sie in Wahrheit meinen, allein um mit ihrem Partner keinen Streit zu kriegen, sitzen Sie wohl der Strategie der Aggressionsunterdrückung auf.

Vergiß-mein-nicht

Die Fähigkeit des Vergessens ist wie ein heilender Balsam. Und in der Ehe ist es oft unumgänglich, von diesem Heilmittel reichlichen Gebrauch zu machen. Wenn wir über alles genau Buch führen und zuviel behalten, kann sich das sehr nachteilig für das gemeinsame Zusammenleben auswirken. Das Vergessen ist in der Ehe also oft unverzichtbar. Auch Aggressionsunterdrücker greifen auf das Vergessen als Mittel zur Erhaltung ihrer Ehe zurück – allerdings in fragwürdiger und überzogener Art und Weise. Unterdrücker haben eine Art selektive Erinnerung, die sie in die Lage versetzt, die Dinge, die sie zur Weißglut treiben könnten, völlig auszublenden: »Hat meine Frau das wirklich zu mir gesagt? Komisch, ich erinnere mich gar nicht mehr daran.«

Das Vergessen ist bei ihnen kein allmählicher Prozeß, sondern ein unmittelbares und vollständiges Ausblenden der für sie verletzenden Erlebnisse. Es ist diese Gedächtnisschwäche, die Aggressionsunterdrücker in die Lage versetzt, unangenehme und ärgerliche Dinge beiseite zu schieben und zu ignorieren. Leiden auch Sie an solchen verdächtig praktischen Gedächtnisschwächen?

Das läßt mich kalt

Manche Aggressionsunterdrücker, besonders Männer, entwickeln in ihrer Ehe eine geradezu stoische Unberührbarkeit. Sie haben so geringe Erwartungen ans Eheleben, daß wirklich nichts, weder Enttäuschungen noch Verärgerungen oder Streitigkeiten ihnen etwas anhaben können. Ihre Unempfindlichkeit gegen Schmerz (im Grunde haben sie sowieso nichts anderes erwartet, als daß die Ehe unglücklich und schmerzlich verlaufen würde) ist ihre Versicherungspolice gegen den eigenen potentiellen Unmut gegenüber ihrem Partner. Was immer er auch tut, sie sind gegen alle Frustrationen gefeit – und wenn er ihnen ein Nagelbett als Ehebett unterschöbe, sie würden sich gelassen und ungerührt unter die Decke legen und dem Partner eine gute Nacht wünschen. Dieser Unterdrückertyp wirkt dickfellig und unberührbar. Seine distanzierte, unerschütterliche Art mag ihn in der Ehe in eine Sackgasse führen, aber aufschreien vor Schmerz würde er nie.

Sex und Aggressionsunterdrückung

Aggressionsunterdrücker verlieren schon sehr bald ihr sexuelles Feuer. Ihr Beischlaf wird immer seltener und immer mehr zur Routine. Emotional und manchmal auch körperlich »schlaffen sie ab«. Unterdrücker fühlen sich teilnahms- und antriebslos und sind überhaupt an Sex nicht mehr so richtig interessiert. Erotisch gesehen, haben sie einander und die Möglichkeit des gemeinsamen Lustgewinns aufgegeben. Sie haben zusammen mit ihren Aggressionen auch andere wesentliche Leidenschaften geopfert. Sie haben unter allen Umständen vermeiden wollen, sich zu streiten und die Funken fliegen zu lassen, dabei aber unglückseligerweise auch ihr sexuelles Feuer erstickt. Wenn auch Ihre Ehe unter sexueller Apathie leidet, liegt das wahrscheinlich daran, daß Sie Konflikte und mit ihnen Ihre Aggressionen aus Ihrer Ehe verbannt haben.

Die Folgekosten der Aggressionsunterdrückung

Es ist nicht allzuschwer zu erkennen, welch hohen Preis ein Aggressionsunterdrücker zahlen muß. Er muß damit rechnen, Entwürdigungen und Peinlichkeiten ausgesetzt zu sein, wie sie etwa die Sprechtherapeutin durch ihren »witzigen« Mann erfuhr.

Aber ein Aggressionsunterdrücker ist nicht nur unakzeptablem Verhalten seitens anderer ausgesetzt. Er muß auch damit rechnen, schuldbeladen, tief verletzt, als um Verzeihung flehender Bittsteller oder gestreßter Abwiegler herumlaufen zu müssen. Zudem besteht – wie wir gesehen haben – die echte Gefahr, daß er als gewohnheitsmäßiger Lügner endet. Und nicht selten ist die Einsamkeit, die daraus erwächst, der engste und einzige Weggefährte eines Unterdrückers.

Ein Aggressionsunterdrücker befindet sich also in Gefahr, eindimensional, gewieft, schönredend und unaufrichtig zu werden, ohne diese Persönlichkeitsveränderung überhaupt zu bemerken. Und all dies kann dazu führen, daß jegliche Freude und

Lust aus seiner Ehe verschwindet. Unterdrücker können sehr langweilig sein!

Aber das höchste Opfer, das ein Aggressionsunterdrücker bringen muß, ist zweifelsohne sein Selbstgefühl. Ein Unterdrücker definiert sich nicht auf der Basis dessen, was er fühlt und denkt, will und braucht, mag und nicht mag. Was ihn definiert und bestimmt, ist sein Bedürfnis, Konflikte zu vermeiden. Er kommt gar nicht dazu, seine Persönlichkeit in die Ehe einzubringen und zur Entfaltung gelangen zu lassen. Er ist in allem, was er tut, von seinem inneren Zwang bestimmt, Mißstimmigkeiten zu vermeiden. Sein eigenes Selbst tritt hinter dem, wie er glaubt, sich seinem Partner gegenüber verhalten zu müssen, vollständig zurück.

Alle Strategien des Aggressionsunterdrückers treffen sich also in einer grundlegenden Gemeinsamkeit: Er gibt sich selbst auf, um in seiner Ehe Frieden zu bewahren. Im Versuch, eine nichtaggressive Persönlichkeit zu entwickeln, bringt er seine eigene, wahre Persönlichkeit zum Verschwinden. Aggressionsunterdrücker zahlen mit ihrer Seele. *Sie umschiffen ihre Aggressionen und verlieren bei diesem Manöver ihre Persönlichkeit!* Anika und Stan sind zwei solche Aggressionsunterdrücker, die ihr Selbst rückhaltlos dem Gott der Aggression geopfert haben.

Anika und Stan: Zwei typische Aggressionsunterdrücker

Anikas Augen suchten unruhig die Küchenspüle nach einem Schwamm ab. Stan kam bereits die Treppe herunter, um zu frühstücken. Es war schon schlimm genug, daß sie den Kaffee verschüttet und seine Zeitung dabei schmutzig gemacht hatte. Er mußte nicht auch noch sehen, daß der Kaffee auch die Küchenschränke beschmutzt hatte. Da sie in der Eile keinen Schwamm finden konnte, nahm sie einfach den Saum ihres Frotteebademantels, um die Sauerei damit wegzuwischen; er mußte heute sowieso gewaschen werden. Stan kam in die Küche und nahm seine Zeitung. »Wie ist das denn passiert?« fragte er und verzog dabei vor Ekel den Mund.

»Das war die Katze. Sie ist, gerade als ich deinen Kaffeebecher gefüllt hatte, auf das Buffet gesprungen.«

Anika wußte genau, daß es lächerlich war, ihrem kleinen orangenen Pelzknäuel, Marmaduke, die Schuld zu geben, aber es war einfach noch zu früh für Entschuldigungen und Rechtfertigungen wegen ihrer Ungeschicklichkeit. An diesem Morgen würde Marmaduke einmal der Schuldige sein – das machte das Leben leichter.

Stan sah wie gewöhnlich in die Zeitung. Die Schlagzeile auf der ersten Seite über ein Bombenattentat auf eine regionale Abtreibungsklinik ließ ihn lauter sprechen als sonst.

»Daß sich immer irgendwelche Chaoten in die Bewegung für das Recht des ungeborenen Lebens einschleichen müssen! Die schaden doch nur dem Ruf all der anderen, die versuchen, die Gesetze auf legalem Weg zu verändern.«

»Meinst du nicht«, warf Anika zögernd ein, »daß auch ein paar von den rechtschaffenen Protestlern manchmal zu weit gehen, ich meine z. B. wenn sie die Frauen, die sich doch dafür entschieden haben, von einer Abtreibung abhalten wollen.«

»Anika«, begann Stan, und man hörte ihm den ruhigen und sicheren Ermittler für Versicherungsbetrug deutlich an, »wenn man versucht, Menschen davon abzuhalten, eine moralisch falsche Entscheidung zu treffen, ist das völlig in Ordnung. Wenn man wirklich davon überzeugt ist, daß Abtreibung falsch ist, und wir *beide* scheinen doch dieser Überzeugung zu sein, dann ist daran überhaupt nichts auszusetzen.«

Anika wußte, wie sie persönlich über die Abtreibung dachte: Für sie selbst kam diese Möglichkeit nicht in Betracht. Dennoch war sie sich nicht sicher, ob sie eine so überzeugte Anhängerin der Bewegung für das Recht auf Leben war wie Stan.

Aber eigentlich war es ja auch egal, wie sie darüber dachte. Selbst wenn sie für das Recht der Frauen, selbst zu entscheiden, gewesen wäre (was nicht der Fall war), hätte sie es Stan niemals gesagt, geschweige denn etwas für ihre Überzeugung getan. Sie dachte an ihre Freundin Meg, die bei der letzten Wahl für das Entscheidungsrecht der Frauen gestimmt hatte und ihren Mann danach darüber belogen hatte. Aber Anika konnte sich so etwas bei sich einfach nicht vorstellen. Sie verdrängte diesen Gedanken jetzt.

»Ich schätze, du hast recht, Liebling.«

Stans Gesicht entspannte sich. Er fühlte sich deutlich wohler, wenn Anika und er einer Meinung waren, wenn zwischen ihnen alles klar war. Sie stritten sich nie so wie andere Ehepaare, die er kannte.

Er wandte sich wieder seiner Zeitung zu. Sein Blick fiel auf einen Artikel über Telefonsex. Er würde so etwas nie machen. Auf keinen Fall. Anika zeigte in letzter Zeit allerdings weniger Interesse an Sex. Aber Stan war nicht der Typ, der sie bedrängen würde.

»So etwas passiert eben nach ein paar Jahren Ehe«, versuchte er sich selbst zu beruhigen. »Es ist wie bei einem Plätzchen, das allmählich zerkrümelt. Man kann nicht erwarten, daß das Sexleben immer so rosig bleibt wie am Anfang.« Er fand Trost in seinem Gedanken.

Dennoch machte er sich weiter Gedanken über seine Sexualität. Ob er Anika wohl genügte? Stan hatte diesen Gedanken schon öfter gehabt, aber in den ganzen Jahren seiner Ehe wäre er nie auf die Idee gekommen, Anika zu fragen. Es war eben zu persönlich.

Er schüttelte seine Zweifel ab. »Das ist doch lächerlich«, schalt er sich selbst, »Anika hat sich nie beschwert. Wir haben eine gute Ehe.«

Auch Anikas Blick war auf den Artikel über Telefonsexschwindel gefallen. Sie fand es abstoßend. Man nimmt den Sex viel zu ernst. Man macht es, oder man macht es nicht, und damit gut. Stan schien genauso darüber zu denken. Und überhaupt, jetzt, da er den abendlichen Sicherheitsdienst für die Einkaufspassage übernommen hatte, hatte er eben einfach nicht mehr die Kraft dazu. Es war alles in Ordnung mit ihrer Ehe. Stan war eben nur müde. Ja, es lief alles bestens in der Ehe von Stan und Anika. Oder?

Die Warnsignale in der aggressionsunterdrückenden Ehe – Sind Sie Aggressionsunterdrücker?

Obwohl sie ein recht unterschiedliches Verhalten an den Tag legen, sind Anika und Stan beide Aggressionsunterdrücker. Auf der Oberfläche ihrer alltäglichen Ehe wimmelt es geradezu von eindeutigen Signalen für diesen aggressiven Beziehungsstil. Erkennen Sie einige dieser Signale wieder?

Anika und Stan führen eine konfliktfreie Ehe. Sie streiten sich nie. Und sie geraten niemals in Wut. Sie tanzen den Cha-cha-cha der Aggressionsvermeidung: Sobald einer von ihnen der Möglichkeit eines Konfliktes einen Schritt zu nahe kommt, gehen beide schnell zwei Schritte zurück.

Dabei wenden sie verschiedene Methoden an:

○ Sie versucht zu schlichten . . . sie entschuldigt sich und wischt den Kaffee weg.
○ Sie greift zu Notlügen . . . die Katze hat den Kaffee verschüttet.
○ Er fährt eine Vermeidungsstrategie . . . er versteckt sich hinter seiner Zeitung, macht Small talk, spricht nicht über seine Gefühle: vermeidet das Thema Sex, weil es »zu persönlich« ist.
○ Sie verleugnen bestehende Probleme . . . sie haben eine gute Ehe, denn sie streiten sich nie und sind immer einer Meinung. Sie klagen nicht über ihr Sexualleben.
○ Sie richten ihre Ansichten aufeinander aus . . . in der Abtreibungsfrage.

Weist Ihre Ehe vergleichbare Oberflächensignale auf wie die der beiden? Ist auch Ihre Beziehung eine langweilige und distanzierte Angelegenheit geworden, in der zwar Frieden herrscht, aber auch alle tieferen und herzlichen Gefühle fehlen? In der das, was sie wirklich sind und empfinden unter einer Flut von »Ja, Schatz« und »Es tut mir leid« begraben wird? Übernehmen Sie die beschwichtigende Rolle des Aggressionsunterdrükkers, während Ihr Partner den Stoiker darstellt, der alles verleugnet oder an sich abperlen läßt? Wenn auch aus Ihrer Ehe mit den Konflikten zugleich auch jede Freude entschwunden ist, sind Sie Aggressionsunterdrücker.

Das Dekodieren der Kritik –
Wie die verborgene Ehe sichtbar gemacht werden kann

Welche unbewußten Kräfte bestimmen diese Beziehung? Stan wird, wie wir sehen werden, von seinem unbewußten Bedürfnis, *Distanz zu bewahren*, geleitet; Anika ihrerseits steht unter dem Zwang ihres Bedürfnisses, dem anderen *zu gefallen*. Das Zusammenspiel dieser beiden verborgenen Bedürfnisse konstituiert ihre *verborgene Ehe* und hält sie in dieser aggressionsgestörten und zerstörerischen Beziehungsstruktur fest. Eine Analyse ihrer gegenseitigen Kritik kann uns helfen, die unbewußten Wirkmächte dieser Ehe offenzulegen, und gibt Ihnen zugleich die Möglichkeit, sie mit Ihrer eigenen Ehe zu vergleichen.

Noch ein kurzes Wort zum Begriff der Kritik. Für einige Aggressionsunterdrücker ist die Vorstellung, daß sie an ihrem Partner Kritik üben könnten, geradezu undenkbar. Ihre Aggressionsunterdrückung läuft auf ein völliges Verleugnen hinaus. Ein künstliches Lächeln und ein abwehrender Satz wie etwa »Aber es gibt an unserer Ehe doch nichts zu kritisieren« sind für diesen Typus kennzeichnende Verhaltensweisen. In etwa entspricht diese Haltung der Position Stans. Jedoch gehen nicht alle Unterdrücker auf die gleiche Weise mit ihren Aggressionen um. Die Mehrzahl ist sich, auch wenn sie keinerlei Aggressionen empfindet, nur allzu bewußt darüber, daß sie in ihrer Ehe nicht glücklich sind. So wie Anika, die zwar keinerlei Zorn empfindet, aber ihr Leiden in der Ehe deutlich spürt.

Aus diesem Grund wird der Gedanke der gegenseitigen Kritik in diesem Kapitel gewissermaßen mit dem Vorbehalt herangezogen werden, daß nicht alle Aggressionsunterdrücker zu einer Kritik am Partner oder an der Ehe fähig sind. Sie beobachten vielleicht mehr, stellen nur fest, statt wirklich zu kritisieren – ähnlich wie es bei den Aggressionsverlagerern der Fall war.

Wir wollen diese Information, so wie wir es bisher gehandhabt haben, als Kennzeichen heranziehen, das Ihnen helfen soll, diesen Aggressionsstil zu isolieren. Wenn Sie nicht genau sagen können, wo das Problem in Ihrer unglücklichen Ehe liegt, ist das vielleicht genau das Problem!

Ihre Kritik und sein verborgenes Bedürfnis

Anikas Klagen und Beschwerden öffnen uns die Tür zu seinem Bedürfnis, *Distanz zu wahren*. Anikas Hauptkritikpunkte beziehen sich durchweg auf Stans mangelnde Kommunikationsbereitschaft:

»Er redet nicht mit mir, wenigstens nicht richtig. Ich kenne alle Footballergebnisse, aber ich weiß nicht, was in seinem Kopf vorgeht.«

Stans Bedürfnis nach Distanz erlaubt es ihm nicht, Anika an sein wirkliches Wesen heranzulassen. Intime Kommunikation deckt unsere innersten Gedanken und Gefühle auf: Wir öffnen uns dem anderen. Stan kann das offenbar nicht zulassen. Er baut eine Barriere aus Small talk oder Schweigen auf, um Anika außen vor zu halten.

Natürlich erfüllt Stans Schweigen gleich zwei Zwecke auf einmal. Denn je weniger er kommuniziert, desto weniger Anlaß bietet er zu Konflikten. Das Verhalten eines Aggressionsunterdrückers mit einem Bedürfnis nach Distanz ist in der Hinsicht optimal. Fast alles, was Stan tut, um seine Aggressionen zu unterdrücken, dient zugleich dem Zweck, seine Frau auf Distanz zu halten. Wieder also werden hier gleich zwei Fliegen mit einer Klappe geschlagen.

Diese Kritik Anikas, daß Stan keine Gesprächsbereitschaft zeige, gehört zu den wohl häufigsten Vorwürfen, die Frauen über ihre Männer äußern. Ein Hinweis darauf vielleicht, daß eine erschreckend große Anzahl von Männern von diesem unbewußten Bedürfnis beherrscht wird – gehört Ihrer dazu?

Denken Sie einmal darüber nach, welche Dinge Ihnen in Ihrer Ehe fehlen, welche Dinge Sie von Ihrem Mann nicht bekommen. Versuchen Sie nun, diese Punkte mit dem Gedanken zusammenzubringen, daß er Sie so auf Distanz halten will. Vergessen Sie dabei nicht, daß dieses Bedürfnis, Sie von sich zu schieben, gleich mehrere Zwecke erfüllt.

IHRE KRITIK: Er erzählt mir nie, was ihn beschäftigt. Er sagt mir nie, was ihn beunruhigt. Er vertraut sich mir nicht an.

SEIN VERBORGENES BEDÜRFNIS: Sie in seine Ängste, Sorgen, Zweifel und Verunsicherungen einzuweihen, würde für Ihren Mann bedeuten, Ihnen Einblicke zu gewähren, die er bereuen könnte. Sie könnten ja von ihm enttäuscht sein, wenn er sich Ihnen so zeigen würde, wie nur er sich kennt. Es wäre also möglich, daß er Sie auf Distanz hält, um Ihr Bild von ihm nicht zu zerstören. Denn tief in seinem Innersten spürt er: »Ich bin nicht derjenige, für den du mich hältst.« Er hat Angst davor, Ihnen diese enttäuschende Wahrheit einzugestehen. Und so hält er Sie auf Distanz, um sein »Geheimnis« zu bewahren.

IHRE KRITIK: Er braucht mich offenbar nicht. Er hat es nicht gerne, wenn ich etwas für ihn tue. Er tut nie etwas für mich. Er zeigt kein großes Interesse an mir oder meiner Arbeit.

SEIN VERBORGENES BEDÜRFNIS: Mangelndes Engagement ist oft ein Weg, Distanz zwischen zwei Menschen zu schaffen. Ihr Mann scheint sich unbewußt dieser Stragegie zu bedienen. Offenbar befürchtet er, es könnte für ihn zu einer unverzichtbaren Gewohnheit werden, wenn er erst einmal anfinge, sich auf Sie und Ihre Hilfe zu verlassen. Und dieses Risiko ist ihm einfach zu groß. Sein Bedürfnis nach Distanz könnte also nichts anderes als sein Versuch sein, sich Unabhängigkeit zu bewahren.

IHRE KRITIK: Er ist kalt. Er wirkt so gleichgültig. Er ist wie ein Eisblock im Bett. Er schiebt mich von sich weg.

SEIN VERBORGENES BEDÜRFNIS: Viele Männer haben Angst davor, daß sie von einer Frau, die sie zu nah an sich heranlassen, verschlungen werden. Sie kämpfen mit aller Kraft darum, ihre eisigen Barrieren aufrechtzuerhalten, um dies zu vermeiden. Wenn Sie mit einem Mann verheiratet sein sollten, der Ihnen die »kalte Schulter« zeigt, könnte es sein, daß er auf diese Weise versucht, Distanz zu halten, um sich nicht zu verlieren.

IHRE KRITIK: Er weint nie. Er zeigt keine Gefühle.

SEIN VERBORGENES BEDÜRFNIS: Eine andere Möglichkeit für einen Mann, Distanz herzustellen, ist, dem anderen nicht zu zeigen, wo er verletzbar ist. Ihr Mann will sich Ihnen nicht anvertrauen. Denn wenn Sie seine wunden Punkte nicht kennen oder wenn er gar keine zu haben scheint, können Sie ihn nicht für schwach halten. Oft verbirgt sich genau diese Befürchtung hinter dem Bedürfnis nach Distanzwahrung.

Möglicherweise hat er aber auch Angst davor, sich Ihnen auszuliefern, wenn er Ihnen seine Schwächen zeigen würde. Sie könnten Oberwasser gewinnen und ihn kontrollieren. Wenn er Sie aber emotional auf Distanz hält, besteht für ihn in dieser Hinsicht keine ernste Gefahr.

Vielleicht gibt Ihnen diese Analyse die Möglichkeit, Ihren Mann neu wahrzunehmen: Der Mann, der nicht redet und niemals weint, der kalt und desinteressiert erscheint, könnte in Wahrheit ein Mensch mit einem unbezwingbaren, aber unbewußten Bedürfnis sein, Sie auf Distanz zu halten.

Seine Kritik und Ihre verborgenen Bedürfnisse

Normalerweise würden wir an dieser Stelle den Spieß umdrehen und uns Stans Beschwerden über Anika ansehen, um von ihnen auf Anikas Bedürfnis zu schließen. Aber das ist in diesem Fall nicht möglich. Denn schließlich ist Anika in allen Punkten nachgiebig, fügsam und ordnet sich brav unter. Durch diese

Unterwürfigkeit bietet sie Stan kaum Anlaß zur Kritik. Es gibt also nichts, worüber Stan sich beklagen könnte.

Und genau das macht eine Frau wie Anika so verwirrend. Es gibt einfach nichts, was man an einem nachgiebigen Aggressionsunterdrücker kritisieren könnte. Dennoch ist Anika nicht die perfekte Ehefrau! Die Schwierigkeit liegt nur darin herauszufinden, wo ihre Schwächen liegen.

Auch wenn Stan keine echte Kritik an seiner Frau zu formulieren weiß, hat er doch bestimmte Beobachtungen gemacht, die uns auf Anikas Bedürfnis zu gefallen bringen könnten.

Mit ein bißchen Nachhelfen rückt er schließlich mit seinen Beobachtungen heraus. Ein Problem, das ihm in den Kopf kommt, ist der Sex:

»Anika sagt zwar nie nein, aber sie scheint kein wirkliches Interesse daran zu haben. Sie macht z. B. niemals den ersten Schritt. Und sie kommt auch nie auf die Idee, einmal sexuell zu experimentieren.«

Anika ist deswegen sexuell nicht sehr experimentierfreudig, weil sie im Bett wie auch sonst eher den Part des Mitläufers als den des Führenden übernimmt. Ihre Aufgabe besteht darin, sich den Bedürfnissen ihres Mannes unterzuordnen, und sie muß sie natürlich erst kennen, um ihnen nachgeben zu können. Der umgekehrte Weg wäre für sie undenkbar, sie könnte dann ja etwas »falsch« machen. Anika ist nicht desinteressiert, sondern verklemmt!

Obwohl Stan sich strenggenommen nicht beklagen kann (schließlich schlafen sie jedesmal zusammen, wenn er Lust hat), spürt er doch, daß Anika nicht wirklich bei der Sache ist. Wenn man etwas macht, weil man sich unbewußt dazu zwingt, kommt wenig Begeisterung dabei zustande. Obligatorischer Sex hat mit lustvoller Erotik nichts gemein.

Anikas Bedürfnis zu gefallen, kommt einer unbewußten Selbstunterwerfung gleich. Und obwohl ihr Mann davon profitiert, hat diese Selbstversklavung auch für ihn ihre Schattenseiten. Er kann sich zwar über nichts beklagen, aber er spürt, daß Anikas Willfährigkeit auf Kosten ihrer Liebe und Leidenschaftlichkeit geht.

Wie aber sieht es mit Ihrem eigenen Anteil an Ihrer Unterdrückerehe aus? Welche Triebkräfte liegen Ihrem Verhalten zugrunde? Opfern auch Sie durch Ihr Bedürfnis, ständig zu gefallen, Energie, Kraft und sexuelle Vitalität? Sollten Sie dies für möglich halten, sehen Sie sich bitte die nachfolgenden Beschwerden und ihre Analyse an, um über diesen Punkt Gewißheit zu erlangen.

DIE KRITIK IHRES MANNES: Sie scheint sich vor mir zu fürchten. Ich glaube, sie verheimlicht mir einiges.

IHR VERBORGENES BEDÜRFNIS: Wenn man unbewußt glaubt, immer gefallen zu müssen, fürchtet man ständig, man könnte kritisiert oder getadelt werden. Es könnte diese Angst vor möglichen Vorwürfen sein, die Sie so unterwürfig werden läßt und die Ihr Mann spürt.

DIE KRITIK IHRES MANNES: Es läuft letztlich immer auf das hinaus, was ich will – ob's um unsere Freunde, einen Kinofilm oder ein Restaurant geht. Sie ist einfach zu nett. Sie hat keine eigene Meinung.

IHR VERBORGENES BEDÜRFNIS: Ihr Bedürfnis zu gefallen läßt Sie Ihre eigenen Bedürfnisse hinter denen Ihres Mannes zurückstellen. Sie opfern Ihre eigenen Wünsche. Dadurch aber wirken Sie schnell langweilig, uninteressant, nichtssagend oder sogar dumm! Sie haben keine eigene Meinung, weil Sie mehr daran interessiert sind, mit Ihrem Mann einig zu sein als einen eigenen Standpunkt zu haben. Selbstbewußtsein und Selbstbestimmung gehören zu Ihren schwachen Seiten.

DIE KRITIK IHRES MANNES: Manchmal frage ich mich, ob sie mich überhaupt liebt. Unsere Ehe scheint ihr nichts zu bedeuten.

IHR VERBORGENES BEDÜRFNIS: So hart es sich auch für Sie anhören mag: Sie sind offenbar so sehr damit beschäftigt, Ihrem

Mann zu gefallen, daß Sie sich gar nicht richtig auf ihn einlassen können. Sich auf jemanden einlassen, bedeutet, sich auf seine komplexe Persönlichkeit einzustellen. Diese Fähigkeit scheint Ihnen zu fehlen. Sie reagieren sofort und unmittelbar auf die leiseste Regung seinerseits, nehmen aber genau deswegen seine tieferen Schichten und sogar Wünsche gar nicht wahr. Willfährigkeit ist nicht dasselbe wie wirkliches Interesse am anderen. Sie kann uns davon abhalten, uns wirklich und liebevoll um den anderen zu kümmern. Vielleicht spürt Ihr Mann genau diesen Unterschied und ist deswegen verletzt.

Die verborgene Ehe und der Kreislauf der Aggressionsunterdrückung

Wie sieht nun der Aggressionskreislauf in der verborgenen Ehe von Stan und Anika aus? Offenbar werden die beiden durch ihre unbewußten Bedürfnisse nicht auf einen ständigen Kollisionskurs gebracht, auf dem sie sich in destruktiven Streitigkeiten erschöpfen. Ihre verborgene Ehe hat einen anderen Kurs eingeschlagen: Sie läßt sie auseinanderdriften, so daß die Entfremdung zwischen ihnen immer größer wird. Ihr Unterdrückerkreislauf hat die Logik einer nach außen laufenden Spirale, durch die sie immer weiter auseinandergebracht werden. Und dieser Prozeß nimmt die überraschendsten Formen an!

Beginnen wir mit Stan und seinem Bedürfnis, Distanz zu bewahren. Stan wird durch sein Bedürfnis zu einem Menschen, der zwar eine Menge macht, aber dabei wenig von dem verrät, was in seinem Kopf vorgeht. Sein Bedürfnis macht es einem schwer, ihn zu durchschauen oder wirklich zu kennen. Welche Wirkung hat das nun aber auf Anika? Keine gute, denn sie hängt nun quasi in der Luft. Wie kann sie ihr eigenes Bedürfnis, ihm zu gefallen, befriedigen, wenn sie nicht genau weiß, was er eigentlich von ihr will. Da sie es unbedingt wissen muß, versucht sie verzweifelt, ihn zu durchschauen.

Und wie reagiert Stan darauf? Er hat keine Möglichkeit zu verstehen, daß ihre ständigen Versuche, ihn zu durchleuchten, mit ihrem unbewußten Bedürfnis zusammenhängen. Er kann ihr Verhalten nur durch den Filter seiner unbewußten Bedürfnisse interpretieren und muß zu dem Ergebnis kommen, daß sie immer mehr von ihm will. Und das setzt eine Alarmvorrichtung in ihm in Gang: Es wird gefährlich, sie kommt mir zu nah. Wie läßt ihn sein Bedürfnis nun darauf reagieren? Er muß sie von sich wegdrücken, was bei Anika natürlich nur noch stärkere Verwirrung und Besorgnis auslöst. Da Stan für sie jetzt nur noch distanzierter und unergründlicher wirkt, wird Anika in ihren Bemühungen, ihm zu gefallen, noch nervöser und noch bedrängender. Ohne es zu wissen, verfehlen die beiden einander unaufhörlich: Anika muß Stan durchschauen, um zu wissen, wie sie ihm gefallen kann, Stan aber muß für sie undurchschaubar bleiben, um die Distanz zu wahren. Auf diese Weise dreht sich der Kreislauf dieser Unterdrückerehe unaufhörlich weiter!

Die Primärehe: Die Wiege der Aggressionen

Wie kommt Stan zu seinem Bedürfnis nach Distanz und Anika zu ihrem Zwang zu gefallen? Und warum unterdrücken die beiden jeden Konflikt, um keine Aggressionen aufkommen zu lassen? Die Antwort auf diese Fragen liegt auch hier in ihrer Kindheit begründet, in ihren jeweiligen Erfahrungen aus der *Primärehe*.

Anikas Erfahrungen in der Primärehe

Anikas intensivste Kindheitserinnerungen haben mit der Geburt ihres Bruders Jonathan zu tun. Diese Erinnerungen ziehen sich durch ihre gesamte Primärehe:

»Ich war gerade in den Kindergarten gekommen und hatte mir dort die Windpocken geholt. Ich durfte nicht in die Nähe des neugeborenen Babys. Ein paar Tage nachdem sie aus dem Krankenhaus raus waren, erwischte mich meine Mutter, wie ich durch die Kinderzimmertür spähte. Ich weinte.

Abends beim Essen sagte sie meinem Vater, was für ein gutes Mädchen ich doch war, da ich sogar weinte, weil ich nicht zu meinem kleinen Bruder, Jonathan, durfte. ›Genau deswegen haben wir dich so lieb, Anika‹, stimmte mein Vater in diesen Lobgesang ein, ›weil du so ein liebes, vernünftiges Mädchen bist.‹«

Wut und Neid spielen bei der Geburt eines Geschwisters immer eine Rolle. Anika aber kam aus einer Familie, in der diese »schädlichen« und »häßlichen« Gefühle unterdrückt wurden. Sie hätten sich diese unakzeptablen Seiten bei ihrem Kind (oder auch bei sich selbst) niemals eingestanden. Im Gegenteil, sie reagierten schon bei dem geringsten Anzeichen von Uneinigkeit oder Unmut äußerst verärgert.

Gleichgültig ob bei einem großen Familienereignis (z. B. Familiennachwuchs) oder mehr alltäglichen Begebenheiten am Essenstisch (alle »liebten« das Essen, das ihnen aufgetischt wurde; keiner durfte sein Mißfallen darüber äußern) – jedes Signal für Zwistigkeiten wurde in Anikas Familie durch ein überzogenes Harmoniebedürfnis beantwortet; einem Harmoniebedürfnis, das sogar so weit ging, daß offensichtliche Unmutsäußerungen einfach ignoriert oder fehlinterpretiert wurden.

Was bewirkte das aber bei Anika? Obwohl sie von ihren Eltern gelobt wurde, war sie doch zugleich zutiefst verwirrt. Denn ihr tränenüberströmtes Gesicht war gerade *kein* Zeichen ihrer innigen Freude über einen neuen Spielkameraden, sondern es waren die bitteren Tränen einer haßerfüllten Eifersucht auf ihren neuen Rivalen. Nicht anders stand es um die »Reife«, die sie bei der Ankunft ihres kleinen Bruders bewiesen hatte und die so enthusiastisch von ihren Eltern begrüßt worden war: Sie verdeckte in Wahrheit nur Anikas wahren Gefühle: Groll und Abneigung.

Allerdings bedienten sich Anikas Eltern nicht immer solcher subtiler Methoden, um ihre Vorstellungen von Harmonie und Eintracht durchzusetzen. Sie konnten auch energischer auftreten. Und wenn Anikas »schlechte Seite« einmal durchbrach, wurde sie auch zurechtgewiesen – allerdings auf eine Weise, die eine ganz bestimmte, verheerende Wirkung entfaltete.

»Ich erinnere mich, daß ich meiner Mutter einmal gesagt

hatte, daß ich sie hasse. Sie war tief verletzt, sie reagierte, als hätte ich ihr ein Messer ins Herz gestoßen. Ich kam mir so gemein vor, weil ich sie verletzt hatte. Sie war wochenlang sehr distanziert mir gegenüber. Ich war damals fest davon überzeugt, daß sie mich nicht mehr liebte. Ich fühlte mich schrecklich: Ich habe so etwas nie wieder gesagt.«

Diese Reaktion war für Anikas Primärehe bezeichnend. Normale Rivalitäten, Eifersüchteleien, Gefühle des Hasses durften nicht zugelassen werden. Jedem aggressiven Konflikt innerhalb der Familie, jeder Aggression gegen Geschwister oder Eltern wurde aktiv entgegengewirkt. So wurde der Druck, Konflikte und Spannungen zu entkräften, so übermächtig, daß Anika ihre Aggressionen in Gefühle der Verletztheit umwandeln mußte, wie bei ihren Tränen der »Trauer« wegen ihres Bruders. Sie war also gezwungen, sich völlig anders zu verhalten, als es ihren wirklichen Gefühlen entsprochen hätte: z. B. sich so ungewöhnlich erwachsen zu verhalten, als ihr Bruder Jonathan auf die Welt kam. Oder sie mußte ihre Wut in Schuldgefühle umwandeln, wie etwa bei ihrer Befürchtung, sie könnte ihre Mutter verletzt haben. Im Alter von vier Jahren war Anika mit der tatkräftigen Unterstützung ihrer Eltern zu einer Aggressionsunterdrückerin geworden!

Aber es gab neben den Verboten, was Konflikte und Aggressionen betraf, noch eine andere nachhaltig bestimmende Lektion, die Anika in ihrer Primärehe lernte: Die Liebe der Eltern ist an Bedingungen geknüpft! Sie wird einem nur gegeben, wenn man sie auch verdient.

Anika hatte nie das Gefühl, daß ihr Liebe einfach geschenkt würde. Sie wurde nicht so angenommen, wie sie war. Sie mußte sich die Liebe, die man ihr gab, erst verdienen. Die Liebe der Eltern war eine Belohnung, sie war an Bedingungen geknüpft und damit alles andere als selbstverständlich.

Und diese Bedingungen waren für Anika klar definiert: Wenn du aggressiv bist, bist du schlecht und damit nicht liebenswert. Wenn du nicht aggressiv bist, bist du gut und damit liebenswert. Ist es da noch überraschend, daß Anika das Bedürfnis ausbildete, anderen nachzugeben, um ihnen zu gefallen? Alle Liebe, die sie in ihrer Primärehe bekam, hing ausschließlich davon ab!

Ist dies ein Abbild Ihrer eigenen Primärehe? Haben diese Kindheitserfahrungen auch bei Ihnen zu dem doppelten Zwang geführt, Aggressionen zu unterdrücken und dem anderen zu gefallen?

Sind das die Erfahrungen Ihrer Primärehe?

Galten Unmut und Aggressivität in Ihrer Familie als verpönt? Waren Ihre Eltern ständig auf Harmonie bedacht?

Harmonie ist ein erstrebenswertes Ziel, aber sie darf nicht zu einem Zwang werden. In Familien, in denen die Grundregeln des harmonischen Zusammenlebens wie Edikte erlassen werden, fühlen sich Kinder eher genötigt als wirklich verstanden. Kinder, die unter einem derartigen Zwang aufwachsen, werden oft zu gefallsüchtigen Erwachsenen, die sich von allen »unharmonischen« Gefühlen zu trennen versuchen. Sollte auch in Ihrer Familie eine solche unbedingte Verträglichkeit oberstes Gebot gewesen sein, könnten Sie auch in Ihrer heutigen Ehe noch versuchen, unbewußt diesem Gebot Folge zu leisten.

Haben Ihre Eltern negativ, etwa mit Verboten, reagiert, wenn Sie aggressiv, eifersüchtig oder haßerfüllt waren? Hatten Sie Angst davor, wie sie auf solche Emotionen reagieren würden?

Wenn Kinder außer Rand und Band geraten, ist es die Aufgabe der Eltern, ihnen in ihrem Verhalten Grenzen zu setzen. Aber wir haben es hier nicht mit solchen notwendigen Grenzsetzungen zu tun, sondern mit einer emotionalen Zensur. Möglicherweise unterwerfen Sie sich auch heute noch dieser Zensur.

Hatten Sie als Kind Zweifel an der Liebe Ihrer Eltern? Schien sie Ihnen wechselhaft, unberechenbar, launisch? Haben Sie sich als Kind vorgestellt, man könnte Sie weggeben? Schien es Ihnen möglich, daß Ihre Eltern durch irgend etwas, was Sie tun, aufhören könnten, Sie zu lieben?

Das Bedürfnis, anderen zu gefallen, kann von einer solchen Verunsicherung herrühren. Vielleicht haben Sie diese Unsicherheit auch als Erwachsener noch nicht überwunden. Ein solches Klima der Verunsicherung ist natürlich zudem eine ideale Brutstätte für die Unterdrückung von Aggressionen.

Galten Sie schon im frühen Alter als sehr vernünftig? Waren Sie immer das liebe Mädchen? Hatten Sie als »große Schwester« Vorbildfunktion?

Kinder, die sich zu nachgiebigen Erwachsenen entwickeln, beginnen damit meist schon in einem sehr frühen Alter. Sie sind schon in jungen Jahren erschreckend reif, außergewöhnlich höflich, ihren Geschwistern ein Vorbild. Solche Kinder versuchen ihr äußerstes und mehr, um »gut« zu sein. Das Ergebnis ist eine Art Pseudoreife, die ihrem Alter nicht entspricht und ihnen von außen aufgezwungen wurde. Liest sich das wie die Geschichte Ihrer Kindheit und zugleich wie eine Beschreibung Ihrer jetzigen Ehe?

Stans Erfahrungen in der Primärehe

Sollte Anikas Primärehe Ihnen geholfen haben, Ihre eigene Geschichte besser zu verstehen, so kann vielleicht Stans Kindheit dazu beitragen, Ihren Mann und sein Bedürfnis nach Distanz besser zu begreifen.

Auch in Stans Erinnerungen an die Primärehe spielen Geschwister eine besondere Rolle:

»Ich bin Zwilling, sechseinhalb Minuten jünger als mein Bruder. Eine Zahl, die ich nie vergesse, oder besser vielleicht, die mein ›älterer‹ Bruder, Viktor, mich nie vergessen läßt.

Wenn man Viktor glaubt, ist er nicht nur älter, sondern auch besser. Als wir noch Kinder waren, hatte er sogar eine biologische Erklärung dafür: ›Ich bin das Ei und du bist der Fehler in dem Ei. Der Beweis dafür ist, daß ich zuerst herauskam‹, sagte er immer.

Hinzu kam, daß Viktor größer und sportlicher war als ich. Alles fiel ihm leicht. Ich mußte immer kämpfen.«

Stan erinnert sich an die Reaktion seiner Eltern auf sein Verhältnis zum Zwillingsbruder:

»Mein Vater hatte einen Riesenspaß, uns bei allen möglichen Aufgaben zu beobachten. Er wollte, daß wir alles zusammen machten. Er liebte Sportarten, bei denen wir unsere Kräfte und Fähigkeiten messen konnten, und schon im frühen Alter spielten Viktor und ich Tennis. Wenn wir dann von einem Spiel nach Hause kamen, konnte er es gar nicht abwarten, uns zu sehen. Aber er hat uns dann nie gefragt, ob wir Spaß hatten. Seine erste Frage lautete immer: ›Wer hat gewonnen?‹ Das war das einzige, was ihn wirklich interessierte.«

Stans Mutter schlug in genau dieselbe Kerbe:

»Meine Mutter redete ständig darüber, wer von uns zuerst laufen, wer zuerst sprechen, wer zuerst Fahrrad fahren konnte und wer die besseren Zensuren nach Hause brachte. Natürlich war es in allen Fällen mein ›großer‹ Bruder.

Sie macht es auch heute noch. Ich hab' ihr gesagt, daß ich das hasse, aber das scheint sie nicht zu berühren. Sie findet sich wohl süß dabei.«

Stan kann sich auch noch daran erinnern, wie Viktor auf die Niederlagen seines Bruders reagierte:

»Viktor war ganz versessen auf Ringkämpfe mit mir. Er hat mich natürlich immer besiegt. Und dann mußte ich immer etwas für ihn tun, z. B. einen Tag lang sein Sklave sein. Ich hatte natürlich keine Chance gegen ihn, aber ich hab' mich von ihm auch nie auf die Palme bringen lassen. Das hätte noch gefehlt, daß ich vor Viktor oder meinem Vater geweint hätte. Die hätten sich doch nur darüber gefreut.«

Stans Eltern hatten ein geradezu perverses Vergnügen daran, die Kinder ihre Kräfte aneinander messen zu lassen. Besonders sein Vater ermutigte sie zu einem ungesunden (manchmal fast sadistischen) Wettkampf gegeneinander, bei dem es nicht bloß ums Gewinnen, sondern auch um Dominanz ging. Natürlich nutzte Viktor bei dieser Unterstützung seine Vorteile gegenüber Stan bei jeder sich bietenden Gelegenheit aus.

Das hatte tiefgreifende Folgen: Stan lernte, Nähe zu fürchten und ihr zu mißtrauen. Sie enthielt für ihn kein Versprechen von Kameradschaft, Zuneigung und Zärtlichkeit, sondern bedeutete für ihn einzig Herrschaft, Unterwerfung und Erniedrigung. Seine Primärehe vermittelte ihm eine eindeutige Lehre: Je näher man jemandem ist, desto eher liefert man sich ihm aus. Ist es da noch ein Wunder, daß Stan als Erwachsener mit einem starken Bedürfnis nach Distanz ausgestattet ist? Genügend Abstand zwischen sich und andere zu bringen, ist seine Weise, diesen befürchteten häßlichen Konsequenzen vorzubeugen.

Aber warum muß Stan seine Aggressionen unterdrücken? Stan war wütend über Viktor und seine Eltern, so wie jedes Opfer gegenüber seinen Peinigern Aggressionen entwickelt! Aber Stan mußte sehr früh schon feststellen, daß Aggressionen sinnlos waren. Sein Vater ignorierte seine Beschwerden einfach, und so (mit der Unterstützung der Eltern) blieb Viktor gegenüber seinem Bruder ein Tyrann, da er von Stan ja nichts zu befürchten hatte. Auch Stans Proteste bei seiner Mutter halfen ihm nichts; er kann sie ja nicht einmal heute dazu bringen, mit ihren ewigen Vergleichen aufzuhören.

Die Aggression wäre in seinem Fall also nicht nur uneffektiv gewesen, sie hätte sogar alles noch schlimmer gemacht. Er konnte sich mit seinen zornigen Tränen vor den anderen nur lächerlich machen. Nicht offene Aggression, sondern stoischer Gleichmut und kluge Vorsicht waren für ihn die einzige Möglichkeit, in seiner Familie zu bestehen – ein Weg, den er, ebenso wie damals in seiner Primärehe, auch heute noch in seiner Ehe mit Anika verfolgt.

Ihr Mann muß natürlich nicht unbedingt ein Zwilling sein, um in seiner Primärfamilie einer ähnlich ungesunden Konkurrenzsituation ausgesetzt gewesen zu sein. Entscheidend ist vielmehr, ob er in seiner Familie Nähe (zu Geschwistern oder zu den Eltern) nur als etwas erfahren hat, das für ihn Mißhandlung, statt Geborgenheit mit sich brachte. In diesem Fall sind die Probleme Ihrer Ehe sicherlich eine Folge dieses Erbes.

Sah die Primärehe Ihres Mannes so aus?

Hatte er einen dieser Väter, die ihn beim Sport unbedingt schlagen mußten? Wurden seine Geschwister und er zu Wettkämpfen ermuntert, und durfte der Sieger seinen Vorteil gegen die anderen ausspielen?

Konkurrenzverhältnisse in der Familie können sehr anspornend sein. Wenn man allerdings falsch mit ihnen umgeht, können sie eine verheerende Wirkung haben. Ein Vater kann z. B. das Kräftemessen benutzen, um sein Kind zu erniedrigen und minderwertig erscheinen zu lassen. Oder die Eltern unterstützen einen solchen Prozeß bei ihren Kindern aus falschem Wettbewerbsgeist heraus. Wenn dies geschieht, kann es leicht zu Kontaktstörungen kommen. Die Nähe zu anderen Menschen kann dann wenig attraktiv oder sogar bedrohlich erscheinen.

Wurde er in seiner Familie oft aufgezogen? Hat man ihn ausgelacht? Hatte er einen peinlichen Spitznamen? Kursierten in seiner Familie peinliche Geschichten über ihn: »Wißt ihr noch, als er einmal . . .?«

Solche Erniedrigungen sind für Kinder ein schwerer Schlag. Sie können die Fähigkeit des Kindes, aus sich herauszugehen, stark beeinträchtigen. Es besteht schließlich immer die Gefahr, daß er wieder verletzt werden könnte. Wenn auch Ihr Mann solche Erniedrigungen in seiner Familie erlebt hat, könnte sein Bemühen um Distanz ein Versuch sein, dieser Gefahr zu entgehen.

Haben ihn seine Eltern irgendwann einmal richtig enttäuscht? Hat er jemals herausbekommen, daß sie ihn belogen haben? Wurde er einmal von Familienangehörigen oder Freunden hintergangen?

Wir sind in der Lage, mit anderen Menschen Kontakte einzugehen, weil wir eine Art Grundvertrauen in unsere Welt und in unsere Beziehungen entwickeln. Wenn dieses Grundvertrauen schon im frühen Alter erschüttert wird, besteht die Gefahr, daß das Kind seine Fähigkeit zur Kontaktaufnahme verliert. Es geht auf Distanz und verschafft sich so eine gewisse Sicherheit vor allzu großen Enttäuschungen. Könnte ein solcher Vertrauensverlust bei Ihrem Mann die Ursache für sein Bedürfnis sein?

Stammt er aus einer lieblosen und emotional kalten Familie? Manchmal kann das Bedürfnis nach Distanz bei Kindern auch aus einer Art Gewohnheit heraus entstehen. Sie wachsen mit verschlossenen und gleichgültigen Eltern auf und glauben schließlich, daß alle Menschen – auch die, in die sie sich verlieben – sich ihnen gegenüber ähnlich gefühllos verhalten werden. Möglicherweise ist auch aus Ihrem Mann ein solcher emotionaler Pessimist geworden.

Stellten seine Eltern hohe Anforderungen an ihn? Haben sie sich immer in alles eingemischt? Waren sie ihm gegenüber überbesorgt, dominant und manipulierend? Es gibt verschiedene Gründe dafür, Distanz zu wahren. Und Eltern, die ihren Kindern gar keinen Raum lassen, gehören sicherlich dazu! Wenn jemand Eltern hatte, die ihn zu ersticken drohten, kann sich bei ihm schnell das Bedürfnis einstellen, sich immer einen gewissen Raum zu lassen, um atmen zu können. Könnte auch Ihr Mann eine solche Angst, daß Nähe erdrückend und einengend ist, in Ihre Ehe mitgebracht haben?

Das Problem in den Griff kriegen – Der Schritt in die erwachsene Ehe

Anika und Stan erscheinen uns jetzt als zwei völlig andere Menschen. Oder können Sie Anika wirklich noch als ausgelaugtes Hausmütterchen betrachten oder Stan als nur einen weiteren dieser Ehemänner, die mürrisch hinter ihrer Zeitung grummeln? Nein, es sind Menschen, die genötigt wurden, ihre Aggressionen zu verstecken – und mit ihnen ihre Vitalität. Paradoxerweise trugen die Primärehen der beiden trotz ihres grundverschiedenen Charakters (Anikas Familie war sehr harmonisch, Stans Familie sehr konfliktorientiert) dennoch gleichermaßen zur Unterdrückung von Emotionen bei. Beide Familien, die eine durch gutes Zureden, die andere durch ihre Aggressivität, unterdrückten bei den Kindern die Fähigkeit zur Selbstbehauptung. Für Anika stand einfach zuviel auf dem Spiel, sie hätte durch aggressives Verhalten die Liebe ihrer Eltern verlieren können. Und Stan hätte seine ihm ohnehin schon nicht gerade freundlich gesonnene Familie durch Aggression nur noch mehr gereizt.

Um zu einer wahrhaft erwachsenen Ehe gelangen zu können, müssen Anika und Stan sich mit diesem psychischen Druck und Mißbrauch, der sie nötigte, ihre Aggressionen zu unterdrücken, auseinandersetzen. Beide müssen begreifen, daß sie keine hilflosen Kinder mehr sind.

Anika ist *nicht länger mehr das hilflose Kind*, das sich nicht trauen darf, gegen den Grundsatz ihrer Primärehe, daß Aggressionen einen die Liebe der anderen kostet, zu handeln. Sie muß lernen, diesen Grundsatz als das zu erkennen, was er ist: das unbewußte Manipulations- und Kontrollinstrument ihrer Familie.

Sie muß die Fesseln dieser Kontrolle endlich abwerfen und gegen diesen Grundsatz angehen! Als Kind konnte sie ein solches Risiko nicht eingehen, heute als Erwachsene liegt in diesem Risiko ihre einzige Möglichkeit zur Veränderung.

Dieser Mut zum Risiko wird ihr eine so einfache wie außergewöhnliche, vor allem aber nachhaltig befreiende Wahrheit offenbaren: *Auch nach Aggressionsausbrüchen hört die Liebe nicht auf!* Die Liebe ist bei weitem nicht so verletzlich und zerbrechlich, wie sie befürchtet. Sie kann durch Gefühle, selbst aggressiver Art, nicht so schnell ausgelöscht werden.

Für Stan ist es Zeit, *sich von seiner Hilflosigkeit zu verabschieden*. Sie ist nur mehr eine Fiktion, ein Überbleibsel aus seiner Primärehe. Tyrannen sind von dem Ungleichgewicht der Kräfte abhängig. Und als Kind war Stan zweifellos der Schwächere. Seine Aggression und Wut war uneffektiv, weil er im Nachteil war. Er war zu schwach, um sich gegen die Tyrannei seiner Familie zu wehren. Aber das ist heute nicht mehr so!

Stan kann heute als Erwachsener auf ein aggressives Durchsetzungsvermögen zurückgreifen, mit dem er sich gegen jeden behaupten kann. Er bräuchte sich nicht mehr tyrannisieren zu lassen. Wenn Stan endlich über seinen Schatten springen und diese Kraft, die in ihm wohnt, freisetzen würde, könnte er die erstaunliche Wirkung seiner eigenen Aggressivität erkennen. Er würde feststellen, daß Aggressivität eine Möglichkeit ist, anderen Grenzen zu setzen, ihnen klar und unmißverständlich zu sagen: »Das macht ihr mit mir nicht mehr!« Er würde endlich lernen, daß Wut und Entrüstung ein Aufruf zu gerechtem und fairem Handeln sein können: »Ich werde dieses unerträgliche Verhalten mir gegenüber und diese Unfairneß gegenüber anderen nicht länger dulden.« Stan würde eine Entdeckung machen, die für uns alle eine wichtige Lehre enthält: Tyrannei, ob in der Familie oder sonstwo, kann sich nicht halten, wenn die Menschen aufstehen und ein deutliches, zorniges »Nein!« sprechen.

Wenn Anika und Stan ihre Fähigkeit zur Aggression wieder zurückgewinnen, wird sie das und ihre Ehe grundsätzlich verändern. Sie werden sich und ihre Vitalität endlich in den Griff bekommen. Sie werden ihren inneren Reichtum, ihre Möglichkeiten und ihre Vielseitigkeit erkennen. Sie werden einen Weg eingeschlagen haben, der sie zu einer besseren Ehe führen kann.

Die Liebe hört nach einem
Aggressionsausbruch nicht auf

Der Glaube, daß die Liebe durch Aggressionen zerstört wird, daß ein Aggressionsausbruch der Zuneigung der anderen unwiderruflich ein Ende setzt, gehört zu den vielen Hypotheken, mit denen die Aggression in der Primärehe belastet ist – eine Last, die sich in der Tat bei vielen, vielen Menschen finden läßt. Viele der Eheprobleme, mit denen ich in meiner Praxis zu tun hatte, gehen auf das Konto solcher Ängste. Sie sind die Folge beklemmender Erfahrungen in einer Primärehe, in der Aggressionen als verpönt und unstatthaft angesehen wurden. Solche Erfahrungen führen oft zu der Vorstellung, daß unsere aggressiven Energien diejenigen, gegen die sie sich richten, zerstören könnten. Sie nehmen uns zudem die Möglichkeit, eine für unseren psychischen Haushalt ausgesprochen wichtige Fähigkeit auszubilden – die Fähigkeit, psychische Krisensituationen schadlos zu überstehen. Sie zerstören unseren inneren »Stoßdämpfer«, der uns hilft, auch unangenehme und härtere Empfindungen wie die der Aggression abzufangen. Bei sehr vielen Menschen fehlt dieser innere Puffer, der sie auch aus aggressionsbelasteten Situationen noch stabil und widerstandsfähig hervorgehen läßt.

Die meisten von uns haben gelernt, daß Aggression und Liebe zwei völlig unvereinbare und sich widersprechende Empfindungen sind – eine Lektion, die wir bei unseren Eltern gelernt haben, deren unverhohlene Maxime: »Wenn du aggressiv bist, können wir dich nicht lieben« uns auch heute noch prägt. Auch heute noch halten wir die Vereinbarkeit beider Empfindungen für ausgeschlossen: Hat das eine Gefühl von uns Besitz ergriffen, so muß das andere notwendigerweise weichen. Das Resultat dieser irrigen Vorstellung ist, daß unseren Aggressionen ihr angestammter Platz in unserem Gefühlshaushalt versagt bleibt. Die Aggression ist unter solchen Bedingungen nicht eine Empfindung unter anderen, eine Empfindung, die etwa ebenso legitim und zulässig wäre wie Freude, Verletztheit, Aufregung oder Enttäuschung.

Glücklicherweise läßt sich diese fehlerhafte Einstellung jedoch korrigieren: Wenn wir lernen, unsere Aggressionen richtig auszudrücken, sie in Worte zu fassen, wird uns auch bewußt, daß wir die Empfindungen der Liebe und der Aggression in uns vereinbaren können. Die in ihrer Bedeutung kaum zu überschätzende Arbeit an unserer emotionalen Flexibilität, die uns die starre Trennung von Liebe und Aggression überwinden läßt, macht uns zugleich deutlich, daß auch nach einem Aggressionsausbruch oder Streit das Leben weitergeht und die Liebe fortbesteht!

Wie geht es nun weiter? Lassen Sie uns zunächst noch einmal einen Blick zurückwerfen! Wir haben nun sechs unterschiedliche aggressive Beziehungsstile untersucht: die offen aggressiven, in denen die Partner von ihren Aggressionen wissen (*Aggres-*

sionsenthemmer und -*provozierer*) und die übrigen, bei denen die Aggressionen im allgemeinen unbewußt bleiben (*Aggressions-überspieler, Verlagerer, Symbolisierer und Unterdrücker*). Wir haben dabei sechs verschiedene Ehepaare kennengelernt und die drei Schichten ihrer jeweiligen Ehen analysiert: die *Alltags- oder Oberflächenehe*, die *Verborgene oder Unsichtbare Ehe* und die *Tiefen- oder Primärehe*. Dadurch, daß wir die Kritik und Klagen der Partner dekodiert haben, ist es uns gelungen, ihre verschiedenen *verborgenen Bedürfnisse* aufzudecken und zu verstehen:

Enthemmer: Frieda ... Männer auf Distanz halten
                         David ... Anerkennung zu finden
Provozierer: Dora ... ein Verlassenwerden zu verhindern
                         Ted ... ein Verlassenwerden zu verhindern
Überspieler: Laura ... die innere Leere auszufüllen
                         Jason ... seine Depression zu bekämpfen
Verlagerer: Catherine ... sich einen starken Mann aufzubauen
                         Andrew ... einen vollkommenen Beschützer zu finden
Symbolisierer: Maxime ... die Kontrolle zu behalten
                         Jim ... jemanden aus seiner Not zu retten
Unterdrücker: Anika ... zu gefallen
                         Stan ... Distanz zu anderen zu wahren

Im Idealfall hat jeder dieser Fälle Ihnen dabei geholfen, ein Stück Ihrer eigenen Ehe besser zu verstehen. Dieser Prozeß der Selbsterkenntnis an sich kann bereits zu Veränderungen führen. Dennoch ist Selbsterkenntnis haben nicht dasselbe wie sie auch umsetzen und nutzen. Darauf aber kommt es entscheidend an: Wir müssen das psychologische Wissen, die Einsicht, die wir uns angeeignet haben, auch anwenden. Das letzte Kapitel dieses Buches wird sich genau mit diesem Problem befassen. Es wird Ihnen spezifische Fertigkeiten und Techniken anbieten, mittels derer Sie Ihre Einsichten in die Praxis umsetzen und Ihre Ehe wieder in Gang bringen können!

Kapitel XI

Eine erwachsene Ehe –
Die Umsetzung der Erkenntnisse
in die Praxis

Erinnern sie sich noch an David und Frieda, unsere beiden Enthemmer? Sie haben jetzt endlich begonnen, ihre eigene Ehe besser zu verstehen – und ihre Erkenntnisse in die Praxis umzusetzen:

»Gestern abend war David stinksauer auf mich. Ich war mit meiner besten Freundin, Fran, weggegangen. Er kann sie nicht ausstehen. Er wurde laut: ›Die mischt sich ständig in unsere Angelegenheiten, und sie will unsere Ehe kaputtmachen.‹ Das wäre normalerweise der Zeitpunkt gewesen, wo ich angefangen hätte zurückzuschlagen, so daß wir uns bestimmt wieder eine unserer großen Bettschlachten geliefert hätten.

Aber irgendwie merkte ich, wie ängstlich ich eigentlich innerlich war. Und dann wurde mir klar, daß das dasselbe innere Zittern war, das ich bekam, wenn meine Mutter wieder einen ihrer Anfälle hatte – z. B. wenn mein Vater wieder einmal zuviel getrunken hatte.

Und anstatt zurückzuschreien, entgegnete ich David nur mit fester Stimme: ›Hör zu, wenn du wirklich sauer auf mich bist, kannst du mir das sagen. Aber bitte, schrei mich nicht an. Jeder Schrei geht mir in die Magengrube. Und ich komme mir dann vor wie das kleine Mädchen von damals, das hilflos seiner tobenden Mutter zusah.‹

David hörte zwar nicht sofort auf, aber ich blieb hartnäckig. Ich hatte endlich begriffen, warum ich immer so ausflippe, wenn er mich anschreit. Ich sagte ihm immer wieder, daß ich nicht will, daß er mich anschreit. Er solle mir vernünftig sagen, was er will!«

Zu Friedas großer Überraschung zeigte die Klarheit ihrer Worte, ihre Entschlossenheit und Hartnäckigkeit schließlich Wirkung:

»Nach einer Weile wurde Davids Stimme leiser, und er begann, mir ohne das übliche Gebrüll zu sagen, was er auf dem Herzen hatte. Dadurch konnte ich ihm auch wirklich zuhören, weil ich nicht unter dem Druck stand, zurückschreien zu müssen. Es war für uns beide plötzlich so völlig anders.«

Was David und Frieda hier erlebten, hat nichts mit Zauberei zu tun. Frieda hat ihre plötzliche Einsicht in die Praxis umgesetzt. Sie benutzte ihre psychologische Selbsterkenntnis, um dadurch alte, eingefahrene emotionale Mechanismen daran zu hindern, wieder einzurasten. Dadurch, daß sie auf diese Weise ihre destruktiven Aggressionen in eine konstruktive Form der Auseinandersetzung umwandeln konnte, hatte Frieda begonnen, ihre aggressionsgestörte Ehe mit David in eine erwachsene Beziehung zu verwandeln. Etwas, das auch Ihnen möglich ist!

Was aber ist eine erwachsene Ehe? Es ist eine Beziehung, die den Riß zwischen der Oberflächenehe und der verborgenen Ehe überwunden hat; eine Partnerschaft also, in der die versteckten Bedürfnisse und ihre primären Ursachen transparent geworden sind und nun bewußt und aktiv in die Beziehung mit einbezogen werden. Dadurch, daß die verborgenen Bedürfnisse der Partner von ihnen erkannt werden, ist ihre heimliche Macht gebrochen, und die Partner können nun dazu übergehen, die eingeschliffenen und destruktiven Mechanismen ihrer aggressiven Ehe einzustellen. Aber am wichtigsten vielleicht: Sie können ihren Aggressionen zu ihrem ursprünglichen Zweck zurückverhelfen. Wut und Aggression werden bei ihnen wieder zu Signalen, zu einer Form von Kommunikation, in der die Partner ihre Frustration *durch Worte* ausdrücken und sich so die Möglichkeit eröffnen, wirklich das zu bekommen, was sie voneinander brauchen.

Letzten Endes bieten Einsicht und Erkenntnis den Partnern bessere und konstruktivere Wege, mit ihren Aggressionen in der Ehe umzugehen. Die Einsicht macht unsere Aggression zu einem Sprachrohr unserer Bedürfnisse. Wir haben »das fehlende Etwas« endlich gefunden und können die Lücke schließen. Mit ein wenig Unterstützung ist diese Entdeckung jedem Ehepaar, das in einer unglücklichen Ehe lebt, möglich: Die Arbeit an der erwachsenen Ehe ist die wahre Therapie für eine aggressive Ehe!

Wie Sie Ihr eigener Eheberater werden können – noch bevor Sie einen professionellen benötigen!

Dieses Buch kann ein sinnvoller erster Schritt bei diesem Prozeß sein, bei dem es wesentlich darum geht, eine neue Form der Kommunikation zu entwickeln, die auf Einsicht und Erkenntnis gegründet ist. Es kann dazu beitragen, eine neue Sprache der Liebe zu finden. Im Idealfall sollten beide Partner es lesen und sich mit den von uns dargestellten verschiedenen Typen aggressiver Beziehungsstile auseinandersetzen, um ihren eigenen Aggressionsstil zu bestimmen und genauer einzugrenzen. Aber damit ist es noch nicht getan!

Bei dem Versuch, Ihre eigene aggressive Ehe zu verstehen, ist es von zentraler Bedeutung, daß Sie und Ihr Partner zusammenarbeiten. Um zu einer erwachsenen Ehe zu finden, müssen die aggressiven Partner ihre sich entwickelnden Einsichten und Erkenntnisse miteinander teilen – so wie es Frieda und David im obigen Beispiel getan haben. Sie müssen also Ihre *eigene* Beziehung jeweils für sich und im Idealfall gemeinsam mit Ihrem Partner untersuchen und analysieren. Benutzen Sie dieses Buch als eine Art Handbuch, als einen Führer. Machen Sie sich auch Notizen. Und lesen Sie ein Kapitel, bei dem Sie sich besonders stark angesprochen fühlen, ruhig noch einmal. Kurz: Werden Sie Ihr eigener Eheberater – bevor Sie einen professionellen benötigen!

Das braucht natürlich Zeit und erfordert nicht wenig Arbeit. Aber es gibt keinen anderen Weg. Das Versprechen einer schnellen »Reparatur« Ihrer Ehe ist so verlockend wie es verlogen wäre. Um sich aus den Fallstricken einer aggressionsgestörten Ehe wirklich befreien zu können, müssen Sie gemeinsam *Zeit* und *Arbeit* investieren.

Aber Zeit und Arbeit sind nicht die einzigen Voraussetzungen. Sich nur hinzusetzen und gemeinsam über diese Dinge zu reden, reicht nicht aus. Aggressive Paare brauchen gewisse Grundregeln. Das hat einen einfachen Grund. Sie können sich und ihr verborgenes Gefühlsleben erst dann wirklich offenlegen, wenn sie sich auch sicher fühlen. Und Regeln können ihnen dabei helfen, dieses Gefühl von Sicherheit und Verläßlichkeit zu entwickeln.

Tatsächlich liegt dieses Bewußtsein jeder guten Psychotherapie (und jeder zivilisierten Gesellschaft) als Voraussetzung zugrunde. Niemand kann sich psychisch entblättern und offenlegen, wenn er sich dabei nicht sicher und ungefährdet fühlt. Deswegen ist es von besonderer Wichtigkeit, eine solche Atmosphäre des Vertrauens herzustellen: Um uns auf diesen Heilungsprozeß einlassen zu können, müssen wir uns zuallererst geborgen fühlen. Die neue Sprache der Liebe ist unauflöslich mit diesen neuen Grundregeln verbunden. Kein Ehepaar kann sich dem Wagnis der Aufdeckung und schließlichen Anwendung von Einsichten in der eigenen Ehe unterziehen, solange dieses Klima von Sicherheit und Geborgenheit noch fehlt, das eine solche Veränderung ermöglichen könnte.

Wie man ein Klima für Veränderungen schafft

Ein solches Klima zu schaffen, ist im Grunde gar nicht so schwer. Aber es bedarf, wie wir schon angedeutet haben, dazu einer Reihe von Grundregeln. Wir können zu diesem Zweck auf einige Richtlinien und Techniken zurückgreifen, die von vielen Eheberatern benutzt werden, um eine für Veränderungen geeignete Situation herbeizuführen:[1]

Vereinbaren Sie besondere Zeiten, um über die Probleme zu reden.
Setzen Sie sich regelmäßig zusammen.

Setzen Sie eine feste Zeit für Ihre Gespräche fest.

Bewahren Sie absolute Vertraulichkeit dem Besprochenen gegenüber.

Lassen Sie einander ausreden.

Benutzen Sie die Informationen, die Ihnen Ihr Partner gibt, niemals gegen ihn.

Vermeiden Sie unter allen Umständen, ausfällig zu werden.

Verwandeln Sie Ihre Vorwürfe in Reflexion.

Spiegeln Sie die Gefühle Ihres Partners.

VEREINBAREN SIE BESONDERE ZEITEN, UM ÜBER DIE PROBLEME ZU REDEN: Die Wäsche in der Maschine ist gerade fertig geworden, Ihr Mann hat noch fünfzehn Minuten, bis er Ihren Sohn von den Pfadfindern abholen muß, und Ihre Tochter braucht Hilfe bei den Mathematikhausaufgaben, die sie bis morgen fertig haben muß. Kann man unter solchen Bedingungen Einsichten herbeireden? Wohl kaum.

Damit Sie an Ihrer Ehe arbeiten können, brauchen Sie die Möglichkeit, sich in Ruhe für einige Zeit zurückzuziehen, wobei Sie sowenig wie möglich gestört werden sollten. Nehmen Sie sich diese Zeit, schaffen Sie diesen Freiraum. Sie brauchen Ihre ungeteilte Aufmerksamkeit, um Ihre Ehe anders und besser werden zu lassen.

SETZEN SIE SICH REGELMÄSSIG ZUSAMMEN: Es wäre natürlich ideal, wenn schon ein vernünftiges Gespräch mit Ihrem Partner Ihre Probleme lösen würde. Aber leider schlägt die Einsicht nicht wie ein Blitz ein. Obwohl solche Erkenntnisblitze sicherlich gelegentlich vorkommen, stellt sich die eigene Einsicht im allgemeinen doch eher nach einem allmählichen Prozeß der Selbsterkenntnis ein. Je mehr Sie sich auf diese Probleme einlassen, desto mehr werden Sie entdecken: Nur wenn Sie am Ball bleiben und Ihre Ehe kontinuierlich analysieren, werden Sie den psychologischen Impuls bekommen, den Sie brauchen.

Es gibt aber noch einen weiteren Grund, der für die Vereinbarung regelmäßiger Gesprächstermine spricht. Wenn Sie wissen, daß es solche fixen und regelmäßigen Termine gibt, an denen Sie miteinander reden können, verringert sich die Wahrscheinlichkeit, daß Sie in Ihre alten, selbstzerstörerischen Verhaltensmuster zurückfallen. Denken Sie einmal darüber nach. Je routinierter und regelmäßiger Sie sich mit den bestimmenden Kräften Ihres Unterbewußtseins auseinandersetzen, desto unwahrscheinlicher wird es, daß sie Ihrer Wahrnehmung entgehen und wieder dort ihr Unwesen treiben, wo sie Ihnen und Ihrer Beziehung am meisten schaden können.

Aber das ist noch nicht alles. So qualvoll und mühsam es für Sie auch sein mag, sich mit der Psychologie Ihrer aggressiven Ehe zu beschäftigen, allein schon Ihre Bemühung drückt Ihre Hoffnung und Ihr inneres Engagement aus. Dadurch, daß Sie bereit sind, trotz aller Schwierigkeiten regelmäßig über Ihre Probleme zu reden, signalisieren Sie Ihren Optimismus, Ihren Glauben an die Möglichkeit einer Veränderung. Durch Ihre Kontinuität drücken Sie Ihre feste Zuversicht aus: »Ich weiß, daß wir es schaffen, denn ich liebe Dich!«

SETZEN SIE SICH EINE FESTE ZEIT FÜR IHRE GESPRÄCHE FEST: In aggressiven Ehen hat die Frau oft das Gefühl, daß nicht genug geredet wird (»Ihn zum Reden zu bewegen, ist, als ob man ihn zu einem Zahnarztbesuch überreden wollte«), während der Mann häufig eher der Meinung ist, daß zuviel geredet wird: »Sie will immer nur reden, reden, reden.« Dadurch, daß Sie für Ihre Gespräche eine feste Zeit festsetzen, können solche Differenzen ausgeräumt werden. Wenn Sie sich beide auf eine feste Zeitspanne für Ihre Gespräche einigen, verringert sich die Wahrscheinlichkeit, daß es bei Ihnen zu Frustrationen darüber kommt, daß zuviel bzw. zuwenig geredet wird.

Ein solches klares Zeitlimit kann Ihnen auch dabei helfen, Ihre Anstrengungen zu bündeln und damit effektiver zu machen. Linda und Bill, ein Provoziererehepaar, haben dies am eigenen Leib erfahren können. Bill berichtet:

»Nachdem klar war, daß wir nur die festgesetzte Zeit, also die eine Stunde, die wir uns dafür freigehalten hatten, für solche

Dinge hätten, kamen wir auch schneller auf die Kernprobleme unserer Beziehung zu sprechen. Die Zeitbegrenzung hat uns geholfen, auf das Wesentliche zu kommen.«

Solche Begrenzungen sind besonders für Männer eine Hilfe, die vielleicht eher als Frauen das Gefühl bekommen können, daß die Ehe zu einem ständigen Problematisieren der Beziehung wird und sich davon abschrecken lassen. Darüber hinaus können Zeitlimits, die gemeinsame Entscheidung also, wann und wie lange man über Probleme reden will, den Partnern das Gefühl vermitteln, daß sie angefangen haben, die Probleme in die Hand zu nehmen, statt bloß von ihnen beherrscht zu werden.

BEHANDELN SIE IHRE GESPRÄCHE STRENG VERTRAULICH – ZIEHEN SIE KEINE AUSSENSTEHENDEN MIT HINEIN: Keine Liebe ohne Leiden – zumal in der Ehe. In aggressionsgestörten Ehen wenden sich die Partner häufig an Dritte, um dort ihr Leid loszuwerden und sich Unterstützung zu holen: »Alle meine Freundinnen halten mich für verrückt, daß ich mir so etwas von dir bieten lasse«; »Meine Mutter sagt, ich soll mir überlegen, ob ich nicht einen Scheidungsanwalt einschalten soll.«

Wenn man sich wirklich um Einsicht bemühen will, darf genau das nicht passieren. Enge Vertraute, die man um Rat angeht, übernehmen häufig die Rolle des Anklägers. Sie sind in ihren Ratschlägen und Meinungen parteiisch und gehen von einer klaren Gut-Böse-Verteilung aus. Was aggressiven Ehen indes not tut sind Dialoge, nicht Schuldzuweisungen und Bestätigung von seiten Dritter.

Deswegen ist eine strenge Vertraulichkeit zwischen den Partnern, die Versicherung also, daß das Besprochene privat und »unter uns« bleibt, eine wichtige Voraussetzung, um Vertrauen zwischen den Partnern entstehen zu lassen und so ihr Verhältnis zu verbessern.

LASSEN SIE EINANDER AUSREDEN: Die wahrscheinlich schwierigste Aufgabe, der ein Ehepaar gegenübersteht, das sich um Einsicht und um eine erwachsene Ehe bemüht, ist die, die eigene

Kritik erst einmal zurückzuhalten und offen zuzuhören, ohne sofort Schlußfolgerungen zu ziehen, den anderen zu verurteilen oder ihm Vorwürfe zu machen.

Im Grunde genommen kann man auch kaum erwarten, daß ein solches Ehepaar sich dieser Kritik und Verurteilung so ohne weiteres enthalten soll. Schließlich gibt es in einer aggressiven Ehe eine Menge Groll und Ärger, der sich Luft machen muß. Dennoch müssen Sie lernen, einander ausreden zu lassen. Die folgenden Richtlinien können Ihnen dabei Hilfestellung leisten.

Wenn Sie damit beginnen, die Probleme Ihrer aggressiven Ehe zu diskutieren, muß jeder Partner ohne Unterbrechungen, Störungen, Kommentare reden können. Einfach ausgedrückt: Wenn der eine redet, muß der andere zuhören – ohne selbst zu reden!

BENUTZEN SIE DIE INFORMATIONEN, DIE IHNEN IHR PARTNER GIBT, NIEMALS GEGEN IHN: Die emotionale Öffnung birgt Risiken in sich. Deswegen können wir uns unserem Partner gegenüber nur öffnen, wenn wir sichergehen können, daß wir bei ihm mit unseren Verletzbarkeiten in sicheren Händen sind. Benutzen Sie also das, was Sie von Ihrem Partner erfahren haben, niemals gegen ihn. Dadurch gefährden Sie das Vertrauen, das er Ihnen entgegenbringt – unter Umständen zerstören Sie es sogar für immer. Begehen Sie also auf keinen Fall den Fehler, Ihnen anvertraute neue Informationen als Waffe einzusetzen.

Wenn die Frau z. B. gesteht, daß sie Kritik nicht ertragen kann, weil sie einen ablehnenden Vater hatte, der immer nur an ihr herumnörgelte, muß es für den Mann ein absolutes Tabu sein, dies gegen sie zu benutzen, ihr etwa vorzuhalten: »Jetzt weiß ich auch, warum dein Vater dich nicht leiden konnte!«

Ehegespräche haben für persönliche Ausfälle dieser Art, in denen vertrauliche Informationen zu Waffen umgeschmiedet werden, absolut keinen Platz. Wenn Sie sich in Ihren Gesprächen ernsthaft um Einsicht bemühen und den Mut aufbringen,

sich dem anderen zu öffnen und ihn in Ihr Innerstes hereinblik-
ken zu lassen, müssen solche psychischen Grausamkeiten unter
allen Umständen vermieden werden!

VERMEIDEN SIE ES UNTER ALLEN UMSTÄNDEN, AUSFÄLLIG ZU WER-
DEN: Auseinandersetzungen können in einer aggressiven Ehe
sehr schnell hitzige Formen annehmen. Dies trifft zweifelsohne
besonders für Aggressionsenthemmer und für Provozierer zu.
Allerdings haben wir gesehen, daß auch den Partnern verdeckt
aggressiver Ehen die volle Wucht ihrer inneren Wut nicht erspart
bleibt. Letztendlich ist selbst in therapeutischer Umgebung kein
Ehepaar gegen solche aggressiven Empfindungen gefeit.

Dennoch sind Aggressionen unter keinen Umständen und
niemals ein Grund, ausfallend zu werden. Die eigene Wutempf-
findung gibt einem nicht das Recht, anderen weh zu tun. Dem
Partner gegenüber ausfallend zu werden und ihn (körperlich
oder verbal) zu verletzen, läßt sich mit der Arbeit an der eigenen
Einsicht nicht vereinbaren. Es ist nicht nur unakzeptabel, sondern verhindert auch die Befreiung aus den Fallstricken der
aggressiven Ehe.

Können Sie sich vorstellen, daß Sie besonnen, überlegt und
nachdenklich bleiben, wenn Sie angegriffen werden? Vermutlich nicht. Wenn wir bedroht werden, verschließen wir uns und
ziehen uns zurück. Wir versuchen, uns vor den Angriffen von
außen zu schützen, unsere gesamte Aufmerksamkeit ist auf ein
Ziel gerichtet: Überleben.

Was aber wenn Sie nicht der Angegriffene, sondern der Angreifer sind? Sie werden dann jemand, der Sie im Grunde gar
nicht sein wollen. Hinterher ist niemand, der ausfällig geworden
ist, stolz auf das, was er gesagt oder getan hat. Obwohl er vielleicht nicht in der Weise leidet wie sein Opfer, kommt auch der
Angreifer nicht ohne Verluste davon: Er büßt einen Teil seiner
Humanität ein.

Kein verantwortungsbewußter Therapeut wird zulassen, daß
Ehepartner in seinem Büro gegeneinander ausfällig werden.
Das Gefühl der Sicherheit, das für den Heilungsprozeß unver-

zichtbar ist, wäre verloren, wenn er zuließe, daß die Partner sich durch Ausfälligkeiten gegenseitig verletzen und verunsichern. Ausfälligkeiten und die Bereitschaft zur Einsicht schließen sich gegenseitig aus! Deswegen müssen Ausfälligkeiten auf jeden Fall verboten bleiben. Sie *müssen* sich diese Maxime zu eigen machen, wenn Sie wirklich aus dem Teufelskreis Ihrer aggressiven Ehe heraus wollen.

Die nächsten beiden Verhaltensrichtlinien beziehen sich im Grunde weniger auf die Modalitäten Ihres Zusammentreffens als vielmehr auf die Entwicklung von kommunikativen Fertigkeiten, die Sie in Ihren ›Sitzungen‹ ausbilden und später in Ihre neue, erwachsene Ehe integrieren sollen. Es handelt sich dabei um Fertigkeiten, die es Ihnen ermöglichen, sich Ihre Aggressionen als konstruktive Kräfte für Ihre Partnerschaft nutzbar zu machen.

VERWANDELN SIE VORWÜRFE IN REFLEXIONEN: In einer aggressiven Ehe können Gespräche, die eigentlich dazu dienen sollten, die Einsichtsfähigkeit zu fördern, nur allzu leicht zu einer Serie von gegenseitigen Vorwürfen degenerieren. Wie läßt sich diese Gefahr umgehen? Beginnen Sie damit, daß Sie Ihre Sätze nicht mit »Du« beginnen. Die meisten Sätze, die einen solchen Anfang nehmen, tragen den Stachel der Anklage in sich (»Du bist ... gemein, langweilig, egoistisch, stur ...«) und führen beim Partner unweigerlich zu einer starken Abwehrhaltung. Schlimmer aber noch: Sätze, die mit »Du bist ...« beginnen, drücken dem Partner einen Stempel auf und legen nahe, daß die Probleme allein seine Schuld sind. Mit dieser Haltung läßt sich kein Klima für einen offenen Dialog herstellen.

Wie aber soll man dann über die Beschwerden und Klagen, die die aggressive Ehe notwendig mit sich bringt, reden? Versuchen Sie auszudrücken, welche Gefühle Ihr Partner in Ihnen auslöst. Ersetzen Sie Ihre Vorwürfe durch Selbstreflexion. Das ist ein entscheidender Schritt, der Ihnen dabei helfen kann, aus Ihren Aggressionen wertvolle Informationen über sich selbst zu gewinnen. So wird Ihre eigene Aggression zu einer wichtigen Quelle der Selbsterkenntnis, anstatt wie vorher nur als spitze Waffe gegen Ihren Partner zu dienen oder ganz und gar ins Dunkle Ihres Unterbewußtseins verdrängt zu werden. Beginnen Sie also Ihre Sätze nicht mit »Du«, sondern mit »Ich«.

Statt also wie David Frieda gegenüber zu sagen: *Du* hast doch keine eigene Meinung. *Du* kümmerst dich doch einen Dreck darum, was ich darüber denke. *Du* hörst nur auf deine Freundin, als ob sie den Stein der Weisen besäße«, können Sie Ihre Gefühle auch so ausdrücken, daß Sie Ihre eigenen Empfindungen reflektieren.

David gelang dieser Schritt schließlich:

»*Ich* bin wirklich enttäuscht und sauer, weil du alles, was deine Freundin sagt, für die absolute Wahrheit hältst. *Ich* hab' das Gefühl, daß meine Meinung für dich weniger Bedeutung hat als ihre. *Ich* fürchte wahrscheinlich, daß dir deine Freundin wichtiger ist als ich, und das macht mich aggressiv.«

Die Sätze mit »Ich« beginnen zu lassen ist nicht nur eine grammatische Veränderung. Dieser Kommunikationsstil erlaubt es Ihnen, aus Ihren Vorwürfen gegenüber dem Partner klare Aussagen über Ihr eigenes Inneres *und* Ihre Erwartungen zu machen. Und damit ist schon viel gewonnen: Vorwürfe können als unberechtigt dargestellt und zurückgewiesen werden, aber der Versuch, die eigenen Gefühle darzustellen, zu beschreiben, was emotional in einem passiert und was man braucht, findet höchstwahrscheinlich Gehör. Anders als Ihre Vorwürfe lassen sich Ihre Gefühle nicht so ohne weiteres als unberechtigt abweisen: *Gefühle sind immer berechtigt, authentisch und zutreffend, denn sie gehören nur Ihnen!*

Ich-Aussagen sind äußerst hilfreiche Werkzeuge für die Verbesserung des gegenseitigen Einfühlungsvermögens. Sie machen Aussagen über unsere eigenen Gefühle, über unser Innenleben – Aussagen, über die wir uns selbst definieren und zugleich unseren Partner bitten, unsere beginnende Selbstverwirklichung zu respektieren. Ich-Aussagen sind also eher Bitten um Verständnis als Versuche, am anderen Fehler zu finden. Durch eine solche Selbstreflexion geben Sie Ihrem Partner die Möglichkeit, in Sie hinein zu blicken und Sie besser zu verstehen. Wenn wirklich Liebe zwischen den Partnern herrscht, ist dies sicherlich eine Chance, die nicht ausgeschlagen wird. Ehepaare, die sich wirklich lieben, wollen einander verstehen, auch dann, wenn sie in den Wirren einer aggressiven Ehe leben.

Diese Selbstreflexion ist für die Befreiung aus den Stricken der aggressiven Ehe unerläßlich. (Und es wird sich im weiteren Verlauf dieses Kapitels immer wieder zeigen, daß sie auch ein grundlegendes Element der neuen Sprache der Liebe ist.) Selbstreflexion zeugt von der Bereitschaft der Partner, die Verantwortung für die Probleme in der Ehe zu übernehmen. Sie ermöglicht es den Partnern, sensibel auf die Gefühle des anderen zu reagieren, statt die ewigen wechselseitigen Beschuldigungen abwehren zu müssen. So schafft sie Raum für Einfühlung und Verständnis. Vor allem aber erlaubt sie den Partnern, ihren gegenseitigen Aggressionen und Enttäuschungen geduldig zuzuhören. Wenn sie überzeugend gesprochen und von Einsicht begleitet werden, können Worte wie »Ich bin jetzt wahnsinnig aggressiv...« eine Botschaft sein, die einer der Partner absendet und der der andere endlich zuhört. Wenn es mit Klarheit und Selbsterkenntnis gesprochen wird, kann das »Ich bin sehr aggressiv...« die Partner einander näher bringen. Das »Du bist...« baut nur Mauern zwischen ihnen auf; »Ich bin ...« dagegen schlägt eine Brücke zwischen ihnen.

SPIEGELN SIE DIE GEDANKEN UND GEFÜHLE IHRES PARTNERS WIDER: Wenn das Zuhören eine therapeutische Wirkung haben und die Beziehung verbessern soll, muß sich das Gesprächsverhalten in Ihrer aggressiven Ehe grundlegend ändern: Hören Sie damit auf, aufeinander zu schimpfen, und beginnen Sie, miteinander zu reden. Es gibt eine im Grunde sehr einfache Technik, die Ihnen diese Veränderung erleichtern kann: *das Spiegeln des Gehörten*. Hören Sie Ihrem Partner genau zu und sagen Sie ihm jeweils, wie Sie ihn verstanden haben. Dadurch erhält er die Möglichkeit zur Korrektur. Betreiben Sie diesen Prozeß so lange, bis das, was Sie verstanden haben, mit dem übereinstimmt, was Ihr Partner sagen wollte.

Dazu ein Beispiel: Als Frieda von Ihren Gefühlsreaktionen auf Davids Schreie sprach, versuchte David, diese Gefühle in eigenen Worten wiederzugeben. Erst als er ihre Gefühle genau widerspiegelte, hörte er auf:

Frieda: »David, deine Herumschreierei macht mich rasend. Ich kann es nicht ertragen. Es erinnert mich an das ewige Gebrüll meiner Eltern, wenn Dad mal wieder betrunken war.«

David: »Du sagst also, ich schreie die ganze Zeit herum.«

Frieda: »Nein. Ich sage, daß dein Geschrei mir angst macht und daß es mich an meine Mutter erinnert.«

David: »Du willst also sagen, daß ich genau wie deine Mutter bin.«

Frieda: »Nein. Ich will dir nicht vorwerfen, daß du wie sie bist. Darum geht es nicht. Es geht darum, daß ich gefühlsmäßig stark reagiere, wenn du schreist. Und mir wird klar, daß ich Angst kriege, genau wie damals, als meine Mutter zu schreien begann.«

David: »Du willst also sagen, daß es dich stark mitnimmt, wenn ich lauter werde, weil es dir angst macht – genau wie damals, als du noch ein Kind warst und deine Mutter die Kontrolle über sich verlor.«

Frieda: »Ja. Immer wenn ich jemanden herumschreien höre, bin ich genauso verängstigt wie damals.«

Das Ziel bei einem solchen Widerspiegeln des Gehörten ist die Einigkeit darüber, was gesagt worden ist, und damit letztlich das gegenseitige Mitfühlen. Sind sich *beide* erst einmal einig darüber, was der Partner genau sagen wollte, kann man zum nächsten Punkt übergehen. Durch diese Technik wird Ihr Gespräch zwar verzögert, dafür aber werden Ihre Eheprobleme um so schneller aus der Welt geschafft. Auch bei Frieda und David war es diese grundlegende Technik, die das »Wunder« in ihrer Ehe möglich machte. Sie hilft aggressiven Paaren dabei, eine größere Sensibilität und ein besseres Verständnis füreinander zu entwickeln. Und das verändert alles.

Folgendes sollten Sie noch berücksichtigen. In einer aggressiven Ehe sterben die alten Gewohnheiten nur sehr schwer aus. Dies zeigt sich an dem eben geschilderten Gespräch. Während Frieda ernstlich versucht, selbstreflexiv zu sein und David zum Widerspiegeln des Gehörten zu bewegen, versucht David beharrlich, ihr Gespräch in die gewohnten Bahnen der gegenseitigen Vorhaltungen zurückzulenken: »Du willst also sagen, daß ich genau wie deine Mutter bin.« Nur Friedas Hartnäckigkeit und die Beharrlichkeit, mit der sie auf ihrer Selbstreflexion besteht (»Nein, ich will dir nicht vorwerfen, daß du wie sie bist«), hält die beiden auf dem richtigen Kurs.

Solche Versuche, zum Gewohnten zurückzukehren, sind fast immer unausweichlich. Beide Partner werden früher oder später versuchen, wieder auf den alten Kreislauf von Vorwürfen und Gegenvorwürfen zurückzugreifen bzw., wie im Falle der Aggressionsunterdrücker, wieder in Schweigen zu verfallen. Aber lassen Sie sich dadurch nicht abschrecken! Geben Sie nicht auf! Halten Sie an Ihrer neuen selbstreflexiven Haltung fest. Sie wird sich durchsetzen. Und das wird für Sie alles verändern.

So schwierig diese Methode auch für offen aggressive Paare sein mag, für Paare, die ihre Aggressionen verdeckt ausdrücken, stellt sie eine noch größere Herausforderung dar. Denn mit der Einsicht in das eigene Verhalten stellen sich zunächst auch die Aggressionen ein, die sie bisher in Schach gehalten haben. Der verdeckte Zorn wird wieder aufgedeckt.

Laura und Jason, unsere beiden Aggressionsüberspieler, die sich schon lange daran gewöhnt hatten, ihre Aggressionen durch ihre Aktivitäten zu überspielen, sahen sich genau mit diesem Problem konfrontiert: Sie hatten große Probleme, die Gesprächsstrategien des Widerspiegelns des Gehörten anzuwenden:

Laura: »Ich glaube, ich flirte deswegen so oft, wenn du nicht dabei bist, weil ich dadurch wie in ein Bad positiver Gefühle eintauche. Dadurch werde ich meine innere Leere für einen Moment los.«

Jason: »Ich bin also nicht oft genug mit dir zusammen? Soll ich deiner Meinung nach an einer Leine gehen? Soll ich jederzeit für dich abrufbar sein? Vielleicht sollte ich mit einem Pieper herumlaufen wie die Ärzte.«

Laura: »Nein. Ich mach' dir ja gar keine Vorwürfe. Ich versuche nur, dir zu sagen, daß mir klar geworden ist, daß ich gegen ein großes Problem kämpfe, gegen mein inneres Gefühl von Leere und Verlassenheit, und daß ich ständig versuche, die Leere auszufüllen. Und dazu brauche ich die Aufmerksamkeit anderer Männer.«

Jason: »Ich schenke dir also nicht genügend Aufmerksamkeit. Und das ist für dich die Entschuldigung, dich (und mich) mit so einem Muskelprotz-Gigolo lächerlich zu machen.«

Laura: »Erstens, Jason, hast du mich jetzt gerade sehr verletzt. Ich hab' das Gefühl, daß du meine Vertraulichkeit ausnutzt, um es mir heimzuzahlen. Das führt nur dazu, daß ich auch zurückschlagen will und meine Offenheit aufgeben. Bitte, laß das sein. Du tust mir nur weh, und zwischen uns baut sich wieder ein Abgrund auf. Wir kommen so nicht weiter.

Ich weiß doch auch, daß es schwer ist, sich diesen Dingen zu stellen. Bisher haben wir immer so getan, als existierten diese Probleme nicht. Dadurch, daß ich dein Alkoholproblem und du mein ständiges Flirten ignoriert hast, brauchten wir uns nie unsere Enttäuschung und Wut übereinander einzugestehen. Jetzt kommen die Aggressionen hoch, aber ich glaube, das ist eher ein gutes Zeichen: Vielleicht kriegen wir uns und unsere Ehe so besser in den Griff.«

Jason: »Es tut mir leid. Ich werde versuchen, jetzt zuzuhören. Aber du mußt auch verstehen, daß es für mich nicht einfach ist, wenn du mir von anderen erzählst. Ich empfinde das als sehr demütigend, und dadurch werde ich natürlich aggressiv.«

Laura: »Ich weiß, es ist für uns beide nicht leicht. Aber ich versuche gerade, dir etwas zu sagen, und es wäre gut, wenn du mir zuhörst. Und laß mich bitte ausreden, ich werde dich dann auch ausreden lassen.«

Jason: »Gut, ich will's versuchen.«

Laura: »Ich rede nicht davon, was du mir gibst oder nicht gibst. Ich rede von dem Gefühl, das ich habe, wenn ich mit mir allein bin. Ich fühle mich dann schrecklich einsam, genauso wie ich mich damals als Kind gefühlt habe. Meine Eltern hatten nie Interesse an mir, sie waren nur mit sich selbst beschäftigt. Andere Interessen kannten sie nicht. Und es ist genau dieses Gefühl, wieder ein einsames, trauriges Kind zu sein, das sich in mir regt, wenn ich mit mir allein bin. Es ist ein so tieftrauriges, leeres Gefühl, das ich nach jedem greife, um es loszuwerden.«

Jason: »Also was du sagst, ist, daß du dich so schrecklich und niedergeschlagen fühlst, wenn du allein bist, daß du dieses Gefühl sofort loswerden willst. Und die Aufmerksamkeit eines Mannes hilft dir dabei, es loszuwerden.«

Laura: »Ja.«

Jason: »Ein Kerl ist also für dich nicht einfach ein Kerl. Er ist eher eine Möglichkeit für dich, dich zu beruhigen.«

Laura: »Ja, genau. In mir ist ein so unerträglicher Schmerz von Einsamkeit, und ich versuche schon seit Jahren, ihn dadurch zu lindern, daß ich nach allem greife, was mir ein angenehmes Gefühl gibt; das kann ein Eis sein, ein neues Kleid oder auch die Aufmerksamkeit eines jungen Mannes.«

Verdeckt aggressive Ehepaare (also Überspieler, Verlagerer, Symbolisierer und Unterdrücker) entdecken bei ihrer Arbeit an ihrer Fähigkeit zur Einsicht oft mit Erschrecken, daß sie Aggressionen empfinden. Die Wahrheit kann solchen Paaren letztlich dazu verhelfen, sich endlich zu befreien. Zunächst jedoch wird sie sie wütend machen! Das Ziel bei der Methode der Widerspiegelung besteht nun darin, die Aggression, wo immer und wann immer sie sich zeigt, nicht entgleisen zu lassen. Der Versuch, eine erwachsene Ehe zu formen, läßt auch Raum für Aggressionen – solange man es versteht, sie »in Worte zu fassen«.

Lassen Sie es auf einen Versuch ankommen

Kommen Ihnen diese Vorschläge unmöglich oder sogar lächerlich vor? Erscheint es Ihnen ausgeschlossen, daß Sie einen Freiraum finden, um in Ruhe über Ihre Probleme zu reden? Ist es Ihnen völlig unmöglich, regelmäßig (etwa jeweils eine Stunde wöchentlich) über Ihre Ehe zu reden? Können Sie sich nicht einmal vorstellen, Ihrer Mutter gegenüber zu verschweigen, was bei Ihnen und Ihrem Partner los ist?

Die Ratschläge, die in diesem Kapitel gegeben worden sind, stellen für viele unweigerlich eine große Herausforderung dar. Sie widerstreben allem, was uns aus unserem alltäglichen Eheleben bekannt ist. Sie verlangen uns einiges ab: nämlich daß wir eine Auszeit nehmen und etwas Neues versuchen. Und das ist alles andere als einfach. Sollte Ihnen also der Gedanke, sich um eine erwachsene Ehe zu bemühen, als eine eher erschreckende Aufgabe erscheinen, wäre dies eine nicht ungewöhnliche und verständliche Reaktion.

Dennoch sollte man hier Vorsicht walten lassen: Wenn diese Reaktionen für Sie zu einem Grund werden, sich nicht um eine erwachsene Ehe zu bemühen, liegt etwas bei Ihnen im argen: Sie wehren sich gegen Veränderungen! Vielleicht hören Sie das nicht gerne, aber wenn Sie nicht die Zeit haben oder sich gar nicht erst bemühen, auf eine erwachsene Ehe hinzuarbeiten, gibt es für Sie vermutlich einen verborgenen Grund, der Sie an Ihrer aggressiven Ehe festhalten läßt. Sie haben Angst vor Veränderungen!

Sollte dies tatsächlich Ihr Problem sein, überlegen Sie bitte noch einmal, was Ihnen dieses Buch geben kann: Ermutigung und Optimismus. Natürlich ist es oft sehr erschreckend, sich in die eigenen psychischen Abgründe zu begeben und das verborgene Gefühlsleben aufzudecken. Aber der Lohn, den dieses Wagnis mit sich bringt, ist der Mühe wert. Die Wahrheit, die psychologische Wahrheit über uns selbst, kann uns freimachen. Was Sie also erwartet, ist Freiheit. Sie können es schaffen. Vor allem aber: Sie verdienen es.

Die hier gegebenen Ratschläge sollen Ihnen helfen, eine bessere Gesprächsatmosphäre herzustellen. Sie schaffen die Voraussetzungen für einen echten Austausch. Dadurch, daß Sie das optimale Klima für einen wirklichen und persönlichen Austausch herbeiführen, können Sie und Ihr Partner gewissermaßen zu

Ihren eigenen Ehetherapeuten werden. Ist es Ihnen erst einmal gelungen, dieses psychologische Denken und Hinterfragen fest in Ihre geplanten Diskussionen (»Sitzungen«) zu integrieren, wird es anfangen, Wirkung zu zeigen und auf Dauer Ihrer Ehe bestimmen.[2] Auf lange Sicht besteht das Ziel darin, diese auf Einsicht basierende Kommunikationsform zu Ihrer neuen, alltäglichen Sprache der Liebe werden zu lassen.

Es bleibt nun noch eine Frage offen: Wenn wir es geschafft haben, dieses Gesprächsklima herzustellen, was sagen wir einander dann?

Die neue Sprache der Liebe lernen

Der Zweck der neuen Sprache der Liebe besteht darin, eine reife Ehe zu schaffen. Sie trägt dazu bei, das, was durch Einsicht aufgedeckt worden ist, durch Worte auszudrücken und den versteckten Bedürfnissen eine Sprache zu verleihen, so daß sie sichtbar, evident und bewußt werden und ihre heimliche Macht über unser Verhalten verlieren. Die neue Sprache der Liebe ist ein Weg, die Aggressionen »zum Sprechen zu bringen«, sie zu zivilisieren, damit sie nicht weiterhin eine Waffe, eine Klage oder ein schweigsames Monstrum sind, sondern schlicht ein Signal – ein Signal, das uns den Abgrund der Frustration überwinden und das »fehlende Etwas« finden helfen kann.

Diese Veränderung erlaubt es Ehepaaren, ihre Gefühle und Reaktionen endlich selbst in den Griff zu kriegen, statt weiterhin der Macht ihrer Primärgefühle ausgeliefert zu sein. Die erwachsene Ehe zeichnet sich dadurch aus, daß die Partner nicht mehr von der Vergangenheit, von ihren jeweiligen Primärehen her bestimmt werden, sondern statt dessen (endlich) in der *Gegenwart* leben.

Die neue Sprache der Liebe bedeutet, daß man seine Einsichten in Worten ausdrückt. Wie das aussehen kann, haben Sie in Ansätzen zu Beginn dieses Kapitels bei David und Frieda sehen können. Anfangs wirkt diese neue Art zu kommunizieren vielleicht seltsam, gespreizt und künstlich. Und in gewisser Weise ist sie das auch! Eine neue Sprache zu sprechen bedeutet, daß man Dinge tut oder sagt, die man normalerweise in dem Chaos seiner aggressiven Ehe nicht tun oder sagen würde. In einer vertraulichen, persönlichen und psychologisch bewußten Weise zu kommunizieren, ist etwas, das die meisten Paare von selbst nicht tun würden. Deswegen erscheint es ihnen so unnatürlich.

Enthemmer z. B., die es eher gewohnt sind, sich gegenseitig mit Beleidigungen zu überschütten, statt ihren Bedürfnissen mit Worten Ausdruck zu verleihen, kommen sich oft »lächerlich« vor – als seien sie plötzlich gezwungen, sich aus Streithähnen in Friedenstauben zu verwandeln.

Auch Unterdrücker fühlen sich mit dieser neuen Sprache nicht sehr wohl – allerdings aus anderen Gründen. Da sie völlig ungeübt darin sind, ihre Gefühle auszudrücken, verleugnen sie sie anfangs oft und fühlen sich dann natürlich sehr unwohl, wenn die lange ignorierten oder übersehenen Empfindungen plötzlich an die Oberfläche gelangen. Es ist typisch für Aggressionsunterdrücker, eine Art Selbstentfremdungserfahrung durchzumachen: »Das kann doch unmöglich ich sein!«

Empfindungen von Peinlichkeit und Unsicherheit gehören also unausweichlich mit zu diesem Prozeß. Vergessen Sie aber nicht, daß wie bei jeder neuen Sprache, die man erlernt, auch hier die Übung und der häufige Gebrauch einen schließlich sicher und flüssig in der neuen Sprache werden lassen. Wenn wir uns die neue Sprache der Liebe schließlich einverleibt haben, wird sie aufhören, uns fremd und peinlich vorzukommen. Aber die wahre Kraft und Schönheit dieser neuen Kommunikationsform liegt in der Tatsache begründet, daß sie für immer zu einem vitalen Bestandteil ihrer Beziehung werden und ihre Situation grundlegend verändern kann!

Lektion eins: Sprechen sie mit sich selbst

In gewisser Weise müssen wir für einen Augenblick wieder einen Schritt zurück tun. Bevor nämlich irgendeine dieser neuen

Kommunikationsformen, die wir hier vorgeschlagen haben, zur Anwendung kommen kann, muß jeder der Partner in einer aggressiven Ehe sich zuerst seiner selbst und seiner Bedürfnisse vollständig bewußt werden. Er muß die schmerzlichen Erfahrungen seiner Primärehe und den Aggressionsstil, zu dem sie geführt haben, ganz durchschaut haben. Jeder der Partner muß also ein klares Bewußtsein von sich selbst und von den unterbewußten Kräften haben, die er wie Altlasten in seine Ehe mit einbringt. Wir müssen, mit anderen Worten, erst mit uns selbst sprechen, wenn wir auf eine psychologisch aufgeklärte Weise miteinander reden wollen. Bevor wir dem Menschen, den wir lieben, wahrhaftig begegnen können, müssen wir erst uns selbst gegenüber ehrlich sein. Bevor wir unseren Partner um Hilfe bei der Erfüllung unserer Bedürfnisse bitten können, bevor er uns das »fehlende Etwas« geben kann, müssen wir selbst erst einmal wissen, worin es eigentlich besteht.

Eine Symbolisiererin wie Maxime mit ihrem schlimmen Rücken muß sich erst ihr Bedürfnis nach Kontrolle eingestehen. Sie muß sich selbst gegenüber offen zugeben, daß ihre Krankheit zugleich ein Mittel ist, ihre Ehe zu dirigieren und ihre Aggressionen symbolisch auszudrücken.

Andere Symbolisierer wiederum stehen vor ganz anderen Aufgaben. Zum Beispiel Maximes Ehemann, Jim, mit seiner bedrückenden, abstoßenden Kindheitserfahrung. Er muß einsehen, wie sehr er dazu neigt, sich mit jedem, der hilflos auf ihn wirkt, zu identifizieren. Vermutlich wird er mit der ebenso schmerzlichen wie unumgänglichen Erkenntnis kämpfen müssen, wie hilflos und ausgeliefert er damals war, als seine eigene Mutter ihn sexuell mißbrauchte, und wie stark seine Aggressionen über diesen Vertrauensbruch sind.

Aggressionsverlagerer, die sich fest in ihrer Ehe verbarrikadieren, stehen vor einer besonders schweren Aufgabe. Hat sich ein Verlagerer z. B. die Schwiegermutter als Ziel ausgesucht, um die eigenen Aggressionen auf sie abzulenken, muß er nun sich selbst gegenüber ehrlich sein und sich vielleicht folgendes eingestehen:

»Falls ich wieder mal den Drang verspüre, meine Schwiegermutter zu kritisieren, muß ich mich zurückhalten und mich daran erinnern, daß ich damit nur versuche, meine Aggressionen auf ein sicheres Ziel außerhalb meiner Ehe zu projizieren. Ich habe Angst vor Aggressionen, denn ich habe sie damals, als meine Mutter wütend wurde und mich aus dem Haus geworfen hat, in ihrer unkontrolliertesten Form erfahren. Kein Wunder, daß Aggressionen für mich nur etwas Zerstörerisches sind.«

Andere Aggressionsverlagerer müssen sich vielleicht Fragen wie die folgende stellen: »Ist die Wut über meinen Chef berechtigt oder verfalle ich nur wieder meinem alten Aggressionsstil, indem ich ihn zu einem Feindbild mache.«

Noch ein weiteres Beispiel: Eine Frau, die dazu neigt, ihre Aggressionen zu unterdrücken, muß sich in Ehrlichkeit üben und sich etwa eingestehen, daß sie ihren Mann selbst noch in kleinen Dingen häufig belügt, weil sie den Gedanken nicht ertragen kann, daß er mit ihr unzufrieden sein könnte.

Jede eheliche Kommunikation, die auf Einsicht beruhen soll, bedarf dieser persönlichen emotionalen Aufrichtigkeit. Sind Ihnen Ihr Bedürfnis, Ihre Primärgeschichte und deren Auswirkungen auf Ihren Aggressionsstil erst einmal bewußt geworden, müssen Sie an diesen Erkenntnissen festhalten und sich bemühen zu verstehen, wie dadurch Ihre Ehe beeinfluß wird. Gleichgültig ob sie Unterdrücker oder Verlagerer, Symbolisierer oder Überspieler sind, Sie müssen zunächst lernen, mit sich selbst über Ihre Einsichten zu reden. Versuchen Sie, sich für Ihre eigene Reaktionsweisen zu sensibilisieren. Achten Sie auf die Symptome und Signale Ihres besonderen Aggressionsstils.

Wann sind Sie am verwundbarsten? Welche Umstände lassen Ihr Bedürfnis erwachen? Versuchen Sie, die Dinge und Situationen herauszufinden, auf die Sie innerlich reagieren. Versuchen Sie, sich gleichsam selbst dabei zu beobachten, wie Ihr Bedürfnis ausgelöst und Ihr aggressiver Beziehungsstil in Gang gesetzt wird. Horchen Sie nach innen! Denn um die neue Sprache der Liebe sprechen zu können, müssen Sie sich erst mit sich selbst verständigen!

Lektion zwei: Teilen Sie Ihre Einsichten mit

Geht es zunächst darum, in einen inneren Dialog mit sich selbst zu treten, so muß der nächste Schritt darin bestehen, dem Partner die gewonnenen Erkenntnisse mitzuteilen. Diese Offenheit, die am Anfang vielleicht noch einige Schwierigkeiten bereitet, kann dem Partner klarmachen, wie er auf Sie wirkt und, was noch wichtiger ist, sein Verhalten Ihnen gegenüber ändern. Friedas Offenheit z. B. trug wesentlich dazu bei, daß David seine Lautstärke zurücknahm. (Hier zeigt sich, wie wichtig es ist, seine Aussagen mit »Ich« beginnen zu lassen. Einsicht nimmt immer die Form selbstreflexiver Aussagen an. Frieda hätte sich sicherlich wesentlichen Einsichten verstellt, wenn sie David gegenüber einfach festgestellt hätte: »Du brüllst immer nur herum, und du bist genauso schlimm wie meine Mutter!«)

So tiefgreifend die Veränderungen sind, die durch einen solchen Austausch von Einsichten erreicht werden, so einfach ist doch das zugrundeliegende Prinzip: das Mitteilen von Informationen. Wenn Sie Ihre Einsichten über Ihre psychischen Bedürfnisse mitteilen, geben Sie dem Menschen, den Sie lieben, so viel Information über sich, wie Sie selbst besitzen. Und das versetzt Ihren Partner in die Lage, Sie so zu sehen, wie Sie tatsächlich sind. In aggressionsgestörten Ehen sind die Partner indes bedauerlicherweise über sich selbst und damit übereinander völlig im dunkeln. Ist es da noch ein Wunder, daß so vieles bei ihnen schiefgeht?

Dies wird durch Einsicht anders. Jedesmal, wenn Sie eine Erkenntnis über sich selbst mitteilen, ermöglichen Sie einander mehr Kenntnis über Ihre jeweilige innere Welt.[3] Je mehr Informationen Sie also erhalten (besonders darüber, was den anderen frustriert und aggressiv macht), desto angemessener und effektiver können Sie aufeinander reagieren. Es ist bemerkenswert, daß die Information dabei gar nicht einmal außergewöhnlich umfassend zu sein braucht. Manchmal genügen schon wenige Worte: »Ich habe Angst, wenn du schreist«; »Ich habe das Gefühl, von dir abgelehnt zu werden, wenn du mich kritisierst«;

»Ich fühle mich minderwertig, wenn du nicht mit mir schlafen willst«. Aber diese wenigen Worte können eine Beziehung aus dem Teufelskreis der Aggressionen befreien und sie zu einer tieferen und liebevolleren Verbundenheit werden lassen. Schon wenige Worte können Ihre Ehe von Grund auf ändern.

Vielleicht fällt es Ihnen jetzt leichter, Ihrem Partner zu erklären, warum Sie sich durch scheinbare Kleinigkeiten (wie z. B. die Tatsache, daß er Sie nicht jeden Tag zu Hause anruft) beunruhigt fühlen:

»Wenn ich nichts von dir höre, mache ich mir Sorgen. Ich schätze, seit dem Unfall meines Vaters rechne ich unbewußt immer mit dem Schlimmsten.«

Eine solche Erklärung wird Ihren Partner vermutlich dazu bringen, sie öfter anzurufen. Und sie wird Ihnen den Anstrich der unsympathischen, tyrannisierenden Ehefrau nehmen und Sie statt dessen zu einer Frau werden lassen, die sich mit einer großen Besorgnis trägt und sich von ihrem Mann Unterstützung erhofft.

Und wenn Sie wollen, daß seine ständigen Nörgeleien (z. B. wegen Ihrer »Gewichtsprobleme«) aufhören sollen, kann das Eingeständnis, daß Sie nur essen, um Ihre innere Leere auszufüllen und daß das Essen oft wie Ihr einziger Freund erscheint, Ihnen wichtige Hilfe dabei leisten. Es wird Ihren Mann dazu bringen, Sie in Ihren Diätbemühungen mehr zu unterstützen. Statt Sie wie sonst wegen Ihrer Rückfälle zu kritisieren, wird er plötzlich vielleicht voller Mitgefühl sagen: »Kein Wunder, daß du solche Probleme hast, dich bei Süßigkeiten zurückzuhalten!«

Einsicht kann dazu beitragen, das Machtgefälle in einer aggressiven Ehe auszugleichen und den Unmut zu lindern, der unausweichlich entstehen muß, wenn sich einer der Partner durch den anderen benachteiligt fühlt. Statt also z. B. über den Partner herzuziehen, weil er wieder einmal die Kontrolle an sich gerissen hat, könnte ein impulsiver Aggressionsenthemmer einfach seine Selbsterkenntnis mitteilen: »Ich glaube, ich hab' im Grunde Angst davor, die Verantwortung für etwas zu übernehmen. Deswegen warte ich auch immer darauf, daß du mir sagst, was ich tun sollte. Und dann nehme ich dir genau das übel und geh' in die Luft.«

Ein Verlagerer wiederum könnte sich zu folgendem Geständnis durchringen: »Ich mache deswegen alles, was du mir rätst, damit ich dich für volllkommen halten kann. Ich gebe dir immer recht, damit wir nie wütend aufeinander werden müssen.« Ein Aggressionsunterdrücker könnte etwa folgendes zugeben: »Jedesmal wenn du mir sagst, was ich tun soll, habe ich das Gefühl, für dumm gehalten zu werden. Und ich schlucke dann die Aggressionen, die in mir hochsteigen, einfach runter.«

Solche aufschlußreichen Einsichten dem anderen mitzuteilen, kann sogar die sexuelle Beziehung verbessern. Aus der üblichen Ausrede: »Ich bin heute nicht in Stimmung« kann ein offenes Selbstbekenntnis werden: »Ich habe Angst davor, mich gehen zu lassen. Ich glaube, Erregung erschreckt mich.«

Oder:

»Ich weiß, daß ich seit dem Vertrauensbruch meiner Mutter Frauen gegenüber ablehnend und aggressiv bin. Es fällt mir schwer, mich über diese Gefühle hinwegzusetzen und wieder Vertrauen zu gewinnen.«

Oder:

»Ich glaube, ich habe einfach Angst, meine Barrieren abzubauen und Nähe zuzulassen.«

Oder:

»Ich bin richtig wütend darüber, daß du dich für all die Dinge, die ich für unsere Ehe mache, nie bedankst. Aber ich gebe nie einen Ton von mir. Statt es dir offen zu sagen, verliere ich das Interesse am Sex.«

Es gibt natürlich keine Garantie dafür, daß das Liebesleben nach einem solchen Eingeständnis wieder zur Normalität zurückfinden wird. Aber es kann sicherlich dazu beitragen, die sexuelle Hoffnungslosigkeit, die sich so oft in aggressiven Ehen einstellt, zu überwinden.

Dies sind natürlich nur einige der unzähligen Selbstenthüllungen, die in einer Ehe denkbar sind. Je besser Sie sich und Ihre eigene Ehe kennenlernen, desto mehr werden Sie natürlich zu sagen haben. Überlegen Sie noch einmal kurz, wie die Kommunikation in Ihrer gegenwärtigen Ehe aussieht: all die eingefahrenen Reaktionsweisen, die den Kreislauf der Aggression in Gang halten und weiter antreiben. Wie anders könnten Ihre Gespräche aussehen, wenn Sie Ihre Selbsterkenntnisse und die Einsichten, zu denen Sie gelangen, mitteilen würden. Sie wären in Ihrer Ehe ein völlig anderer Mensch. Und Sie würden in der Folge feststellen, daß Sie mit einem völlig anderen Partner verheiratet sind.

Dies gibt uns Gelegenheit, eine »Lebensweisheit« zu kommentieren, die einem immer wieder begegnet: »Sobald man mit jemandem verheiratet ist, kann man ihn nicht mehr ändern.« *Diese Aussage ist schlichtweg falsch!* Natürlich können Sie den Menschen, den Sie lieben, auch verändern: Einsicht und Erkenntnis lassen den Menschen, der uns liebt, anders werden.[4] Sie ermöglichen ihm, mit uns zu fühlen. Und dieses Mitgefühl wird Ihren Partner (und Sie) verändern. Es wird Sie aus Ihrer aggressiven Zwickmühle befreien und zu einer erwachsenen Beziehung finden lassen.[5]

Lektion drei:
Bemühen Sie sich um Verständnis und Mitgefühl

Vieles von dem, was hier beschrieben worden ist, hängt von der Fähigkeit zum Mitgefühl ab, von der Bereitschaft beider Partner, die Situation des anderen zu verstehen und »Mitleid« mit ihm zu haben. Aber ein solches »Mit-leiden« kommt nicht automatisch zustande, wenn man seine Selbsterkenntnis mitteilt. Wenn man nur sein Gefühlsinneres über den Partner ausschüttet, wird er sich sicherlich nicht sofort zu den Höhen seiner Mitleidsfähigkeit aufschwingen. Ein wichtiger Bestandteil der neuen Sprache der Liebe ist die Fähigkeit der Partner, Verständnis und Mitgefühl einzufordern.

Wenn uns z. B. ein Aggressionsenthemmer ohne spürbare innere Überzeugung einfach sagt: »Ich kriege Magenschmerzen, wenn du schreist. Außerdem will ich, daß du deine Aggressionen rausläßt, ohne in die Luft zu gehen«, wird sich das Mitgefühl des Partners wohl eher in Grenzen halten. Die Fähigkeit zum Mitgefühl ist ein Resultat der gemeinsamen Einsicht, und sie wird sich bei Ihrem Partner nur einstellen können, wenn Sie selbst an das, was Sie sagen, glauben, und es Ihrem Partner überzeugend vermitteln können. Erinnern Sie sich noch einmal an Frieda: Ihre Worte haben schließlich bei ihrem Mann Wirkung gezeigt, und zwar deswegen, weil sie bei ihrer Selbstdarstellung klar, bestimmt und beharrlich war. Ihre Einsicht wurde von der Kraft ihrer eigenen Überzeugung unterstützt. Und diese innere Überzeugtheit ließ sie nicht von ihrem Weg abkommen, sie hat schließlich auch dazu geführt, daß David, durch ihre Hartnäckigkeit beeinflußt, statt der üblichen kruden Enthemmerreaktion die Bereitschaft zu Verständnis und Mitgefühl aufbrachte. Sie hat sie zudem davor bewahrt, ihrerseits in die übliche Reaktionsweise von Aggressionsenthemmern zurückzufallen. Es ist gerade dieses Zurückfallen in die alten Verhaltensmuster, vor dem sich aggressive Ehepaare besonders hüten müssen. Nur die nachdrückliche und konsequente Forderung »Wir müssen uns beide um Verständnis und Mitgefühl bemühen« wird das Mitfühlen dauerhaft und eine Veränderung möglich werden lassen. Diese Unbeirrbarkeit ist der Schlüssel, der den Weg aus der aggressiven Ehe öffnen kann.

Lektion vier: Gehen Sie auf Ihren Partner ein

Wenn Sie ein bestimmtes Maß an Selbsterkenntnis erreicht und zudem begonnen haben, Ihre Einsichten miteinander zu teilen (wobei Sie sich um Einfühlung bemühen sollten), besteht der nächste Schritt zu einer erwachsenen Ehe für Sie darin, auf die Bedürfnisse und den aggressiven Stil Ihres Partners einzugehen. Wenn wir über die emotionalen und psychologischen Probleme des anderen aufgeklärt werden, ist es äußerst wichtig, daß wir durch unser Verhalten zeigen, daß wir unserem Partner zugehört haben, daß wir ihn verstehen und daß er uns wichtig ist. Jeder der Partner geht bei diesem Prozeß das Risiko ein, sein innerstes Selbst, seine Empfindlichkeiten und Verletzbarkeiten aufzudecken. Und beide müssen sich des Vertrauens, das ihnen entgegengebracht wird, würdig erweisen. Wenn wir mit den Bedürfnissen unseres Partners bekannt geworden sind, müssen wir uns auch bereit zeigen, uns auf unseren Partner einzulassen.

Stan hat diesen entscheidenden Schritt vollzogen. Ihm ist Anikas Unsicherheit und ihr Bedürfnis, ihm zu gefallen, zu Bewußtsein gekommen, und er bemüht sich bei Gesprächen um eine entsprechende Sensibilität:

»Wenn mir auffällt, daß Anika angespannt aussieht, frage ich sie nicht gleich, was los ist, sondern versuche zuerst, sie zu versichern. Ich sage dann etwa: ›Anika, selbst wenn du mir etwas sagen willst, was ich nur ungern höre, ich werde dich deswegen bestimmt nicht hassen.‹«

Stans Antwort signalisiert ein versicherndes Eingehen auf den Partner, ähnlich wie die folgenden Antworten:

»Ich kann die Gefühle, mit denen du zu kämpfen hast, gut verstehen.«

»Ich weiß, was du gefühlsmäßig durchmachst.«

»Es ist mir wirklich nicht gleichgültig, was in dir vorgeht.«

Man kann sagen, daß selbst noch den schwierigsten Problemen einer Ehe auf diese Weise begegnet werden kann. Wenn man die inneren Kämpfe seines Partners versteht und sich auf sie einläßt, kann man sich auch an die heikelsten Themen heranwagen. Alles läßt sich sagen, sofern man es mit innerer Anteilnahme und Mitgefühl ausspricht. Selbst Aggressionsüberspieler, die meist ein kontraproduktives oder sogar destruktives Verhalten an den Tag legen, können so zu einer erwachsenen Ehe finden. So kann etwa ein Ehemann, der um die Probleme seiner Frau mit dem Gefühl ihrer inneren Leere weiß, sie behutsam auf eine bevorstehende Geschäftsreise vorbereiten:

»Ich weiß, daß es dir schwerfällt, allein zu sein. Aber ich muß nächste Woche für drei Tage weg. Ich hoffe, du wirst dich nicht allzu einsam fühlen. Ich fahre wirklich nur, weil ich muß, nicht weil ich dir weh tun will.«

Oder er kann sie offen ihres Flirts mit dem neuen Gymnastiklehrer ansprechen.

»Ich weiß, daß du viel Aufmerksamkeit brauchst, um diese innere Leere auszufüllen. Aber ich halte diesen Typen für skrupellos. Er wird dich ausnutzen, denn er spürt genau, wie bedürftig du bist.«

Eine aggressionsüberspielende Ehefrau andererseits, die einen Einblick in die inneren Kämpfe ihres Mannes gegen seine Niedergeschlagenheit gewonnen hat, könnte ihn auf sein Alkoholproblem ansprechen:

»Ich glaube, du versuchst durch deine Trinkerei nur, deine Depression zu vertreiben. Aber ich mache mir Sorgen, daß das für dich alles nur noch schlimmer macht. Ich hab' heute im Fernsehen einen Arzt gehört, der gesagt hat, daß Alkohol depressiv macht.«

Dadurch, daß Sie auf die Probleme Ihres Partners eingehen, wirken Sie korrigierend auf Ihre Ehe ein. Denn der Aggressionszyklus der Ehe wird genau dadurch aufrechterhalten, daß die Partner einander unbewußt ständig fehlinterpretieren und nur vor der Folie ihrer eigenen unbewußten Bedürfnisse aufeinander reagieren.

Jedesmal also, wenn Sie sich auf die psychische Realität Ihres Partners einlassen, verhindern Sie das blinde Weiterwirken dieser Mißverständnisse. Stan z. B. gibt Anika erst gar keine Chance, ihn mißzuverstehen. Er weiß, daß sie sein Verhalten durch ihr unbewußtes Bedürfnis als Haß oder Ablehnung mißdeuten muß. Dadurch aber, daß er sich mitfühlend auf ihre psychische Realität einläßt, bewahrt er Anika vor diesem emotionalen Irrtum.

Stan läßt es nicht zu, daß Anika das Muster ihrer Primärerfahrung auf ihre gegenwärtige Ehe anwendet. Er läßt den alten Ballast nicht in ihre Ehe hinein. Er macht einen scharfen Schnitt zwischen Primärvergangenheit und Gegenwart: »Anika, vielleicht werde ich das, was du mir sagen willst, nicht hören wollen, aber deswegen hasse ich dich doch nicht!« Stan fordert im Endeffekt von Anika, daß sie ihn so sieht, wie er ist, und nicht so, wie sie sich ihn aufgrund ihrer Primäreheerfahrung zurechtlegt. Einsicht und Erkenntnis also erlauben es uns, »Nein« zu unserer Vergangenheit und »Ja« zu unserer Gegenwart zu sagen.

Endlich erwachsen

Bevor Sie und Ihr Partner zu einer erwachsenen Ehe gelangen können, müssen Sie erst lernen, wie Erwachsene zu kommunizieren. Die wichtigsten Bestandteile einer solchen erwachsenen Kommunikationsform sind:

Emotionale Offenheit sich selbst gegenüber.
Die Mitteilung der eigenen Einsichten.
Die Bemühung um Mitgefühl und Anteilnahme.
Das Eingehen auf die psychischen Verletzbarkeiten des anderen.

Wenn es Ihnen gelingt, diese Elemente in Ihre Ehe zu integrieren, werden Sie überraschende Veränderungen feststellen. Sie werden eine Kommunikationsform erleben, in der es keine verborgenen Mächte mehr gibt, die Sie beherrschen. Alles – Ihre Bedürfnisse, Ihre Primärvergangenheit und Ihr Aggressionsstil – wird ein offener Gegenstand Ihrer Gespräche sein. Natürlich macht das die Auseinandersetzungen sehr viel komplizierter und zeitraubender, als es in den meisten aggressiven Ehen der Fall ist. Aber das Ergebnis ist die Mühe wert: Sie werden aus der Sackgasse Ihrer aggressiven Ehe herausfinden und eine glückliche, erwachsene Partnerschaft beginnen.[6]

Obwohl also die erwachsene Kommunikationsweise mehr Arbeit benötigt, wird diese Komplizierung durch eine Vielzahl von Vorzügen ausgeglichen: Ihre persönliche Psychologie, Ihre emotionale Disposition, Ihre Empfindlichkeiten und Verletzbarkeiten und natürlich Ihre Aggressionen werden aufhören, Ihre Ehe zu belasten; Sie werden mit der aggressiven Ehe, mit ihrer Zersplitterung in Oberflächen-, Verborgenen- und Primäreche endgültig abgeschlossen haben. Statt dessen werden

Ihnen Ihre Einsichten und die grundlegenden und schmerzlichen Wahrheiten, die Sie aufdecken, eine erwachsene Beziehung ermöglichen, in der Sie sich Ihrem Partner näher und füreinander mehr Liebe fühlen!

Dadurch, daß wir die neue Sprache der Liebe lernen, geben wir uns selbst die Möglichkeit, eine neue Beziehung aufzubauen. Das gegenseitige Verständnis ersetzt die Entfremdung der Partner durch eine neue Nähe und läßt eine gerechte Lösung potentieller Probleme möglich werden. Es bringt unsere Aggressionen dazu, für die Beziehung, statt gegen sie zu arbeiten. Und es verschafft unserer Ehe die Fähigkeit zu Mitleid, Trost und Hilfe.

Das größte Geschenk aber, das wir durch die Einsicht erhalten, ist das Wiederaufleben des Zusammengehörigkeitsgefühls mit dem Menschen, der für uns am wichtigsten ist, unserem Partner. So können zwei Menschen, die sich lieben, durch die neue Sprache der Liebe, durch eine Gesprächsform, die auf Einsicht und Mitgefühl beruht, mit Freude (und vielleicht Überraschung) feststellen, daß sie sich immer noch mögen.

Der Schritt aus dem Kreislauf der Aggression kann für unterschiedliche Paare sehr Verschiedenes bedeuten. Die Vielzahl der möglichen Probleme mit der Aggression läßt auch die Lösungen sehr unterschiedlich ausfallen. So fanden sich Aggressionsenthemmer wie David und Frieda in einer ruhigeren und entspannteren Ehe wieder. Frieda berichtet:

»Ich stelle fest, daß ich viel kontrollierter geworden bin. Ich versuche, mit mir selbst zu reden und sage mir: ›Halte deine Aggressionen im Zaum. Schlag nicht einfach um dich.‹ Und ich tu's dann auch nicht. Ich kann mich jetzt besser beherrschen. Wir beide brausen nicht mehr so leicht auf. Und da ich jetzt weniger impulsiv reagiere, habe ich mehr Zeit zum Nachdenken. Ich denke nach, bevor ich anfange zu reden. Das ist für uns beide neu. Wir führen jetzt ein viel friedlicheres Leben.«

Auch die Provozierer Dora und Ted, die sich in ihrer Ehe genervt bzw. zu stark in Anspruch genommen fühlten, haben sich verändert. Ted beschreibt diese Veränderung so:

»Wir haben jetzt eine ausgeglichene Beziehung, wir machen unsere Aggressionen zu einer Sache, die uns beide angeht. Ich kann jetzt nein sagen, ohne daß es so wirkt, als würde ich einen aggressiven Akt begehen. Und Dora, die mich durch ihre Wutausbrüche mit Gewalt zu etwas bewegen wollte, hat diese unproduktive Methode aufgegeben. Wir versuchen jetzt beide, unsere Aggressionen produktiv einzusetzen und uns so näher zu kommen. In unserer Beziehung findet jetzt ein viel stärkeres Geben und Nehmen statt. Es ist endlich so, daß wir beide uns bemühen.«

Auch die Überspieler Laura und Jason sind sich trotz der verstärkten Aggressionen, die sie jetzt ausleben, sehr viel näher gekommen. Laura gibt uns ein Bild ihrer jetzigen erwachsenen Ehe:

»Als wir damit aufhörten, Dinge nur zu tun, um keine Spannungen zwischen uns aufkommen zu lassen, waren wir richtig erschreckt und fast wütend darüber, wie sehr wir uns und unsere Ehe vernachlässigt hatten. Aber dadurch, daß wir unsere Aggressionen nicht mehr überspielten, sondern sie zuließen, haben wir diese selbstzerstörerische Einstellung überwunden. Wir verließen uns jetzt auf den anderen, um mit unseren Problemen fertig zu werden, statt auf Sex, Essen oder die Arbeit zu setzen. Wir gehen jetzt sinnvoller mit unserer Aggression um, wir benutzen sie, um mehr für und von unserer Ehe zu verlangen.«

Die Verlagerer Catherine und Andrew leben, wie Andrew deutlich werden läßt, in einer völlig neuen Ehe:

»Als wir endlich begriffen hatten, daß Aggressionen keine Monster sind, die uns zerstören wollen, konnten wir auch mal sauer aufeinander sein, uns streiten und verschiedener Meinung sein.

Wir haben jetzt auch keine ›Feinde‹ mehr. Als wir wieder miteinander streiten konnten, haben wir aufgehört, unsere Aggressionen auf andere zu lenken. Wir verstehen uns jetzt auch wieder mit meiner Familie.«

Die Symbolisierer Maxime und Jim kennen ihre eigene Ehe kaum wieder. Dazu Jim:

»Wir haben jetzt keine großen Arztrechnungen mehr, dafür aber viele Auseinandersetzungen. Maxime versucht noch immer, alles in den Griff zu kriegen, aber wenigstens sagt sie es jetzt offen, statt ihren Körper dafür zu benutzen. Was mich betrifft, ich hab' 'ne ziemlich schwere Zeit mitgemacht und war wirklich wütend auf meine Mutter wegen dieses sexuellen Mißbrauchs damals. Ich bin dann in eine Therapiegruppe gegangen, und bin jetzt soweit, daß ich meinen Zorn produktiv umsetzen kann: Ich arbeite an einem Notrufprojekt für sexuell mißbrauchte Menschen mit, das die Kirche einrichten will.« (Jims freigesetzte Aggressionen kommen also nicht nur seiner Ehe, sondern auch der Gesellschaft zugute!)

Auch die Ehe der Aggressionsunterdrücker Stan und Anika hat sich verändert. Stan berichtet:

»Die Ehe, die wir führten, war völlig am Ende, weil wir keine Konflikte zulassen konnten. Heute wissen Anika und ich ganz genau, was wir wollen und empfinden, und sprechen es offen aus. Es hat sich die merkwürdige Situation ergeben, daß wir oft das, was der andere uns sagt, überhaupt nicht mögen, und daß wir ihn trotzdem viel stärker mögen als früher. Schon komisch, daß genau das, wovor wir früher eine solche Panik hatten – unsere Aggressionen –, uns jetzt einander so nahe gebracht hat. Junge, liegen wir uns jetzt oft in den Haaren – aber wir haben auch viel mehr Spaß miteinander, besonders im Bett!«

In all diesen Ehen haben sich also bedeutende Veränderungen ereignet – Veränderungen, die auch Ihnen neue Perspektiven eröffnen können. Provozierer können lernen, ihre Aggressionen miteinander zu teilen. Überspieler können den Mut finden, ihre Aggressionen endlich zuzulassen. Verlagerer können begreifen, daß ihre Ehe durch ihre Aggressionen nicht gefährdet wird. Symbolisierer können ihre körperlichen Probleme gegen ihre Aggressionen eintauschen. Und Unterdrücker können lernen, ihre Aggressionen offen auszudrücken und so zu sich selbst zurückfinden. Haben Sie Mut zu diesen Veränderungen, es wird Ihr Leben grundlegend verändern.

Wenn Sie den Kreislauf der Aggression durchbrechen, kann

und wird sich Ihre Ehe verwandeln. Das freudlose Einerlei Ihrer Beziehung wird aufhören. Sie werden endlich erwachsen sein und sich in einer lebendigen, immer neuen Beziehung wiederfinden. Die schale Vorhersagbarkeit Ihrer Ehe wird einer neuen Freude und Wärme, wird Vitalität und einer neuen Nähe weichen. Und Sie werden überrascht feststellen, daß Sie den Menschen, den Sie lieben, auch wirklich mögen!

Ein letztes Wort zur Aggression

Eine erwachsene Ehe zu führen, bedeutet nicht, daß Sie von nun an für immer in einer glücklichen und aggressionsfreien Beziehung leben werden. Aggressionen, sofern sie konstruktiv sind, gehören notwendig zu jeder Ehe. Konstruktive Aggressionen sind ein Signal an den Menschen, den wir am meisten lieben. Sie vermitteln ihm eine klare Botschaft. Sie verlangen von dem anderen, sich auf uns einzustellen. Sie geben unser eigenstes Selbst kund, das wir endlich durch die Weisheit unserer Einsicht erkannt haben. Allerdings sind konstruktive Aggressionen mit den quängelnden Forderungen eines selbstbezogenen Kindes nicht zu vergleichen. Sie gleichen eher den gefestigten, klaren und bestimmten Bitten eines Erwachsenen, der sich zugleich darüber im klaren ist, daß seine Bedürfnisse und Forderungen denen anderer Menschen entgegenstehen, daß er im Kleinen und im Großen in einem Geflecht von Beziehungen steht. Die konstruktive Aggression ist eine legitime Forderung an die Welt, uns in unserer Individualität anzuerkennen; eine Forderung, die aber einhergeht mit der Anerkennung der Tatsache, daß auch andere dieses legitime Bedürfnis nach Selbstbehauptung haben.

Die konstruktive Aggression gibt uns unsere eigenen Konturen wieder, sie läßt uns eine Linie um uns ziehen, eine Grenze, über die wir uns selbst definieren: *Das bin ich!* Allerdings ist es immer eine durchlässige Grenze, keine undurchdringliche Mauer – eine Grenze also, die uns und unser wahres Selbst umgibt und dennoch Öffnungen läßt, durch die wir andere einlassen und selbst zu anderen hinausgelangen können. So zieht die Aggression zugleich eine Grenzscheide zwischen uns und unserem Partner und besiegelt unsere Vereinigung. Wenn es uns tatsächlich gelingt, so mit unseren Aggressionen umzugehen, werden sie eine Brücke zu unserem Partner schlagen und unsere Liebe wieder erwachen lassen. Das ist unsere große Herausforderung, und das ist unser Ziel.

Anmerkungen

Kapitel I

1. Im Grunde genommen wäre es genauer zu sagen, daß dieses instinktive Wissen darum, wie man aggressiv wird, vom ersten *Moment* unseres Lebens an bei jedem vorhanden ist: Schließlich kommen die meisten Menschen schreiend auf die Welt. Und diejenigen, die es versäumen, solchen Krach zu schlagen, werden an den Füßen gegriffen und bekommen einen Schlag auf den Po: Na, wenn das nicht ausreicht, wütend zu werden.

2. Die Vorstellung eines »Reigens« oder »Tanzes« erscheint in dem Titel des sehr guten Buches über die Aggression, das Harriet Goldhor Lerner geschrieben hat und das bei Harper und Row 1989 erschien. Der Gedanke des »Tanzes« wird auch in meinen früheren Büchern »Loving Men for All the Right Reason (Dial, 1983) und »Die Kunst der Ehe« (ECON TB 1991) entwickelt.

3. Es ist hilfreich, dieses Mißverhältnis zwischen dem, was wir brauchen, und dem, was wir tatsächlich bekommen, mit dem Begriff des »fehlenden Etwas« zu beschreiben. Meistens gelingt es uns, mit der Frustration, die das »Fehlen dieses Etwas« in uns auslöst, fertig zu werden – vorausgesetzt es ist nicht zu groß. Wenn wir indes dieses Loch, dieses »Etwas«, das unserer Beziehung fehlt, zu groß werden lassen, kommt es zu schweren Störungen. Wenn das Mißverhältnis zwischen den beiden zu einer unerträglichen Leere wird, schießen in dieses Vakuum Enttäuschung und Aggression hinein.

In vielen Bereichen sind wir Menschen mit der Fähigkeit ausgestattet, unter den verschiedensten Bedingungen zurechtzukommen. Wir brauchen nicht unbedingt immer die perfekten Bedingungen, es genügt schon, wenn die Verhältnisse sich innerhalb eines bestimmten Spektrums bewegen. Wir sind z. B. Warmblüter, d. h., wir haben die Fähigkeit, Temperaturschwankungen bis zu einem bestimmten Punkt zu ertragen – aber eben nur bis zu einem bestimmten Punkt. Wenn es zu heiß oder zu kalt wird, ist unser Körper überfordert, und wir bekommen Probleme.

In einem ähnlichen Sinn können wir auch Aggressivität nur bis zu einem bestimmten Punkt ertragen. Ist dieser überschritten, bekommen wir auch hier Probleme.

4. Wenn tatsächlich das bloße Wissen schon genügen würde, bräuchte man nur die Warnungen auf Zigarettenschachteln zu lesen, um das Rauchen aufzugeben oder erst gar nicht anzufangen. Aber so einfach ist es offenbar nicht.

Kapitel II

1. Sosehr ich mich darüber gefreut habe, mich an diese »statistische« Angabe erinnert zu haben, so bedauerlich ist es, daß ich mich nicht mehr daran erinnern kann, wo ich sie gelesen habe. Ich wäre für jeden Hinweis auf die Quelle dieser Statistik äußerst dankbar.

2. Birchler, G. R.; Weiss, R. L. und Vinchent, J. P.: »Multihead analysis of social reinforcement exchange between maritally distressed and nondistressed spouse and stranger dyads«. Journal of Personality and Social Psychology, 31, 1975, S. 349–360.

Kapitel III

1. Ich habe den Hinweis auf diese Freud nachgesagte Behauptung in dem Buch von Irving Singer: The Nature of Love, Bd. 3. The Modern World, Chicago 1987 (The University Chicago Press), S. 378 gefunden.

2. Irving Singer, a.a.O., Kapitel 10: Toward a Modern Theory of Love, S. 369–437.

3. Robert Stoller, Sexual Excitement: Dynamics of Erotic Life, American Psychiatric Press, New York 1979, S. 1–35.

4. Wir Frauen können immer Geschlechtsverkehr haben – ob wir nun mit Herz und Seele dabei sind oder nicht. Wir können Geist und Körper trennen und auch dann sexuell aktiv sein, wenn wir uns nicht danach fühlen. Im Extremfall können wir dem Mann auch einen Orgasmus vorspielen, weil unser Körper keine offensichtlichen Signale dafür liefert, wie weit wir sexuell erregt und »bei der Sache« sind.

5. Vor nicht allzu langer Zeit hätte ich an dieser Stelle vermutlich noch gesagt, daß Potenzprobleme bei Männern nur in den seltensten Fällen physiologisch bedingt sind. Das ist heute anders. Das ausgezeichnete und zudem sehr populäre Antidepressivum Prozac wirkt sich eindeutig auf die sexuelle Erregbarkeit aus. Diese Wirkung tritt im allgemeinen nicht sofort, sondern eher als Langzeiteffekt auf. Sowohl Männer als auch Frauen scheinen für diese Nebenwirkungen anfällig zu sein – obwohl es bei Männern natürlich wesentlich stärker auffällt. Männer scheinen durch dieses Medikament Probleme zu haben, zu einem Orgasmus zu kommen.

6. David Cole Gordon, Self Love.

7. Es gab Quacksalber, die für mechanische Apparaturen Werbung machten, die man am männlichen Geschlechtsteil anbrachte, um es unter Kontrolle zu halten. (Die Masturbation galt damals noch als ein ausschließlich männliches Problem.)

Zu diesem historischen Beispiel: Louise Kaplan: Abschied von der Kindheit. Klett-Cotta ²1991.

8. Die hier entfalteten Gedanken basieren auf den Überlegungen von Dr. Kaplan. Dazu das oben genannte Buch, S. 201–207.

Kapitel IV

1. Um möglichst viel von diesem Buch zu haben, sollten Sie vielleicht schon an dieser Stelle eine detaillierte Liste Ihrer gegenseitigen Kritik erstellen.

2. Während der therapeutische Prozeß auf der regelrechten Analyse beruht, baut das Konzept der Kritikdekodierung, das sich im Lauf meiner psychologischen Tätigkeit herausgebildet hat, auf dem auf, was die Partner spontan übereinander sagen, um dadurch auf ihre wahren Gefühle zurückzuschließen. Eine erste Darstellung dieser Technik findet sich in meinem Buch: »Die Kunst der Ehe«.

3. Das nachfolgende Gespräch hat so nicht stattgefunden. Es handelt sich hierbei eher um eine Darstellung einer typischen Enthemmerehe, wie ich sie in meiner therapeutischen Tätigkeit immer wieder erfahren habe. Das hier geschilderte Paar ist also ein Kunstprodukt und basiert allein auf meinen klinischen Erfahrungen.

4. Wenn es im Laufe einer Therapie zu einer solchen Identifikation kommt, muß der Therapeut äußerst vorsichtig sein, damit er seine eigene Wahrnehmung der Situation nicht auf die des Patienten überträgt. Der Therapeut ist eher eine Art Medium und darf deswegen seine eigenen Probleme nicht mit denen des Patienten vermengen. Wenn man richtig mit ihnen umgeht, bieten die eigenen Erfahrungen des Therapeuten ihm aber die Möglichkeit eines teilnahmsvollen Verstehens.

5. Daß Brian schließlich nach einiger Zeit zu uns stieß, ist meiner Erfahrung nach nicht ungewöhnlich. Oft beginnt einer der Partner mit der Behandlung, und im Lauf der Therapie wird schließlich auch der widerwillige Partner in den therapeutischen Prozeß einbezogen, entweder indem er mit einer eigenen Therapie beginnt oder an der seines Partners teilnimmt.

6. Ich erinnere mich an eine Diskussion, die ich einmal mit meinem geliebten und verehrten israelischen Kollegen Dr. Hillel Klien geführt habe. Wir sprachen über ödipale Gefühle, und er wies mich wohlmeinend darauf hin, daß »Ödipus gar kein so

schlechter Kerl« sei – und folglich auch nicht das ödipale Bedürfnis. Wenn man einen Vater mit vielen guten Eigenschaften hatte, wird man diese Eigenschaften auch in dem Mann suchen, den man liebt!

Was ich damit sagen will, ist, daß die Primärehe unsere Liebe als Erwachsene vollständig prägt. D. h., nicht nur die schlechten Erfahrungen und Enttäuschungen, sondern auch das Positive und Gute, das man damals erfuhr, wird sich in den Bindungen, die man als Erwachsener eingeht, niederschlagen. Nicht jede Neigung, die man zu einem anderen Menschen verspürt, hat einen neurotischen Hintergrund!

7. Diese Neigung, an dem Gewohnten festzuhalten, zeigt sich in allen Bereichen des menschlichen Lebens. So hat eine Studie über Eßgewohnheiten erst kürzlich noch gezeigt, daß die meisten Amerikaner trotz des riesigen Angebots an verschiedenen Gerichten, das Amerika zu bieten hat, tagtäglich das gleiche Gericht zu Mittag haben. Überprüfen Sie es an sich selbst. Ist Ihr Speiseplan wirklich so abwechslungsreich?

Oder versuchen Sie einmal folgendes kleines Experiment: Falten Sie Ihre Hände vor sich zusammen. Welcher Daumen ist oben, der rechte oder der linke? Wenn Sie sich nicht gerade bewußt dazu zwingen, wird bei Ihnen immer der gleiche Daumen oben sein. Versuchen Sie einmal zu wechseln. Falten Sie Ihre Hände so, daß der andere Daumen oben ist. Es fühlt sich komisch an, nicht wahr? Das liegt daran, daß Sie menschlich sind und mit dem Ungewohnten zunächst immer Probleme haben.

8. Diese Kategorisierung der aggressiven Beziehungsstile soll eine Hilfe für Sie sein, Ihre Gedanken zu organisieren. Sie soll Ihnen neue Wege öffnen, über Ihre Aggressionen und über Ihre Ehe nachzudenken. Das bedeutet nicht, daß Sie und Ihre Beziehung in die eine oder andere Schublade gesteckt werden sollen. Offen gesagt, die meisten Ehen lassen sich nicht eindeutig in die eine oder andere Kategorie einordnen. Im Leben und in der Liebe liegen die Dinge nie so eindeutig. Versuchen Sie also nicht, Ihre Ehe mit Gewalt in eine dieser Kategorien zu pressen. Versuchen Sie statt dessen herauszufinden, wieviel Ihnen jeder

der sechs Aggressionsstile über Ihre eigene Beziehung und die Rolle, die die Aggression in ihr spielt, sagen kann.

Kapitel VI

1. Die in diesem Buch geschilderten »Therapiesitzungen« sind eine Art Essenz meiner tatsächlichen therapeutischen Erfahrung. Ich habe versucht, diejenigen Aspekte aus meiner klinischen Tätigkeit herauszufiltern, von denen ich glaubte, daß sie den Lesern hilfreich sein könnten. Die wirklichen Sitzungen mit meinen Patienten laufen nie so geordnet und strukturiert ab, wie in diesem Buch dargestellt. Die tatsächlichen Abläufe der verschiedenen Therapien sind sehr viel freier und ausgiebiger, als die hier geschilderten Gespräche es wiedergeben. In Therapiesitzungen gehen eine Menge Dinge vor sich, und ich bin nie so direktiv und didaktisch, wie es hier vielleicht den Anschein hat. In meinem Gesprächszimmer bin ich Therapeutin, in meinen Büchern verstehe ich mich eher als psychologische Erzieherin. Dieses Buch ist also keine direkte Therapie und soll es auch nicht sein. Meine Bemühungen gehen dahin, den Lesern die Möglickeit zur Erkenntnis zu geben. Das Buch kann den therapeutischen Prozeß nicht ersetzen. In gewissem Sinn sehe ich mein Buch also als eine Hilfe oder Unterstützung im Prozeß der Selbsterkenntnis und weniger als Ersatz für den komplizierten und langwierigen Prozeß einer Psychotherapie. Es scheint mir sinnvoller, ein richtiges Buch zu schreiben, als eine fragwürdige Ersatztherapie zu versuchen.

Kapitel VII

1. Mein Lieblingsbeispiel für einen solchen Aggressionsüberspieler ist Herb, der schon seit unzähligen Jahren regelmäßig in eine bestimmte Kneipe geht und in seinen »Saufkumpanen« eine ständige Bezugsgruppe hat. Herb braucht also gar nicht erst nach Hause zu gehen. So kommt er um seine verhaßte Frau und um seine Aggressionen herum.

Kapitel IX

1. Jeder, der die Macht der Psyche über den Körper bezweifelt, braucht sich nur einmal die dokumentierten Fälle von Scheinschwangerschft anzusehen. Es sind Fälle von Frauen bekannt, die ihre Periode nicht mehr bekamen, einen »dicken Bauch« ausbildeten, Milch produzierten und nach neun Monaten in den Wehen lagen – und die dennoch nicht schwanger waren! Im Vergleich dazu ist die Umwandlung einer Aggression in einen Rückenschmerz eher leicht und durchaus glaubhaft!

2. Ein ebenso trauriger wie berühmter Fall, der dies illustriert, ist der von dem begabten Komponisten George Gershwin, der in einer Psychoanalyse über die emotionale Bedeutung seiner Kopfschmerzen redete, während er in Wirklichkeit allmählich einem undiagnostizierten Hirntumor erlag.

3. Die moderne Technologie bringt die Ärzte dazu, das Symbolisieren ihrer Patienten unwissentlich zu unterstützen. Die immer größer werdende Anzahl von Methoden, Diagnosen ohne Eingriff zu erstellen (etwa durch Computertomographie, MRI, Sonogramme), verführt die Ärzte dazu, ihre Patienten einer endlosen Reihe von Tests zu unterziehen, wenn kein unmittelbarer Grund für die körperlichen Beschwerden erkennbar ist.

Leider bringen solche Tests für Symbolisierer eine Reihe erheblicher Probleme mit sich. Zum einen kann die ganze Sache für sie sehr teuer werden, denn diese Untersuchungsmethoden gehören mit zu den teuersten Diagnosetechniken. Und zum anderen besteht die Gefahr, daß der Symbolisierer auf diese Weise irgend etwas findet, was seinen Hang zur Symbolisierung weiter nährt und ihm hilft, seine Aggressionen zu umgehen.

Eine Frau mit einer langen Symbolisiererlaufbahn stellte eines Tages fest, daß sie ein merkwürdiges Klingeln im Ohr hatte. Sie ließ eine ausgiebige Untersuchung ihrer Gehörorgane und darauf eine intensive neurologische Untersuchung vornehmen. Ohne Ergebnis. Schließlich wurde ihr geraten, eine Computertomographie ihres Gehirns vornehmen zu lassen. Als der Arzt die Ergebnisse ausgewertet hatte, teilte er ihr mit, daß die Untersuchungen nichts ergeben hatten. »Allerdings«, fügte er hinzu, »habe ich ein ›verdrehtes‹ Blutäderchen entdeckt.«

Er erklärte ihr, daß dies medizinisch betrachtet ohne Bedeutung sei und daß man nichts daran machen könnte. Als die Patientin ihn fragte, warum er ihr dies denn dann überhaupt sagte, antwortete der Arzt ohne Zögern: »Sehen Sie, wenn ein anderer Arzt dies in fünf Jahren festgestellt hätte, könnten Sie vielleicht auf die Idee kommen, mich zu verklagen, weil ich es unterlassen hätte, Sie darüber zu informieren.«

Es braucht wohl nicht eigens betont zu werden, daß diese Frau sich, nachdem sie die Praxis verlassen hatte, mehr Sorgen machte als je zuvor – Sorgen, die sich keinesfalls auf ihr eigentliches Problem, ihre Aggressionen, richteten!

4. In gewisser Weise hat Maxime Ähnlichkeit mit dem psychologischen Profil des passiven Partners einer Provozierehe. Dieser nimmt gerade durch seine Inaktivität »das Heft in die Hand«. (Er will etwas nicht tun und setzt seinen Willen durch Unterlassen von Handlungen durch. Vielleicht können Sie sich noch an Dora und Ted und deren unfertigen Keller erinnern, bei dem es nicht weiterging.) Gerade durch seine Handlungsverweigerung übt der passive Partner also enorme Macht aus. Genau wie Maxime. Dadurch, daß sie hilflos auf dem Boden liegt, erlangt sie die Kontrolle über ihre Ehe.

5. Natürlich muß das nicht auf die gleiche Weise wie bei Maxime geschehen. Sie können z. B. viel »zeitgemäßer« in der Wahl Ihrer Krankheit sein und sich irgendein gerade »in Mode befindliches« Leiden suchen. So waren z. B. zur Zeit der Entstehung dieses Buches »Die Yuppie-Grippe« und das »chronische Erschöpfungssyndrom« bei Symbolisierern ganz oben auf der Liste.

6. Unsere Sprache selbst unterstützt diese Verwirrung noch, wie das Beispiel »durchdrehen« zeigt; es kann sowohl »verrückt werden« als auch »die Kontrolle über sich und seine Aggressionen verlieren« bedeuten.

7. Manchmal sieht man in der Erinnerung sich selbst (nicht jemand anderen) in einer unbedeutenden Szene, die man aber so häufig erinnert, daß sich der Verdacht aufdrängt, daß hinter dieser scheinbar harmlosen Erinnerung noch eine andere, viel bedeutsamere verborgen liegt.

8. Das bekannte Antidepressivum Prozac wird wie Zooloft, Buspar und Xanex als angstlösendes Mittel benutzt. Da es sich bei ihnen um psychotropische Medikamente handelt (also um Drogen, die Geist und Gefühlshaushalt beeinflussen), sollten sie nur von einem Psychiater oder Psychopharmakologen verschrieben werden.

Kapitel X

1. Ironischerweise hat sich dadurch, daß immer mehr Frauen die Rolle des »Brotverdieners« übernehmen und immer mehr Männer den Haushalt übernehmen, auch eine Veränderung im Muster der Beschwerden ergeben. Immer öfter begegnen mir Männer, die »sich am Herd abplagen« und verletzt auf die gleichgültige und kritische Haltung ihrer Frauen reagieren, die ihre Mühen nicht zu schätzen wissen.

2. Aggressionsunterdrücker wissen den Enttäuschungen der Ehe im allgemeinen gefaßt, ohne Zorn, mit einem Arsenal von Entschuldigungen und einer großen Bereitschaft zu verzeihen zu begegnen. Treibt Ihre Ehe Ihnen nicht den Schweiß auf die Stirn? Verdienen Sie für Ihr Verhalten einen Heiligenschein? Wenn ja, sollten Sie einmal darüber nachdenken, ob nicht auch Sie dem Klub der Unterdrücker angehören.

3. Diese Episode ist leider real, obwohl ich die Identität der Personen natürlich verändert habe.

4. Viele Mütter geben ihren verheirateten Töchtern den Rat, sich ein bißchen Geld für solche Zwecke beiseite zu legen. Die Unterdrückermechanismen vererben sich von einer Generation zur nächsten fort.

Kapitel XI

1. Viele Menschen beschweren sich, wenn der Therapeut beginnt, ihnen solche Richtlinien und Grenzen aufzuzeigen. Ich kann nur nachdrücklich betonen, daß genau dies den therapeutischen Prozeß auszeichnet und von jeder anderen Form von Beziehung unterscheidet. Grundsätze und Grenzen (z. B. strenge Vertraulichkeit, die Beschränkung auf das Wort als einzig möglicher und erlaubter Form des therapeutischen Austausches) sind für die Schaffung eines sicheren Hafens, der allein einen Therapiefortschritt ermöglicht, unerläßlich. Ehepaare, denen es gelingt, sich solche Richtlinien zu setzen (was den aggressivsten natürlich die größten Schwierigkeiten macht), haben die größten Chancen auf eine Veränderung ihrer Ehe.

2. Das deutlichste Zeichen für eine erfolgreiche Therapie ist gegeben, wenn zwei Menschen feststellen, daß sie in der Küche genauso miteinander reden wie im Büro ihres Therapeuten. Wenn sich die Art und Weise, wie sie ohne Therapeut miteinander reden, von der mit dem Therapeut nicht mehr unterscheidet, ist eine weitere Therapie überflüssig geworden. Wenn ein Ehepaar mir gegenüber eine Bemerkung wie »Mein Gott, wir hören uns fast schon wie ein Psychologenehepaar an« fallen läßt, weiß ich, daß wir das Ziel der Therapie erreicht haben.

3. Wenn Sie Ihrem Partner Ihre Erkenntnisse und Einsichten nicht mitteilen, ist das etwa so, als zwängen Sie ihn, ohne Landkarte durch die vielfältige und komplizierte Landschaft Ihrer Psyche zu marschieren.

4. Oft kommen Frauen zu mir, die mich bitten, ihren Mann für sie »wieder hinzubiegen«. Ich nenne das immer die chiropraktische Version der Psychotherapie. »Doktor, biegen Sie doch meinen Mann für mich gerade.« Eine solche Herangehensweise hätte von vornherein keine Chance. Der Ehemann würde notwendigerweise irgendwann aussteigen, weil er die Therapie als Zwangsgehege empfinden muß, in dem man ihn »hinbiegen« will, statt sich auf ihn einzulassen.

5. Ich will Ihnen das anhand eines Beispiels verdeutlichen: Stellen Sie sich vor, Sie werden von einer Freundin, die Sie noch nicht sehr lange kennt, zum Abendessen eingeladen und sie serviert Hummer. Sie rühren den Hummer nicht an. Ihrer Freundin fällt das natürlich auf, und sie ist mehr als nur leicht pikiert. (Hummer ist ihr bestes Gericht, und außerdem hat es sie einiges gekostet.) Sie sagt aber nichts dazu, und auch Sie gehen nicht weiter darauf ein.

Bei der nächsten Einladung dann sagen Sie: »Ich habe Probleme mit Allergien, und von Schalentieren könnte mir übel werden.« Die Reaktion Ihrer Freundin ist im Grunde vorhersehbar: »Wenn ich das nur gewußt hätte!« Und Sie können sicher sein, daß Sie das nächste Mal keinen Hummer vorgesetzt bekommen, selbst wenn es das einzige Gericht wäre, das Ihre Freundin zubereiten kann.

Die Schlußfolgerung daraus: Offenheit gibt Ihren Mitmenschen wichtige Informationen über Ihre sensiblen Punkte. Dadurch können sich die Menschen auf Sie einstellen und ihr Verhalten entsprechend ändern.

6. Man darf die Mühen und die Aufmerksamkeit, die dies einem abverlangt, jedoch nicht herunterspielen. Wenn man sich einmal den nachfolgenden »erwachsenen« Kommunikationsaustausch unserer beiden Provozierer, Ted und Dora ansieht, bekommt man ein realistisches Bild von dem, was es bedeutet, in dieser neuen Sprache der Liebe zu reden.

Wenn die beiden es geschafft hätten, sich wie Erwachsene über die Fertigstellung des Kellers zu unterhalten, hätte ihre Auseinandersetzung darüber einen ganz anderen Verlauf genommen:

Dora, die sich ihrer Ängste und Befürchtungen bewußt gewesen wäre (und ihre Selbsterkenntnisse durch selbstreflexive »Ich-Aussagen« mitgeteilt hätte), hätte angesichts der Sensibilitäten ihres Mannes (über die sie sich im klaren gewesen wäre) etwa folgendes sagen können:

»Ted, ich habe dich darum gebeten, den Keller fertig zu machen, weil es mich stört, wenn die Kinder ständig im Wohnzim-

mer herumtoben. Ich habe Angst, daß sie sich verletzen könnten, außerdem will ich dieses Durcheinander nicht. Und du
mußt wissen, ich wirke schnell aufdringlich und herrisch, wenn
ich mir solche Sorgen mache.

Aber ich bin nicht dein Vater. Er war ein richtiger Tyrann, der
alles nur nach seiner Pfeife tanzen lassen wollte. Ich bin wirklich
nicht so. Ich will zwar auch, daß du das eine oder andere für
mich machst, aber es geht mir nicht darum, nur meinen Willen
durchzusetzen.«

An dieser Stelle könnte sie dann vielleicht einen weiteren
Aspekt ihrer psychologischen Selbsterkenntnis einfließen lassen – ihre Angst davor, verlassen zu werden.

»Wenn du mir mal nicht hilfst, setzt sofort mein Bedürfnis ein,
und ich fange an, Gespenster zu sehen: ›Ted liebt mich nicht. Er
will mir nicht helfen. Er will mir nicht beistehen‹ – solche
Angstphantasien gehen mir dann durch den Kopf.

Ich hab' endlich begriffen, daß ich noch immer nicht über die
Scheidung meiner Eltern hinweg bin, und ich warte ständig
darauf, daß du mich verläßt!«

Vielleicht wird sie sogar dazu übergehen, ihrem Mann zu
versichern, der, wenn auch auf ganz andere Weise (er hat Angst
davor, nein zu sagen), an derselben Verlustangst leidet:

»Ich werde aber bestimmt nicht gleich ausflippen, wenn du
mir sagst, was wirklich in dir vorgeht. Du kannst ruhig sagen,
was du wirklich fühlst. Auch wenn du mir sagst, daß du den
Keller nicht fertigmachen willst, wäre ich zwar geknickt und
nicht gerade glücklich, aber ich würde deswegen nicht gleich
explodieren. Ich würde mich nicht von dir zurückziehen, weil
ich frustriert wäre. Das war die Reaktionsweise deiner Familie,
wenn ihr etwas nicht paßte. Aber es ist nicht meine! Trotzdem
will ich dir sagen, daß es mir sehr wichtig wäre, wenn wir die
Kellergeschichte endlich abschließen könnten – irgendwie.«

Und auch Ted, der über sich und Dora psychologisch im klaren wäre, könnte sich dieser teilnehmend-mitfühlenden Kommunikationsform bedienen. Da er weiß, daß sein Bedürfnis ihn
aggressiv werden läßt, wenn man ihn bedrängt, und da er gleich-

zeitig Doras Ängste kennt, könnte er ihr gegenüber folgende Einsichten äußern:

»Mir ist es nicht so wichtig, ob das Haus in einem chaotischen Zustand ist oder nicht. Ich glaube, da meine Eltern immer so streng waren und auf Ordnung bestanden, nehme ich es sogar als bedrückend wahr, wenn ich unsere Kinder zur Ordnung zwingen will – so als ob meine Eltern aus mir sprächen: ›Du mußt dich unterordnen. Du kannst nicht einfach machen, was du willst.‹ Irgendwie löst das Aggressionen in mir aus – ›Laß die Kinder doch machen, was sie wollen. Sie sollen sie selbst sein‹, schreit es dann in mir.

Aber die Kinder dürfen sich nicht selbst gefährden. Das ist natürlich wichtig! Außerdem glaube ich, hast du ein Recht darauf, daß das Haus nach was aussieht, wenn es dir so wichtig ist. Es gibt dir ja eine gewisse Sicherheit.«

Vielleicht wird er an dieser Stelle seinen unbewußten Hang dazu, ja zu sagen, wo er nein empfindet, berücksichtigen und sich des passiv-aggressiven Verhaltens erinnern, das oft daraus resultiert:

»Aber ich will nicht meine Freizeit dafür opfern. Ich würde dann nur sauer werden und mich dann, wie immer, wenn ich etwas gegen meinen Wille tue, verweigern. Du würdest es irgendwie zurückkriegen. Ich könnte mir vorstellen, daß ich dann mittendrin einfach einen Monat nichts mehr daran machen würde. Und das will ich nicht. Du würdest mir ständig in den Ohren hängen, und ich würde mich nur wieder gehetzt fühlen. Und alles wäre wieder beim alten.«

Da der wirkliche psychologische Konflikt nun klar zutage getreten wäre, könnte Teddy vielleicht folgende Lösung anbieten:

»Vielleicht könnten wir es uns ja leisten, jemanden zu engagieren, der die Schmutzarbeit übernimmt. Das Streichen würde mir nichts ausmachen. Dann hätte ich nicht das Gefühl, etwas gegen meinen Willen zu tun, und du wärest etwas entspannter, weil der Keller ziemlich schnell fertig würde. Könnte das nicht eine Lösung für unseren Konflikt sein?«

So sieht eine erwachsene Kommunikationsweise aus. Sie ist wesentlich komplexer und deutlich länger als das Gesprächsverhalten, das Ted und Dora auf der Ebene ihrer Oberflächenehe geführt haben:

»Verdammt, Ted, warum kommst du nicht in die Gänge und machst den blöden Keller fertig.« Dies wird so ungefähr der Umfang gewesen sein, den ihre »Diskussionen« normalerweise angenommen haben. Die neue Kommunikationsform befreit sie aus dem selbstzerstörerischen Kreislauf ihrer Provozיererehe. Und sie könnte tatsächlich dazu beitragen, diesen Keller endlich fertig zu bekommen – was beide wesentlich glücklicher machen würde.

Peter Lauster
Stärkung des Ich
Die zweite Geburt der Selbstwerdung
TB 26124-X

In der heutigen leistungsorientierten Gesellschaft steht zumeist die Entfaltung körperlicher und rationaler Fähigkeiten im Vordergrund – das Seelenleben bleibt dabei auf der Strecke. In seinem neuen Buch durchwandert der Psychologe Peter Lauster die Seelenlandschaft des heutigen Menschen und ermuntert den Leser, selbst auf Entdeckungsreise in Richtung »Mensch-Werdung« zu gehen.

Peter Lauster
Die sieben Irrtümer der Männer
TB 26125-8

Dieses Buch ist eine eindrucksvolle Studie über die Psyche der Männer. Sie will dem Mann Selbstvertrauen vermitteln und ihn von falschen Männlichkeitsidealen befreien. Peter Lauster ist seit Jahrzehnten der erfolgreichste Autor von psychologischen Ratgebern.

Peter Lauster
Wege zur Gelassenheit
TB 26121-5

Die Sorge um Selbstverwirklichung, seelische Konflikte und die als Bürde empfundene Verantwortung belasten immer mehr Menschen und erzeugen Lebensängste. Anhand von Fallbeispielen macht der Autor deutlich, wie man sich aus seelischen Verkrampfungen lösen und ein Leben in Harmonie und Gelassenheit verwirklichen kann.

ECON TASCHENBÜCHER

ECON